JN214153

Due Diligence of
Labor
Management

M&Aの
労務 第3版
デューデリジェンス

かがやき社会保険労務士法人 編

野中健次・仲井達治・後藤理恵・広瀬澄恵 著

中央経済社

第3版　はしがき

　第2版を刊行した2018年2月以降，働き方改革関連法が順次施行され，不合理な待遇の禁止などを定めたパートタイム・有期雇用労働法，年次有給休暇の年5日時季指定義務や賃金請求権の消滅時効期間の延長を定めた労基法改正など，労務デューデリジェンス（以下，「労務DD」という）に係る法改正の動きはめまぐるしい。

　判例および裁判例においても，同一労働同一賃金の観点から，定年後再雇用の嘱託社員と正社員間の基本給・賞与格差の不合理性の判断枠組みに関する名古屋自動車学校事件，1カ月単位の変形労働時間制を運用するには，すべての勤務シフトを就業規則へ記載することを求めた日本マクドナルド事件など，労務DD業務を遂行する上で，看過できない重要な事例が多数言い渡されている。

　また，コロナ禍で急増したテレワークにかかる費用の保険料算入の可否，越境在宅勤務における当事者の準拠法，副業・兼業による労働時間の通算など，新たに労務DDの調査対象となった項目が目白押しである。

　これらの動きに加え，中小企業では，後継者不在による廃業を回避するための事業承継や成長戦略の1つの方法として，M＆Aの活用が急増している現状に鑑み，本書では，中小M＆Aも射程に入れるとともに，労務DD業務に多くの社会保険労務士が携わっていることを考慮して，全面的に見直すことに努めた。

　本書は4章で構成する。

　まず，第1章では，M＆A取引の概要とデューデリジェンスの位置づけを確認し，労務DDを再定義した。限られた期間内で有益な労務DDを実行するため，すべての潜在債務を網羅的に調査するのではなく，潜在債務を未払残業代など財務諸表上の数字には表れない「簿外債務」と，紛争に関する損害賠償債務など現時点では未発生だが将来的に発生し得る「偶発債務」に二分することで，調査に優先順位をつけるとともに，労働法制の遵守度合い，従業員属性および人事全般の調査である「人事DD」とあわせて，それぞれの調査項目などについて整理した。

また，読者からご要望の多かった契約書や報告書の見本なども盛り込む一方，労務DDの実施義務を買い手企業の取締役の善管注意義務と紐づけることは，オーナー社長で非上場の中小Ｍ＆Ａの場面では，現実的ではないので，第2版第1章2の「デューデリジェンスと取締役の関係」は割愛することにした。

次に，第2章「簿外債務の調査項目」では，労基法の改正や最新の裁判例を参考にして，1カ月単位の変形労働時間制の運用ミス，年5日の時季指定義務を達成できないいわゆる「未払い年休」などを加筆した。さらに，政府がキャリアアップのために推奨する「副業・兼業」や，労基法上では就業規則の作成義務がなく，口頭で労働契約を締結しているような中小企業における労務DDの潜在債務の算出根拠となる「労使慣行」について詳解した。

そして，第3章「偶発債務の調査項目」では，Ｍ＆Ａ取引に大きな影響を及ぼす不当解雇による「バックペイ」と「労基法上の管理監督者」として認められなかった場合の偶発債務の計算式を拡充して解説した。さらに，労基法上の労働時間ともなりうる「移動時間」，日本で雇用した外国籍社員に対して母国での「越境在宅勤務」を認めた場合，どちらの国の法規が適用されるかという準拠法の問題を詳解するとともに，不合理な同一労働同一賃金が認められた場合の偶発債務の算定を試みた。

最終章の第4章では，ターゲット会社に労働組合があった場合のＭ＆Ａ取引成約前の買主に対する団交応諾義務の可否，簿外債務となりうる労働協約の規範的部分の調査や事前協議条項が規定された労働協約の解約について取り上げ，労働組合に対する報告書の見本とあわせて解説した。また，PMIのための人事DDについては，全国社会保険労務士会が策定した「経営労務診断」を紹介し，人事DDの簡易版として活用することを推奨している。

労務DD業務に携わる社会保険労務士の何らかの参考になれば本書を上梓した意義があろう。

なお，第2版までの編者であった「社会保険労務士法人野中事務所」は，2024年1月1日付で「かがやき社会保険労務士法人」と経営統合し，本書は新たな仲間を著者に迎えて編むことになった。改訂にあたっては，旧版に引き続き，中央経済社の露本敦氏，川副美郷氏に編集作業をお願いし，両氏の温かく細部にわたる丁寧なサポートのおかげで，労の多い作業を予定どおり進めるこ

とができた。

　最後に，助言や励ましの言葉をかけてくださった読者の皆様にも，この場を借りて感謝の意を表する。

　2025年2月
　　　　　　著者を代表して
　　　　　　　かがやき社会保険労務士法人　代表社員　野中　健次

第2版　はしがき

　初版刊行以来3年が経過したにすぎないが，この間，働き方改革の標語のもと，パートタイム労働法，年金受給資格期間短縮法等の労務デューデリジェンス関連の法改正・立法のラッシュとなった。さらに，労働契約法20条関連の裁判等の注目すべき事件や，無期転換ルールもこの4月からスタートすることになったため，それらを盛り込んだものに改訂してはどうかと中央経済社法律編集部の露本敦編集長よりご提案いただいた。

　そこで，今回の改訂では，正規雇用労働者と非正規雇用労働者の不合理な待遇差の解消を目的とする「同一労働同一賃金ガイドライン案」，事業主が厚生年金保険料の納付を怠ったことで年金額が少なくなったりする場合に，被保険者であった者が事業主に対して民事訴訟により損害賠償請求をすることができる「年金民訴」，定年後の賃金引下げ・業務変更がなされた場合の「定年後再雇用」，そして，無期転換申込権の金銭評価を行う「無期転換制度」を取り上げた。また，「労働組合」と「是正勧告」については，本書と同時期に上梓することになった『M＆Aの人事デューデリジェンス』に移し，本書全体の情報のアップデートもあわせて行うことができた。

　今回の改訂では，中央経済社法律編集部の川副美郷さんに編集作業をお願いした。川副さんの温かいアドバイスと細部に渡る丁寧なお仕事のおかげで，改訂という労の多い作業を予定通り進めることができた。本書を手にとり，助言や励ましの声をかけてくださった読者の皆様にも，この紙上をお借りし，あわせて御礼を申し上げたい。

2018年1月

　　　著者を代表して

　　　　　社会保険労務士法人野中事務所　代表社員　野中　健次

はしがき

　賃金の未払い—。特に「未払い残業代」の有無は，M&Aの人に係るデューデリジェンス（以下，「DD」という）において，企業価値を算定する上で必須調査項目である。というのは，未払い残業代の請求について「ポスト過払金請求」として積極的に取り組む弁護士が急増しており，潜在債務の顕在化リスクが高まっているからだ。弁護士の運営するサイトでは，賃金や労働時間等を入力すると，請求可能な残業代を自動で試算するものも現れたり，また，未払い残業代を簡単に算出できる「アプリ」も無料でスマホにインストールできるようになったりと従業員は簡単に未払い残業代を把握することができるようになった。これらに触発された従業員および解雇された元従業員から未払い残業代を請求されると，予期せぬ出費で企業価値を毀損させるのみならず，企業の存続に影響を及ぼす重大な問題となりうる。では，M&Aの人に係るDDにおいて，限られた時間とコストの中で，何をどこまで深掘りすべきであろうか。

　本書の目的は3つある。

　第1の目的は，人に関して，どこまで深掘りして調査するかを具体的な根拠を示して明らかにすることである。特に未払い残業代などの「潜在債務」について，どのように位置づけ，どのような調査方法でどこまで掘り下げ，何をあぶり出すのか，20の事例を用いて明らかにする。

　本書では，まず，人に係るDDを未払い賃金や退職給付債務等の定量的な調査項目である「労務DD」と企業文化や社風等の定性的な調査項目である「人事DD」の2つに大別した上で，金銭に換算可能な「労務DD」を「人事DD」より優先的に実施することを提言することから出発する。そして，「労務DD」の調査対象となる「潜在債務」について，その顕在化度合いに着目して，会計帳簿の記載漏れである「簿外債務」と想定外の出来事によって生じる「偶発債務」の2つに峻別するとともに，取締役の株主に対する注意義務を果たす観点をそれに重ね，顕在化度合いが高い「簿外債務」となりうる項目を「義務的調

査項目」と名付けて履行を促し，最低限これだけは調べておくべき項目を7つあげ，詳解した。例えば，割増賃金，退職給付債務，社会保険料の適法性等が義務的調査項目に当たる。

2015年6月から東京証券取引所が企業統治（コーポレート・ガバナンス）コードの適用を始め，当該基本原則の一つの「取締役会等の責務」の中で，結果として会社に損害を生じさせた場合，その責任を取締役が負うか否かの判断に際しては，その意思決定の時点における意思決定過程の合理性が重要な考慮要素であることを明文化している。また，2015年5月には改正会社法が施行され，親会社の株主が子会社役員を訴えることができる「多重代表訴訟制度」が新設されたことから，例えば，企業の取締役が合理的な理由もなく，「義務的調査項目」の調査を実施せずに買収した企業の簿外債務で会社が損害を被った場合には，その責任を問われる機会が増加することは明白である。株主から役員が訴えられるリスクに備える会社役員賠償責任保険（Directors & Officers Insurance:D&O保険）の大手損保保険3グループの契約件数が前年度に比べ15％以上も伸びていることもこのことを示唆している。

義務的調査項目を実行した上で，時間的にもコスト的にも許されるのであれば，解釈によっては債務となりうる項目の調査も実施しておきたい。本書では，それら偶発債務となりうる項目の中から労務リスクが高い5つを厳選し，これを義務的調査項目と区別する意味で「任意的調査項目」と名付けて解説する。具体的には，労基法上の労働時間の解釈，労基法上の管理監督者の解釈，解雇権の濫用で解雇無効によるバックペイの問題等が任意的調査項目に当たる。

第2の目的は，労務DDで判明した「潜在債務」について，売買価格への反映やM&Aスキームでの排除ないし，縮減できる方法等を提示するとともに，労務DDのプロセスで「潜在債務」を指摘されないよう，事前に準備すべき人事労務管理上の施策について提案し，もって，円滑なM&A取引の成立に寄与することである。勿論，実務では，M&A取引の成立に向けて，労務DDの結果のみで交渉が行われるわけではなく，財務DD等の他の要素も考慮して総合的になされるわけだが，本書では労務DDの影響を明確にするため，労務DDの結果に絞り，売買価格への反映方法と，合併，会社分割，事業譲渡そして，

株式譲渡などのM&Aのスキームの違いによる潜在債務への影響について解説する。そして，義務的調査で問題となる，未払い賃金の清算，最低賃金・臨検等の対応策を提示し，また，任意的調査で問題となる，労基法上の管理監督者，退職勧奨，労災民訴への対応策をそれぞれ提示した。

　第3の目的は，私達が試行錯誤の結果，社会保険労務士という人事の専門的な立場で確立した「労務DD」の手法について，所内のみならず，外部の実務家と共有し，共通の調査手法として確立することである。従来，労務DDの手法については，各事務所の独自のノウハウであり，問題点の抽出やその算定方法について，一般に公開されることが少なかった。そこで，私達が，これまでの経験から得た手法，調査項目の優先順位付け，潜在債務の法的根拠等を公開することで，読者の皆様から忌憚のないご意見，ご批判を賜り，ブラッシュアップし続けることで，共通の労務DDの手法を確立し，M&A取引の障害を取り除いておくという観点から労働法を遵守する経営が実行されることで，そこで働く人々の労働環境の改善に繋がれば，望外の幸せである。

　すなわち，潜在債務の訴訟リスクを回避するという消極的なアプローチにより遵法経営を行うのではなく，将来の円滑なM&A取引の実現のためという積極的なアプローチにより遵法経営を行うことで，結果として，そこで働く人々の労働条件，労働環境が改善されれば，本書を上梓した意義があろう。

　本書は多くの方々の支えによって世に出ることになった。

　まず，本書の企画の段階からサポートしてくださった中央経済社の宮坂さや香氏，取締役とDDの関係について貴重なアドバイスをくださった春日秀一郎弁護士，誤字脱字のチェックを当事務所の石塚彩子社会保険労務士にお願いした。この方達なくして本書が公になることはなかったであろう。この紙上をお借りし，厚く御礼申し上げたい。

　2015年9月

　　　　著者を代表して

　　　　　社会保険労務士法人野中事務所　代表社員　野中　健次

目　次

第1章　労務デューデリジェンス

1　M&A —————————————————————————— 2
　(1)　M&Aとは　2
　(2)　M&Aの流れ　4
　(3)　デューデリジェンスとは　6

2　人に係るデューデリジェンス ————————————————— 8
　(1)　労務デューデリジェンスとは　8
　　①　労務DD業務委託契約の締結　10
　　②　開示リストの作成・開示要求　18
　　③　資料調査　19
　　④　FAQシートの作成・回答依頼　19
　　⑤　インタビュー　22
　　⑥　DDレポートの作成・報告　29
　(2)　労務デューデリジェンスの反映　30
　　①　ディールブレイク（取引中止）　30
　　②　スキームの変更　30
　　③　取引価格の減額　31
　　④　実行の前提条件の設定　31
　　⑤　実行前の義務の設定　32
　　⑥　表明保証　32
　　⑦　取引成立後の義務　33
　(3)　人事デューデリジェンスとは　34

2

3　労務DD調査報告書————————————36

第2章　簿外債務の調査項目

1　未払い賃金————————————45

(1)　割増賃金単価計算ミス　**47**

事例1　時間単価の算出・除外賃金・割増率の調査　**47**

①　月給者に対する時間単価の算出方法　**51**

②　割増賃金の計算基礎に算入しない賃金　**54**

③　割増率　**58**

(2)　最低賃金を下回るもの　**61**

事例2　最低賃金　**61**

①　最低賃金法の意義　**65**

②　最低賃金の種類　**66**

③　月給の時間給への換算　**69**

④　最低賃金法違反事業所　**71**

(3)　その他賃金の未払いが明らかなもの　**72**

事例3　1時間未満の時給の切捨て・管理監督者等の深夜労働・年俸社員・変形労働時間　**72**

①　1時間未満の時給の切捨て　**77**

②　管理監督者およびみなし労働時間制適用者の深夜労働に対する賃金の未払い　**78**

③　残業手当が基本給に含まれている年俸社員　**79**

④　変形労働時間制の途中異動者に対する時間外労働の清算　**81**

⑤　1カ月単位の変形労働時間制の運用ミス　**83**

⑥　複雑な歩合給制度　**88**

目　次　**3**

2　退職給付債務 ——————————————————————————————— 90

事例4　退職給付債務　**90**

(1)　**退職給付制度**　**94**

　　① 　退職一時金制度　**94**

　　② 　存続厚生年金基金制度　**96**

　　③ 　確定給付企業年金制度　**98**

　　④ 　中小企業退職金共済制度　**100**

　　⑤ 　確定拠出年金制度　**101**

(2)　**簡便法による退職給付債務の算出**　**102**

3　社会保険料および労働保険料の適法性 ——————————— 104

(1)　**社会保険料の適法性**　**106**

事例5　社会保険料の適法性　**106**

　　① 　被保険者の範囲　**108**

　　② 　社会保険の基礎となる報酬に含めるもの　**111**

(2)　**労働保険料の適法性**　**123**

事例6　労働保険料の適法性　**123**

　　① 　労災保険料率　**124**

　　② 　雇用保険被保険者の範囲　**124**

　　③ 　労働保険料の基礎に算入する賃金　**125**

4　年5日の年次有給休暇の取得状況 ——————————————— 127

事例7　年次有給休暇の取得状況　**128**

　　① 　年次有給休暇とは　**128**

　　② 　年5日の時季指定義務　**130**

　　③ 　未払い年休　**134**

4

5　障害者雇用納付金———————————————— 137

事例8　障害者雇用納付金　139

(1)　障害者雇用制度　140

(2)　除外率制度　146

6　労使慣行———————————————————— 148

事例9　労使慣行　149

(1)　問題の所在　150

(2)　労使慣行の成立要件　151

(3)　法的効力　151

(4)　労使慣行の有無のチェックポイント　153

7　副業・兼業———————————————————— 155

事例10　副業・兼業　156

(1)　副業・兼業とは　157

(2)　労働時間の通算（原則的な労働時間の管理方法）　159

(3)　労働時間の通算（管理モデル）　160

(4)　雇用保険マルチジョブホルダー制度　162

(5)　複数業務要因災害　163

第3章　偶発債務の調査項目

1　労基法上の労働時間———————————————— 166

(1)　始業前・終業後の労働　168

事例11　始業前・終業後の労働　168

(2)　健康診断・医師面接指導時間　170

事例12　健康診断・医師面接指導時間　170

① 健康診断の時間　171

② 医師面接指導時間　172

(3)　休憩時間　173

事例13　休憩時間　173

(4)　通勤時間，出張等　176

事例14　通勤時間，出張等　176

① 通勤時間　179

② 出張時間　179

③ 直行・直帰　182

④ 移動時間　185

(5)　在宅就労　190

事例15　在宅就労　190

① 風呂敷残業　193

② 在宅勤務　194

③ 越境在宅勤務　196

(6)　専門業務型・企画業務型裁量労働性　198

事例16　専門業務型・企画業務型裁量労働制　198

① 専門業務型裁量労働制　201

② 企画業務型裁量労働制　205

③ 事業場外労働のみなし制　209

④ 高度プロフェッショナル制度とは　213

2　労基法上の管理監督者 ──────────── 217

事例17　管理監督者　218

(1)　労基法上の管理監督者と労組法上の管理的地位にある労働者　220

(2)　管理監督者の行政解釈　221

(3)　管理監督者をめぐる裁判例　225

(4)　役職手当と時間外割増賃金との関係　229

6

　(5)　判断要素表　**230**

3　解　雇 ─────────────────────────────── **232**

　事例18　普通解雇，整理解雇，懲戒解雇，雇止め　**234**

　(1)　労働契約の終了　**237**

　(2)　解雇の理由　**241**

　　①　普通解雇等の場合の理由　**242**

　　②　整理解雇の場合の理由　**248**

　　③　懲戒解雇の場合の理由　**249**

　(3)　雇止め（更新拒否）等　**252**

　　①　雇止め法理　**252**

　　②　休職期間満了に伴う退職（解雇）　**255**

　　③　定年後の再雇用拒否　**258**

　　④　継続雇用後の雇止め　**261**

　　⑤　65歳から70歳までの高年齢者就業確保措置違反　**261**

4　取締役・個人請負型就業者の労働者性 ──────── **263**

　事例19　取締役・個人請負型就業者の労働者性　**264**

　(1)　取締役の労働者性　**267**

　(2)　個人請負型就業者の労働者性　**269**

5　労災民訴 ─────────────────────────── **272**

　事例20　労災民訴　**274**

　(1)　労災保険制度　**276**

　(2)　損害賠償額の算定　**282**

　(3)　労災保険と損害賠償の調整　**288**

　(4)　過失相殺　**291**

　(5)　基本合意の締結後のリスクヘッジ　**293**

目　次　7

6　年金民訴 ——————————————————————————————————————— 295

事例21　事業主が保険料を納付しない場合の法的責任　295

(1)　年金民訴　299

(2)　損害　300

  ①　得べかりし年金額　302

  ②　過剰負担保険料　307

  ③　脱退一時金　307

(3)　過失相殺　309

(4)　年金受給資格期間短縮法（年金機能強化法の一部改正）の影響　309

  ①　年金受給資格期間短縮法のポイント　313

  ②　外国人労働者への対応　313

(5)　特例納付保険料の納付および納付しない事業主名の公表　314

  ①　厚生年金特例法　314

  ②　事業主名の公表　315

7　同一労働同一賃金 ——————————————————————————————————— 316

事例22　パートタイム労働者・契約社員と定年後再雇用者の場合　316

(1)　均等（９条）と均衡（８条）　318

(2)　均等待遇者および均衡待遇者の区分　323

(3)　賃金等の偶発債務　325

  ①　基本給の偶発債務　325

  ②　諸手当の偶発債務　329

  ③　賞与の偶発債務　331

8

第4章　労働組合とPMIのための調査

1　労働組合に対する調査————————————336

事例23　労組法上の使用者　336

事例24　労働協約　337

(1)　労働組合　338

(2)　労働協約　340

(3)　労働協約の解約　344

(4)　労働組合に関する人事・労務DDレポート　346

2　簡易版人事DDとしての経営労務診断————350

(1)　経営労務診断の実施　351

(2)　人事DD報告書　352

索　引————————————————————361

第1章

労務デューデリジェンス

　後継者不在による廃業や経営資源の散逸を回避するため，中小企業庁からは，「中小M&Aガイドライン（第3版）－第三者への円滑な事業引継ぎに向けて－」（令和6年8月）等が公表されたり，商工会議所内には「事業承継・引継ぎ支援センター」が併設されたりするなど，中小企業においても馴染みの薄かったM&Aを事業承継あるいは成長戦略の1つの方法として活用する認識が広がり始めている。

　中小企業・小規模事業者を対象とするM&A（以下，「中小M&A」という）について，中小企業白書の「成長に向けた企業間連携等に関する調査」（平成29年11月）によると，中小M&Aのスキームの割合は，株式譲渡40.8％，事業譲渡41.0％，合併15.0％，その他3.1％[1]であり，中小M&Aのスキームのほとんどが「株式譲渡」か「事業譲渡」といえる。実際，中小M&Aの現場では，当初は，「株式譲渡」のスキームで検討するも，買主がデューデリジェンス（買収調査）を実施した結果，権利義務関係を承継したくない（あるいは，できない）場合に「事業譲渡」スキームに移行するケースが多々ある。稀に合併スキームを採用することもあるが，会社分割のスキームを選択することはほとんどない。

　ところで，「事業譲渡」とは，譲渡会社が事業の全部または一部を譲受企業に譲渡する取引をいい，事業の譲渡対価は売却した譲渡会社に支払われることに対して，株式譲渡は，譲渡企業の株主が保有している株式を譲受企業へ売却

---

[1]　「M&Aを事業譲渡で実施した理由」については，複数回答のため，合計は必ずしも100％にならない。

する相対取引であり，株主に対価が支払われる。

　いずれのスキームも，譲受企業においては，本来あるべき価値よりも高額で買い取ってしまう所謂「高値掴み」をしないよう譲渡企業の「潜在債務の有無と額」について関心が高い。

　このような観点から，本書は，労務デューデリジェンスを「労働に由来する潜在債務を調査すること」と定義する。ただし，限られた期間内で有益な労務DDを実行するため，すべての潜在債務を網羅的に調査するのではなく，「潜在債務を財務諸表上の数字には表れない簿外債務と，紛争に関する損害賠償債務等，現時点では未発生だが将来的に発生し得る偶発債務」[2]とに分け，潜在債務の調査に優先順位をつけることを提言する。

　本章では，M&Aを概観し，労務デューデリジェンスについて，潜在債務を簿外債務と偶発債務に区別して，各調査項目および必要となる資料を例示する。そして，社会保険労務士が労務デューデリジェンス業務を受託した場合における，契約書および報告書を作成する上での留意点について解説する。

1　M&A

(1)　M&Aとは

　合併（Mergers）と買収（Acquisitions）の略語であるM&Aは，「ある会社が他の会社を所有，支配するための行為」[3]，「会社や事業の移転を伴う取引」[4]などと解され，会社や事業の移転を伴う組織再編行為や取引行為の総称として使われている。M&Aの手法（スキーム）は，「合併・買収」以外にも次のように業務提携（アライアンス）から資本提携まで多様である（**図表1-1**）。

2　中小企業庁「中小M&Aガイドライン（第3版）－第三者への円滑な事業引継ぎに向けて－」（令和6年8月）48頁。
3　監査法人トーマツトータルサービス部『よくわかるM&A』10頁（日本実業出版社，2000）。
4　髙谷知佐子編『M&Aの労務ガイドブック』13頁（中央経済社，第2版，2009）。

第1章　労務デューデリジェンス　3

図表1－1　M&Aのスキーム

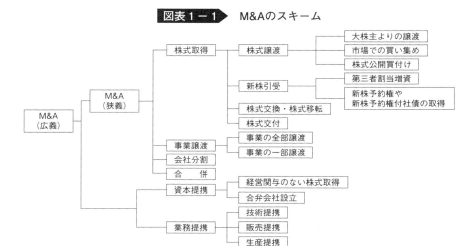

出所：淵邊善彦『企業買収の裏側―M&A入門』33頁（新潮新書，2010）に著者が一部加筆したもの。

　M&Aという意思決定には，企業価値を創造するケースと創造しない（あるいは，価値を毀損する）ケースがある[5]。

　価値を創造するケースでは，規模の経済性（固定費用の減少，交渉力の強化），範囲の経済性（単位当たりコストの削減，付加価値の創造），多角化（異なる事業の獲得による倒産確率の低下），節税効果（負債企業との結合），市場支配力の強化（販売価格の上昇），時間を買う効果（事業体制の立ち上げ時間の節約），2つの経営規律（顕在的な規律づけ[6]，潜在的な規律づけ[7]）などがあげられる。

　一方，価値を毀損するケースでは，帝国建設（経営者がプレステージを感じ，会社の資源を浪費して自らの帝国を建設すること），傲慢仮説（経営者が自信過剰であるため負のプロジェクトの自覚なしにM&Aを実行すること），ミス

---

[5] 川本真哉『日本のM&A150年史　日本企業はどう成長してきたか』15頁以降（日本評論社，2024）。
[6] 株価低迷した企業が買収のターゲットとなり，新しい株主・経営陣の下で株主価値を回復させるような経営改革がなされるという規律づけ。
[7] 買収のターゲットにならぬように経営陣が株主価値向上に向けた施策を行うという規律づけ。

バリュエーション（マーケットの誤った価格づけ），ステークホルダーからの富の移転（従業員から株主への価値の移転等）があげられよう。

(2) M&Aの流れ

M&Aの流れを図解すると以下のとおりである（**図表1-2**）。

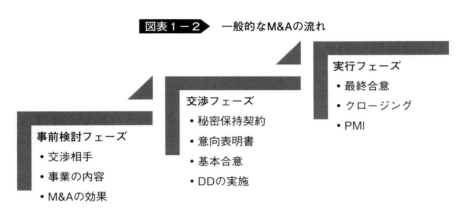

図表1-2　一般的なM&Aの流れ

まず，事前検討フェーズにおいて買い手企業では，経営戦略を具現化するためにどのような経営資源が必要で，外部から何を調達するかを検討し，それに基づき立案された投資戦略がM&Aを検討する基礎となる[8]。売り手企業では，買い手候補企業を金融機関等から紹介される場合や，救済型の場合には，管財人等が主催する入札へ参加することもある。なお，中小M&Aの場合，独自で買主を探してくるのは困難であるため，事業承継・引継ぎ支援センターやM&A仲介会社等に依頼して自社が特定されない程度に要約した企業概要書（ノンネームシート）を作成し，買い手候補の紹介を受ける。

次に，交渉フェーズでは，最初に秘密保持契約を締結し，他へ口外しないことを約束する。売り手企業では，自社に興味を持った買い手候補の数社のトップと面談し，その中から1社を選択する。買い手側企業では，意向表明書にて希望する買収額等を提示し，売り手側企業が，その内容に応諾できれば，基本

---

[8] 北地達明ほか編『最新M&A実務のすべて』38頁（日本実業出版社，改訂5版，2022）。

合意を締結する。ただし，基本合意は，最終契約の締結に先立ち，その協議や交渉の過程で締結されるもので，独占交渉権[9]および機密保持義務以外の法的拘束力はなく，最終的に合意しなくても原則として債務不履行による損害賠償責任は負わない。

基本合意が締結された後，独占交渉権を付与された買い手側企業には，買収調査，いわゆるデューデリジェンス（以下，「DD」という）を行う権利も付与され，買い手企業は取引に関して阻害要因となる事項を調査し，対象企業の企業価値を算定し，あわせて，PMI[10]の実行のための情報も収集する。中小企業においては，DDは社内リソースで完結せず，法務DDを弁護士，税務DDを税理士，財務DDを会計事務所，知的財産DDを弁理士など外部の専門家を活用するケースが多い。なお，M&A仲介会社やファイナンシャルアドバイザー（FA）を起用している場合，DDの専門家は彼らで手配することもある。

そして，実行フェーズでは，DDでM&A取引阻害要因が抽出された事項を参考にして，以下のオプションを選択することになる。

■ 想定されるオプション

- 価値算定への反映（減額して提示）
- M&Aスキームの変更
- 阻害要因の事前の排除
- リスク顕在時の補償

出所：山田英司『デューデリジェンス実践入門』51頁（日本実業出版社，2013）。

DDの結果をもとに買収価格に反映したり，当初予定していたスキームを株式譲渡から事業譲渡等へ変更したり，あるいは，表明保証[11]やキーマン条項[12]

9　M&Aの譲渡希望会社が買い手候補企業に与える排他的な交渉権。独占交渉契約中は第三者が関与しているかどうかは関係なく，他の候補先との接触は一切禁じられる。

10　Post Merger Integration。様々な解釈があるが，本書では，M&Aによる統合効果を確実にするために，DD等で把握した情報を考慮した組織統合マネジメントを推進することとする。

11　契約当事者がある地点における一定の権利義務関係について表明し，その内容が真実であることを証明するもの。

12　契約書に記載した従業員の転籍を契約成立の要件とすること。

6

等の形でリスク顕在時の補償を確保した後，合議案を協議する。

　そして，双方合意すれば，最終合意契約を締結し，最終契約締結後（あるいは同時に），クロージング（資金決済）が実行される。通常，M&Aの成約まで6カ月から1年程度を要し，買収価格等の折り合いがつかず，合意が形成されなければ，交渉が決裂してM&A取引が破談することになる。経験則ではあるが，成約率は40％前後であると思われる。なお，決済終了後に，社員，取引先，そして金融機関等にM&Aがディスクローズ（公表）されることになるが，上場企業の場合には，金融商品取引所の規則による適時開示制度に基づき基本合意を締結した時点でディスクローズされることが多い。

(3)　デューデリジェンスとは

　デューデリジェンスの由来は，米国の不動産取引にある。新築物件よりも中古物件が多い米国においては，売買実行時に売主側から買主側に包括的にリスクが移転するという原則に基づき，通常，売買契約締結前に買主側が自らのコスト負担で対象不動産に関する調査を専門家に依頼しており[13]，当該調査をDD（買収調査）と呼んでいる。

　中古物件を購入する場合，「価格」もさることながら，耐震性，修繕履歴，物件の劣化等も重要な情報である。加えて，購入した物件からの家賃収入や転売して利益を得ることが目的であれば，買主としては，土地建物の経済的価値，マーケット状況や収益性，テナント属性や賃料も貴重な情報である。

　当該調査では，必ずしも取引が成約するとは限らないので，目的に合わせて調査項目が絞られることになる。例えば，物件を駐車場として利用することを目的として購入する場合には，土壌汚染の調査は必要と思われるが，建物の耐震性や修繕履歴等の調査は不要であり，調査コストの観点から，そこまで調査範囲を広げることはない。

　M&Aの取引過程におけるDDについて法的定義はないが，「基本合意に基づき買収側（合併や株式交換等の場合は双方）が被買収側の財政状況や法遵守状

13　株式会社デューデリジェンス『デューデリジェンスの本質　M&Aの勝ち組となるために』2頁（中央経済社，2010）。

況などについて監査を行うこと」[14]、「売主から買主に対し移転されるリスクを明確化すること」[15]、「M&A投資により思い描く仮説が適切なものであるかどうかを確認するため、投資対象の事業内容や経営実態を詳細に調査・検討すること」[16]などと一般的には理解されており、本書では、DDを単に「買収調査」と定義する。

M&A取引におけるDDでは、事業活動上の法的リスクの有無を調査する「法務DD」、税務処理に不備がないかを調査する「税務DD」、そして譲渡企業が工場や特殊な研究開発施設の跡地などを保有している場合の土壌汚染等を調査する「環境DD」などリスク評価の観点から行われる。さらに、企業価値評価の観点から、M&Aで期待されるシナジーやキャピタルゲインが得られるかを調査する「ビジネスDD」、そして、リスク評価と企業価値評価の観点を併せ持つ「財務DD」では、財務会計処理の適正度や企業価値と投資額が釣り合っているかを調査する。

DDの一般的な流れは、まず、買主から法務、財務、税務、労務などの各分野の専門家（弁護士、公認会計士、税理士、社会保険労務士、中小企業診断士等）に対して、DDプロジェクトへの参加の打診がある。買主から、M&Aの概要の説明があり、買主とDD業務受託者との間で秘密保持契約（NDA：Non-Disclosure Agreement、または、CA：Confidential Agreementという）を締結した後、あるいは同時にDD業務委託契約を締結する。締結方式には事業譲受企業と労務DD受託者間が互いに秘密保持義務を負う「双務契約方式」と、誓約書の提出など専ら労務DD受託者のみ秘密保持義務を負う「差入形式」がある。

次に、ディールの目的やスキームなどの説明が行われ、調査項目等について打ち合わせ（キックオフ・ミーティング）を行い、案件の特徴に応じて開示を求める資料のリストを作成し、売主に対してリクエストする。開示された資料を検討し、質問事項をまとめて譲渡企業へ提出するが、必要に応じて、譲渡企業の経営者や担当者へインタビューを実施することもある。

14　髙谷編・前掲注(4)69頁。
15　株式会社デューデリジェンス・前掲注(13)3頁。
16　北地ほか編・前掲注(8)152頁。

そして，結果を調査レポートにまとめ，報告会でDD受託者はバイサイドからの調査報告に関する質問に回答してDDが終了するが，対象企業が大規模なケースでは，中間報告会を実施することもある。

最終合意までにM&A取引を画策しているとの情報が漏えいすると，社内のみならず，取引先にも動揺が広がるおそれがあることから，M&A取引は「秘密保持に始まり，秘密保持に終わる」といわれている。

2　人に係るデューデリジェンス

DDの調査項目については，M&Aの取引目的に応じて，買主が調査人から提示されるDDメニューから決めることになる。本書では，人に関するDDの調査メニューを大きく「労務DD」と「人事DD」に二分し，さらにそれぞれのDDを細分化してメニュー（調査項目）としている。以下，本書のメインテーマである労務DDを中心に詳解する。

(1)　労務デューデリジェンスとは

中小M&Aにおいて，労務DDの主たる実施目的は，労働に係る譲渡企業の潜在債務の有無を探り，債務を浮き彫りにして，企業価値が買収金額に見合っているかを調査することであるため，本書では「労務DD」を「労働に由来する潜在債務の調査」と定義する。例えば，初期の検討段階で純資産価値をベースに算出した買収金額の見込額が5,000万円のケースで，労務DDを実施した結果，残業手当の未払い賃金として3,000万円の潜在債務が認められた場合，理論的買収額は2,000万円となる。

労基法や厚生年金保険法などを遵守して法定費用を負担しているかという法の観点から行うという意味では，「法務DD」の一部ともいえ，必ずしも「労務DD」という形で独立したDDを実施すべきということはない。しかし，時間外労働に対する未払い賃金債務，社会保険料の未加入，そして労災民訴など労働に係る潜在債務が顕在化した際の企業経営に与えるインパクトの大きさや，上場企業においては，企業価値が買収金額に見合っているかのロジックについて株主に対し合理的に説明できるようにしておく必要性がある。したがって，

社会保険手続きや，給料計算実務に精通している社労士が「労務DD」を深掘りして実施する意義は高まっているといえる。

　このように労務DDは，潜在債務を数値化することで，投資額を適正に判断することを主たる目的として行われる。なお，本書では，限られた期間内で効率的に労務DDを行うため，潜在債務を「簿外債務」と「偶発債務」に区別して，調査に優先順位をつけている。

　簿外債務とは，法定の割増率を下回った割増率で時間外手当が算出されているために生じる未払い賃金，最低賃金を下回る場合の差額賃金，および社会保険に加入しなければならない社員の加入漏れによる未払い社会保険料など，「本来，費用として譲渡企業で負担し，会計帳簿に記帳されなければならないのに計上されていない債務」である。確定している費用であるため，現在は顕在化していないが，買主の立場では，支払うべきコストとして認識しておかなければならない。

　一方，偶発債務とは，例えば，解雇権の濫用と評価され，解雇者から解雇の無効を主張された場合の解雇期間中の賃金相当額を支払う（バックペイ）リスクが認められるなど「想定外の出来事が生じることにより発生するおそれのある債務」である。財務諸表等規則[17]58条では，「係争事件に係る賠償義務その他現実に発生していない債務で，将来において事業の負担となる可能性のあるもの」と規定されている。ただし，簿外債務と異なり，偶発債務は不確定の費用で顕在化しないことも多々あるので，偶発債務のDDを実施しない選択肢もある。

　なお，主な労務に係る簿外債務および偶発債務を整理すると次のとおりとなる（**図表１－３**）。

17　上場会社が金融商品取引法に基づいて財務諸表を作成する際に用語や様式，作成方法などを定めているルール（内閣府令）。

図表1－3 労務DDの主な調査項目

簿外債務	偶発債務
1．未払い賃金	1．労基法上の労働時間
2．退職給付債務（簡便法）	2．労基法上の管理監督者
3．社会保険（健康保険，厚生年金保険）	3．解雇
4．労働保険（労災保険，雇用保険）	4．取締役・個人請負型就業者の労働者
5．年次有給休暇5日指定義務	性
6．障害者雇用納付金	5．労災民訴
7．労使慣行	6．年金民訴
8．副業・兼業	7．同一労働同一賃金

　また，労務DDの契約の締結から報告までは以下のとおりである。

① 　労務DD業務委託契約の締結

　買主が労務DD受託者の顧問先企業である場合，書面の締結なしに労務DD業務が実施されることがある。しかし，調査項目や対象期間を明確に定めておかなければ，調査項目以外のリスクが顕在化した場合，責任の所在も曖昧になり，受託者が責任を追及されることになりかねない。したがって，譲渡企業やその事業の特性を踏まえた調査項目，調査対象期間および報酬等，契約の成立とその内容を書面化して明確にしておかなければならない。

　また，DDに費用や時間的制約がある場合，未払い賃金を調査するケースにおいて，1カ月のみを調査し，当該未払い賃金に賃金請求消滅時効の3年（つまり36カ月）を乗じた額を簿外債務とみなす選択肢や，出勤簿等の勤怠記録の一部しか存在しない場合，記録の存在割合と過去3年の従業員数から割り戻しする方法を採用することもあるので，労務DD業務委託契約書にその旨明確に記載しておく必要がある。

　また，労務DD受任者の調査業務の不能，遅延，調査報告書の瑕疵に起因して買主に損害を与えた場合の損害賠償義務については，損害賠償額が巨額になる可能性もある。

　公認会計士のケースだが，凸版印刷労働組合事件[18]では，同組合の書記長で

18　東京地判平15・4・14判時1826号97頁。

あったＡが労働組合の預金口座から複数回にわたって合計約１億円を横領していたにもかかわらず，公認会計士のＹらは，実査では，「預金の実在性」に関して預金先に対して直接残高確認を実施せず，また，預金通帳の原本も確認していなかったため，Ｙの監査契約上の債務不履行を認め，原告の請求を一部認容し，Ｙらに約3,000万円を連帯して賠償するよう命じている。

　社会保険労務士業務により発生した不測の事故への備えとして，「社会保険労務士賠償責任保険制度」がある。しかし，当該保険給付の対象は，社労士である被保険者が負担した，①法律上被害者に支払うべき損害賠償金[19]，②弁護士報酬などの争訟費用[20]，③保険会社の求めに応じて，保険会社への協力のために支出された費用であり，以下の事由に起因する損害や，被保険者が以下の損害賠償責任を負担することによって被る損害については保険給付の対象外となる（**図表１－４**）。

図表１－４　保険対象外の損害等一覧表

(1)　労働社会保険諸法令の規定による延滞金または追徴金
(2)　納付すべき保険料，納付金，拠出金その他労働社会保険諸法令の規定による徴収金を期限内に納付せず，またはその額が過小であった場合において，本来納付すべき徴収金の全部もしくは一部に相当する金額につき，被保険者が被害者に対して行う支払
(3)　被保険者もしくは業務の補助者による犯罪行為（過失犯を除く）または被保険者もしくは業務の補助者が他人に損害を与えるべきことを予見しながら行った行為（不作為を含む）
(4)　不正に保険給付を受けること，不正に保険料の賦課または徴収を免れること，その他労働社会保険諸法令に違反する行為
(5)　被保険者に対する請求が保険期間の開始前に発生した事由により，なされるおそれがあることを保険契約者または被保険者が保険期間の開始時に知っていた場合（知っていたと推定される合理的な理由がある場合を含む）はその事由
(6)　秘密の漏えい[21]

19　賠償責任の承認または賠償金額の決定に際しては，あらかじめ引受保険会社の同意が必要となる。
20　引受保険会社の書面による同意が必要となる。
21　情報漏えいに起因する事故については，サイバーリスク保険（特約）またはサイバーリスク保険〈情報漏えい限定補償プラン〉（特約）で補償される。

(7) 他人の身体の障害または財物の滅失，破損，汚損，紛失，盗取もしくは詐取[22]

(8) サイバー攻撃に起因する損害

　このように，労務DDによる損害賠償については，社会保険労務士賠償責任保険が適用されないことや，法律等で責任を限定する規定や免責規定などがないことに鑑みると，労務DD契約において，不当に損害賠償請求されないよう，また，過大な損害賠償責任を負わないよう規定しておかなければならない。そこで，労務DD業務の契約において考えられる対策としては，次のものが考えられる。

a）調査範囲の明確化

　労務DDの意義・内容については一義的ではなく，そもそも任意であり，その調査範囲は必ずしも明確ではない。専門的な知識，経験を有する社会保険労務士による労務DDといえども当然のことながら網羅的に実施するには限界がある。しかしながら，依頼人にとってはその限界がどこまでなのか不知である。

　また，労務DDには物理的，時間的，費用的にも一定の限界がある以上，依頼者と調査人との間で書面により明確にしておく必要がある。

　これを怠り，労務DDの範囲を口約束で曖昧なまま実施し，人事労務に関する事項で損害が生じ依頼者がこれを負担したのであれば，調査人である社会保険労務士が当該事項の専門家であることに鑑みて，損害賠償を請求されるおそれがある。

　したがって，労務DD契約書では，第2章および第3章で詳解する調査項目や調査手順などをもとに調査範囲および手法を明確にしておく必要がある。

b）売主への協力要請

　労務DD業務は，通常，秘密裏に行われるため，売主から全面的な協力は得られず，不十分な調査のまま結果を報告することもある。その不十分さゆえに，

22　ただし，保険の対象となる社会保険労務士業務のうち(1)(2)の業務のために被保険者が管理する他人の印鑑または各種証書の滅失，破損，汚損，紛失または，盗取を除く。

調査人が不当に損害賠償責任を追及され，損害賠償責任を負うことになってしまうおそれがある。

　それを回避するためにも，依頼者が，売主に対して労務DDに誠実に協力する義務・責任を負わせ，その義務・責任が果たせない場合には，調査人から契約を解除することができる旨記載しておくべきである。

ｃ）報告書の配布先の特定

　労務DD実施後の報告書の取扱いについて，例えば，売主の従業員が入手すると当該報告書の内容から未払い賃金等の債権の存在を知り，売主に対して請求するおそれがある。さらに，買収資金を金融機関から借り入れる場合など，依頼者から調査人の予期せぬ金融機関などの第三者に配布されると，その分だけ調査人としては損害賠償責任を負うおそれがある。したがって，報告書の配布先については，あらかじめ特定しておくのが無難である。

ｄ）賠償の範囲，賠償額の限定

　労務DDにおける調査人の責任は重大である。社会保険労務士は人事労務の専門家として重い責任を負うことは当然のことではあるが，秘密裏に行われる労務DD業務の軽微な過失により，高額の損害賠償責任を負うことになれば，誰も労務DDを業務として行わなくなる。

　他方，DD業務遂行リスクを考慮して，そもそも成約率の低い中小M&A取引において，労務DD報酬を高額に設定することになれば，依頼者にとって好ましくない。そこで，調査人の責任の重さを軽減するため，調査人が負う損害賠償の範囲，損害賠償額を限定することが考えられる。

　以上，労務DDにおける契約の場面における留意事項について検討してきた。調査人は，依頼者と適切な信頼関係を構築するため，依頼者の希望や自らが負うリスクを覚悟した上で，依頼者との間で離齬をきたすことのないよう，「労務DD業務委託契約書」を適宜自ら作成，修正した上で，依頼者と契約を締結すべきである。

14

■ 労務DD業務委託契約書（見本）[23]

労務デューデリジェンス業務委託契約書

　株式会社○○商事（以下「甲」という）と，○○○○社会保険労務士法人（以下「乙」という）（登録番号：1234567890123）は，甲が株式会社△△商会（以下「丙」という）の買収等を検討するための調査業務の委託に関し，次の通り契約を締結する。

（委託業務）
第1条　甲は丙の買収等を検討するための参考資料として，乙に対し，丙の労務に関する簿外債務および偶発債務の調査業務（以下「本件業務」という）を委託し，乙はこれを受託する。
　2　本件業務の調査項目は以下のとおりとし，調査の対象となる期間は令和○年4月1日から令和○年3月31日までの○年とし，起算日は令和○年○月○日とする。
　（1）**簿外債務**
　イ）未払い賃金（時間単価の算出，除外手当の算出，法定割増率，最低賃金との比較，管理監督者の深夜労働，年俸社員の時間外労働手当の支給）の算出
　ロ）退職給付債務（簡便法による）の算出
　ハ）社会保険料の適法性（健康保険・厚生年金保険被保険者の範囲，報酬の取扱い，資格取得日）
　ニ）労働保険料の適法性（雇用保険被保険者の範囲，賃金の取扱い，労災保険料率）
　ホ）障害者雇用納付金の適法性
　（2）**偶発債務**
　イ）労基法上の管理監督者の該当性
　ロ）解雇の妥当性（バックペイ）
　ハ）個人請負型就労者の労働者性
　3　調査の手法については，書面による調査，および乙が丙の許可を得た役員の中から指名する者へのヒアリングにより行う。
　4　乙は本件業務の結果を令和○年○月○日までに書面にて報告する。ただし，本件業務の遂行に係る情報の開示が乙が指定する日までに甲または丙からされなかったことにより，前項の調査を行うことができない場合につ

23　野中健次編『M&A労務デューデリジェンス標準手順書』34頁（日本法令，2019）を参考にして，一部著者が修正したもの。

いて，乙はその責任を負わず，本契約を解除できるものとする。

5　前項の報告書を甲以外の第三者が閲覧する場合については，乙の書面あるいはメールによる同意を必要とする。

（調査時期および日程）
第2条　本件業務の実施時期は令和○年○月○日から令和○年○月○日までとし，日程は下記のとおりとする。ただし，天災地変（火災，地震，風水害，落雷，公害，感染症・疫病（COVID-19の感染拡大等に伴う行政等の自粛要請等を含む）等を含むがこれらに限られない），戦争，暴動，内乱，テロリズム，ストライキ，その他の不可抗力により日程を変更，中断，または延期する必要がある場合，委託者は受託者と協議のうえ日程を変更，中断，または延期することができる。

記

令和○年○月○日　〜　○月○日　調査の概要，スケジュールの決定
令和○年○月○日　〜　○月○日　書類調査
令和○年○月○日　〜　○月○日　ヒアリング調査
令和○年○月○日　〜　○月○日　調査検討
令和○年○月下旬　　　報告会にて報告

（報酬および支払）
第3条　本契約に基づく報酬については，基本報酬＿＿＿＿＿円（税率○％，消費税＿円）に加え，調査人数および調査対象期間に比例する変動報酬＿＿＿＿＿円（税率○％，消費税＿円）とする。

2　基本報酬については，着手金として令和○年○月○日までに，変動報酬については，本件業務終了後1カ月以内に乙の指定する銀行口座に振り込むものとする（振込手数料は甲の負担）。

3　業務にかかる交通費等の経費は，原則として乙が負担するものとする。ただし，甲の依頼により都内以外の場所で業務を履行する場合には，甲が交通費（新幹線代等も含む）および宿泊費（1泊○○円以内とし，飲食費は含まない）を負担し，乙の請求により請求した日の属する月の翌月末までに乙の指定する銀行口座に振り込むものとする（振込手数料は甲の負担）。

（資料・情報等）
第4条　乙は，丙から開示された就業規則，労働者名簿，出勤簿，賃金台帳，その他人事に係る資料について，本件業務以外の用途に使用してはならず，善良なる管理者の注意義務をもって使用・保管・管理するものとする。

2　開示された資料等が不要となった場合，本契約が解除された場合，または丙からの要請があった場合，乙は開示された資料等をすみやかに破棄するものとする。

（機密保持）
第5条　機密情報とは，有形無形を問わず，本契約に関連して甲および丙から乙へ提供された人事上その他すべての情報を意味する。
　2　乙は甲および丙から提供された機密情報について善良なる管理者の注意をもってその機密を保持するものとする。
　3　乙は機密情報について，本契約の目的の範囲内のみで使用できるものとし，業務遂行以外の目的で複製するときは，事前に甲および丙から書面による承諾を受けなければならない。
　4　本条の規定は，本契約終了後も有効に存続する。

（損害賠償責任の範囲）
第6条　甲または乙は，故意または過失により本契約の規定に違反した場合，相手方に対し，その損害を賠償する。
　2　乙が甲に対して損害を賠償する場合，その損害賠償の範囲は委託者が現実かつ直接に負った通常損害に限るものとし，かつ，その賠償額は，債務不履行（契約不適合責任を含む），不当利得，不法行為その他請求原因の如何にかかわらず，受託者が受領した報酬額を上限とする。

（再委託）
第7条　乙は，甲による事前の承諾がないかぎり，本件業務の全部または一部を第三者に再委託できない。尚，甲の事前の承諾を得て第三者に再委託する場合には，乙は当該第三者に対し，本契約における乙の義務と同様の義務を遵守させ，その行為について一切の責任を負う。

（権利義務譲渡の禁止）
第8条　乙は甲の事前の書面による承諾がないかぎり，本契約の地位を第三者に継承させ，あるいは本契約から生じる権利義務の全部または一部を第三者に譲渡もしくは引受けさせ，または担保に供してはならない。

（反社会的勢力の排除）
第9条　甲および乙は，相手方に対し，次の各号のいずれかにも該当せず，かつ将来にわたっても該当しないことを表明し，保証する。

(1)　自らまたは自らの役員もしくは自らの経営に実質的に関与している者が，暴力団，暴力団員，暴力団員でなくなった時から5年を経過しない者，暴力団準構成員，暴力団関係企業，総会屋，社会運動等標ぼうゴロまたは特殊知能暴力集団等その他反社会的勢力（以下総称して「反社会的勢力」という）であること。

(2)　反社会的勢力が経営を支配していると認められる関係を有すること。

(3)　反社会的勢力が経営に実質的に関与していると認められる関係を有すること。

(4)　自らもしくは第三者の不正の利益を図る目的または第三者に損害を加える目的をもってするなど，反社会的勢力を利用していると認められる関係を有すること。

(5)　反社会的勢力に対して資金等を提供し，または便宜を供与する等の関与をしていると認められる関係を有すること。

(6)　自らの役員または自らの経営に実質的に関与している者が，反社会的勢力と社会的に非難されるべき関係を有すること。

2　甲および乙は，相手方に対し，自ら次の各号のいずれかに該当する行為を行わず，または第三者を利用してかかる行為を行わせないことを表明し，保証する。

(1)　暴力的または脅迫的な言動を用いる不当な要求行為。

(2)　相手方の名誉や信用等を毀損する行為。

(3)　偽計または威力を用いて相手方の業務を妨害する行為。

(4)　その他これらに準ずる行為。

3　甲または乙は，相手方が前二項のいずれかに違反し，または虚偽の申告をしたことが判明した場合，契約解除の意思を書面（電子メール等の電磁的方法を含む）で通知のうえ，直ちに本契約を解除することができる。この場合において，前二項のいずれかに違反し，または虚偽の申告をした相手方は，解除権を行使した他方当事者に対し，当該解除に基づく損害賠償を請求することはできない。

4　前項に定める解除は，解除権を行使した当事者による他方当事者に対する損害賠償の請求を妨げない。

（合意管轄）

第10条　本契約に関して訴訟の必要が生じた場合，東京地方裁判所または東京簡易裁判所を専属管轄裁判所とする。

（協議事項）

第11条 本契約に定めなき事項または解釈上疑義を生じた事項については，法令に従うほか，甲乙誠意をもって協議のうえ解決をはかるものとする。

以上，本契約の成立を証すため，本書2通を作成し，甲乙記名押印のうえ各1通を保有する[24]。

令和○年○月○日

　　　　　　　甲：　　　　　　　　　　　　　　　　　　　　　　　㊞

　　　　　　　　　東京都新宿区高田馬場○−○−○
　　　　　　　乙：　○○○○社会保険労務士法人
　　　　　　　　　代　表　社　員　　○　○　○　○　　　　　㊞

②　開示リストの作成・開示要求

　初期の段階で譲渡企業のWebサイト等の公開情報で入手可能なものについては，独自に入手しておき，調査項目の内容に見当をつける。つまり，譲渡企業の規模，業種およびスキームの態様を考慮して，重点的に調査すべき項目を決定し，調査に必要で開示を要求する資料のリストを作成する。

　この段階での資料要請リストは，譲渡企業へ一覧表にまとめて提出するが，漏れを防ぐ必要性から，網羅的なリストになることは避けられない。ただし，「○○に関する書類一式」などの抽象的な要請では，過大な負担となり，譲渡企業が調査との関連性の低い資料も準備し，提供されるまで時間を要したり，十分な調査ができなくなったりするおそれがあるので，可能な限り具体的な資料名を記載するよう注意しなければならない。

　なお，請求した資料のすべてが開示されるわけではない（そもそも存在しない場合もある）ので，「A…開示が必須」，「B…開示」，「C…できれば開示」などと必要度合いに強弱をつけるなどの工夫も必要である。

　資料の開示方法は，通常，譲渡企業から買主に直接に紙媒体で送られるが，

24　電子契約の場合は「以上，本契約締結の証として，本書を電磁的に作成し，双方にて署名捺印またはこれに代わる電磁的処理を施し，双方保管するものとする。」とし，双方の代表印の押印は不要となる。

最近は，ネットワーク上の専用ストレージサービス（VDR：Virtual Date Room）経由で開示されることもある。ただし，個人番号が労働者名簿に記載されている場合など機密性の高い資料については，DD担当者が譲渡企業に出向き，譲渡企業の会議室などを一時的なデータルームとして確保し，そこで確認する。この場合，開示期間，コピーの禁止，ディールがブレイクした際の資料の破棄・返還などの一定の制限が付される。

③　資料調査

収集した資料に基づき，譲渡企業の労働に由来する潜在債務の有無およびその債務額を調査する。簿外債務および偶発債務を基礎づける根拠条文，裁判例，通達などを調査項目ごとに定立し，資料を当てはめて見当をつけ，不明な点をインタビューで確認する。

原則として，開示された資料を信用して調査するが，入社日，保険資格取得日，退職日，保険資格喪失日の重要な情報については，それぞれ，労働者名簿，タイムカード，各保険資格確認通知書を突合して確認することが必要である。

なお，リクエストした資料がそもそも存在しない場合には存在しない理由をインタビューで確認し，調査ができない場合には「調査未了」である旨レポートに記載する。

④　FAQシートの作成・回答依頼

開示された資料をもとに資料を検討し，問題となる点を整理しておき，譲渡企業の担当者へインタビューすることになる。これに先立ち，質問票（質問日，質問者，質問事項，回答日，回答者，回答内容等）を作成・送付し，書き込み・返信してもらっておくことがポイントである。返信の内容によっては追加質問が必要となることがあるので，それも考慮し，スケジューリングする。

なお，資料の検討が進んだ後にインタビューするが，ケースによっては，早い段階で概括的なインタビューの機会を設け，全体像を把握した後，資料を検討し，詳細なインタビューを再度行うこともある。

■ 労務FAQシート（見本）

No.	質問日	分類	項目	質問内容	回答日	回答
1		簿外	割増	給与計算業務についてご教示ください。担当人数，使用ソフト等。		
2		簿外	割増	固定残業手当は，現在どのように運用していますか。		
3		簿外	割増	残業手当の単価計算式についてご教示ください。		
4		簿外	割増	基準内賃金が異なる従業員でも同額の固定残業手当を支給している理由をご教示ください。		
5		簿外	割増	休日出勤した際の賃金の計算はどのようにされていますか。		
6		簿外	割増	振替休日はどのように運用されていますか。		
7		簿外	割増	１年間で何月が繁忙ですか。		
8		簿外	割増	賃金規程に記載がない手当の支給基準をご教示ください。		
9		簿外	割増	時給制の方で週40時間以上勤務される方はいますか。		
10		簿外	割増	従業員番号77　○様は日給制でしょうか。労働条件通知書はありますか。		
11		簿外	割増	年俸制の従業員はいますか。いる場合，残業代の取扱いについてご教示ください。		
12		簿外	割増	歩合給はありますか。ある場合，その時間外労働の具体的な計算方法をご教示ください。		
13		簿外	社会保険	社会保険の資格取得日と雇用保険の取得日が異なることはありますか。		
14		簿外	社会保険	○月○日支給の賞与の社会保険（所得税）の届出の有無についてご教示ください。		
15		簿外	退職金	過去に退職金を支給した従業員はいますか。		
16		簿外	退職金	過去に支給した退職金は勤続年数何年の従業員に対しどのような基準で支給しましたか。		
17		簿外	休日	年間休日は就業規則どおりでしょうか。		
18		簿外	時間	１年単位の変形労働時間制が適用されている従業員はいますか（就規に記載あり）。		
19		簿外	年休	年次有給休暇管理簿は作成されていますか。どなたが作成，管理していますか。		
20		簿外	年休	年５日はクリアされていますか。基準日は人ごとに管理ですか。全員同じ日ですか。		

21		偶発	管理 監督者	労基法上の管理監督者として取り扱っている従業員はいますか。		
22		コン プラ	法定 帳簿	労働者名簿・賃金台帳・出勤簿・年休管理簿は誰がどのように整備，管理していますか。		
23		コン プラ	書類 管理	社会保険・労働保険関係の届出書類および公文書はどのように管理していますか。		
24		コン プラ	就業 規則	就業規則の作成はどなたが担当ですか。また，周知方法と保管場所についてご教示ください。		
25		コン プラ	就業 規則	就業規則に記載していない会社のルールや慣習はありますか。		
26		コン プラ	その他 規程	慶弔見舞金規程（就業規則○条），再雇用規定（就業規則○条）はありますか。		
27		コン プラ	労使 協定	36協定は毎年届出されていますか。		
28		コン プラ	労使 協定	労働者代表の選任方法についてご教示ください。		
29		コン プラ	労働 条件	従業員への労働条件はどのように提示していますか。		
30		コン プラ	時間	労働時間管理の単位を教えてください。1分，10分，15分，30分等。		
31		コン プラ	時間	始業・終業時刻が就業規則とタイムカードとで異なる場合，その内容を教えてください。		
32		コン プラ	時間	休憩時間は契約どおりに取れていますか（2時間／日）。		
33		コン プラ	時間	残業（時間外労働，休日労働）はどのように管理していますか。		
34		コン プラ	時間	社内で一番早く出社している従業員は誰ですか。通常何時に出社していますか。		
35		コン プラ	時間	直行直帰をしている社員はいますか。報告方法をご教示ください。		
36		コン プラ	時間	携帯電話を持たせている従業員はいますか。		
37		コン プラ	制度	テレワークは実施していますか。している場合，出退勤はどのように管理していますか。		
38		コン プラ	安全 衛生	雇入れ時に健康診断または，健診結果の提出を求めていますか。		
39		コン プラ	安全 衛生	健康診断の年1回の実施と受診拒否者の有無。要検査の場合，再検査の実施の有無。		
40		コン プラ	安全 衛生	休職中の従業員はいますか。過去に休職した従業員はいますか。		

41		コンプラ	懲戒処分	過去に解雇した従業員はいますか。		
42		コンプラ	懲戒処分	過去に懲戒処分をした従業員はいますか。		
43		コンプラ	派遣等	出向，派遣，請負で仕事をされている方はいますか。		
44		コンプラ	請負	個人委託ドライバーがいる場合，業務の実態をご教示ください。		
45		コンプラ	官庁調査	労働基準監督署の調査で是正勧告書の交付や指摘事項はありましたか。		
46		コンプラ	官庁調査	年金事務所の調査で指摘事項はありましたか。		
47		コンプラ	ハラスメント	パワハラ，セクハラ，マタハラの相談窓口の設置をしたことはありますか。過去にハラスメントはありましたか。		
48		コンプラ	助成金	過去に厚生労働省管轄の助成金を申請したことがありますか。		
49		コンプラ	労働組合	労働組合について，過去に社内外に存在したことがありますか。		
50		コンプラ	労働組合	社外の労働組合（ユニオン）から団体交渉を申し込まれたことはありますか。		

⑤　インタビュー

　インタビューの内容については，入手した資料に照らして，以下の簿外債務のチェックシート（**図表1－5**）および，偶発債務のチェックシート（**図表1－6**）に留意して行う。

図表1－5　簿外債務のチェックシート

調査項目	調査ポイント	調査資料例
未払い賃金 (1)	割増賃金単価計算ミス ☐　時間単価の算出方法 ☐　除外賃金の手当の内容の確認 ☐　割増率の確認	就業規則 賃金規程 雇用契約書 タイムカードまたは 出勤簿 勤務シフト表 賃金台帳

未払い賃金 (2)	最低賃金を下回るもの □ 月給を時給換算 □ 歩合給 □ 固定給と歩合給の併給の場合 □ 選択型DCを導入していた場合	就業規則 賃金規程 雇用契約書 タイムカードまたは出勤簿 賃金台帳
未払い賃金 (3)	その他賃金の未払いが明らかなもの □ 1時間未満の時給の切捨て □ 管理監督者の深夜労働の未払い □ 裁量労働者の深夜・休日労働の未払い □ 残業手当が基本給に含まれている年俸社員 □ 変形労働時間制の中途入退社した者の未精算 □ 変形労働制の導入要件の不備 □ フレックスタイム制の中途入退社した者の未精算 □ 振替休日の未精算 □ 労働協約上の割増率（労働組合がある場合のみ）	就業規則 賃金規程 雇用契約書 タイムカードまたは出勤簿 賃金台帳 労働者名簿 裁量労働の労使協定書 裁量労働制に係る労使協定届控
退職給付債務	退職一時金 □ 退職一時金の計算（簡便法による）	就業規則 退職金規程 退職金規程の変更の有無とその内容 賃金規程 賃金台帳 労働者名簿 雇用保険被保険者資格取得確認通知書 離職票
社会保険(1)	被保険者の範囲 □ アルバイト「1週間の所定労働時間および1カ月の所定労働日数が同一の事業所で同一の業務に従事している通常の労働者の4分の3以上」（昼間学生も該当すれば被保険者となる） 特定適用事業所（1年のうち6カ月以上，適用事業所の被保険者の総数が51人以上となることが見込まれる企業）における短時間労働者の適用拡大 □ 週の所定労働時間が20時間以上 □ 月額88,000円以上（以下の賃金は除外する） ・臨時に支払われる賃金（結婚祝金等） ・1月を超える期間ごとに支払われる賃金（賞与等） ・時間外労働，休日労働および深夜労働に対して支払われる賃金（割増賃金等） ・最低賃金法で算入しないことを定める賃金（精皆勤手当，通勤手当，家族手当）	就業規則 賃金規程 雇用契約書 タイムカードまたは出勤簿 賃金台帳 労働者名簿 取締役規程 委任契約書 算定基礎届 賞与支払届

	☐ 昼間学生でないこと（以下は被保険者となる） ・卒業見込証明書を有する方で，卒業前に就職し，卒業後も引き続き同じ事業所に勤務する予定の者 ・休学中の者 ・大学の夜間学部および高等学校の夜間等の定時制の課程の者等 被保険者でない取締役の常用的使用関係の有無 ☐ 定期的な出勤の有無 ☐ 役員会の出席の有無 ☐ 従業員に対する指示・監督の状況 ☐ 役員との連絡調整の状況 ☐ 法人に対する影響力 ☐ 報酬の実態 ☐ ２以上の事業所から報酬を受けている場合の取扱いの適法性 ☐ ２カ月以内の期間を定めて使用される者の有無 ☐ 資格取得漏れ ・所定で要件を満たす 　→当初から取得 ・実態として要件を満たす 　→実態を満たした３カ月の初日に取得	
社会保険(2)	社会保険の手続き ☐ 定時決定 ☐ 随時改定 ☐ 賞与支払届 社会保険料の基礎となる報酬に含めるもの ☐ 現物給与（☐ 食事，☐ 住宅） ☐ 大入り袋の取扱い ☐ 貸付金の債務免除 ☐ 退職金の前払い ☐ 適年・厚生年金基金制度の廃止による一時金 ☐ 財形奨励金 ☐ 持株奨励金 ☐ NISA奨励金 ☐ 養老保険等の保険料 ☐ 在宅勤務手当（実費弁償でないもの）	就業規則 賃金規程 退職金規程 福利厚生制度関連規程 雇用契約書 タイムカードまたは出勤簿 賃金台帳 労働者名簿
社会保険(3)	その他 ☐ 延滞金 ☐ 追徴金 ☐ 判断を伴うものは年金事務所に疑義照会	社会保険料の督促状

労働保険	☐ 労災保険料率（適用業種の適正） ☐ 雇用保険被保険者の範囲 ☐ 労働保険料の基礎となる賃金に含めるものの適法性 ☐ 延滞金 ☐ 追徴金	登記簿謄本（目的欄） 就業規則 雇用契約書 労働保険申告書控 雇用保険被保険者資格取得確認通知書
年次有給休暇5日指定義務	☐ 年次有給休暇の5日指定義務対象者 ☐ 年次有給休暇の5日付与取得状況 ☐ 年休取得時の賃金 　（平均賃金方式・通常の賃金方式, 標準報酬日額方式）	就業規則 賃金規程 年次有給休暇管理簿 労働者名簿 賃金台帳
障害者雇用納付金	☐ 障害者雇用の適法性 ☐ 障害者雇用納付金相当額 ☐ 障害者雇用調整金の受給の有無 ☐ 除外率の適用の有無 ☐ 労働者数が常時101人以上	障害者雇用状況報告書控 労働保険申告書控 賃金台帳 源泉所得税の領収書 労働者名簿 タイムカードまたは出勤簿 雇用保険被保険者資格取得確認通知書
労使慣行	☐ 賃金の決定方法と実情 ☐ 割増賃金の決定方法と実情 ☐ 賞与の決定方法と実情 ☐ 退職金の決定方法と実情 ☐ 慶弔見舞金等の決定方法と実情 ☐ 始業・終業時刻, 休日の決定方法と実情 ☐ 労働時間の管理方法と実情	就業規則 賃金規程 雇用契約書 タイムカードまたは出勤簿 賃金台帳 労働者名簿 求人票 休日カレンダー
副業・兼業	☐ 労働契約締結の先後の順の確認 ☐ 先方での立場（フリーランス, 管理監督者等） ☐ 労働時間の管理状況 ☐ 割増賃金の支払いの有無 ☐ 管理モデルの適用の有無 ☐ 雇用保険マルチジョブホルダーの適用（65歳以上）	就業規則 賃金規程 雇用契約書 タイムカードまたは出勤簿 賃金台帳 労働者名簿 副業・兼業許可申請書

図表1－6 偶発債務のチェックシート

調査項目	調査内容・ポイント	調査資料例
労基法上の労働時間(1)	☐ 始業前の時間帯 ☐ 終業後の時間帯 ☐ 健康診断・医師面接時間の時間帯 ☐ 休憩時間の確保	就業規則 タイムカードまたは出勤簿 会社休日カレンダー
労基法上の労働時間(2)	☐ 健康診断の受診時間 ☐ 出張時間 ☐ 直行直帰 ☐ 移動時間 在宅勤務の事業場外みなし労働制度2要件 ☐ 情報通信機器が，使用者の指示により常時通信可能な状態にしておくこととされていないこと ☐ 随時使用者の具体的な指示に基づいて業務を行っていないこと 専門業務型裁量労働制の適法性 ☐ 対象業務の適法性 ☐ 労使協定の適法性 ☐ 手続き上の適法性 企画業務型裁量労働制の適法性 ☐ 対象業務の適法性 ☐ 対象労働者の適法性（新卒等） ☐ 対象者の同意書 ☐ 労使委員会の運営等の適法性 ☐ 手続き上の適法性 事業場外労働のみなし制 ☐ 労働時間の算定の困難度合い ☐ みなし労働時間の確認 　（内外一括みなし，通常必要時間，労使協定時間） ☐ 手続き上の適法性 高度プロフェッショナル制度 ☐ 年収要件（1,075万円以上） ☐ 労使委員会の運営等の適法性 ☐ 対象者の同意書 ☐ 手続き上の適法性	就業規則 賃金規程 雇用契約書 タイムカードまたは出勤簿 賃金台帳 労働者名簿 組織図 裁量労働の労使協定書 裁量労働制に係る労使協定届控 労使委員会議事録

労基法上の 管理監督者	1．経営者と一体的な立場 □ 自己の部署における採用権，解雇権等の人事権が付与されている □ 自己の部署における人事考課の権限が付与されている □ 経営にかかわるメンバーのみで開催される会議への出席義務がある（会社全体の経営にも影響がある地位でもある） 2．自己に労働時間の裁量権がある □ 遅刻，早退しても自己の時間単位の年次有給休暇を消化する必要がなく，遅刻早退控除に対するペナルティーが一切ない □ 欠勤しても自己の年次有給休暇を消化する必要がなく，欠勤控除に対するペナルティーが一切ない □ 事前に勤務時間の裁量を有していることを認識した上で，誰からの承認も受けずに労働時間を決めることができる 3．地位や職責にふさわしい待遇 □ 残業手当を上回る管理職手当等が支給されている □ 賞与支給基準が一般社員と比較して優遇されている □ 年収で従業員最上位層である 4．全労働者に占める労基法上の管理監督者の割合 □ 中小企業において妥当な割合	組織図（管理職の氏名記入） 就業規則 賃金規程 職務分掌規程 職務権限規程 雇用契約書 タイムカードまたは出勤簿 賃金台帳 労働者名簿
解雇	□ 解雇制限期間 □ 法令により禁止されている解雇規制 □ 内定取消し □ 試用期間の本採用拒否 □ 解雇権濫用の有無（□客観的事実，□相当性） □ 懲戒解雇権の濫用 □ バックペイ □ 退職勧奨の態様 □ 雇止めの適法性 □ 休職期間満了による退職 □ 定年再雇用拒否 □ 継続雇用後の雇止めの適法性	内定通知書 就業規則 賃金規程 退職金規程 賃金台帳 雇用契約書 労働者名簿 離職票

取締役の労働者性	☐ 取締役会の開催と参加 ☐ 退職金の清算（労働者から取締役への移行） ☐ 労働時間の裁量権の有無（欠勤，遅刻，早退控除の有無） ☐ 役員報酬の中身（役員報酬，兼務役員の基本給）	組織図 就任承諾書 商業登記簿謄本 取締役会議事録 雇用保険被保険者資格確認通知書 雇用保険被保険者資格喪失確認通知書
個人請負型就業者の労働者性	使用従属性に関する判断基準 指揮監督下の労働 ☐ 仕事の依頼，業務指示等に対する諾否の有無 ☐ 業務遂行上の指揮監督の有無 ☐ 拘束性の有無 ☐ 代替性の有無 報酬の労務対償性 ☐ 時間給，欠勤控除など 労働者性の判断を補強する要素 事業者性の有無 ☐ 機械，器具の負担関係 ☐ 報酬の額 ☐ 専属性の程度 ☐ 契約締結の態様（一方的に決定されていない）	組織図 業務委託契約書 注文書 就業規則 賃金規程
労災民訴	☐ 休業損害 ☐ 後遺障害逸失利益 ☐ 死亡逸失利益 ☐ 慰謝料	就業規則 賃金規程 賃金台帳 労働者名簿 労災給付請求書写 死傷病報告書写
年金民訴	☐ 社会保険未加入者の有無 ☐ 得べかりし年金額の算出 ☐ 得べかりし脱退一時金の算出（外国人労働者のみ）	就業規則 賃金規程 賃金台帳 タイムカードまたは出勤簿 雇用契約書 労働者名簿 雇用保険被保険者資格確認通知書

| 同一労働同一賃金 | ☐ 職務の内容
☐ 職務の内容および配置変更の範囲
☐ その他の事情
　（労働組合との協議，定年再雇用等）
☐ 継続雇用者基準の労使協定の有無（平成25年３月31日まで）
☐ 高年齢雇用継続基本給付金の受給の有無とその金額
☐ 在職老齢厚生年金の受給の有無とその金額
☐ 基本給，諸手当，賞与の損害賠償額の算出
☐ 正社員の手当を減額し，非正規を含めた新たな手当を創出した場合は，改定前後の賃金総額の差額 | 就業規則（無期転換者用）
賃金規程
職務分掌規程
職務権限規程
賃金台帳(定年前後)
再雇用契約書
面談記録
労働者名簿
組織図
労使協定
労働協約
雇用保険被保険者資格確認通知書
損益計算書（過去３年分）
高年齢雇用継続給付支給決定通知書 |

　また，インタビュー時，詰問口調は言語道断である。質問と異なる回答であったり，また，法的に問題があるような回答であったりしても，話の腰を折らず，相手に気持ちよく回答させるため問題点を指摘するようなことは避けるべきである。

　なお，インタビューの回答内容については，M&A取引終了後，担当者がどのように回答していたかが，重要な問題となることがあるので，記録化し，可能であれば録音することが望ましい。

⑥　DDレポートの作成・報告

　労務DDの報告は，通常，他のDD報告とあわせて説明会で行うことが多い。稀に，中間報告会が開催され，他のDDと情報の共有化がなされ，追加する調査項目を決定し，最終報告会を行うこともある。報告書には，特に形式はないが，経営者が迅速に意思決定できるよう，労務DDのレポートは，先に潜在債務額を提示し，その内訳として，簿外債務額および偶発債務額を簡潔にまとめ，根拠については後段で記載するなどの工夫が必要と思われる。なお，具体的な報告書例については後述する。

また，この時点で，当該債務額の算出根拠の説明のみならず，当該リスクの回避策に対する意見を求められることもあるが，それに対する回答は「改善コンサルティング」の業務であり，別途報酬が発生することを明らかにしておくべきであろう。

(2) 労務デューデリジェンスの反映

労務DDの結果，潜在債務が認められた場合，①ディールブレイク（取引中止），②スキームの変更，③取引価格の減額，④実行の前提条件の設定，⑤実行前の義務の設定，⑥表明保証，⑦取引成立後の義務などの方法により対応することになる。

① ディールブレイク（取引中止）

労務DDの結果，取引金額を大幅に上回る巨額な潜在債務が認められ，将来的にも持続し，これを回避することが困難であったり，組織の再編に労働組合から強い反発が予想されたりする場合には取引のメリットよりもデメリットのほうが大きいので，取引自体を中止する。

② スキームの変更

潜在債務を縮減または排除して，リスクを回避するため当初に予定していたスキームを変更する。労働者と使用者の関係は労働契約関係であり，スキームにより当該労働契約の権利義務関係は以下のとおりになる（**図表１－７**）。例えば，当初は株式譲渡というスキームを予定していたところ，潜在債務が巨額になるため，会社分割や事業譲渡に変更することにより，潜在債務を縮減または排除することが可能となる。ただし，事業譲渡の場合には，対象となる労働者から個別同意を取りつけなければならないという問題が生じる。

第1章　労務デューデリジェンス　**31**

図表1－7　スキーム別の労働契約上の権利義務関係の移転

スキーム	労働契約の権利義務
合併	包括承継（すべて承継）
会社分割	部分承継（対象となる事業に従事する労働者のみ）
事業譲渡	特定承継（原則非承継）
株式譲渡	包括承継（すべて承継）

③　取引価格の減額

　労務DDの結果，巨額な簿外債務が認められた場合には，当初の評価額の重要な前提条件が崩れ，高値掴みをするおそれがある。このため，当初の取引見込価格から簿外債務相当額を控除して取引価格の合理性を改めて検証する必要があり，当該簿外債務額が巨額になる場合，買主は取引価格の減額を提示する。なお，顕在化する可能性が低い偶発債務については，買主で投資リスクとして引き取り，顕在化する可能性が高い簿外債務については，金融機関を利用して，一旦一部の金額を支払った上で残額は一定の条件を充たしたことを条件に後払いする制度（エスクロー）を活用する方法もある。

④　実行の前提条件の設定

　実行日までに潜在債務が解消されていなければ買収金額の支払い義務を負わないものとして，取引から安全に離脱する選択肢を確保するために，実行の前提条件を定め，契約成立の条件とすることがある。

　また，取引の重要な前提条件が崩れるような事実が発見されたが，一定期間後に修正される余地がある場合には，修正したことを取引実行の前提条件として定めることがある。

　例えば，社会保険に加入義務のあるアルバイトが社会保険に未加入であることが発見された場合，未払い社会保険料が簿外債務として認められるが，クロージング日までに「社会保険に加入義務のあるアルバイトについては，加入義務日まで遡及して社会保険に加入すること」を前提条件の条項として設け，簿外債務リスクを回避することが考えられる。

⑤ 実行前の義務の設定

発見された潜在債務の解消を前提条件に規定するのみでは，買主は取引から撤退するしか選択肢がないため，売主が自発的な潜在債務の解消に消極的であった場合，DD等に費やしたコストが無駄となる。したがって，これを回避するため実行前の義務を設定することがある。

例えば，民主的な方法で選出されていない者との間で裁量労働に係る労使協定を締結していた場合，そもそも裁量労働制が認められないので，裁量労働の対象となっていた労働者の，過去3年間の時間外労働に対する賃金を簿外債務として認識することになる。そのようなケースにおいては，当該未払い賃金を精算することに加えて，当該簿外債務を将来に生じさせないため「労働法制に則った形で裁量労働に係る労使協定を締結し，管轄の労基署へ届け出ること」を実行までの義務として条項に規定することで，簿外債務リスクを回避することが考えられる。

⑥ 表明保証

表明保証とは，契約締結日や取引実行日など特定の時点において，リスクに該当する事実が存在しない旨を表明し，保証することをいう。期間や費用上の制約で完全なDDが困難であった事項について，売主に労務に由来する潜在債務について，そのような事実はない旨を表明保証させるが，表明保証条項に違反して，潜在債務があったとしても，買主の損害を補償する義務まで定めておかなければ，売主に損害賠償を求めることはできない。

例えば，譲渡企業において過去に解雇した者がいた場合，売主が当該解雇については就業規則に則った解雇であったことを表明し，保証したとしても，「当該解雇について，裁判等で解雇権の濫用により解雇が無効であると判示された場合，または当事者間の和解により，バックペイ等の買主が被った損害，損失，費用について，売主は賠償するものとする」と条項に設ける必要がある。

また，以下のような特別補償を表明保証に記載することも考えられる。

第1章　労務デューデリジェンス　**33**

■ **特別補償文案**[25]

> 売主らは，対象会社の従業員（元従業員も含む）から，譲渡日までに生じた未払債務（未払給与・賞与，未払時間外・休日出勤手当，深夜労働手当及び従業員による立替経費の未精算分を含む）の請求がなされ，又は労働基準監督署・裁判所その他の公的機関から当該未払債務の支払の命令若しくは指導が対象会社に対してなされ，これらにより対象会社に損害が生じた場合，譲渡日から3年以内に限り，当事者の認識如何に拘わらず，買主又は対象会社に対し，当該損害を賠償又は補償する。
>
> 但し，譲渡日後3年以内に損害賠償又は補償を請求した場合は，同期間経過後も賠償又は補償を受ける権利は存在する。

　ただし，表明保証違反が判明した時点で，売主が必要な資力を備えておらず，また売主がPEファンドで既に解散していた場合，買主は十分な補償を受けることができなくなるおそれがあるので，保険に加入してカバーする動きもある。例えば，クロージング後に未払い賃金や買掛金があることが判明し，買主はその債務を弁済するための費用を負担した場合，当該弁済費用相当額を売主による金銭補償に代わって保険会社から保険金として受領する仕組みである[26]。

⑦　取引成立後の義務

　取引成立後も重要な前提条件を維持するため，売主に対して取引成立後の義務を負わせ，履行請求や損害賠償請求を可能にする場合もある。

　例えば，労務DDで偶発債務として年金民訴の可能性が認められた場合，「当該従業員から民事訴訟により得べかりし年金額を損害として賠償請求される際には，社会保険に加入しなかった経緯や当該従業員との当時のやり取り等の調査について協力する義務を負うものとする」と条項に設け，さらに「得べかりし年金額を請求されたことにより，買主が被った損害，損失，費用について，売主は賠償するものとする」と条項に追記することで，偶発債務リスクを回避

25　横井伸編著『買い手の視点からみた中小企業M&AマニュアルQ&A』206～207頁（中央経済社，第2版，2021）に一部著者が加筆したもの。

26　東京海上日動では，再生型M&Aなどで，売主の信用力または取得可能な担保が限定的である場合や，経営陣・ビジネスパートナーとして売主に残ってもらい，良好な関係を維持するため請求できない場合でも，一定の要件を満たせば保険給付の対象としている。

することが考えられる。

(3) 人事デューデリジェンスとは

「労働法制の遵守度合い，従業員属性および人事全般の調査」である人事DDは，本書のテーマではないが，人事DDの調査項目の一部を労務DDに加えて実施することもあるので，若干触れておく。

人事DDの主たる実施目的は，譲渡企業のPMIの便宜のために労働法制の適法性を含めた問題点を把握しておくことである。労働法制を遵守して人事マネジメントがなされているかという観点からという意味では，法務DDの一部ともいえ，必ずしも人事DDという形で独立して実施する必要はない。

しかし，人材を資本と捉えて効果的に投資し，企業価値向上に繋げる「人的資本経営」[27]が注目を浴び，世界で強まる人的資本経営の潮流の中，わが国でも，金融商品取引法24条の有価証券を発行している企業に対して，有価証券報告書の従業員の状況に，「女性管理職比率」，「男性の育児休業取得率」，「男女間賃金格差」の記載義務を課すことになった今，人事DDの際にこれらを含む人事情報を詳細に把握しておく動きも見受けられる。

また，取引終了後には，次のような人事上の課題が待ち受けており，労働法制に抵触する事項の有無を探り，事前に人事上の課題を取集，対応策を検討しておくことが，M&Aを成功に導くには重要であり，そのために人事DDを実施するのが賢明であろう。

- 戦略に合致した組織と組織マネジメント体制の設計
- 戦略に合致した新組織に向けての人材確保と人材の選別
- 新組織における適材適所配置と役職・タイトルの決定
- 年金・退職金の債務（積立不足）と移行問題
- 健康保険の移行問題
- 法定外の福利厚生の統廃合
- 等級制度，賃金制度の統合と改革

---

27 人的資本経営とは，人件費は利益を圧迫するものではなく，将来の価値を生む投資であるという概念に基づくものであり，「人材版伊藤レポート」（令和2年9月，2.0は令和4年5月）においては，人への投資不足が日本企業の持続的成長を阻害していると指摘している。

- 新組織の戦略に沿った評価制度の再構築
- 昇進昇格と異動ルールの策定
- 新組織の役員体制と処遇
- 新組織における責任権限体制の確立
- 組織再編の意義や意味と方向性の伝達と共有
- 組織文化風土の統合と確立

具体的な人事DDの調査項目を参考までにあげる（**図表１－８**）。

図表１－８ 人事DD調査項目

労働法制の遵守度合い	従業員属性および人事全般
1．法定４帳簿 2．就業規則 3．募集・採用活動・試用期間 4．人事権 5．制裁（懲戒） 6．労働契約の終了 7．労働安全衛生 8．パートタイム労働者 9．派遣労働者（派遣先としての責務） 10．外国人労働者（不法就労） 11．育児・介護休業制度 12．雇用調整助成金等の受給状況[28] 13．ハラスメント防止措置 14．内部通報制度	1．経営理念・人事理念等 2．人的資源の分析 3．人事制度 4．法定外福利厚生 5．組織力測定 6．取締役・執行役員の位置づけ 7．労働組合との労働協約

出所：社会保険労務士法人野中事務所編『M&Aの人事デューデリジェンス』10頁（中央経済社，2018）を著者が一部修正したもの。

　なお，中小企業間におけるM&A取引の人事DDにおいては，労働法制を網羅的に調べることまで求められておらず，買収価格に直接影響がない事項については，最小限で実施される傾向がある。弊所では，少なくとも，社労士診断認証制度の「経営労務診断」を人事DDの代用として実施することを提言している。

　経営労務診断とは，全国社会保険労務士会連合会の社労士診断認証制度であ

28　助成金や奨励金の不正受給が判明した場合，偶発債務として評価する場合もある。

る。認証には，「職場環境改善宣言企業」，「経営労務診断実施企業」，そして，「経営労務診断適合企業」と３つあり，①経営労務に関する調査事項，②組織体制に関する確認項目，③労務管理等に関する数値情報の３つで構成する「経営労務診断」を受診し，「労務管理に関する調査事項」のすべてが適正である場合に「経営労務診断適合企業」として認証マークが付与される[29]。ただし，診断項目の一部が適正と評価されない場合でも，経営労務診断を実施した企業として「経営労務診断実施企業」の認証マークが付与される。

　なお，「経営労務診断適合企業」の認証を受けられたとしても，労働法制上のすべての法令等を遵守している企業として「お墨付きを与えられる」わけではなく，買い手企業には，誤解を与えないよう事前に説明しておかなければならない。

　本書では，中小M&Aに対する簡易版の人事DDとして，経営労務診断を推奨しており，当該診断手法等については，第４章で詳解する。

3　労務DD調査報告書

　前述したとおり，労務DDの結果報告は，通常，他のDD報告とあわせて，依頼者への報告会で行われる。稀に，中間報告会が開催され，他のDDと情報の共有化がなされ，追加する調査項目を決定し，最終報告を行うこともある。なお，報告書には定型の形式はないが，１枚もののレポートで「労務DDの結果，潜在債務はありませんでした」などと安易に「お墨付き」を与えるようなレポートは，買収後に労務に係る潜在債務が見つかった場合，責任を追及されるリスクがあるので，極めて危険である。一方，実際に実施した手続きとその結果を淡々と記載していく形式も工夫がない。

　弊所では，買主の経営者が迅速に意思決定できるよう，労務DDのレポートは，結論である「潜在債務額」を明示し，その内訳として，簿外債務額および偶発債務額を，そしてその根拠と実施した手続きという内容で構成している。

---

[29]　「経営労務診断のひろば」へ診断結果を掲載し，「経営労務診断適合企業」のマークが付与される。ただし，情報掲載後１年で情報更新時期となるので，継続する場合には，経営労務診断を毎年受診する必要がある。

第1章　労務デューデリジェンス　**37**

　そして，大枠のレポートが完成した時点で，レポートの内容を再確認することが重要である。1箇所でも間違いがあると，全体の信頼性を失いかねないので，数字や誤字脱字，そして根拠となった資料との整合性等をレポート作成者以外の人間がダブルチェックすることを推奨する。

　なお，報告者は，当該債務額の算出根拠の説明のみならず，当該リスクの回避策に対する意見を求められることもあるが，当該リスクの回避策に対するコメントは，労務DD業務の範囲外である。したがって，当該提言に対しては，コンサルティングとして支援し，別途コンサルティング業務として契約することになる。

■ **労務DD調査報告書（見本）**[30]

令和○年○月○日

株式会社○○商事　御中

○○○○社会保険労務士法人
調査担当社会保険労務士　○○○○
調査担当社会保険労務士　○○○○

　株式会社△△商会の労務デューデリジェンス業務が完了いたしましたので，ここにご報告いたします。当該報告書は基準日における資料等をもとに作成したものですが，すべての情報が開示されたわけではなく，また，調査期間も限られていたことから，対象会社の労務に由来するすべての潜在債務が網羅されているわけではありません。特に，偶発債務の有無および債務額については，最終的には調査人の見解によるものであり，当該偶発債務が顕在化した場合，報告する偶発債務以上の金銭を支払うこともあります。

　なお，当該報告書を貴社以外の第三者に開示したり，貴社以外の第三者が依拠したりすることのないようご留意ください。

1．潜在債務

潜在債務	25,000,000円

30　野中編・前掲注⑳47頁を参考にして，一部著者が修正したもの。

【内訳】

簿外債務	16,000,000円
偶発債務	9,000,000円

簿外債務内訳

No.	調 査 項 目	簿外債務額
1	未払い賃金	16,000,000円
2	退職給付債務	0円
3	社会保険料の未払い額	0円
4	社会保険料の延滞金（○月○日時点）	0円
5	労働保険料の未払い額	0円
6	障害者雇用納付金の未払い額	0円

偶発債務内訳

No.	調 査 項 目	偶発債務額
1	労基法上の労働時間	5,000,000円
2	労基法上の管理監督者	1,000,000円
3	解雇権の濫用によるバックペイ（付加金除く）	0円
4	非正規労働者の労働条件（同一労働同一賃金）	3,000,000円
5	労災民訴	0円

２．根拠

　使用者と労働者は労働契約や就業規則に拘束されますが，この当事者間の合意の有無・内容にかかわらず，原則として労働法および判例法理により規律・修正されます。

　たとえば，労働基準法13条では「この法律で定める基準に達しない労働条件を定める労働契約は，その部分については無効とする。無効となった部分は，この法律で定める基準による」と定め，労働契約や就業規則が労働基準法を下回る労働条件で締結または規定されていた場合，これを強行的に修正する効力があります。

⑴　簿外債務

①　賃金未払い

　労働基準法32条では「１週間については40時間を超えて，１日については８時間を超えて」労働させることを……。

以上

第1章 労務デューデリジェンス　39

■ 労務DD調査報告書（PPT版）

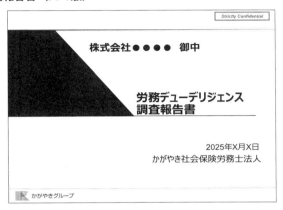

第1章 労務デューデリジェンス

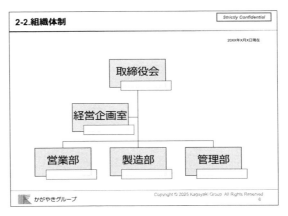

2-3.従業員情報

Strictly Confidential

従業員情報 株式会社＊＊＊＊　　2025/1/31 現在

	部門	役職	雇用区分	氏名	性別	生年月日	年齢	入社日	勤続年数	社会保険 社保 摘保 No. 有無	月例給与 合計	月例給与年間	賞与年間	給与合計
1	役員	代表取締役	役員	●●●●	男	XXXX/XX/XX	XX 歳	XXXX/XX/XX	XX 年	○ ×	X,XXX,XXX	XX,XXX,XXX	0	XX,XXX,XXX
2	役員	専務取締役	役員	●●●●	女	XXXX/XX/XX	XX	XXXX/XX/XX	XX	○ ×	X,XXX,XXX	XX,XXX,XXX	0	XX,XXX,XXX
3	経営企画	室長	正社員	●●●●	男	XXXX/XX/XX	XX	XXXX/XX/XX	XX	○ ○	XXX,XXX	X,XXX,XXX	X,XXX,XXX	X,XXX,XXX
4	経営企画		正社員	●●●●	男	XXXX/XX/XX	XX	XXXX/XX/XX	XX	○ ○	XXX,XXX	X,XXX,XXX	X,XXX,XXX	X,XXX,XXX
5	営業部	部長	正社員	●●●●	男	XXXX/XX/XX	XX	XXXX/XX/XX	XX	○ ○	XXX,XXX	X,XXX,XXX	X,XXX,XXX	X,XXX,XXX
6	営業部	課長	正社員	●●●●	男	XXXX/XX/XX	XX	XXXX/XX/XX	XX	○ ○	XXX,XXX	X,XXX,XXX	X,XXX,XXX	X,XXX,XXX
7	営業部	係長	正社員	●●●●	男	XXXX/XX/XX	XX	XXXX/XX/XX	XX	○ ○	XXX,XXX	X,XXX,XXX	X,XXX,XXX	X,XXX,XXX
8	営業部		正社員	●●●●	男	XXXX/XX/XX	XX	XXXX/XX/XX	XX	○ ○	XXX,XXX	X,XXX,XXX	X,XXX,XXX	X,XXX,XXX
9	営業部		正社員	●●●●	男	XXXX/XX/XX	XX	XXXX/XX/XX	XX	○ ○	XXX,XXX	X,XXX,XXX	X,XXX,XXX	X,XXX,XXX
10	製造部	部長	正社員	●●●●	女	XXXX/XX/XX	XX	XXXX/XX/XX	XX	○ ○	XXX,XXX	X,XXX,XXX	X,XXX,XXX	X,XXX,XXX
11	製造部	課長	正社員	●●●●	女	XXXX/XX/XX	XX	XXXX/XX/XX	XX	○ ○	XXX,XXX	X,XXX,XXX	X,XXX,XXX	X,XXX,XXX
12	製造部	課長	正社員	●●●●	女	XXXX/XX/XX	XX	XXXX/XX/XX	XX	○ ○	XXX,XXX	X,XXX,XXX	X,XXX,XXX	X,XXX,XXX
13	製造部	主任	正社員	●●●●	女	XXXX/XX/XX	XX	XXXX/XX/XX	XX	○ ○	XXX,XXX	X,XXX,XXX	X,XXX,XXX	X,XXX,XXX
14	製造部	主任	正社員	●●●●	女	XXXX/XX/XX	XX	XXXX/XX/XX	XX	○ ○	XXX,XXX	X,XXX,XXX	X,XXX,XXX	X,XXX,XXX
15	製造部	主任	正社員	●●●●	女	XXXX/XX/XX	XX	XXXX/XX/XX	XX	○ ○	XXX,XXX	X,XXX,XXX	X,XXX,XXX	X,XXX,XXX
16	製造部		正社員	●●●●	女	XXXX/XX/XX	XX	XXXX/XX/XX	XX	○ ○	XXX,XXX	X,XXX,XXX	X,XXX,XXX	X,XXX,XXX
17	製造部		正社員	●●●●	女	XXXX/XX/XX	XX	XXXX/XX/XX	XX	○ ○	XXX,XXX	X,XXX,XXX	X,XXX,XXX	X,XXX,XXX
18	製造部		正社員	●●●●	女	XXXX/XX/XX	XX	XXXX/XX/XX	XX	○ ○	XXX,XXX	X,XXX,XXX	X,XXX,XXX	X,XXX,XXX
19	製造部		嘱託	●●●●	女	XXXX/XX/XX	XX	XXXX/XX/XX	XX	○ ○	XXX,XXX	X,XXX,XXX	X,XXX,XXX	X,XXX,XXX
20	製造部		嘱託	●●●●	女	XXXX/XX/XX	XX	XXXX/XX/XX	XX	○ ○	XXX,XXX	X,XXX,XXX	X,XXX,XXX	X,XXX,XXX
21	製造部		パート	●●●●	女	XXXX/XX/XX	XX	XXXX/XX/XX	XX	○ ○	XXX,XXX	X,XXX,XXX	X,XXX,XXX	X,XXX,XXX
22	製造部		パート	●●●●	女	XXXX/XX/XX	XX	XXXX/XX/XX	XX	× ○	XXX,XXX	X,XXX,XXX	X,XXX,XXX	X,XXX,XXX
23	製造部		パート	●●●●	女	XXXX/XX/XX	XX	XXXX/XX/XX	XX	×	XXX,XXX	X,XXX,XXX	X,XXX,XXX	X,XXX,XXX
24	管理部	部長	正社員	●●●●	男	XXXX/XX/XX	XX	XXXX/XX/XX	XX	○ ○	XXX,XXX	X,XXX,XXX	X,XXX,XXX	X,XXX,XXX
25	管理部	課長	正社員	●●●●	男	XXXX/XX/XX	XX	XXXX/XX/XX	XX	○ ○	XXX,XXX	X,XXX,XXX	X,XXX,XXX	X,XXX,XXX
26	管理部	係長	正社員	●●●●	男	XXXX/XX/XX	XX	XXXX/XX/XX	XX	○ ○	XXX,XXX	X,XXX,XXX	X,XXX,XXX	X,XXX,XXX
27	管理部		パート	●●●●	男	XXXX/XX/XX	XX	XXXX/XX/XX	XX	× ○	XXX,XXX	X,XXX,XXX	X,XXX,XXX	X,XXX,XXX

かがやきグループ

2-4.人事・労務管理

Strictly Confidential

NO.	項目	担当	備考
1	労務管理・雇用管理	会社/社労士	帳票の整備状況は、別冊「労務デューデリジェンス調査報告書 詳細」にて報告致します。
2	採用活動	会社	求人媒体：
3	労働基準監督署届出	社労士	管轄：○○労働基準監督署 手続は社労士、原本は会社保管
4	労働保険手続	社労士	管轄：○○労働基準監督署 手続は社労士、原本は会社保管
5	雇用保険手続	社労士	管轄：○○公共職業安定所 手続は社労士、原本は会社保管
6	健康保険 厚生年金保険手続	社労士	管轄：○○年金事務所 手続は社労士、原本は会社保管
7	給与計算	会社	毎月○日締め翌月○日支払い 給与計算ソフト： 処理者：
8	年末調整	税理士	○○税理士事務所 ○○○○氏 担当-○○○○氏

かがやきグループ

Strictly Confidential

Section.3

簿外債務の状況

かがやきグループ

第1章　労務デューデリジェンス　　**43**

3.簿外債務の状況（結論）

Strictly Confidential

簿外債務として挙げられるのは、以下の項目です。

NO.	調査項目	金額（概算）単位：円	詳細該当頁
1	未払賃金①（割増賃金・固定給）	10,000,000 円	P.3
2	未払賃金②（割増賃金・歩合給）	5,000,000 円	P.8
3	未払賃金③（最低賃金）	0 円	P.13
4	未払賃金④（その他未払賃金）	1,000,000 円	P.15
5	退職給付債務	0 円	P.16
6	社会保険（健康保険及び厚生年金保険）	0 円	P.17
7	労働保険（労災保険及び雇用保険）	0 円	P.20
	簿外債務 合計	16,000,000 円	

- 金額は、未払賃金は12か月分×3年分＝36か月分、その他は12か月分×2年分＝24か月分
- 各調査項目の詳細につきましては、「調査報告書 詳細」の該当頁をご覧下さい。

かがやきグループ　Copyright © 2025 Kagayaki Group. All Rights Reserved.

Strictly Confidential

Section.4

偶発債務の状況

かがやきグループ

4.偶発債務の状況（結論）

Strictly Confidential

偶発債務として挙げられるのは、以下の項目です。

NO.	調査項目	金額（概算）単位：円	詳細該当頁
1	労働基準法上の労働時間	5,000,000 円	P.21
2	労働基準法上の管理監督者	1,000,000 円	P.24
3	非正規労働者の労働条件	3,000,000 円	P.26
	偶発債務 合計	9,000,000 円	
	簿外債務＋偶発債務 合計	25,000,000 円	

- 金額は、未払賃金は12か月分×3年分＝36か月分、その他は12か月分×2年分＝24か月分
- 各調査項目の詳細につきましては、「調査報告書 詳細」の該当頁をご覧下さい。

かがやきグループ　Copyright © 2025 Kagayaki Group. All Rights Reserved.

Strictly Confidential

Section.5
労務コンプライアンスに関する報告事項

かがやきグループ

5.労務コンプライアンスに関する報告事項（結論）

Strictly Confidential

金銭リスク以外の労務コンプライアンスに関する主な課題点は、以下の項目です。

NO.	調査項目	評価	詳細該当頁
1	労働基準法関係書類の整備状況	内容面で問題あり	P.28
2	安全衛生①（健康診断）	問題なし	P.30
3	安全衛生②（休職者対応）	トラブル可能性あり	P.30
4	官庁対応	法令遵守が必要	P.31
5	ハラスメント	要注意のおそれ	P.31
6	助成金	問題なし	P.32

■ 各調査項目の詳細につきましては、「調査報告書 詳細」の該当頁をご覧下さい。

かがやきグループ

Copyright © 2025 Kagayaki Group All Rights Reserved.

第2章

簿外債務の調査項目

　本書では，当該M&A取引における人に係る潜在債務を「簿外債務」と「偶発債務」に区別している。

　本章では，「簿外債務の調査項目」として，①未払い賃金，②退職給付債務，③社会保険料および労働保険料の適法性，④年5日の年次有給休暇の取得状況，⑤障害者雇用納付金，⑥労使慣行，⑦副業・兼業の7つを挙げた。

　以下，簿外債務の調査項目を順に事例を挙げ，簿外債務等を指摘し，それぞれ解説する。

1　未払い賃金

　時間外労働に対する未払い賃金（残業代の未払い）の請求については，「ポスト過払金請求」の1つとして積極的に取り組む弁護士が急増している。弁護士の運営するサイトでは，賃金や労働時間等を入力すると，請求可能な残業代を自動で試算するものも現れている。

　このような広告に触発された従業員および解雇された元従業員から残業代の未払いを請求されると，労基法115条，労基法附則143条3項により，3年分（令和2年4月1日以降に発生した賃金債務の消滅時効は3年[1]である）を遡及して請求されるのみならず，遅延損害金（遅延利息）[2]の支払いも請求されるの

1　民法の一部改正に伴い，労基法115条の賃金消滅時効が2年から5年に引き延ばされたが，労基法附則143条3項で経過措置として当分の間3年とされた。

2　退職者には賃金の支払の確保等に関する法律6条の年14.6％，在職者には旧商法514条

が一般的である。また、賃金請求権の消滅時効においては、賃金の「締切日」および「支払日」が重要である。例えば、「毎月20日締めの当月25日支払い」では、21日から翌月20日までに労働した分の賃金について、25日に賃金請求権が発生することになり、3年の賃金消滅時効の起算日となるのが「支払日」である25日となる。

　労働時間については、労基法32条で1週間[3]については40時間を超えて、1日[4]については8時間を超えて労働することを禁止している。さらに労基法37条で1日8時間または1週40時間を超えて、労働時間を延長し、または1週1日または4週4日の法定休日に労働させた場合においては、その時間またはその日の労働については、通常の労働時間または労働日の賃金の計算額の2割5分以上5割以下の範囲内でそれぞれ政令で定める率以上の率で計算した割増賃金の支払い（傍点著者）、さらに、1カ月について60時間を超えた場合においては、その超えた時間の労働については、通常の労働時間の賃金の計算額の5割以上の率で計算した割増賃金の支払いを義務づけている。

　仮に、法定労働時間超過による割増賃金について労使間で支払わないとの合意があったとしても、そのような合意は労基法13条の「この法律で定める基準に達しない労働条件を定める労働契約は、その部分については無効とする」によって無効であり、同13条の「無効となつた部分は、この法律で定める基準による」ことから、使用者は割増賃金の支払い義務を負うことになる。

　なお、「労基法上の労働時間」については次章で詳解することにして、本節では、単に「テクニカル面のミスで支払うべき賃金が支払われていない」ことにより、簿外債務と認められる事例を取り上げ、解説することにする。

の年6％、商人でなければ旧民法404条の5％となり、在職者は支払日の翌日から、退職者は退職日の翌日から遅延損害金が発生する。なお、民法の一部改正により、令和2年4月1日に、法定利率5％が3％に、商事法定利率6％が3％に一本化された（民法404条2項）。
3　この1週間とは、就業規則その他に別段の定めがない限り、日曜日から土曜日に至る1週間である（昭24・2・5基収4160号）。
4　この1日とは、原則として午前0時から午後12時までの「暦日」をいう（昭63・1・1基発1号）。

(1) 割増賃金単価計算ミス

時間単価の算出・除外賃金・割増率の調査

所定労働時間を1日8時間とするA社，B社，C社，D社がある。
＜A社＞
中小企業であるA社の休日は土曜日と日曜日（年所定労働日数：365日－105日＝260日，1カ月平均所定労働時間：260日×8時間÷12カ月≒173時間）である。所定労働時間の8時間を超過した場合，月給制の全従業員の時間外労働単価を一律1,000円とし，超過時間数をかけて，残業手当として支給していた。

時間外労働手当＝時間外労働単価1,000円×超過時間数

12月に30時間残業した太郎（基本給30万円，家族手当4万円）には3万円（＝1,000円×30時間）の残業手当を支給した。
＜A社の調査結果＞
　誤：時間外労働手当＝時間外労働単価1,000円×超過時間数
　正：時間外労働手当＝時間単価×1.25×超過時間数
　　　　　時間単価＝基本給÷173時間
12月の太郎の残業手当を再計算すると次のとおりになる。
　時間単価＝30万円÷173時間＝1,734.1円（50銭未満切捨て，50銭以上1円に切上げ）[5]
　時間外労働単価＝1,734円×1.25＝2167.5円（50銭未満切捨て，50銭以上1円に切上げ）
　残業手当＝2,168円×30時間＝65,040円

したがって，12月の残業手当は65,040円となるから，既に支払われた3万円との差額35,040円が太郎に対しての未払い賃金であり，簿外債務となる。

---

[5] 1円未満については50銭未満切捨て，50銭以上1円に切り上げる（昭63・3・14基発150号）。

＜Ｂ社＞

　中小企業であるＢ社の休日は年間105日（土曜日，日曜日）である。所定労働時間を超過した場合，基本給を173時間 ｛＝（365－105）×８時間÷12カ月｝ で割り，それを1.25倍して時間外労働単価を算出したものに超過時間数をかけて残業手当を計算していた。

　　時間単価＝基本給÷173
　　時間外労働単価＝時間単価×割増率
　　残業手当＝時間外労働単価×超過時間数

　３月に40時間残業した花子（基本給25万円，資格手当３万円，住宅手当２万円）には72,240円の残業手当を支給していた。

　　時間単価＝1,445円＝25万円÷173時間
　　時間外労働単価＝1,806円＝1,445円×1.25
　　残業手当＝72,240円＝1,806円×40時間

＜Ｂ社の調査結果＞

　誤：時間単価＝基本給÷｛（365－105）×８時間÷12カ月｝
　正：時間単価＝（基本給＋資格手当）÷｛（365－105）×８時間÷12カ月｝
　３月の花子の残業手当を再計算すると次のとおりになる。

　　時間単価＝（250,000＋30,000）÷173時間＝1618.4円
　　時間外労働単価＝1,618円×1.25＝2022.5円
　　残業手当＝2,023円×40時間＝80,920円

　したがって，３月の残業手当は80,920円であるから，既に支払われた72,240円との差額8,680円が花子に対しての未払い賃金となり，簿外債務となる。

＜Ｃ社＞

　Ｃ社の休日は土曜日，日曜日，国民の祝日，夏季休日，および年末年始である。所定労働時間を超過した場合，基本給に諸手当（通勤手当を除く）を加算し，それを159時間 ｛＝（365－126）×８時間÷12カ月｝ で割って算出した時給に1.25倍したものを時間外労働単価として計算していた。

　　時間単価＝（基本給＋職務手当）÷159時間
　　時間外労働手当＝時間単価×1.25×超過時間数

６月に76時間残業した桃子（基本給25万円，職務手当３万円，通勤手当23,640円）には残業手当として167,276円を支給していた。

時間単価＝1,761円＝（250,000＋30,000）÷159時間
残業手当＝167,276円＝1,761円×1.25×76時間

＜Ｃ社の調査結果＞
誤：時間外労働手当＝時間単価×1.25×76時間
正：60時間以下時間外労働手当＝時間単価×1.25×60時間
　　60時間超時間外労働手当＝時間単価×1.50×16時間
　　　　　　　　　　　　または
正：時間外労働手当＝時間単価×1.25×76時間
　　代替休暇＝（76時間－60時間）×（50％－25％）

６月の桃子の残業手当の再計算および代替休暇[6]を計算すると次のとおりとなる。ただし，Ｃ社においては換算率[7]を25％，代替休暇の単位を半日とする労使協定が締結されているものとする。

60時間以下時間外労働時間単価＝1,761円×1.25＝2201.2円
60時間超時間外労働時間単価＝1,761円×1.50＝2641.5円
残業手当＝2,201円×60時間＋2,642円×16時間＝174,332円
代替休暇＝（76時間－60時間）×（50％－25％）＝４時間

したがって，上乗せされる割増率によって計算された割増賃金（7,056円＝174,332円－167,276円）に代えて，４時間の代替休暇を付与しなければ，６月の残業手当は174,332円であるから，既に支払われた167,276円との差額7,056円が桃子に対しての未払い賃金であり，簿外債務となる。

＜Ｄ社＞
　Ｄ社の始業時刻は９時，終業時刻は18時，休日は，土曜日，日曜日の週休２日制（法定休日は日曜日との指定あり[8]）である。休日，夜間をまたいで２暦日にわ

6　一定の要件の下，加算割増賃金から代替休暇日数を算出し，その支払いに代えて付与する休暇のことをさす。

7　労働者が代替休暇を取得しなかった場合に支払う割増賃金率と労働者が代替休暇を取得した場合に支払う割増賃金率との差に相当する率をいう。

8　改正労働基準法に係る質疑応答Q10（平21・10・５厚生労働省）では，特定しない場合には，暦週（日曜日から土曜日まで）の後に来る休日を法定休日とするとあることから，

たり四郎（時給2,000円）に対して，日曜日の始業時刻から月曜日の終業時刻まで，休憩時間を日曜日は12時から13時まで，月曜日は６時から７時と12時から13時までそれぞれ１時間付与（合計３時間）して就労させており，振替あるいは代休を与えずに以下の計算で割増賃金を支払っていた。

日曜日の時間外労働および深夜労働に対する割増賃金
＝（2,000円×1.25×16時間）＋（2,000円×1.50×７時間）＝61,000円
月曜日の割増賃金＝０円
合計＝61,000円

＜Ｄ社の調査結果＞

原則として，継続した労働日はたとえ暦日を異にする場合であっても１勤務とし通算するので（昭63・１・１基発１号），翌日の所定労働時間の始期までの超過時間に対して割増賃金を支払えば，労基法違反とはならない（昭26・２・26基収3406号）。

ただし，法定休日から所定労働日へ２暦日またがった時の時間外労働時間については，「休日労働と判断された時間は除く」（平６・５・31基発331号）ことから，通算せず，別々に計算することになる。

Ｄ社の場合，日曜日が法定休日と指定されていたので，以下の計算により割増賃金を支払う必要がある。

日曜日の法定休日および深夜労働に対する割増賃金
＝（2,000円×1.35×12時間）＋（2,000円×1.60×２時間）＝38,800
月曜日の深夜労働および時間外労働に対する割増賃金
＝（2,000円×0.25[9]×５時間）＋（2,000円×1.25×８時間）＝22,500
合計＝61,300円

したがって，休日労働および時間外労働に対する割増賃金は，61,300円となるから，既に支払われた61,000円との差額300円が未払い賃金であり，簿外債務となる。

土日を休日とする週休２日制の場合では，週の後に来る土曜日が法定休日となる。

9　始業時刻を繰り上げた場合。

第2章　簿外債務の調査項目　　**51**

解　説 ....

　割増賃金単価を算出するにあたり，①月給者に対する時間単価の算出方法，②割増賃金の計算基礎に算入しない賃金，③割増率について，3つの規範（ルール）がある。

①　月給者に対する時間単価の算出方法

　月給者に対する時間単価の算出方法については，労基法施行規則19条1項4号に「月によつて定められた賃金については，その金額を月における所定労働時間数（月によつて所定労働時間数が異る場合には，1年間における1月平均所定労働時間数）で除した金額」とある。すなわち，月給を1カ月の平均所定労働時間で除して時間給を算出する必要があり，年間の所定労働日数が決まっている場合と年間の所定労働日数が決まっていない場合の計算式はそれぞれ次のとおりである。

【年間の所定労働日数が決まっている場合】
　＝年間所定労働日数×1日の所定労働時間÷12カ月

【年間の所定労働日数が決まっていない場合】
　＝（365日－年間所定休日日数）×1日の所定労働時間÷12カ月

　したがって，月給者の割増賃金単価を算出するには，まずは「1カ月の平均所定労働時間」を当該譲渡企業の就業規則の「休日」および「所定労働時間」の規定から読み取る必要がある。

　ここで間違えやすい点は，結婚休暇等の「休暇」を「休日」と混同してしまい，休日に加算してしまうことである。

　「休日」[10]とは「労働者が労働契約において労働義務を負わない日」[11]であり，「休暇」とは，「労働日（労働義務日のある日）についてその就労義務の免除を

──────────

10　休日とは，単に連続24時間の休業ではなく，暦日をさし，午前0時から午後12時までの休業と解す（昭23・4・5基発535号）。

11　厚生労働省労働基準局編『令和3年版 労働基準法（上）』491頁（労務行政，2022）。

得た日」[12]である。

　休暇を休日として計算してしまうと，１カ月の所定労働時間を正しく算出することができず，結果として誤って時給単価を引き上げてしまうことになる。年次有給休暇，生理休暇，産前産後休業[13]，育児休業（出生時育児休業を含む），介護休業，介護休暇，看護休暇，裁判員休暇等の法律上労働者に認められている休暇についても，「休日」として取り扱わないことはいうまでもない。

　例えば，休日・労働時間・休憩時間について，次のような規定があったとしよう。

■ **休日・労働時間・休憩時間の規定例**

（休日）
第○条　休日は，次のとおりとする。
　① 　土曜日及び日曜日
　② 　国民の祝日（ただし，国民の祝日に関する法律に令和２年までに指定された日。なお，日曜日と重なったときは翌日とする）
　③ 　年末年始（12月29日〜１月３日）
　④ 　夏季休日（８月13日〜８月15日）
　⑤ 　その他会社が指定する日
２　業務の都合により会社が必要と認める場合は，あらかじめ前項の休日を他の日と振り替えることがある。
（労働時間及び休憩時間）
第○条　労働時間は，１週間については40時間，１日については８時間とする。
２　始業・終業の時刻及び休憩時間は，次のとおりとする。ただし，業務の都合その他やむを得ない事情により，これらを繰り上げ，又は繰り下げることがある。この場合，前日までに労働者に通知する。

始業・終業時刻		休憩時間
始業 　　9時		12時から13時まで
終業 　18時		

12　安西愈『新しい労使関係のための労働時間・休日・休暇の法律実務』981頁（中央経済社，全訂７版，2010）。
13　ここでいう休業とは，労働義務のある時間に労働ができなくなることで１日のうち数時間のものでもよい。水町勇一郎『労働法』254頁（有斐閣，第10版，2024）。

第2章　簿外債務の調査項目　　**53**

　当該規定例の事業所における1カ月の平均所定労働時間は下記の計算式から算出することができる。

1カ月の平均所定労働時間
＝ {365日－（①土曜日および日曜日＋②国民の祝日（①と重複しない祝日）＋③年末年始（①と②と重複しない年末年始）＋④夏季休日（①と②と重複しない夏季休日）＋⑤その他会社が指定する日）} ×1日の所定労働時間÷12カ月

令和2年の場合
＝ {365日－（①105日＋②16日＋③5日＋④2日＋⑤0日）} ×8時間÷12カ月
＝158.0時間
　　　　　⇩
　端数が出た場合については，賃金の端数と異なり，切り捨てても，小数第2位までなどとしてもよい。

　すなわち，月給者の割増賃金単価を算出するにあたり，「年間所定労働時間数」は重要なファクターであり，1カ月の平均所定労働時間が施行規則で定められた方法以外で求められ，かつその時間数を上回る場合，時間単価が安く算出されることになるので，未払い賃金が生じることになる。

　なお，テレワーク制度の導入に伴い，在宅勤務1日につき一律5,000円などといった実費弁償に当たらず，渡し切りでの在宅勤務手当は留意が必要である。テレワークを行った日に当該在宅勤務手当を支給する場合には，日額として支給される在宅勤務手当を時間単価に換算し，月給から算出した単価を合計したものが，割増賃金基礎単価となる。

- 日額時間単価＝日額÷支給日の所定労働時間数
- 割増賃金基礎単価＝月額時間単価＋日額時間単価

　ただし，当該割増賃金基礎単価は，在宅勤務した日に時間外労働を行った場合のみに使用するものであり，在宅勤務をしない日に時間外労働を行った場合には，当該割増賃金基礎単価ではなく，月額時間単価から割増賃金を算出するので，日額単価を加算する必要はない。

②　割増賃金の計算基礎に算入しない賃金

　割増賃金の計算基礎に算入しない賃金については，労基法37条5項で①家族手当，②通勤手当および，その他厚生労働省令で定める賃金は算入しないとある。その他厚生労働省令で定める賃金とは，労基法施行規則21条にある，③別居手当，④子女教育手当，⑤住宅手当，⑥臨時に支払われた賃金，⑦1カ月を超える期間ごとに支払われる賃金の7つであり，限定列挙されている。

　まず，「家族手当」は，扶養家族が多ければ，食費等の生活費も増加するだろうとの意図から，扶養する家族数から算定した手当であり，労働に関係なく個人的な理由によって支給額が決定するものである。したがって，扶養家族の人数に関係がなく，一律に支給されているものは名称が家族手当であっても，割増賃金の算定基礎に算入しなければならない。また，家族手当の中に従業員本人分として定額が支払われ，独身者にも本人分として家族手当が支給されているような場合の本人分については割増賃金の算定基礎に算入しなければならない。

　次に「通勤手当」は，自宅から就業場所までの通勤距離または通勤に要する実費に応じて算定される手当であり，労働に関係なく個人的な理由によって支給額が決定するものである。したがって，通勤距離に関係なく，一律に支給されているものは名称が通勤手当であっても，割増賃金の算定基礎に算入しなければならない。

　なお，以下のような実費弁償に当たる「在宅勤務手当」[14]も通勤手当と同様に割増賃金の算定基礎に算入する必要はない。

---

(1)　労働者へ貸与する事務用品等の購入

①　企業が労働者に対して，在宅勤務に通常必要な費用として金銭を仮払いした後，労働者が業務のために使用する事務用品等を購入し，その領収証等を企業に提出してその購入費用を精算（仮払金額が購入費用を超過する場合には，その超過部分を企業に返還）する場合。

14　厚生労働省・総務省による「テレワークにおけるルール・労務管理（人事評価，費用負担，人材育成）等に関するＱ＆Ａ」(https://telework.mhlw.go.jp/info/qa/在宅勤務手当のうち実費弁償に当たるようなもの/) を参照。

② 労働者が業務のために使用する事務用品等を立替払いにより購入した後，その購入に係る領収証等を企業に提出してその購入費用を精算（購入費用を企業から受領）する場合。

(2)　通信費・電気料金
① 企業が労働者に対して，在宅勤務に通常必要な費用として金銭を仮払いした後，労働者が業務のために使用した通信費・電気料金を精算（仮払金額が業務に使用した部分の金額を超過する場合には，その超過部分を企業に返還）する場合。
② 労働者が業務のために使用した通信費・電気料金を立替払いにより負担した後，その明細書等を企業に提出して通信費・電気料金を精算（業務に使用した部分を企業から受領）する場合。

(3)　レンタルオフィスの利用料金
　労働者が，事業主が業務上必要であると認め勤務時間内に自宅近くのレンタルオフィス等を利用して在宅勤務を行った場合で，①労働者が在宅勤務に通常必要な費用としてレンタルオフィス代等を立替え払いし，かつ，②業務のために利用したものとして領収証等を企業に提出してその代金が精算されているもの。

　第3の「別居手当」は，転勤[15]命令により家族と別居を余儀なくされ，世帯が二分されることにより生活費の増加を補うために支給される手当であり，単身赴任手当という名目で支給されていても，実態は別居手当と同一の性格の手当であれば，割増賃金の算定基礎に算入する必要はない。

　第4の「子女教育手当」は，高騰する教育費への支援という意図から，通学する学校の種類（専門学校や6年制大学などの取扱い）や子の人数に応じて算定される一定期間の重点的な手当であり，労働に関係なく個人的な理由によって支給額が決定するものである。したがって，就学する子の数に関係なく，一律に支給されているものは名称が子女教育手当であっても，割増賃金の算定基礎に算入しなければならない。

　第5の「住宅手当」は，平成11年10月に新たに除外賃金として加わった手当であり，住宅に要する費用に応じて算定される手当である。住宅に要する費用

15　転居を伴う勤務場所の変更をいう。

とは，賃貸住宅については，居住に必要な住宅の賃借のために必要な費用であり，持家については，居住に必要な住宅の購入，管理等のために必要な費用をいう。また，「費用に応じて算定」とは，費用に定率を乗じた額[16]とすることや，費用を段階的に区分し費用が増えるに従って支給額が比例するもの[17]である。したがって，住宅に要する費用以外の費用に応じて算定される手当や，住宅に要する費用にかかわらず，一律に支給されているものは名称が住宅手当であっても，割増賃金の算定基礎に算入しなければならない[18]。

第6の「臨時に支払われた賃金」とは，「臨時的，突発的事由にもとづいて支払われたもの，及び結婚手当等支給条件は予め確定されているが，支給事由の発生が不確定であり，かつ非常に稀に発生するもの」[19]である。具体的には慶弔見舞金規程に基づき支給される結婚祝金や死亡弔慰金等がこれに当たる。

第7の「1カ月を超える期間ごとに支払われる賃金」については，賞与のように一定の算定期間に応じて支給が決定されるもので，労基法施行規則8条に掲げられた次の3種類の賃金をさす。

①　1カ月を超える期間の出勤成績によって支給される精勤手当

②　1カ月を超える一定期間の継続勤務に対して支給される勤続手当

③　1カ月を超える期間にわたる事由によって算定される奨励加給または能率手当

これら「7つの手当」の賃金のほとんどは，労働との関係が希薄で個人的な理由によって左右されるものであり，これ以外の賃金は原則として，すべて割増賃金の算定基礎に算入しなければならない。

ただし，これら限定列挙された7つの手当以外にも割増賃金の計算基礎から控除される賃金もありうる。労基法37条の「通常の労働時間又は労働日の賃金」（傍点著者）とは，所定労働時間内に行われた場合の通常の労働に対して支払われる賃金であることから，所定時間外に対して支払われる賃金は除かれ

16　賃貸住宅居住者には家賃の一定割合，持家居住者にはローン月額の一定割合を支給するもの。

17　例えば，家賃月額が5万円未満なら2万円，5万円以上10万円未満なら3万円，10万円以上であれば4万円と家賃の額に比例するもの。

18　平11・3・31基発170号。

19　昭22・9・13発基17号。

ることになる。通達でも「所定労働時間が1日7時間である事業場において，所定労働時間を超え，法定労働時間に至るまでの所定労働時間外労働に対する賃金として，本給の外に一定月額の手当を定め」ている場合，その「手当は，法37条にいう通常の労働時間の賃金とは認められないから，同条の規定による割増賃金の基礎に算入しなくても差し支えない。」とされている[20]。

　例えば，所定労働時間超法定労働時間内の労働に対して，法定内時間外手当として1時間当たり2,000円を支給するような手当は，割増賃金の算定基礎に算入する必要はない。

　ただし，自分の通常業務以外に危険作業に従事し時間外労働を行った場合，この危険作業に伴い支給される「危険作業手当」や常時その作業に従事していない労働者に対して，たまたまその日は当該作業に従事させた場合に支給する「特殊作業手当」については，通達[21]において割増賃金の基礎となる賃金に算入して計算した割増賃金を支払わなければならないとされている。

　また，賃金の名称が「7つの手当」のいずれかに該当すれば，すべて割増賃金の基礎から控除できるというわけではない。実際にこれらの手当を除外するにあたっては，その実質によって取り扱うべきとされている[22]。例えば，次のような規定の場合，仮に名称が「7つの手当」のいずれかに該当しても，波線部分については割増賃金の算定基礎に算入しなければならないことになる。

■ 割増賃金の算定基礎に算入しなければならない家族手当・通勤手当の規定例

（家族手当）
第○条　家族手当は，次の家族を扶養している労働者に対し支給する。
① 本人　　　　　　　　月額　　10,000円
② 配偶者　　　　　　　月額　　5,000円
③ 18歳未満の子　　　　月額　　3,000円（1人につき）

20　昭29・7・8基収3264号，昭63・3・14基発150号・婦発47号。
21　昭23・11・22基発1681号。
22　昭22・9・13発基17号。

（通勤手当）

第○条 通勤手当は，通勤に要する実費に相当する額を支給する（ただし，月額上限は３万円）。なお，徒歩で通勤するものについては１日につき300円を支給する。

割増賃金の基礎となる賃金に算入しなければならないものが，割増賃金の基礎となる賃金に算入されていなかった場合，不当に時間単価が低く算出されることになるので，未払い賃金が生じ，簿外債務を計上することになる。

③　割増率

割増率については，前述のとおり，労基法32条の法定労働時間を超える労働時間に対して，同法37条で定める割増率で計算することを義務づけている。同法37条によって強制される割増賃金の２割５分については，25％とする「25％説」[23]もあるが，立法者意思[24]，行政解釈[25]かつ裁判実務では「通常の労働時間の賃金の計算額」を含みこれに125％を乗じた金額とする「125％説」が通説であり，本書も125％説に立つものである。なお，時間外労働が深夜にまで及んだ場合，割増分を加算して計算することになるので，深夜の時間帯に対する割増率は５割以上の割増が必要となり，法定休日労働が深夜にまで及んだ場合，深夜の時間帯（午後10時から午前５時まで）に対する割増率は６割以上の割増が必要となる。割増事由が重なったにもかかわらず，加算した割増率で計算しなかった場合，未払い賃金が生じ，簿外債務として取り扱うことになる[26]。

また，平成22年４月１日の労基法の改正前までは，何時間時間外労働をさせても２割５分以上の割増率を支払ってさえいれば適法であったが，改正後は，

23　東京大学労働法研究会編『注釈労働時間法』491頁（有斐閣，1990）。
24　昭和22年３月22日貴族院労働基準法案特別委員会で法37条について以下のやり取りがあった。
　　種田虎雄「さうしますと，２割５分加算すると云ふことに，１時間が例へば１圓であるならば，それを２割５分と云えば１圓25錢，斯う云ふ意味なんでございますか」
　　政府委員（寺本廣作）「左様でございます」。
25　厚生労働省労働基準局・前掲注⑾548頁。
26　法定休日労働には既に時間外労働の概念が含まれているので重複して割増はしない。

長時間労働防止対策のために，１カ月[27]の時間外労働が60時間を超えた場合には，60時間を超えた労働時間に対して，５割以上で割増して計算することが義務づけられた。

この改正により，時間外労働については，①36協定[28]の限度基準[29]（１カ月45時間）までの時間外労働，②特別条項付き36協定[30]における限度基準時間を超えた時間外労働（１カ月45時間超60時間まで），③１カ月60時間を超える時間外労働の３種類の割増賃金制度が併存する形になった。

図表２－１ 割増率表

労働時間の種類	割増率
時間外労働（45時間まで）	２割５分以上
時間外労働（45時間超60時間まで）	２割５分を超える率（努力義務）
時間外労働（60時間超）	５割以上
法定休日労働	３割５分以上
深夜労働（午後10時から午前５時まで）	２割５分以上
時間外労働（法定超）＋深夜労働	５割以上，ただし，時間外労働が，１カ月60時間を超えた場合は７割５分以上
法定休日労働＋深夜労働	６割以上

この60時間の時間外労働については，法定休日の労働時間は含めないが，所定休日労働は法定労働時間ではないので，所定休日労働時間は60時間の時間外

27　１カ月とは暦による１カ月をいい，その起算日は①毎月１日，②賃金計算期間の初日，③36協定における一定期間の初日等とすることが考えられるが，毎月１日としている企業が多い。

28　サブロクまたはサンロク協定と読む。労基法36条では，書面による労使協定を締結し，労働基準監督署に届け出ることを要件に，法定労働時間を超え，または法定休日に労働させても刑事罰を科さないことにしている（免罰効果）。

29　時間外労働は労使協定を締結すれば無制限に認められるものではないことを認識させるため「延長することができる労働時間に関する指針」（昭57・６・30労働省告示69号）があったが，これに法的拘束力を持たせるため平成10年の労基法の改正で36条２項に「基準を定めることができる」と定め，「時間外労働の限度基準」（平10・12・28労働省告示154号）を制定した。

30　「時間外労働の限度基準」告示３条但書きに「特別な事情（臨時的なもの）が生じた場合に限り，しかるべき手続を経て限度時間を超えての弾力的な運用」を認めている。

労働に含めることになる。つまり，法定休日として3割5分支払ったほうが時間外労働の60時間超えた所定休日労働の割増率の5割よりも割安になる。したがって，当該事業所において60時間を超える時間外労働がなされた場合には，当該休日労働が法定休日に当たるのか，所定休日に当たるのか就業規則等で確認することが必要である。

また，改正と同時に新設された代替休暇[31]で，労使協定を締結し，1カ月60時間を超えた労働者に対して，割増賃金の支払いに代えて有給休暇を付与することも可能である（労基法37条3項）。

この代替休暇制度とは，労働者の健康を確保する観点から，加算割増賃金から代替休暇日数を算出し，その支払いに代えて代替休暇を付与するもので，採用する場合には，事業場において労使協定の締結が要件となる。

ただし，この労使協定は，個々の労働者に対して代替休暇の取得を義務づけるものではなく，労使協定が締結される事業場においても，実際に代替休暇を取得するか否かは，個々の労働者の意思によるものである。

なお，当該労使協定については労基法施行規則19条の2で次の3つの事項を定めるよう規定されている。

---

a）代替休暇として与えることができる時間の時間数の算定方法

　　代替休暇として与えることができる時間数の具体的な算定方法は，1カ月について60時間を超えて時間外労働をさせた時間数に，労働者が代替休暇を取得しなかった場合に支払う割増賃金率と労働者が代替休暇を取得した場合に支払う割増賃金率との差に相当する率（換算率）を乗じるものとされている。

　　また，労働者が代替休暇を取得しなかった場合に支払う割増賃金率は5割以上の率とする必要があり，労働者が代替休暇を取得した場合に支払う割増賃金率は2割5分以上の率とする必要がある。

b）代替休暇の単位

　　1日または半日。なお，ここでいう「1日」とは，労働者の1日の所定労働時間をいい，「半日」とはその2分の1をさす。「半日」については，必ずしも厳密に1日の所定労働時間の2分の1とする必要はないが，労使協定で当該事業場における「半日」の定義を定めておくことが必要である。

31　代替休暇を取得した日は年次有給休暇の算定の基礎となる全労働日に含めない。

c）代替休暇を与えることができる期間
　　代替休暇を与えることができる期間については，時間外労働が１カ月に60時間を超えたその月の末日の翌日から２カ月以内とされており，労使協定では，この範囲内で期間を定める必要がある。

　また，代替休暇制度を設ける場合には，代替休暇に関する事項は労基法89条１号の「休暇」に関する絶対的記載事項であるので，当該譲渡企業の就業規則に記載してあるか否かも確認する必要がある。
　代替休暇の取得の意向があった労働者が実際には代替休暇を取得しなかったときには，取得しなかった代替休暇に対応する時間の労働については，法定割増賃金率の引上げ分の割増賃金の支払いが必要となり，代替休暇を取得しないにもかかわらず，60時間を超えた労働時間に対して，５割以上の割増率で計算しなかった場合，低い割増率で算出された額との差額が未払い賃金となり，簿外債務となる。

(2) 最低賃金を下回るもの

最低賃金

＜Ａ社＞
　京都の本社で建設機械製造業に従事する20歳のアルバイトの太郎と東京工場で同じく建設機械製造業に従事するアルバイトの19歳の次郎の時給は968円であり，２人とも１カ月の労働時間は100時間であった。なお，京都の最低賃金は時間給1,008円，東京都の最低賃金は時間給1,113円，京都の本社で建設機械製造業の特定最低賃金は時間給1,028円であった。

＜Ａ社の調査結果＞
　地域最低賃金と特定最低賃金が競合した場合は高い金額が適用されるので，特定最低賃金における年齢による適用除外を受けない太郎の時給は1,028円となり，

1時間当たり60円（＝1,028円−968円）の差額が生じるので，1カ月6,000円（＝60円×100時間）の未払い賃金が認められる。また，地域最低賃金は本社所在地でなく，従事する事業場の所在地で適用されるため，次郎の最低賃金は京都ではなく，東京都の最低賃金の時間給1,113円が適用され，1時間当たり145円（＝1,113円−968円）の差額が生じるので，1カ月14,500円（＝145円×100時間）の未払い賃金が認められる。太郎と次郎の1カ月の未払い賃金を足し，これに賃金請求時効の3年（36カ月）を乗じた738,000円 ｛＝（6,000円＋14,500円）×36カ月｝を便宜上，簿外債務とみなす。

＜B社＞

東京都新宿区で運送業を営むB社の1日の所定労働時間は8時間，年間労働日数は260日であった（したがって1カ月の所定労働時間は173時間）。東京都の最低賃金は時間給1,113円であり，運送業の特定最低賃金はない。

- 経理の業務に従事する24歳の花子は月給制であり，賃金は基本給120,000円，住宅手当10,000円，皆勤手当20,000円，10時間の時間外割増賃金10,110円（＝｛120,000円＋20,000円｝÷173時間×1.25×10時間）支給され，合計は160,110円であった。
- タクシー運転手の56歳の四郎の賃金はすべて歩合給制であった。12月は時間外労働が40時間であり，賃金は歩合給150,000円，時間外割増賃金7,040円（＝150,000円÷213時間×0.25[32]×40時間）の合計157,040円が支給された。

＜B社の調査結果＞

花子の場合

月給者の場合，次の算式で時給に換算して最低賃金額と比較することになる。

＝（月給額×12カ月）÷（年間所定労働日数×1日の所定労働時間）≧ 最低賃金額

花子の賃金から，最低賃金の対象とならない皆勤手当20,000円と時間外割増賃金10,110円を控除し，月給額を求め，算式に当てはめる。

＝｛（160,110円−20,000円−10,110円）×12カ月｝÷（260日×8時間）＝750円

---

32 出来高払制その他の請負制によって定められた割増賃金の時間単価については，その賃金算定期間（賃金締切日がある場合には，賃金締切期間）において出来高払制その他の請負制によって計算された賃金の総額を当該賃金算定期間における総労働時間数で除した金額とする（労基法施行規則19条1項6号）。歩合給制の場合には，総労働時間の労働の成果として歩合給が支払われていることから，1.25のうち1.0の部分は既に支払い済みとなっているので，割増率0.25の部分だけを追加支給すればよい。

第2章　簿外債務の調査項目　　**63**

　東京都の最低賃金と比較すると　　　750円＜1,113円
となり，最低賃金法に抵触するため，基本給を引き上げる必要がある。
　　＝最低賃金月額（年間所定労働日数×1日の所定労働時間×最低時給÷12カ月）
　　　　－月給（基本給＋住宅手当）
　　＝（260日×8時間×1,113÷12カ月）－130,000円
　　≒62,920円
　したがって，62,920円を基本給に加算して，最低賃金違反を解消する。
　さらに，加算前の基本給に基づいて支払われていた割増賃金にも不足があったこととなるから，その差額に対する割増分も支払う必要があり[33]，時間外労働に対する割増賃金も再計算する（途中端数処理）。
　　＝（120,000円＋20,000円＋62,920円）÷173×1.25×10時間≒14,660円
　既に支払った時間外割増賃金10,110円であるから，これを控除した金額に月額不足額を加算した金額が1カ月の未払い賃金になり，賃金請求の消滅時効の3年（36カ月）を乗じた2,428,920円を便宜上，簿外債務とみなす。
　　1カ月の未払い賃金＝14,660円－10,110円＋62,920円＝67,470円
　　2年間の未払い賃金＝67,470円×36カ月＝2,428,920円

　　| 四郎の場合 |

　四郎の場合は歩合給制であるから，歩合給150,000円を総労働時間の213時間（＝173時間＋40時間）で除して，時間給換算し，最低賃金と比較する。
　　150,000円÷213時間＝704円…①
　　704円＜1,113円…②

　したがって，四郎に対し704円と最低賃金との差額409円が最賃法に抵触し，1時間当たりの未払い賃金となり，これに12月の四郎の総労働時間213時間を乗じた額が12月の未払い賃金になる。
　　409円×213時間＝87,117円…③
　算出した未払い賃金を歩合給に加算することに伴い，時間外割増賃金も再計算する必要がある（途中端数処理）。
　　（150,000円＋87,117円）÷213時間×0.25×40時間＝11,132円…④
　この④から既に支払った時間外割増賃金7,040円を控除した金額に③を加算した金額が1カ月の未払い賃金になり，賃金請求時効の3年（36カ月）を乗じた3,283,524円を便宜上，簿外債務とみなす。

33　「帝産キャブ奈良事件」奈良地判平25・3・26労判1076号54頁。

１カ月の未払い賃金＝11,132円−7,040円＋87,117円＝91,209円

３年間の未払い賃金＝91,209円×36カ月＝3,283,524円

＜Ｃ社＞

　東京都新宿区にあるタクシー会社のＣ社では，タクシー運転手には，基本給と１日の売上により変動する歩合給を併給していた。１カ月平均所定労働時間170時間であるＣ社では，30時間残業したタクシー運転手の三郎に対し，基本給85,000円，歩合給56,000円，基本給に対する時間外労働手当18,750円（85,000円÷170時間×1.25×30時間），歩合給に対する時間外労働手当2,100円（56,000円÷200時間×0.25×30時間）を支給していた。なお，東京都の最低賃金は1,113円である。

＜Ｃ社の調査結果＞

　まずは，固定給と歩合給が併給される場合，固定給部分と歩合給部分を時給換算して，合計したものと最低賃金を比較することになる。

　基本給の時給換算＝基本給85,000円÷所定労働時間170時間＝500円

　歩合給の時給換算＝歩合給56,000円÷月間総労働時間200時間＝280円

　基本給の時給に歩合給の時給を加算　500円＋280円＝780円

　最低賃金との比較　780円＜1,113円

　最低賃金を下回っているので，基本給，歩合給および時間外手当に対する１カ月当たりの簿外債務を次の式から算出する（途中端数処理）。

　差額＝1,113円−780円＝333円

　固定給と歩合給に対する簿外債務＝差額333円×総労働時間200時間＝66,600円

　時間外労働に対する簿外債務＝差額333×0.25×時間外労働時間30時間
＝2,490円

　１カ月当たりの簿外債務＝66,600円＋2,490円＝69,090円

　１カ月当たり69,090円の簿外債務があるとみなして，賃金請求時効の３年分の簿外債務を次の計算式により，算出する。

　簿外債務＝69,090円×36カ月＝2,487,240円

＜Ｄ社＞

　東京都渋谷区の設計事務所のＤ社（１カ月平均所定労働時間160時間）では，選択制確定拠出年金制度を導入している。令和６年４月に入社した太郎は，給料199,000円の内，55,000円を掛金として毎月拠出していた。

＜Ｄ社の調査結果＞

　選択制DCとは，企業型確定拠出年金制度の１つで，従業員が毎月掛金を自身

第2章　簿外債務の調査項目　65

の給与の一部から選択して拠出する。当該掛金は賃金ではないので，最低賃金を計算する場合，当該掛金を控除するため，太郎の月額給料は144,000円となる。太郎の給料を時給に換算して最低賃金と比較することになる。

144,000円÷160時間＝900円

東京都の最低賃金と比較すると　900円＜1,113円…差額213円

最低賃金との差額に譲渡予定日（9月1日）までの5カ月分を乗じた170,400円（＝213円×160時間×5カ月）が簿外債務と評価する。

解　説

①　最低賃金法の意義

　日本国憲法25条1項の「すべて国民は，健康で文化的な最低限度の生活を営む権利を有する」および同法27条2項の「賃金，就業時間，休息その他の勤労条件に関する基準は，法律でこれを定める」の法意を具現化したのが最低賃金法[34]（以下，「最賃法」という）である。国の法制として，行政で賃金の最低額を定め，労働者の民事的請求権を担保するとともに使用者には，監督機関の監督と刑罰[35]をもってその最低賃金額以上の賃金を労働者に支払うよう強制する制度である。

　賃金は，本来，労使が自主的に対等の立場で自由に決めるものであるが，仮に労働者からの最低賃金額を下回る賃金の申出により当事者間で合意が形成されていたとしても，最低賃金額を下回る賃金で労働契約を締結し，賃金を支払っていたのであれば，その部分は無効となり，最低賃金額と同様の定めをしたとみなされ（最賃法4条2項），その差額が未払い賃金であり，簿外債務となる。

　なお，最低賃金の額より生活保護が手厚いことから，その逆転現象[36]が指摘

34　かつては労基法28条に規定されていたが，昭和34年に最低賃金法として独立した法律になった。

35　使用者に対して，地域最低賃金額以上の賃金を支払わない場合には最賃法40条により，50万円以下の罰金を，特定最低賃金額以上の賃金を支払わない場合には労基法120条により，30万円以下の罰金を科せられる。また，最賃法8条では最低賃金の概要を労働者へ周知するよう義務づけており，当該違反についても最賃法41条で罰金として30万円以下を科す旨の定めがある。

36　平成26年度の最低賃金から逆転現象は解消された。

されたこともあり，平成19年の改正では最賃法９条３項に「労働者の生計費を考慮するに当たつては，労働者が健康で文化的な最低限度の生活を営むことができるよう，生活保護に係る施策との整合性に配慮するものとする」との規定が追加された。

　この改正以降，最低賃金額は年々上昇する傾向にある。平成22年６月18日には新成長戦略が閣議決定され，その中で「最低賃金について，2020年までのできるだけ早期に全国最低800円を確保し，景気状況に配慮しつつ，全国平均1,000円を目指す」との政府目標が示され，さらに「2030年代半ばまでに全国平均で1,500円に引き上げる」と新たな目標を掲げている。

②　最低賃金の種類
　最低賃金額には「地域別最低賃金」および「特定最低賃金」の２種類がある。
　「地域別最低賃金」とは，中央最低賃金審議会から示される額を目安に地方最低賃金審議会での地域の実情を踏まえた審議・答申後，異議申出に関する手続きを経て，都道府県労働局長が決定するものであり，「特定最低賃金」とは，特定の産業について関係労使の申出に基づき，地方最低賃金審議会が必要と認めた場合で，賃金の実態調査結果など各種統計資料を十分に参考にしながら審議を行い，答申後，異議申出に関する手続きを経て都道府県労働局長が決定するものである。
　「地域別最低賃金」は，産業や職種にかかわらず，事業場で働くすべての労働者と使用者に対して適用される最低賃金額で都道府県ごとに最低賃金額が定められているが，この「地域」とは実際に就労する事業場の所在地の都道府県をさし，本店が沖縄県にあったとしても，実際に就労する場所が東京都であれば，東京都の最低賃金が適用されることになる[37]。

37　派遣労働者の場合は，派遣元ではなく，派遣先の事業場がある地域の最低賃金が適用される。

第2章 簿外債務の調査項目 **67**

図表2-2 令和6年度地域別最低賃金改定状況

都道府県名	最低賃金時間額（円）		引上げ率（%）	発効年月日
北海道	1,010	（960）	5.2	令和6年10月1日
青森	953	（898）	6.1	令和6年10月5日
岩手	952	（893）	6.6	令和6年10月27日
宮城	973	（923）	5.4	令和6年10月1日
秋田	951	（897）	6.0	令和6年10月1日
山形	955	（900）	6.1	令和6年10月19日
福島	955	（900）	6.1	令和6年10月5日
茨城	1,005	（953）	5.5	令和6年10月1日
栃木	1,004	（954）	5.2	令和6年10月1日
群馬	985	（935）	5.4	令和6年10月4日
埼玉	1,078	（1,028）	4.9	令和6年10月1日
千葉	1,076	（1,026）	4.9	令和6年10月1日
東京	1,163	（1,113）	4.5	令和6年10月1日
神奈川	1,162	（1,112）	4.5	令和6年10月1日
新潟	985	（931）	5.8	令和6年10月1日
富山	998	（948）	5.3	令和6年10月1日
石川	984	（933）	5.5	令和6年10月5日
福井	984	（931）	5.7	令和6年10月5日
山梨	988	（938）	5.3	令和6年10月1日
長野	998	（948）	5.3	令和6年10月1日
岐阜	1,001	（950）	5.4	令和6年10月1日
静岡	1,034	（984）	5.1	令和6年10月1日
愛知	1,077	（1,027）	4.9	令和6年10月1日
三重	1,023	（973）	5.1	令和6年10月1日
滋賀	1,017	（967）	5.2	令和6年10月1日
京都	1,058	（1,008）	5.0	令和6年10月1日
大阪	1,114	（1,064）	4.7	令和6年10月1日
兵庫	1,052	（1,001）	5.1	令和6年10月1日
奈良	986	（936）	5.3	令和6年10月1日
和歌山	980	（929）	5.5	令和6年10月1日
鳥取	957	（900）	6.3	令和6年10月5日
島根	962	（904）	6.4	令和6年10月12日
岡山	982	（932）	5.4	令和6年10月2日

広島	1,020	(970)	5.2	令和6年10月1日
山口	979	(928)	5.5	令和6年10月1日
徳島	980	(896)	9.4	令和6年11月1日
香川	970	(918)	5.7	令和6年10月2日
愛媛	956	(897)	6.6	令和6年10月13日
高知	952	(897)	6.1	令和6年10月9日
福岡	992	(941)	5.4	令和6年10月5日
佐賀	956	(900)	6.2	令和6年10月17日
長崎	953	(898)	6.1	令和6年10月12日
熊本	952	(898)	6.0	令和6年10月5日
大分	954	(899)	6.1	令和6年10月5日
宮崎	952	(897)	6.1	令和6年10月5日
鹿児島	953	(897)	6.2	令和6年10月5日
沖縄	952	(896)	6.3	令和6年10月9日
全国加重平均額	1,055	(1,004)	5.1	―

※括弧書きは，令和5年度地域別最低賃金額。

「特定最低賃金」は，特定の産業[38]の基幹的労働者（18歳未満または65歳以上，雇入れ後一定期間未満で技能習得者の者，その他当該産業に特有の軽易な業務に従事する者を除く）とその使用者について設定されている最低賃金額である。

地域最低賃金額と特定最低賃金額の両方が適用される労働者には，最賃法6条で使用者は高いほうの最低賃金額を支払うよう義務づけている。ただし，最低賃金額を一律に適用させてしまうと，一般の労働者と比較して著しく労働能力が低い労働者等にとって，雇用機会を狭めるおそれがあることから，次に該当する労働者については，使用者が事前に都道府県労働局長の許可[39]を受けることによって，個別に最低賃金額の減額の特例が認められている（最賃法7条）。

(イ) 精神または身体の障害により著しく労働能力の低い者

38　全国で224件（令和6年3月末現在）。

39　所轄の労働基準監督署を経由して都道府県労働局長に減額の特例許可申請書を提出する。なお，特例許可基準は昭34・10・28基発747号の通達で示されている。

第2章 簿外債務の調査項目 **69**

㋺ 試の使用期間中の者（6カ月を限度）

㋩ 職業能力開発促進法24条1項の認定を受けて行われる職業訓練のうち基礎的な技術およびこれに関する知識を習得させることを内容とするものを受ける者であって厚生労働省令で定める者

㋥ 軽易な業務に従事する者その他厚生労働省令で定める者（断続的労働に従事する者）

③ 月給の時間給への換算

　最低賃金は時間給で表記されるため，時間給の場合はそのまま比較し，日給の場合は日給を1日の所定労働時間で除して時間給に換算して比較する。月給の場合も，月給を1カ月の平均所定労働時間で除して時間給に換算して最低賃金を比較する。ただし，最低賃金の実質的な効果を確保するためには，最低賃金の対象となる賃金は，基本的な賃金に限定する必要があり，予定しうる通常の賃金に限定するべきであると考えられる[40]。したがって，次の手当の賃金については最低賃金の対象となる賃金に算入せずに（最賃法4条3項），1カ月平均所定労働時間で除して時間給を算出する（最低賃金の計算基礎に算入しない賃金）。

（ⅰ） 臨時に支払われる賃金（慶弔見舞金など）

（ⅱ） 1カ月を超える期間ごとに支払われる賃金（賞与）

（ⅲ） 所定労働時間を超える時間の労働に対して支払われる賃金（時間外割増手当）

（ⅳ） 所定労働日以外の日の労働に対して支払われる賃金（休日割増手当）

（ⅴ） 深夜の時間帯の労働に対して支払われる賃金（深夜割増手当）

（ⅵ） 精皆勤手当（精勤手当，皆勤手当）

（ⅶ） 通勤手当（ただし，実費弁償的なもの）

（ⅷ） 家族手当（ただし，家族数により決定するもの）

　ここで精皆勤手当の取扱いに注意が必要である。精皆勤手当とは，会社ごとにその基準は異なるが「一定の期間の所定労働日において，就業規則等に定め

40　労働調査会出版局編『最低賃金法の詳解』19頁（労働調査会，改訂4版，2016）。

図表2-3 割増賃金・最低賃金の計算基礎算入手当判定表

(○…算入する　×…算入しない)

手　当	割増賃金の計算基礎	最低賃金の計算基礎
家族手当	×	×
通勤手当	×	×
住宅手当	×	○
別居手当	×	○
子女教育手当	×	○
精皆勤手当	○	×
臨時に支払われる手当	×	×
1カ月を超える期間ごとに支払われる手当	×	×
時間外・深夜・休日手当	×	×

るところにより，遅刻，早退，欠勤等の事故が一定回数以下の労働者に支払われる賃金[41]」と定義できる。なお，精皆勤手当は，最低賃金の時間給換算する賃金には算入しない賃金であるが，「割増賃金の計算基礎には算入する賃金」である。また，住宅手当，別居手当および子女教育手当については，「割増賃金の計算基礎には算入しない賃金」ではあるが，最低賃金において月給を時給に換算する場合，「最低賃金の計算基礎に算入する賃金」になるなど紛らわしいので，注意しなければならない（**図表2-3**）。

　なお，手当が月給制，基本給が日給制との組み合わせによって賃金が併給される場合，手当については1カ月の平均所定労働時間で除して時間給を算出し，これに基本給である日給を1日の所定労働時間で除して算出した時間給を加算して最低賃金額と比較する。

　また，タクシー業界等で多く見られる賃金のすべてが歩合給（出来高制）で支給される場合は，歩合給を月間総労働時間で除して算出した時間給を最低賃金額と比較する。事例2のC社のように，固定給と歩合給が併給されている場合には，固定給を1カ月の平均所定労働時間で除して時間給に換算したものに，歩合給を月間総労働時間で除して算出した時間給を加算して最低賃金額と比較

41　労働調査会出版局編・前掲注(40)180頁。

することになる。その結果，最低賃金を下回る場合には，最低賃金額との差額が未払い賃金となる。さらに，この修正に併せて，割増賃金を再計算して既に支払った割増賃金との差額も支払うことになる。

ところで，労基法27条では「出来高払制[42]その他の請負制[43]で使用する労働者については，使用者は，労働時間に応じ一定額の賃金の保障をしなければならない」とある。これを受け，「自動車運転手の労働時間等の改善のための基準について」の通達[44]で，「タクシー運転手が歩合給制度の場合には，通常の賃金の６割以上の保障給を定めること」としている。

④　最低賃金法違反事業所

最低賃金については，厚生労働省の毎年の「地方労働行政の重点施策」で，最低賃金の履行確保上問題があると考えられる地域，業種等を重点的に監督指導等を行っている。定期監督の結果，「最低賃金額以上の賃金を支払わなければならない」最賃法４条に違反する件数は年間約3,300件にも上る。

特に，小売業，食料品製造業，社会福祉施設，飲食店　卸売業の５つの業種では毎年100件以上の事業所で最賃法４条違反が発覚し，少なくとも３カ月遡及して最低賃金額との差額を労働者に支払うよう労働基準監督官からの是正勧告が行われている（**図表２－４**）。

したがって，DDのターゲット企業がこれらの業種であるならば，最低賃金を下回っている可能性が高いので，細心の注意を払わなければならない。

図表２－４　令和４年度最賃法４条違反業種ワースト10

(件)

順位	業　種	令和４年度
1	小売業	662
2	飲食店	326
3	社会福祉施設	260

42　出来高払制には，単純出来高払制，差別的出来高払制，多率出来高払制等がある。
43　請負制とは「一定の労働提供の結果又は一定の出来高に対して賃率が決められるもの」で，ハルシー制，ローワン割増制等がある。
44　平元・３・１基発93号，平９・３・11基発143号改正。

4	食料品製造業	203
5	卸売業	184
6	その他の製造業	168
7	その他の事業	124
8	道路貨物運送業	98
9	旅館業	94
10	金属製品製造業	91

出所:『令和4年労働基準監督年報』14頁を著者が編集したもの。

(3) その他賃金の未払いが明らかなもの

賃金の未払いが明らかなものについては、①1時間未満の時給の切捨て、②管理監督者および裁量労働者の深夜労働の未払い、③残業手当が基本給に含まれている場合の年俸社員、④変形労働時間制採用企業における退職者等への時間外労働の未清算の4つがあげられる。

**1時間未満の時給の切捨て・管理監督者等の深夜労働・
年俸社員・変形労働時間**

＜A社＞
　3年前からA社で働くアルバイトの太郎の労働条件は、1日8時間、1カ月15日、時給は1,500円であり、1日の時間外労働については、30分単位で計算され、30分未満は切り捨てて計算していた。また、終業時刻後、マネージャーの指示により20分程度後片付けや掃除をしていたのが常態化していた。
＜A社の調査結果＞
　所定労働時間を超えても、指示命令がある行為については労働とみなされ、法定労働時間を超えるならば、割増賃金の支払い義務が生じる。したがって、「20分程度後片付けや掃除」については、労働であり、かつ、法定労働時間を超えているので、割増賃金を支払う義務が生じる。太郎の1カ月における時間外労働の未精算分は1日につき20分、1カ月15日出勤していたので、月額9,375円（＝1,500円×20／60×1.25×15日）が太郎に対しての未払い賃金であり、これに賃金請求

第2章　簿外債務の調査項目　73

時効の3年（36カ月）を乗じた337,500円を便宜上，簿外債務とみなす。

＜B社＞

　所定労働時間を1日8時間，1カ月173時間とするB社で，デザイナーの花子（基本給30万円，職務手当5万円）と上司である次郎部長（基本給40万円，役職手当10万円）に対しては，それぞれ裁量労働者および労基法上の管理監督者に該当するため残業手当を支給していない。なお，当該部署は就業規則上の終業時刻は18時であったが，実際は23時まで社内で業務に従事しているのが常であった。

＜B社の調査結果＞

　労基法37条4項の深夜労働（22時から翌5時までの労働）に対する割増賃金については，裁量労働者および管理監督者を排除しておらず，これらの者が深夜の時間帯に就労する場合には深夜労働の割増賃金の支給対象となる。したがって，深夜の時間帯（当該ケースだと22時から23時までの1時間の労働）に対する割増賃金として，花子には月額10,626円（＝350,000円÷173時間×0.25×21日），次郎には15,183円（＝500,000円÷173時間×0.25×21日）が未払い賃金となり，花子と次郎の1カ月の未払い賃金を足し，これに賃金請求時効の3年（36カ月）を乗じた929,124円＝（10,626円＋15,183円）×36カ月を便宜上，簿外債務とみなす。

＜C社＞

　所定労働時間を1日8時間，1カ月173時間とするC社では，設計事務所のスタッフとして中途採用した桃子とあらかじめ時間外労働に対する手当を含めた年俸600万円（月額50万円×12カ月）とする労働契約を締結した。桃子の時間外労働は1カ月につき常時40時間であったが，給料明細には基本給50万円のみ記載されていた。

＜C社の調査結果＞

　基本給と時間外手当が峻別されていないため，あらかじめ時間外労働に対する手当を含めた合意があっても時間外労働手当を支払ったとはいえない。したがって，桃子に対して月額144,520円（＝500,000円÷173時間×1.25×40時間）の未払い賃金となり，これに賃金請求時効の3年（36カ月）を乗じた5,202,720円を便宜上，簿外債務とみなす。

＜D社＞

　D社では，起算日を1月1日とした1年単位の変形労働制度を採用している。7月31日付で退職した三郎（基本給30万円，通勤手当2万円）と4月1日に入社した四郎（基本給25万円，通勤手当1万円）に対して，賃金の清算をしていな

かった。

　D社の1日の所定労働時間は8時間，年間休日は105日で各月の営業日は次のとおり。

月	1月	2月	3月	4月	5月	6月	7月	8月	9月	10月	11月	12月
日数	20	20	20	25	24	24	26	20	19	19	21	22
時間	160	160	160	200	192	192	208	160	152	152	168	176

＜D社の調査結果＞

　変形労働時間制を採用していた場合，途中退職者等については退職等の時点において，途中採用者等については対象期間終了時点において，それぞれ次の計算式で算出した割増賃金の対象となる時間に応じた割増賃金を支払わなければならない。

割増賃金の対象時間
　＝　実労働期間における実労働時間　－　実労働期間における法定労働時間の
　　　総枠
実労働期間における法定労働時間の総枠
　＝（実労働期間の暦日数÷7日）×40時間

三郎の場合

　7月31日付で退職した三郎の勤務状態は次のとおりである。

月	1月	2月	3月	4月	5月	6月	7月	合計
日数	20	20	20	25	24	24	26	159
時間	160	160	160	200	192	192	208	1,272

　まずは，割増時間の対象時間を算出することになる。
　実労働期間における実労働時間は，表から1,272時間であることがわかる。
　次に実労働期間における法定労働時間の総枠は，次の算式から求められる。
　　＝（実労働期間の歴日数÷7日）×40時間
　　＝（31＋28＋31＋30＋31＋30＋31）÷7×40
　　≒　1,211
割増時間の対象時間
　　＝　1,272時間　－　1,211時間　＝　61時間
時給単価
　　＝　300,000円　÷　173時間　＝　1,734.104…円
割増時給単価
　　＝　1,734円　×　1.25　＝　2,167.5円

未払い賃金

= 2,168円 × 61時間 = 132,248円 ⇒ 三郎に対する未払い賃金

四郎の場合

4月1日付で入社した四郎の勤務状態は次のとおりである。

月	4月	5月	6月	7月	8月	9月	10月	11月	12月	合計
日数	25	24	24	26	20	19	19	21	22	200
時間	200	192	192	208	160	152	152	168	176	1,600

まずは，割増時間の対象時間を算出することになる。

実労働期間における実労働時間は，表から1,600時間であることがわかる。

次に実労働期間における法定労働時間の総枠は，次の算式から求められる。

= （実労働期間の歴日数÷7日）×40時間

= （30＋31＋30＋31＋31＋30＋31＋30＋31）÷7×40

≒ 1,571

= 1,600時間 － 1,571時間 = 29時間

時給単価

= 250,000円 ÷ 173時間 = 1,445.08…円

割増時給単価

= 1,445円 × 1.25 = 1,806.25円

未払い賃金

= 1,806円 × 29時間 = 52,374円 ⇒ 四郎に対する未払い賃金

したがって，三郎と四郎の未払い賃金を足した184,622円（＝132,248＋52,374）が簿外債務となる。

＜E社＞

E社の新・給与体系は，業務内容に応じて決定した賃金総額から基本給を差し引いた額を「割増賃金」として支給し，この「割増賃金」は労基法37条に基づいて算定した「時間外手当」と残額を「調整手当」としていた。トラック運転手として働く五郎の賃金は，賃金総額50万円，基本給は20万円である。E社の所定労働時間は，就業規則で1日8時間，1カ月173時間と規定されている。また，五郎の時間外労働は，毎月60時間であった。なお，変更前後の賃金規程による1時間当たりの単価をみると，平均して1,300円から800円と減額されていた。

＜E社の調査結果＞

定額残業代の支払いによって，労基法37条の割増賃金を支払ったといえるため

には，通常の労働時間の賃金に当たる部分と割増賃金に当たる部分とを判別できること（判別の要件）と時間外労働等に対する対価として支払われるものと認められる必要がある（対価性の要件）の2要件を充足している必要がある。

E社の新・給与体系は，時間外手当と調整手当とは，前者の額が定まることにより当然に後者の額が定まるという関係にあり，両者が区別されていることについては，本件割増賃金の内訳として計算上区別された数額に，それぞれ名称が付されているという以上の意味を見いだすことができず，判別の要件を欠く。

また，割増賃金額について，変更前後の賃金規程を比較した1時間当たりの単価は大きく減少するため，適法な割増賃金の支払いとはいえない。

したがって，時間外労働に対する割増賃金として，月額216,780円（＝500,000円÷173時間×1.25×60時間）が未払い賃金となり，これに賃金請求時効の3年（36カ月）を乗じた7,804,080円を便宜上，簿外債務とみなす。

解 説

タイムカードで労働時間を管理する場合，社員自らが打刻するので，実際の仕事の始業時刻と終業時刻とに「多少の」乖離があるのはやむを得ない。「たとえその間に労働をした事実があっても，使用者の指示によったものでない場合には，僅少な時間は企業社会通念上定時刻に終業したものとして取り扱っても違法ではなく，通常月給制の社員の場合には30分程度は退勤猶予時間とされる」[45]との解釈もあり，また，石川島播磨工業事件[46]等においても「更衣時間については業務の必要性，義務性に加えて使用者の直接的な指揮命令下に行うという拘束性のある場合を除いては労働時間として取り扱わなくても差し障りない」と判示された。

他方，乗務員の待機場所間違いにより生じた2分の遅れに対して控除された2分間分の賃金を請求したJR西日本（岡山支社）事件では，「労務の提供が人間の活動である以上，一定の割合で，その遂行過程の一部に過失による誤りや遅れ等が生じ得ることは，会社においても通常想定されるものであること，乗務員は，指示された業務を遂行する過程で誤りや遅れ等を生じさせた場合に，それを修正するための労務も含めて，業務の遂行に向けた一連の労務を行って

45　安西・前掲注(12)110頁。
46　東京地判昭52・8・10労判442号29頁。

おり，その間，会社の指揮命令に服しているのであって，会社においてそのような労務を受領していないということはできない」として，原告の請求を認めている。

労務DDでは，タイムカード等から算出する労働時間について，指揮命令下に置かれていたものとして，1分単位で偶発債務を算出するものとする。

①　1時間未満の時給の切捨て

法定労働時間を超える労働は，厳密にはたとえ1分でも割増賃金の支払いを要するので，残業時間の端数を1残業ごとに切り捨て，または切り上げて30分単位に整理することは違法である[47]。実際に1残業ごとに30分未満を切り捨てて集計していた事業所に対し，切り捨てた時間については未払い賃金が発生しているとして労基署から2年間遡及して支払うよう是正勧告を受けた場合もある[48]。また，極端ではあるが，「出勤・退社点呼及び出勤点呼後の勤務場所への移動時間は労働基準法上の労働時間に当たり，出勤一回あたり合計80秒で計算した賃金を支払え」と秒単位での賃金の支払いを命じた裁判例[49]もある。

なお，通達[50]では「1ヶ月における時間外労働等の時間数の合計に30分未満の端数がある場合は切り捨て，30分以上の端数がある場合は1時間に切り上げる処理については労働基準法違反として取り扱わないこと」とされており，労働時間や賃金の端数処理をまとめてそれぞれ図示すると**図表2－5**のようになる。しかし，当該通達は，あくまでも労基法24条および37条違反と取り扱わないというものに過ぎず，端数処理をすることにより民事上の労働者の割増賃金請求権を消滅させるものではない。

47　菅野和夫＝山川隆一『労働法』446頁（弘文堂，第13版，2024）。
48　平成17年5月，日本マクドナルドホールディングスが兵庫県内の労働基準監督署から「毎日の時間外労働を30分未満で切り捨てる処理は不適切だ」と是正勧告を受け，同年8月1日より直営2,725店で労働時間を1分単位で計算することに改めた。同社はそれにより在職，退職を問わず社員およびアルバイト約13万人に対し，過去2年分の不払い賃金（約22億円）を支払った。
49　「東京急行電鉄事件」東京地判平14・2・28労判824号5頁。
50　昭63・3・14基発150号。

図表2−5 時間・賃金の端数処理の場合

<table>
<tr><th colspan="2">項　目</th><th>処　理</th><th>通　達</th></tr>
<tr><td rowspan="2">時　間</td><td>1日15分又は30分単位</td><td>常に引上げ</td><td>昭23・2・20基発297号</td></tr>
<tr><td>1月の合計時間30分未満</td><td>切捨て（30分以上1時間に切上げ）</td><td>昭24・10・19基収3018号</td></tr>
<tr><td rowspan="3">賃　金</td><td>時間単価の1円未満</td><td>50銭未満切捨て，50銭以上1円に切上げ</td><td rowspan="3">昭63・3・14基発150号</td></tr>
<tr><td>1カ月100円未満</td><td>50円未満切捨て，50円以上100円に切上げ</td></tr>
<tr><td>1カ月1,000円未満</td><td>翌月支払いに繰下げ</td></tr>
</table>

出所：安西愈『新しい労使関係のための労働時間・休日・休暇の法律実務』833頁（中央経済社，全訂7版，2010）。

②　管理監督者およびみなし労働時間制適用者の深夜労働に対する賃金の未払い

労基法37条における深夜の割増賃金は，労働時間の位置が深夜という時刻にあることに基づき，その労働の強度等に対する労働者への補償として，管理監督者等を含め，その支払いが要求されているものである[51]。

労基法41条2号の管理監督者は，同条で労働時間，休憩及び休日に関する規定は適用しないとされているが深夜労働は除外されていない。ただ，「労働時間の適正な把握のために使用者が講ずべき措置に関する基準」[52]の適用対象範囲に「いわゆる管理監督者及びみなし労働時間制が適用される労働者（事業場外労働を行う者にあっては，みなし労働時間制が適用される時間に限る）を除くすべての者」とあることから，使用者は当該管理監督者およびみなし労働時間制（事業場外労働・裁量労働制）の適用労働者の労働時間について把握する義務はないため，管理監督者およびみなし労働時間制適用者については深夜の時間帯において労働の提供があったとしても，当該労働者に対しては，深夜の割増賃金の支払い義務はないものと誤解されやすい。

51　厚生労働省労働基準局編・前掲注⑾536頁。
52　平13・4・6基発339号。4月6日に発令されたので，「ヨンロク通達」と呼ばれていたが，平成29年1月20日に新ガイドラインが発出され，ヨンロク通達は廃止された。

しかしながら，同基準では「本基準の適用から除外する労働者についても，健康確保を図る必要があることから，使用者において適正な労働時間管理を行う責務がある」とされており，また，判例[53]でも「労働が１日のうちのどのような時間帯に行われるかに着目して深夜労働に関し一定の規制をする点で，労働時間に関する労基法中の他の規定とはその趣旨目的を異にする」とあり，使用者にはこれらの者に対しても労働時間把握義務があるといえる。

なお，深夜の時間帯の労働に対する賃金は，深夜の割増部分（0.25部分）についてのみ支払い義務が生じることになるが，深夜業が前提の職場で，労働協約，就業規則その他によって深夜業の割増賃金を含めて所定賃金が定められていることが明らかな[54]場合には別に深夜業の割増賃金を支払う必要はない[55]。

一方，労働時間の算定が困難である事業場外労働と業務そのものが労働時間を算定して規制する対象とすることになじまない裁量労働の適用者に対する深夜業の規定の適用については，事業場外労働のみなし労働者に対し，労基法施行規則24条の２の２での「労働時間に関する規定の適用に係る労働時間の算定について適用されるもの」[56]であって，「休憩，深夜業，休日に関する規定の適用は排除されない」とあることから，裁量労働のみなし労働者に対しても類似の通達[57]がある。したがって，これらみなし労働時間制の適用者から深夜の時間帯に労働の提供があったのならば，深夜の割増部分（0.25部分）のみ支払い義務が生じることになる。

③ 残業手当が基本給に含まれている年俸社員

年俸制は，１年間にわたる仕事の成果によって翌年度の賃金額を設定しようとする制度なので，労働時間の量（割増賃金）を問題とする必要のない労基法41条２号の管理監督者や同38条の３・38条の４の裁量労働者に適した賃金制度

53　「ことぶき事件」最二小判平21・12・18労判1000号５頁。
54　基本給と峻別されているのは当然のこと，何時間分が深夜業割増賃金部分として区分されていることが必要である。
55　昭63・３・14基発150号，平11・３・31基発168号。
56　昭63・１・１基発１号。
57　平12・１・１基発１号。

である[58]。しかし，管理監督者や裁量労働者に対する制度であるから割増賃金を支払う必要がないのであって，年俸制であるから割増賃金を支払う必要がないわけではない。年俸制を採用すること自体は労基法に抵触しないので，年間の割増賃金額をあらかじめ定め，これを年俸の中に含めて支払う定額払いも違法ではないが，何時間の時間外労働に対する割増賃金部分なのかを明確に区分するとともに，予定していた時間外労働を超過した結果，割増賃金部分がその月の法定割増賃金に満たなくなる場合には，その差額を支払うことが必要である。

　また，年俸制だからといって，年に1回，賃金を支払うことは許されず，毎月1回以上，一定の期日を定めて支払わなければならない（労基法24条2項）し，労基法37条の「割増賃金の適用」が排除されるわけでもない。割増賃金を支払う場合，年俸制のように月，週以外の一定の期間によって定められた賃金については，労基法施行規則19条1項5号に規定する計算方法で，年俸を年間所定労働時間数で除して時給単価を算出して割増率を乗じて時間外労働時間に応じた時間外手当を支払わなければならない。

　確かに，裁判例[59]の中には，定額の基本給の部分に割増賃金の部分が含まれるものとして，労働者の時間外労働に対する賃金請求を退けた事例もあるが，本件では基本給が183万円（＝2,200万円÷12カ月）と高額であったこと等の特別な理由によるもので，極めて例外的な事件である。判例[60]や学説[61]では，基本給と時間外労働に対する手当が峻別されており，何時間分の時間外労働が支払われているのかが明白でないと労基法37条の割増賃金を支払ったとはみなしていない。

　したがって，法定労働時間を超えて就労したにもかかわらず，年俸を12カ月で除した基本給しか支給していない場合には，時間外労働に対する未払い賃金が生じており，簿外債務となる。

58　菅野・前掲注(47)358頁。
59　「モルガン・スタンレー・ジャパン事件」東京地判平17・10・19労判905号5頁。
60　「医療法人社団康心会事件」最二小判平29・7・7労判1168号49頁。
61　「このような解釈は，高額報酬の労働者にも労基法第37条が抑制しようとしている加重労働の危険があることを看過し，労基法の強行性に反するものとして，理論的に妥当でない」。水町勇一郎『労働法』266頁（有斐閣，第6版，2016）。

④　変形労働時間制の途中異動者に対する時間外労働の清算

　法定労働時間は1日8時間，1週40時間が原則であるが，1週間のうち月曜日と金曜日が多忙でその他の日は閑散としているように繁閑が明らかな事業においては特例が認められている。そのような事業では，あらかじめ月曜日と金曜日の労働時間を1日10時間，火曜日と木曜日の労働時間を6時間と決めておき，月曜日と金曜日の法定労働時間を超える2時間分は火曜日と木曜日の労働時間を2時間減じる時間の貸借を認めることにより，1週間の法定労働時間の40時間を超えないようにする。このように，一定の要件を満たした場合には，時間の貸借を認め，労基法違反とせず，また，割増賃金の支払いも必要としない。これが，変形労働時間制の基本的な概念である。

　1年単位の変形労働時間制については，労基法32条の4で，使用者は，当該事業場に，労働者の過半数で組織する労働組合がある場合においてはその労働組合，労働者の過半数で組織する労働組合がない場合においては労働者の過半数を代表する者との書面による協定により，1カ月を超え1年以内の一定の期間を平均し1週間当たりの労働時間が40時間を超えない定めをした場合には，その定めるところにより，特定された週または日において1週40時間，1日8時間を超えて，労働させることができる，と定められている。

　また，労使協定で定める労働時間の限度は，原則として，1日10時間，1週52時間，連続して労働させることができる日は最長6日，期間内の所定労働日数は1年280日までとなっている。

　1年単位の変形労働時間制は，季節により繁閑の差があるスキー場や百貨店などで利用され，年初や年度初めに会社カレンダーを作成し，あらかじめ年間必要な休日を指定して運用するのが一般的である。

　ただし，1年単位の変形労働制を採用した場合に時間外労働となる時間の算定は次のようにやや複雑なものになる。

① 　1日については，労使協定により8時間以上の時間を定めた日はその時間を，それ以外の時間を定めた日は8時間を超えて労働させた部分

② 　1週間については，労使協定により40時間以上の時間を定めた週はその時間を，それ以外の週は40時間を超えて労働させた部分（①で時間外労働となった時間を除く）

③　変形期間全体を通算する時間については，変形期間（対象期間）を平均
し１週間当たりの労働時間が40時間となる労働時間の総枠を超えて労働さ
せた時間（①または②で時間外労働となった労働時間を除く）

この①，②，③の時間を合計した時間が割増賃金の支払いを要する時間とな
る。したがって，①と②は毎月，③は対象期間終了ごとに（１年の時は１年ご
とに）支払い期日が到来することになる[62]。

特に，途中採用者および途中退職者の取扱いには注意が必要である。通達[63]
では「途中退職者等については退職等の時点において，途中採用者等について
は対象期間終了時点（当該途中採用者等が対象期間終了前に退職等した場合は
当該退職等の時点）において，それぞれ次のように計算するものであること」
としている。

割増賃金の対象時間
　＝　実労働期間における実労働時間　－　実労働期間における法定労働時間
　　　の総枠
※実労働期間における法定労働時間の総枠
　＝（実労働期間の暦日数÷７日）×40時間

この清算を失念していた場合には退職者，途中採用者および配置転換者に対
する未払い賃金として簿外債務となる。

また，柔軟な労働時間制の１つで，労働者が始業・終業時刻を自由に選択で
きるフレックスタイム制における時間外労働に対する取扱いも特殊であるので，
ここで概説しておく。

使用者は，当該事業場の労働者の過半数で組織する労働組合がある場合にお
いてはその労働組合，労働者の過半数で組織する労働組合がない場合において
は労働者の過半数を代表する者との書面による協定に一定の期間（清算期間）
とその期間における労働時間（総労働時間）等を定め，就業規則等に始業・終
業時刻の決定を労働者に委ねる旨を定めることによって，フレックスタイム制
を採用することができる。ただし，清算期間は１カ月以内で，総労働時間は１

62　安西・前掲注⑿240頁。
63　平11・１・29基発45号。

週間当たりの平均が40時間を超えないように設定しなければならない（労基法32条の３）。

フレックスタイム制における時間外労働は，１日単位の所定労働時間がないため，１日単位の時間外労働は発生することはなく，清算期間における法定労働時間の総枠を超えた時間となる。フレックスタイム制の場合の清算期間の法定労働時間の法定限度は，その期間を平均し１週間当たりの労働時間が40時間を超えない範囲内であるから，

　＝週法定労働時間×清算期間中の暦日数÷７日

で求めることができ，１カ月が31日の月は，177.14時間（177時間８分），30日の月は171.42時間（171時間25分），28日の月は160時間となる。

清算期間について，労働時間の過不足の場合，通達[64]により，清算期間の総所定労働時間を超えて労働した場合，超えた分は金銭で清算し，労働した時間が不足した場合には総所定労働時間働いたものとして賃金を支払ったときに限り，不足時間分を次期にまわして，その時間分を加算した時間働いて清算する（ただし，次期の総所定労働時間が結果的に法定労働時間を超えるときはその部分は時間外労働となる）ことが認められている。

⑤　１カ月単位の変形労働時間制の運用ミス

１カ月単位の変形労働時間制は，１カ月以内の期間を平均して１週間当たりの労働時間が40時間（特例措置対象事業場においては44時間）以内となるように，労働日および労働日ごとの労働時間を設定することにより，労働時間が特定の日に８時間を超えたり，特定の週に40時間（もしくは44時間）を超えたりすることが可能となる制度である[65]。この１カ月単位の変形労働時間制は，労基法上定められている３種類の変形労働時間制の中で最も基本的な形態のものであり，１カ月の中で業務の繁閑の激しい事業や，深夜交替制労働（例えばタクシー運転手）などで，多く用いられている[66]。変形労働時間制は基本的な労

64　昭63・１・１基発１号。
65　厚生労働省「リーフレットシリーズ労基法32条の２―１か月単位の変形労働時間制」（平成26年３月）。
66　水町勇一郎『詳解 労働法』747頁（東京大学出版会，第３版，2023）。

働時間制を弾力化することで，労働時間を短縮し，ひいては時間外労働の短縮に繋がる一方，労働時間が不規則になり労働者の生活に悪影響を及ぼす可能性があることから，制度を適切に採用・運用していくために要件を設けている。

第1に，労基法32条の2第1項により，事業場の過半数代表者との労使協定または就業規則その他これに準じるものにより定めを置くことが必要である。労使協定の締結・届出でも実施できるようになったが，労使協定でこれを定める場合には，同条2項および労基則12条の2の2により，有効期間を定めた上で，同協定を所轄の労働基準監督署長に届け出なければならない。なお，労使協定には私法上の権利義務を設定する効力が認められないため，労使協定による場合も，労働協約，就業規則，労働契約など契約上の根拠となる定めを置く必要がある。

第2に，労使協定または就業規則等において，起算日を定めて1カ月以内の一定期間（単位期間）を平均して，1週当たりの労働時間が週法定労働時間（40時間，特例事業では44時間）を超えないように所定労働時間を定める必要がある。

第3に，労基法32条の2第1項により，この制度で法定労働時間を超える労働時間が許容されるのは，その定めにより「特定された週」または「特定された日」においてであるため，いかなる週または日に法定労働時間を超える労働時間配分をするのかを，労使協定または就業規則等においてあらかじめ特定しておかなければならない。また，労基法89条1号によって，就業規則において始業・終業の時刻を定めることが使用者に義務づけられていることとあわせて，結局使用者は就業規則において変形期間の各労働日の労働時間の長さとともに始業・終業時刻を定めなければならないと解されている[67]。

所定労働時間の特定を求める趣旨は，労働時間の不規則な配分によって労働者の生活に与える影響を小さくすることにあるため，各労働日の所定労働時間を就業規則等によってできるだけ具体的に特定しておく必要がある。言い換えると，1カ月を平均して，結果として週40時間内に収まっていればよいという

---

[67] 昭63・1・1基発1号，婦発1号，平9・3・25基発195号，平11・3・31基発168号，水町・前掲注(66)749頁。

わけではない点に注意を要する[68]。

　労働日ごとの労働時間の具体的な特定をいつまでにしなければならないかについて，業務の実態から月ごとに勤務割表を作成する必要がある場合には，就業規則において各直勤務の始業・終業時刻，各直勤務の組み合わせの考え方，勤務割表の作成手続き・周知方法を定めておき，各日の勤務割は変形期間の開始前までに具体的に特定することで足りるとしている[69]。

　また，１カ月単位の変形労働時間制において，変形期間開始前に特定された労働日・労働時間の変更は原則的に許されないが，予定した業務の大幅な変更等の例外的限定的な事由に基づく変更は許される[70]と考えられる。

a）１カ月労働時間制の適用が否定された裁判例

　前述した法的要件すべてを充足しない場合には適法な変形労働時間制とは認められないので，原則的な労働時間制にかえって法令が適用されることとなる。その結果，１日８時間，１週40時間を超える労働はすべて時間外労働となり，大部分の労働時間がオーバータイムと評価されることになるため注意を要する[71]。ここでは，変形労働時間制が無効と判示された裁判例を紹介する。

〈就業規則の定めの不備によるもの〉

　イースタンエアポートモータース事件[72]において，就業規則では「配車職員の労働時間は毎月16日を起算日とする１箇月単位の変形労働時間制による」との記載のみにとどまり日勤・夜勤ごとの始業終業時刻や休憩時間・勤務割表の作成手続き・周知方法の記載が必要なところ，その記載がなく，また就業規則を従業員に対し周知させる措置が取られていなかった。そのため労基法32条の２第１項の要件を満たさず，変形労働時間制が無効とされた。

〈所定労働時間が法定時間を超えるもの〉

　１カ月の変形労働時間制を適用させるためには１カ月以内の一定期間におい

68　荒木尚志『労働法』201頁（有斐閣，第５版，2022）。
69　昭63・３・14基発150号。
70　菅野＝山川・前掲注(47)457頁。
71　安西・前掲注(12)196頁。
72　東京地判令２・６・25労判ジャーナル105号48頁，この事件では会社に従業員３名に対し未払い賃金として1,453万8,323円を支払うよう命じた。

86

て平均して週40時間以内にしなければならないため，例えば1カ月の暦日数が31日の場合は40÷7×31＝177.1時間が1カ月の労働時間の上限となる。ダイレックス事件[73]では稼働計画表において1カ月の所定労働時間にあらかじめ30時間を加算した合計207時間を定めていることは法の定めを満たさないとして，変形労働時間制を無効とした。その他，1日の労働時間が18時間のホテル業務において，シフト表で月10日ないし11日の勤務日を設定していたブレイントレジャー事件[74]においても1カ月の所定労働時間が180時間となり法定時間の上限を超えていることから，変形労働時間の定めは有効であるとはいえないとし，残業代として775万8,029円の支払いを命じている。

〈労働日や労働時間が「特定」されていないもの〉

就業規則に1カ月単位の変形労働時間制の基本的な内容と勤務割の作成手続きを定めるだけで，「始業・終業の時刻及び休憩の時間は，（中略）一定期間内の特定の日あるいは特定の週について労働時間を延長し，もしくは短縮することがある」としてその日，週に何時間の労働をさせるのかについて使用者が無制限に決定できるような内容は，「特定」の要件に欠ける違法，無効なものとした裁判例がある[75]。

類似の裁判例としてリーディングケースとなる日本マクドナルド事件[76]がある。当該裁判では，原則として4つの勤務シフトの組合せを規定しているところ，かかる定めは就業規則で定めていない勤務シフトによる労働を認める余地を残すものであり，実際には店舗独自の勤務シフトを使って勤務割が作成されていることに照らすと，就業規則により各日，各週の労働時間を具体的に特定したものとはいえず，労基法32条の2の特定された週又は特定された日の要件を充足するものではないとして変形労働時間制は無効であると判示した。この判決を受けて会社は，就業規則に約200もの勤務シフトを記載する対応を取ることとなった。このような全国に当時864店舗を展開する大規模企業においても例外なく労働時間の特定を求めたことにより，変形労働時間制の有効性が厳

73　長崎地判令3・2・26労判1241号16頁。
74　大阪地判令2・9・3労判1240号70頁。
75　「岩手第一事件」仙台高判平13・8・29労判810号11頁。
76　名古屋高判令5・6・22労経速2531号27頁。

格に判断された事例であって，大企業のみならず中小企業においてもシフトパ
ターンが複数存在する場合はすべてのシフトパターンを就業規則に記載した上
で，1カ月単位の変形労働時間制を運用する必要がある。

〈特定した労働時間の変更事由が定められていないもの〉

　一度特定した労働時間を変更するためには，就業規則にその根拠規定を定め
る必要があり，労働者が変更の予想が可能な程度に具体的事由を定めておくこ
とにより，例外的に許容されうるものしたのがJR東日本（横浜土木技術セン
ター）事件[77]である。この裁判において「業務上の必要がある場合は，指定し
た勤務を変更する」と包括的な変更条項を規定した就業規則に基づく勤務変更
は「特定」要件を満たさず無効としていることから，労務DDにおいても勤務
割表の変更が行われている場合は就業規則に変更条項が設けられているか，設
けられている場合はその内容が限定的例外的なものになっているか確認する必
要がある。

b）変形労働時間制を無効と判断した場合の未払い賃金の算出について

　法的要件を満たした変形労働時間制が適用されているか確認後，その運用が
違法であると判断した場合は，1日8時間，1週40時間を超えた時間について
割増賃金を支払う必要があるところ，時給制の労働者に対しては実際の労働時
間数分支払えば足りるため算出に問題は生じない。しかし，月給制の労働者の
場合，通常の労働時間に対する賃金に係る1倍の部分は支払済みとするべきか
否かについて，裁判[78]では「賃金額について各契約の合理的解釈によるとしな
がら，労基法13条により労基法違反により無効となるのは労基法に違反した部
分のみと解されるところ，月給制においては1カ月の所定労働時間と月ごとの
賃金額とが一体の関係にあるとはいえないというべきであり，無効となるのは
1日8時間を超える所定労働時間の部分のみであり月ごとの所定労働時間に対
応する部分については無効とはならないと解するのが相当」とし，「本件シフ
ト表のうち無効となる所定労働時間数が占める割合に応じて部分的に無効とな

77　東京地判平12・4・27労判782号6頁，「JR西日本（広島支社）事件」広島高判平14・6・
　25労判835号43頁。
78　「イースタンエアポートモータース事件」・前掲注(72)。

ることはない」と判示した。

　つまり，無効となる所定労働時間が占める割合に応じた賃金の部分を賃金額から切り出して，その支払いをもって無効となる時間数の労働に対する賃金として弁済したとはいえないとしているので，例えば1日11時間勤務した日について，既に支払われた賃金は8時間に当たる部分であり，時間外に相当する3時間については全く賃金が支払われていない状態となるため，各人の時間単価に1.25倍で算出した金額が未払いの割増賃金となり，労務DDにおいては1.25倍した額を簿外債務として計上することとなる。

⑥　複雑な歩合給制度

　前述したとおり，歩合給制や出来高給についても，労基法37条に規定する割増賃金の規制は適用され，労規則19条1項6号で「通常の労働時間の賃金」の計算方法が特別に定められている。割増賃金の支払いをめぐっては，基本給から割増賃金相当額を控除して支払う。その結果，時間外，休日，深夜労働をしても支払われる賃金総額は変わらなくなるという複雑な方法をとることは適法かが問題となる。ここでは，歩合給制についての判例の考え方を整理する。

　まず，この論点に対するリーディングケースの判例[79]として，タクシー乗務員に支払われる歩合給に時間外，休日，深夜労働に対する割増賃金が含まれていることとするオール歩合給制について判断したものがある。最高裁は，歩合給のうちで通常の労働時間の賃金部分と時間外，深夜の割増賃金に当たる部分とを判別することができない場合には，当該歩合給の支給により時間外，深夜労働の割増賃金が支払われたものとすることはできず，使用者は，当該歩合給を「通常の労働時間の賃金」とみなして，割増賃金規定に従って計算した割増賃金を別途支払う義務を負うと判示した。

　次に，タクシー乗務員の歩合給から時間外，深夜労働等の割増賃金（割増金）を控除して支払う賃金形態をとり，時間外，深夜労働等をしても賃金総額が変わらないものとする仕組みの適法性が問題となった事件[80]で最高裁は次のように判断した。まず，判別要件の前提となる時間外労働等に対する対価性の

---

[79]　「高知県観光事件」最二小判平6・6・13労判653号12頁。
[80]　「国際自動車事件（差戻上告審）」最一小判令2・3・30民集74巻3号549頁。

第2章　簿外債務の調査項目　　**89**

判断において，当該手当の名称，算定方法だけでなく，労基法37条の趣旨を踏まえ，賃金体系全体における当該賃金部分の位置づけ等にも留意して検討しなければならないとの一般論を述べている。その上で，本件仕組みは，その実質において通常の労働時間の賃金である歩合給を時間外労働等がある場合に名目的に割増金に置き換えて支払うこととするものであり，本件割増金の一部に時間外労働等の対価が含まれているとしても，通常の労働時間の賃金である歩合給として支払われるべき部分を相当程度含んでいると解さざるを得ず，割増金のうちどの部分が時間外労働等の対価に当たるか明らかでないから，通常の労働時間の賃金に当たる部分と割増賃金に当たる部分とを判別することはできず，本件割増金は通常の労働時間の賃金に当たるものとして同条の割増賃金額を算定すべきと判示した。

　本件事案の特徴は，時間外労働等に相応する割増賃金の額が増えれば増えるほど，通常の労働時間の賃金として支給される基本給（本件では歩合給）が減額され，基本給（当該歩合給部分）が0円になる可能性がある点である。そのため，本件は，通常の労働時間の賃金に当たる部分と割増賃金に当たる部分とを明確に判別することができず，割増賃金に当たると主張されている部分（割増金）に時間外労働等に対する対価性は認められないとの趣旨の判決であると位置づけられよう[81]。

　事例のE社の類似の事案[82]で，最高裁は，業務内容等に応じて決定した賃金総額から基本給等を差し引いた金額を「割増賃金」として支給し，この「割増賃金」は基本給等を通常の労働時間の賃金として労基法37条に基づいて算定した「時間外手当」とその余の額（「調整手当」）からなるとする給与体系について，本件時間外手当と調整手当は，一方の額が定まると他方の額が決まるという関係にあり，両者を包摂した本件割増賃金は，通常の労働時間の賃金として支払われるべき部分を相当程度含んでいると解さざるを得ないから，判別要件を欠き，適法な割増賃金の支払いとはいえないと判示した。

　判例は，通常の労働時間に当たる部分と割増賃金に当たる部分が実質的に混在している（後者が増えると前者が減る関係にある）場合に，両者を判別でき

81　水町・前掲注⒀277頁。
82　「熊本総合運輸事件」最二小判令5・3・10労判1284号5頁。

るかという判別要件の充足の有無を中心に労基法37条違反を判断しているといえよう[83]。

2 退職給付債務

退職給付債務

＜A社＞
　A社の退職金は，積立資産が5.5％以上の利回りで運用されることを前提とした適格退職年金制度を採用し，就業規則には「退職金は，退職時の基本給に勤続年数を乗じた額とする。ただし，適格退職年金制度から給付（年金では当該年金原資相当額，一時金では当該一時金額）を受ける場合はその額を控除する。」としていた。しかし，平成14年４月１日施行の確定給付企業年金法により10年の猶予期間を設け，適格退職年金制度が廃止されることになったことに伴い，適格退職年金制度から，中小企業退職金共済と〇〇生命保険相互会社の養老保険に移行することを決定し，これに合わせて，就業規則を「退職金は，中小企業退職金共済と〇〇生命保険相互会社の養老保険への加入を行い，その支払い金額とする。」という内容に変更して，全社員に新しい就業規則を配布することで周知を行った。
　新就業規則により，３年前に退職した桃子には中小企業退職金共済と〇〇生命保険相互会社の養老保険から合わせて200万円の退職金が支払われていたが，旧就業規則で計算した場合の退職金額は600万円（＝基本給20万円×勤続年数30年）であった。

＜A社の調査結果＞
　就業規則を変更することにより労働条件を変更する場合には，合理性と周知が要件となる（労契法10条）。この場合の周知は，労働契約法上の効力の有無という契約法的観点から求められるものであるため，労基法106条１項の周知とは異

83　水町・前掲注(13)277頁。

なる概念であり，「実質的周知」と呼ばれているが[84]，当該実質的周知については，周知方法のみならず周知対象（周知される情報）の適切性・的確性も要請される[85]。新就業規則の効力を争った中部カラー事件[86]では，新就業規則の「退職金は，中小企業退職金共済と第一生命保険相互会社の養老保険への加入を行い，その支払い金額とする。」という内容の変更[87]は，退職金の金額や計算方法がまったくわからないため実質的周知を認めず，旧就業規則の効力が有すると判示した。したがって，A社においては実質的周知が担保されていないため新就業規則の効力が認められず旧就業規則が適用されるので，旧就業規則の定めにより算出した退職金額600万円と中小企業退職金共済および〇〇生命保険相互会社の養老保険から支払われた200万円の差額の400万円を簿外債務として認識することになる。

＜Ｂ社＞

B社の退職金規程第〇条には，「退職金は下記の計算式で算出された額。退職金＝退職時の基本給×0.1×勤続年数×退職理由による係数　ただし，在籍中，特に功労のあったものには功労金を加算することがある。」と規定されていた。過去５年で太郎，次郎，花子の３人が退職していたが，３人に対する退職金については，下記のとおり，功労金が加算されていた。

太郎の退職金＝30万円×0.1×12年×1.0＝36万円　功労金は324万円

次郎の退職金＝26万円×0.1×８年×1.0＝20万8,000円　功労金は187万2,000円

花子の退職金＝20万円×0.1×６年×1.0＝12万円　功労金は108万円

＜Ｂ社の調査結果＞

会計上では，退職給付会計の導入に伴い，退職時に自己都合退職した場合に見込まれる退職給付のうち，当期（期末）までに発生した金額の現在価値を退職給付債務として算出し，このうち当期の負担に属する額を当期費用として貸借対照表の負債の部に引当金として計上しなければならなくなった。これを回避するために，退職金規程で算出される金額に「功労金」のようにその都度検討するような形で退職金に加算して支給する事例も見受けられる。特に平成13年前後に退職金規程の改定を実施している場合，本来の退職金額と異なる計算式で規定されていることもあるので，過去に支給された退職金と退職金規程で定められた計算式

84　中村克己ほか『就業規則の変更をめぐる判例考察』293頁（三協法規出版，2014）。

85　東京高判平19・10・30労判964号72頁

86　前掲注(85)。

87　労基法89条３号の２を充足しているとはいえないが，それをもって直ちに就業規則が無効になるわけではない。

で算出された退職金を突合する必要がある。

　B社の場合，過去３人に対する功労金がすべて次の計算式で算出されている。

　　功労金＝退職時の基本給×0.9×勤続年数×退職理由による係数

　したがって，退職給付債務を計算するにあたり，「退職時の基本給×1.0×勤続年数×自己都合係数」の算式で算出し直して，その差額を簿外債務として報告した。

＜Ｃ社＞

　Ｃ社の従業員は２名で，期末のそれぞれの基本給，勤続年数等は次のとおりである。

氏　　名	勤続年数	基本給	中退共積立
○○　太郎	13年３カ月	300,000	1,590,000
○○　次郎	６年７カ月	250,000	632,000

　Ｃ社には退職金に関し，次のような退職金規程があった。

（退職金の額）

第○条　退職金の額については，次の計算式に基づき支給するものとする。

　　　　退職金　＝　基本給　×　支給倍率　×　退職理由倍率

２．支給倍率は次の表によるものとする。ただし，年未満の端数については切り捨てるものとする。

年数	支給率	年数	支給率	年数	支給率	年数	支給率
3	2	10	5.5	17	9	24	16
4	2.5	11	6	18	10	25	18
5	3	12	6.5	19	11	26	20
6	3.5	13	7	20	12	27	22
7	4	14	7.5	21	13	28	24
8	4.5	15	8	22	14	29	26
9	5	16	8.5	23	15	30以上	28

３．退職理由倍率は，会社都合，死亡，定年による場合は1.2とし，自己都合による退職の場合は1.0とする。

（社外積立金の取扱い）

第2章　簿外債務の調査項目　　**93**

　第○条　当社は退職金の支給原資として，中小企業退職金共済等の社外積立金を
　　　活用する場合がある。この場合において，退職金が社外積立から支給されたと
　　　きは，その金額を前条に定める退職金から控除する。
　2．社外積立金による退職金が前条による退職金を上回る場合，社外積立金額を
　　　前条の退職金の支給額とする。

＜Ｃ社の調査結果＞
　従業員数は300人未満であり，簡便法による退職給付債務を算出することがで
きる。退職一時金制度を採用している場合，期末自己都合要支給額がＣ社におけ
る退職給付債務となる。したがって，Ｃ社の退職金規程の支給対象となる従業員
（太郎と次郎）ごとに算出（基本給×支給倍率×退職理由倍率）した退職金
（2,100,000円，875,000円）の合計額2,975,000円から，中退共へ外部積立している
金額2,222,000円（1,590,000円＋632,000円）を控除した金額753,000円が，Ｃ社に
おける退職給付債務として簿外債務となる。

氏　　　名	勤続年数	基本給	支給倍率	退職理由倍率	退職金額
○○　太郎	13年３カ月	300,000	7	1	2,100,000
○○　次郎	６年７カ月	250,000	3.5	1	875,000
					2,975,000

解　説

　労基法上，労働契約の締結時に支払う約束をした退職金は同法11条の賃金に
当たる[88]が，臨時に支払われる賃金で，退職することを条件に支払われるため，
毎月１回以上，一定の期日を定めて支払わなければならない労基法24条２項の
規定は適用されない。また，退職金制度を導入するか否かは任意であり，法で
制度化を義務づけているわけでもなく，その性格も①功労報償的なもの，②賃
金後払い的なもの，③生活保障的なものと様々である。

　退職給付債務は，退職一時金や確定給付企業年金制度を採用している企業が，
将来支払うべき退職金のうち，現在までに発生している金額を一定の割引率等
により，現在価値に割り引いた額から，将来の退職給付の支払いに向け，外部
機関に拠出している積立金（年金資産）の時価を差し引いたものである。しか

88　昭22・9・13発基17号。

し，本書では，事例のように未払いとなっていたり，転籍時に未清算となっていたりする退職金も含めて労務DD上の退職給付債務として簿外債務とみなす。

退職給付債務の計算方法には，原則法（従業員300人以上）と簡便法（従業員300人未満）がある。そもそも退職給付債務は，財務DDの守備範囲であり，労務DDの調査項目にはならないが，300人未満で退職一時金を採用している企業では，年金数理人に頼らない簡便法で計算できるため，労務DDで行うこともある。

簡便法で算出する場合，退職一時金制度では「期末自己都合要支給額方式」により，また，企業年金制度では「責任準備金方式」により退職給付債務を算出するのが一般的である。

会計上では，退職金を「賃金の後払い的なもの」と認識しており，退職給付会計の導入以降，自己都合退職した場合に見込まれる退職給付のうち，当期（期末）までに発生した金額の現在価値を退職給付債務として算出し，このうち当期の負担に属する額を当期費用として貸借対照表の負債の部に引当金として計上しなければならなくなった。

しかし，税務上では，退職金のうち当期の損金（費用）として積極的に税務署で認めるのは外部に拠出した掛金のため，基本的に税務署では引当金のような見積もりによる損金はできるだけ認めないスタンスをとっており，中小企業ではほとんど退職給付引当金を計上していないのが現状である。以下，退職給付制度を紹介し，期末自己都合要支給額方式と責任準備金方式について概説する。

(1) 退職給付制度
① 退職一時金制度

退職金制度といえば，通常，退職一時金をさし，退職金を支給するために必要な資産を外部に積立せず，内部で留保する伝統的な形態である。特に根拠法を持たず，企業の自由な設計ができるが，「最終給与比例方式」を採用して退職金を算出するケースが多い。

> **退職金＝退職時の基本給×勤続年数別支給率×退職事由別支給率**

　年功序列的な人事制度では，基本給は毎年のベアや定昇で上昇し続け，かつ，勤続年数がある一定の年数に達すると勤続年数別支給率が急上昇を描くカーブとなっている。団塊世代の退職と高年齢者雇用安定法の改正による定年延長から退職金負担が膨大になることが予想されたことから，退職金の増加を抑制する制度へ改正することが急務であった。

　そこで，自動的に膨張する退職金債務を抑制するために登場したのが「ポイント方式」である。ポイント方式は，基本給と切り離した退職金計算方法であり，企業は1年ごとに従業員にポイントを付与し，従業員は入社から退職までに蓄積した総ポイントに基づき退職金を受け取ることになる[89]。すなわち，退職時のポイント累計値に設定したポイント単価および退職事由係数を乗じて退職金を算定する。

> **退職金＝退職時のポイント累計×ポイント単価×退職事由係数**

　退職一時金のメリットは，このように企業が自由に退職金制度を設計し運用することができる点や，内部留保による退職金資金の運用益を企業の含み資産にできる点である。

　退職一時金のデメリットは，「退職給与引当金制度の廃止」により，無税で積立していくことができなくなった点があげられる。「退職給与引当金制度」とは，昭和27年の税制改正で法人税率が引き上げられた際に，その代償措置として認められた制度であり，従業員が退職した場合に必要とされる資金（要支給額）の全額について，当時は無税での内部留保を認めていた。しかし，その後の税制改正で，要支給額の50％（昭和31年），40％（昭和55年）と順次圧縮され，平成14年の税制改正で全廃された。

89　秋山輝之『退職金制度の教科書』85頁（労務行政，2016）。

② 存続厚生年金基金制度

存続厚生年金基金（以下，「厚生年金基金」あるいは単に「基金」という。なお本章で取り上げる厚生年金基金の形態は総合型を前提とする）とは，厚生年金保険法に基づき，企業が自社の退職金制度とあわせて国が行う厚生年金保険制度の一部を代行するシステムである。すなわち，老齢厚生年金の報酬比例部分のうち，再評価・物価スライドを除いた部分について，代行給付を行い，代行給付に自社の退職金部分を上乗せして独自の給付を行う制度である。

基金加入にあたり，代行した年金をそのままもらうだけでは，加入したメリットがないため，金額の多寡はさておき，基金には代行上乗せ部分が必ず用意され（代行部分と併せて基本部分という），その上に自社の退職金の一部を賄うための加算部分が設計されている。

厚生年金基金制度は，近年，この代行割れ部分が常態化し，構造的な問題となってきている。さらに，AIJ投資顧問の年金消失問題[90]など，基金を取り巻く状況を放置した場合，設立事業所（基金に加入している事業所）や加入員（基金に加入しているもの）のみならず，厚生年金保険本体の資産にまで影響を与えるおそれが生じてきたため，平成26年4月1日「公的年金制度の健全性及び信頼性の確保のための厚生年金保険法等の一部を改正する法律」（いわゆる，「基金制度見直し法」）が施行され，基金の解散を促すことが決定した。

具体的には，改正後10年以内に，①代行割れ基金の早期解散対応等，②代行割れを未然に防ぐための制度的措置，③他制度への移行支援が行われる。改正後は，厚生年金保険法の本則から「厚生年金基金」の条文がすべて削除され，附則で経過的に「存続厚生年金基金」として置かれていることからもわかるように，国は着々と廃止の方向へと動き出している。

基金の解散を待たずに企業が健全な基金から脱退した場合，当該基金からそれぞれの加入員へ加入期間に応じた給付請求書が送られ，各自で脱退一時金などを請求することになる。

基金ごとに多少異なるが，加入期間が3年以上10年（または15年）未満の場

---

[90] 平成24年2月，国内独立系の「AIJ投資顧問」が，「高利回りで運用している」と虚偽の報告をし，基金から運用受託していた約1,458億円の大部分を代替投資（オルタナティブ）の運用の失敗で消失させていたことが証券取引等監視委員会の検査で明らかになった。

図表2−6 厚生年金基金の支給イメージ

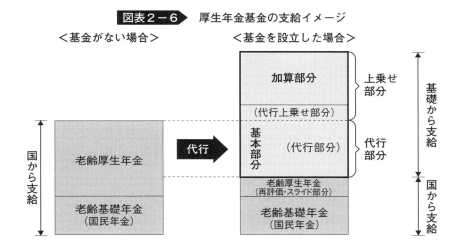

合，脱退一時金の対象となり，そのまま脱退一時金として受け取ることもできるが，脱退一時金相当額を企業年金連合会に移換して，将来（60歳〜65歳以降）通算企業年金として受給することや，脱退一時金相当額を他の年金制度（企業型確定拠出年金等）に移換する（ポータビリティ）ことも可能である。

既に会社を退職し，基金から加算年金を受給している者については，当該基金から脱退しても，当該基金が存続している限り，保証付き期間が短縮されることはなく，年金受給者は今までどおり，当該基金から加算年金を受給することができる[91]。

健全な基金が解散した場合，残余財産（最低責任準備金を超える額）があっても，事業主には分配されず，年金受給者，待機者および加入員に対して分配されることになるが，代行割れ基金においては，代行資産を用いて上乗せ給付を行っている状態であることから，残余財産はなく，年金受給者に対する今まで支給していた上乗せ部分[92]が，ある日を境に消えてなくなることになる。

代行割れ基金では，年金受給者に対して，解散の申請日の属する月の翌月か

---

[91] 野中健次『厚生年金基金の解散・脱退Q&A50』101頁以降（日本法令，2014）。
[92] 平成24年度に開催された社会保険審議会年金部会の第5回専門委員会において約476万円（＝月額約1.4万円×12カ月×2012年簡易生命表の60歳女性の平均余命28.33年）と示された。

ら上乗せ給付全額を支給停止とし，また，基金は財産の保全のために解散の方
針を議決する前に加算年金から選択一時金への変更を停止する規約の変更を行
い，財産の保全を行うこともできる。したがって，年金受給者は選択一時金へ
の変更が停止される前に加算年金を選択一時金へと切り替える申出を行うこと
が賢明であろう[93]。

　ただし，加算年金から選択一時金への選択替えについてはいつでも任意にで
きるわけではなく，基金の規約により，一定の要件[94]を満たす場合にしか，選
択替えを認めない基金もあるので，基金の規約で事前に確認しておく必要があ
る。

　厚生年金基金を退職金制度の内枠方式と位置づけている企業においては，厚
生年金基金から支払いがなされた場合には，事業主の退職金支払債務がそれだ
け減少することになる。しかし，解散した基金が代行割れの状態であった場合，
年金受給者，待機者および加入員に対する残余財産の分配がないため退職資金
が消失することになるので，簿外債務が生じることがある。

③　確定給付企業年金制度

　確定給付企業年金制度は，確定給付企業年金法に根拠を置き，DB（Defined
Benefit）とも呼ばれ，その設立形態として，「基金型確定給付企業年金制度」
と「規約型確定給付企業年金制度」とがある。確定給付企業年金は厚生年金基
金と同様に脱退時には未償却過去勤務債務の納付義務が生じる可能性が高いの
で，当該制度からの脱退の有無にかかわらず，運用会社に期末における脱退時
の負担金の有無の確認とその試算を依頼し，債務として認識しておくことが賢
明である。

　「基金型確定給付企業年金制度」とは，厚生年金基金の代行部分を国に返上
して残された加算部分の受け皿となることを目的として，母体企業とは別法人
格を持った基金を設立[95]した上で，基金において年金資産を管理・運営し，年

93　野中・前掲注(91)64頁。
94　①本人や家族が，災害などにより，住宅や家財等の財産に著しい損害を受けたとき，②
　　本人が債務を弁済することが困難なとき，③本人が心身に重大な障害を受けたり，長期入
　　院を余儀なくされたりするとき，④その他，これに準ずる事情があるとき等。
95　設立には，300人以上の人数要件がある。

金給付を行う制度である[96]。すなわち，厚生年金基金では，厚生年金の代行部分に積立不足が生じた場合，企業がその不足分を穴埋めするリスクがあった。企業では，その運用リスクから解放されるために，代行部分に見合った額の積立金を政府に移換して，上積みである加算部分を確定給付企業年金に移行したものである[97]。なお，厚生年金基金から基金型DBへ移行する場合，厚生年金基金での代議員会定数の4分の3以上の多数による議決を得て，厚生労働大臣の「認可」を受けることが必要である。

「規約型確定給付企業年金制度」とは，平成24年3月31日で廃止された税制適格退職年金制度の受け皿[98]となることを目的として，労使が合意した年金規約に基づき，企業と信託銀行・生命保険会社等が契約を結び，その契約に基づいて母体企業の外で年金資産が管理・運営され，年金給付が行われる制度である[99]。規約型確定給付企業年金の設立には，人数要件はなく，基本的な制度の枠組みは従来の適格年金制度と大差ない。厚生年金基金から規約型DBへ移行する場合，厚生年金基金での代議員会定数の4分の3以上の多数による議決を得て，厚生労働大臣の「認可」を受け，さらに，移転先の規約型DBに移転の申出を行い，当該DBの実施事業所に使用される被用者年金被保険者等の過半数で組織する労働組合がある場合はその労働組合，当該被用者年金被保険者等の過半数で組織する労働組合がない場合は，当該被用者年金被保険者等の過半数を代表する者の同意を得て，厚生労働大臣の「承認」を受けることが必要となる。

96　森戸英幸『企業年金の法と政策』32頁（有斐閣，2003）。

97　代行返上益は，代行部分に対応して会社が決算書に計上していた引当金よりも少額であることが一般的であり，代行返上すると国に返す年金資産と取り崩す引当金との差額が代行返上益として会社の決算書に計上されるだけで，企業が多額の資金を手にするわけではない。

98　税制適格退職年金制度は，企業年金制度である。「適年」と呼ばれ，企業の退職金制度を企業年金契約として，生命保険会社や信託銀行が受託して行われる制度で，昭和37年の法人税法・所得税法の改正により「適格退職年金税制」に基づいて導入された制度である。それ以前は，企業が従業員の年金支払いのために社外積立を行っている場合，その積立金は積立時点で，従業員への給与とみなされて課税されていたが，積立時に従業員への課税を行わない措置をとることを企業から要望され，適年が導入された経緯がある。税制優遇措置が適用されると，掛金が全額損金処理扱いで社外積立ができるため，積立時点において，従業員への所得税課税は行われず課税が繰り延べられることになっていた。

99　森戸・前掲注(96)32頁。

これら確定給付企業年金制度においては，①積立不足が生じた場合，掛金を拠出しなければならないこと，②年金資産の運用にかかわる者の責任を明確にすること，③財政状況の情報を開示すること等が定められ，受給権保護が強化されているのが特徴である。

④　中小企業退職金共済制度

中小企業退職金共済制度（以下，「中退共」という）とは，中小企業退職金共済法を根拠に，独立行政法人勤労者退職金共済機構（以下，「機構」という）と資本金または従業員数等を基準とする一定の各中小企業とが雇用する従業員ごとに退職金共済契約を締結し，当該契約に基づいて企業が月額5,000円以上3万円以下の16種類[100]の中で掛金を決め，掛金の全額を負担して機構に毎月納付する制度である。この掛金は非課税であり，また，企業が中退共に加入した際や，掛金を増額した場合，国から掛金に対して一定の助成が受けられることがある。自社で管理・運営する制度や他の企業年金とは異なり，退職事由[101]により給付額に差をつけることはできないが，退職金の資金を外部で保管し，経済基盤が脆弱な中小企業で働く労働者の退職金を国の制度として保全できる点が特徴である。

退職金は，退職者が直接機構へ請求する。掛金を12カ月以上納付した者で，機構へ請求せず，2年以内の転職であり，かつ転職先が同制度を導入している場合には，自身の退職金共済手帳を転職先に提出することで前職の退職金と通算することもできる。なお，退職者が60歳以上の場合の退職金は，一時金払いのほか，全部または一部を分割して受け取ることも可能である[102]。

また，平成26年4月1日以降，厚生年金基金解散後の残余財産を企業単位で中退共へ移行できる仕組みが創設された。新規に中退共へ交付（移行）される場合の交付額は，中退共加入時の掛金月額に応じて月数換算して掛金納付月に通算されるが，中退共は全従業員の加入が原則とされているので，交付（移

100　短時間労働者に対しての掛金は2,000円から選べる。
101　懲戒解雇の時のみ機構に申し出て給付額の減額を申し出ることはできるが，掛金を損金で計上していることから，減額分が企業に返還されることはない。
102　税法上，一時金払いは退職所得，分割払いは雑所得として扱われる。

第2章　簿外債務の調査項目　　101

行）を申し出ない従業員であっても，併せて加入することになる。

⑤　確定拠出年金制度

　確定拠出年金制度とは，アメリカの401（k）制度をモデルにしたことから，日本版401kと呼ばれ，また，DC（Defined Contribution）と略されることもある。確定拠出年金には，企業型と個人型がある。企業型確定拠出年金制度については，平成13年3月期から導入された退職給付会計で，給付建て制度の債務と資産の時価評価が必要となったため，負債の変動や投資リスクを抑制する方法として，企業が確定拠出年金制度の創立を強く要望したという時代的背景がある。確定拠出年金は，確定拠出年金法を根拠として，厚生年金適用事業所において，労使合意の年金規約に基づき，事業主等が単独または共同して確定拠出年金を実施する[103]。非課税となる掛金を企業が拠出し，従業員である加入者が自ら運用指図[104]を行う[105]。すなわち，確定拠出年金においては，従業員が資産運用リスクを負うことになることから，自己責任で資産の運用を行うために相応の知識と情報を持つ必要がある。そこで，確定拠出年金法22条で事業主の責務として加入者に対して，「資産の運用に関する基礎的な資料の提供その他の必要な措置を継続的に講ずるよう努めなければならない」と，導入時のみならず，継続的に投資教育を行うよう努力義務を定めている。

　個人型確定拠出年金制度は，企業型確定拠出年金，厚生年金基金，確定給付企業年金（規約型および基金型）のいずれも実施していない企業の従業員，および自営業者等が個人単位で加入する制度である[106]。従業員が自らの意思により個人単位で加入する制度であるため，個人型は企業年金には当たらない。

　なお，受給については，原則として，60歳までは受給できないが，通算拠出期間が3年以下であることなどの一定の条件を満たせば，脱退一時金の受給も

103　企業が掛金を拠出する企業型年金と，加入者が掛金を拠出する個人型年金に分かれる。
104　加入者が運用商品や運用金額などを運営管理機関に指示すること。
105　運用リスクを従業員が負うことになるが，キャッシュバランスプランと呼ばれる設計により，会社と従業員とでリスクを分担することもできる。すなわち，キャッシュバランスプランとは，金利が高く年金資産の運用で大きな収益が得られる場合には年金の給付もそれに見合った額に増やし，金利が低く運用益が少ない場合には年金の給付も減らすというものである。
106　森戸・前掲注(96)37頁。

可能である。

　以前は，厚生年金基金に加入している設立事業所の解散時において，その資産の一部をDCに移行する要件として，基金に最低積立基準額の積立不足がないことが求められていたが，「基金制度見直し法」の施行後では，解散時に積立金が最低積立基準額を下回っていても移行が認められることになった。

(2)　簡便法による退職給付債務の算出

　前述したとおり，退職給付債務の算出方法には，「原則法」と「簡便法」がある。「原則法」では，退職給付債務の算定に基礎率の合理的な設定のために年金数理人などの専門家の関与が必要である。ただし，従業員数が比較的少ない小規模な企業等において，高い信頼性をもった数理計算上の見積もりが困難である場合または退職給付に係る財務諸表項目に重要性が乏しい場合には，「簡便法」を用いて，退職給付債務を算定することが認められている[107]。

　簡便法の適用可能な企業規模については，原則として退職給付計算の対象となる従業員数が300人未満の企業とされているが，従業員数が300人以上の企業であっても年齢や勤務期間に偏りがあることなどにより，原則法による計算の結果に一定の高い水準の信頼性が得られない場合には，簡便法によることができる[108]。

　退職給付債務の具体的な計算方法については，会計基準の適用指針50項で退職一時金（退職金）分は期末時点の自己都合要支給額，企業年金制度分は直近の年金財政計算における数理債務の額を基に，それぞれ調整計算を行い債務の金額を算定する方法等が例示されている。

　簡便法を適用する場合，適用する制度が退職一時金制度の場合と企業年金制度の場合につき，それぞれに3つの方法が示され，各企業が実態に合うと判断したものを採用することができるが，退職一時金制度では「期末自己都合要支給額方式」が，企業年金制度では「責任準備金方式」が最も採用されている方法である。

　「期末自己都合要支給額方式」とは，期末に在籍する従業員それぞれの勤続

107　「退職給付に関する会計基準」26項。
108　「退職給付に関する会計基準の適用指針」47項。

図表2-7　簡便法の計算方法

退職金の種類	算定方法
退職一時金	比較指数方式
	係数方式
	期末自己都合要支給額方式
企業年金	比較指数方式
	属性別区分方式
	責任準備金方式

年数・給与金額を企業の退職金規程に照らして，期末に自己都合（転職希望や留学等の理由で労働者から退職の意思表示を行うこと。いわゆる「辞職」）で全員退職したものと仮定し，それぞれの退職金額を算出して合計した総退職金額を退職給付債務とする方式である。

　「責任準備金方式」とは，年金財政計算上の数理債務のことであり，将来の給付と収入である掛金の差額をさす。自社で算出することは困難であるので，加入する確定給付企業年金に算出してもらうことになる。なお，将来の給付と将来の掛金をそれぞれ現在価値に割り引いたものを「給付現価」と「標準掛金収入現価」と呼び，数理債務との関係は次の図のとおりである。

図表2-8　年金財政計算

数理債務	給付現価
標準掛金収入現価	

　数理債務がある場合，通常の掛金だけでは将来の給付が賄えない状態であり，これを退職給付債務とみなし，年金資産や掛金の積み増しで対応する必要がある[109]。

3 社会保険料および労働保険料の適法性

　すべての法人事業所と農林水産業やサービス業の一部を除く5人以上の個人
事業所は，社会保険（健康保険，厚生年金保険）に加入する義務[110]がある。
しかし，社会保険料は法人税と異なり，会社の業績にかかわらず，納付義務を
負うことから，会社経営における財務上のインパクトは相当であり[111]，企業の
中には社会保険制度への加入手続きを行わず，保険料の納付を免れている「加
入逃れ」の事業所が少なくない。

　厚生労働省では，平成27年度から，「加入逃れ」を防ぐため，国税庁の源泉
所得税の徴収データを使って未加入の会社を割り出し，指導を強化してい
る[112]。

　社会保険の届出を怠り，加入しなければ，「6カ月以下の懲役または50万円
以下の罰金」[113]や「10万円以下の過料」[114]に科されるのみならず，社会保険に
加入していないことにより年金がもらえなかったり，または年金が少なくなっ
たりするなどの逸失利益に関して，従業員から提訴[115]される（年金民訴。第
3章6で説明する）リスクがある。例えば，京都市役所非常勤嘱託厚生年金保
険事件[116]では，強制加入の原則の目的として，①保険制度の財政基盤の強化，
②保険給付を受ける労働者の権利の保障という2点をあげ，②の趣旨に着目し
て，届出義務懈怠は私法上も違法になると解した上で，「被用者が厚生年金に

109　佐藤雄太『すらすら退職給付会計』183頁（中央経済社，2013）。
110　健康保険法3条3項，厚生年金保険法6条1項。
111　例えば，社会保険の対象となる役員・従業員の報酬および賃金（賞与）の年間合計額
　　を1億円と仮定した場合，社会保険料の事業主負担分はこの約13％である約1,300万円とな
　　る。
112　国土交通省でも社会保険未加入対策として，下請指導ガイドラインを策定し，施行し
　　ている。
113　健康保険法208条。
114　厚生年金保険法105条。
115　「豊國工業事件」奈良地判平18・9・5労判925号53頁。事業主が取得手続きを怠るこ
　　とにより，厚生年金保険から給付が受けられなくなった額333万842円等の請求を容認した
　　（過失相殺なし）。
116　京都地判平11・9・30判時1715号51頁。

加入する権利を侵害する結果とならないように注意すべき義務」を怠ったとして事業主の過失を認めている。したがって，M&Aの世界では「加入逃れ」のコンプライアンス違反の企業は買収の対象にはなりにくい。

　問題は社会保険に加入している企業において，「節保険料」ならぬ，「脱保険料」が行われている場合である。その態様は，被保険者の範囲を潜脱していたり，社会保険の基礎となる報酬に含めなければならない手当等を含めていなかったりなど様々である。年金事務所の調査で，このようなケースが発覚した場合，被保険者が負担する保険料を事業主が徴収しなくとも事業主には「全額納付義務」[117]があり，既に被保険者が退職してしまって保険料が控除できなくとも，全額納付義務は免責されず[118]，事業主に未払い保険料として被保険者負担部分も含め納付義務を課す。また，事業主が被保険者からの控除を失念した保険料を給料から控除できるのは前月分の保険料に限られ，本人には別途求償するべきものであり[119]，必ずしも本人から徴収できるとはいえないことから，本人分も含めて譲渡企業の簿外債務として労務DDレポートに記載することになる。

　なお，「脱保険料」となる簿外債務の計算について，全国健康保険協会では地域により健康保険料率が異なるが，本書では令和6年3月分からの東京支部の健康保険料率を使用する。

　また，労災保険料については，当該企業の業種と異なる料率で労災保険料率が誤って計算されていたり，雇用保険料については，平成22年4月1日の雇用保険法の改正に伴い，雇用保険被保険者の適用範囲が拡大したにもかかわらず，新基準の雇用保険被保険者取得手続きが行われていない等が，実務上では散見されている。したがって，譲渡企業における加入手続きの適法性も調査が必要となる。

117　昭2・2・14保理発218号。
118　昭2・2・18保理発578号。
119　昭2・2・5保理発112号。

(1) 社会保険料の適法性

社会保険料の適法性

＜Ａ社＞

　Ａ社では，労働時間が正社員の週所定労働時間と比べておおむね４分の３以上である昼間大学生の太郎（20歳，月給20万円）に対し，「社会保険に加入すると手取り額が減るので加入したくない」との太郎の意思を尊重して，社会保険の加入手続きを行っていない。

　７月１日付けで中途採用した花子（43歳，月給30万円）に対し，７月１日から８月31日までの２カ月間の更新条項のある労働契約を締結して，２カ月間の契約満了時点に本人の意思確認を行い，契約期間を１年に変更した上，９月１日付けで社会保険の加入手続きを行っていた。花子に限らず，Ａ社では，中途採用者すべての正規従業員の採用において，当初，試用期間という位置づけで２カ月間の雇用契約を結び，２カ月間の契約満了時に本人の意思確認を行い，勤務態度，能力，業務量などを勘案し，契約を見直した上で，希望者については再契約を行い，当初の２カ月間の有期雇用契約期間は，「臨時に使用される者」として，社会保険の適用除外者として取り扱っている。

　火曜日と木曜日に出勤している取締役の次郎（67歳，月額報酬20万円）は，取締役会に出席し，事業の選択と集中について発言力を持っていたが，「通常の社員の労働時間のおおむね４分の３未満」であることおよび「Ｚ社で社会保険に加入（月給30万円）していること」を理由に就任当時の３年前から社会保険に加入していない。

＜Ａ社の調査結果＞

太郎の場合

　太郎は昼間大学生であっても社会保険の適用除外者には該当しないため強制被保険者となる。したがって，月給20万円に対する月額社会保険料56,560円（健康保険料19,960円，厚生年金保険料36,600円）に保険料徴収時効の24カ月（過去２年分）を乗じた1,357,440円が簿外債務となる。

第2章　簿外債務の調査項目　**107**

[花子の場合]

　令和４年10月以降労働契約書等に契約更新条項が明示されている場合，契約当初から被保険者となるため，花子の資格取得日は，９月１日ではなく，採用日である７月１日となる。したがって，月給30万円に対する社会保険料89,640円（健康保険料34,740円，厚生年金保険料54,900円）の２カ月分である179,280円が簿外債務となる。

[次郎の場合]

　次郎は，Ａ社と取締役としての使用関係が認められるので，被保険者となる。また，同時に２以上の適用事業所から報酬を得ているので，Ａ社とＺ社から支給されている報酬の合算額の500,000円が標準報酬月額となる。これを各事業所での報酬に比例して按分されて算出されたＡ社の保険料56,560円（19,960円＋36,600円）に保険料徴収時効の24カ月（過去２年分）を乗じた1,357,440円がＡ社での簿外債務となる。

　　次郎の健康保険料 ＝ 500,000円 × 99.8 ／ 1,000 ＝ 49,900円
　　次郎の厚生年金保険料 ＝ 500,000円 × 183.00／ 1,000 ＝ 91,500円

　　Ａ社で納付する健康保険料 ＝ 49,900円 × 200,000 ／ 500,000 ＝ 19,960円
　　Ａ社で納付する厚生年金保険料 ＝ 91,500円×200,000 ／ 500,000 ＝ 36,600円

＜Ｂ社＞

　Ｂ社では，店舗の月額売上目標を達成した時，当該店舗で働いている従業員に対し，給料と併せて，「大入り袋」として１万円を支給している。この１万円については，賃金台帳に記載しているが，就業規則や賃金規程には支払う規定はないので，「臨時に受けるもの」として社会保険の基礎となる報酬に含めない取扱いをしていた。４月，５月，６月と大入り袋を支給された桃子（27歳，月給20万円）の標準報酬月額の定時決定の際にも社会保険の基礎となる報酬に含めずに算定処理を行った。

＜Ｂ社の調査結果＞

　Ｂ社の支給している「大入り袋」については，そもそも，恩恵的である「大入り袋」の範囲を逸脱して支給しているので，社会保険の基礎となる報酬に含めなければならない。したがって，桃子の標準報酬月額の定時決定を修正する必要があり，これにより，桃子の標準報酬は17級（14級）から18級（15級）に変更され，１カ月につき5,656円（＝62,216円－56,560円）の社会保険料が簿外債務となる。

＜Ｃ社＞

　Ｃ社では，役職者への功労に報いるため，養老保険に加入していた。養老保険の保険料は，全額を事業主が負担し，役職ごとに，部長に対して10万円，次長に対して7万円，係長に対して5万円とし，満期の受取人を本人が受給すると就業規則にその旨記載していた。5年前に部長に就任した五郎（51歳，月給40万円）はこの制度の対象となっていたため，この保険料については「みなし給与」として，税法上は課税対象としていたが，社会保険の基礎となる報酬に含めない取扱いをしていた。

＜Ｃ社の調査結果＞

　Ｃ社における「養老保険の保険料」については，その掛金が雇用上は身分により区分され決定されるものであり，恩恵的なものではなく，さらに受取人は本人であるが退職金とはいえないことから，養老保険料の10万円を社会保険の基礎となる報酬に含めなければならない。これにより，五郎の算定手続きを標準報酬27級（24級）から30級（27級）へ訂正した結果，差額保険料610,848円（＝（141,400－115,948）×24カ月）が簿外債務となる。

解　説

①　被保険者の範囲

a）アルバイトの取扱い

　被保険者については，健康保険法3条で「適用事業所[120]に使用される者[121]及び任意継続被保険者[122]をいう」（傍点著者），また，厚生年金保険法9条で「適用事業所に使用される70歳未満の者は，厚生年金保険の被保険者とする」と定義されている。被保険者となることができない者については，健康保険法3条の但書きまたは，厚生年金保険法12条に列挙されているが，アルバイト等

---

[120]　適用事業所とは，法で掲げる事業の事業所であって，常時5人以上の従業員を使用するものおよび国，地方公共団体または法人の事業所であって，常時従業員を使用するものをいう。

[121]　使用されるとは，事実上の使用関係があり，かつ労働の対償として報酬を受けていることをいう。

[122]　適用事業所に使用されなくなったため等の理由で被保険者の資格を喪失した者であって，喪失の日の前日まで継続して2月以上被保険者であったもののうち，保険者に申し出て，継続して当該保険者の被保険者となった者をいう。

については，内かん[123]の「所定労働時間及び…所定労働日数が…通常の就労者の…おおむね４分の３以上」に該当するアルバイトのみ「常用的使用関係」があるとみなし，被保険者として取り扱うことにしていた。しかし，平成28年10月以降，厚生年金保険法12条５項で「通常の労働者の１週間の所定労働時間の４分の３未満である短時間労働者等」は適用除外であると法定された。

したがって，事例の太郎の場合，「所定労働時間及び…所定労働日数が…通常の就労者の…おおむね４分の３以上」のアルバイトに当たるため，本人の意思にかかわらず，被保険者資格取得手続きを行う必要があり，保険料の徴収時効は２年[124]であることから，２年前からこのような状態であったならば，２年分の保険料額が簿外債務として認められることになる。

なお，「公的年金制度の財政基盤及び最低保障機能の強化等のための国民年金法等の一部を改正する法律」により，令和６年10月から，この４分の３以上の基準を満たさない者でも，①週所定労働時間が20時間以上，②賃金月額が88,000円以上，③２カ月を超えて使用される見込みがある，④従業員数が51人以上の規模である企業に使用されている，⑤昼間学生でないことという５要件のすべてに該当する短時間労働者も被保険者となった。

ｂ）２カ月以内の期間を定めて使用される者の取扱い

「被保険者にはならない者」とは，健康保険法３条１項２号および，厚生年金保険法12条１号に「臨時に使用される者であって，次に掲げるもの」とあり，「２月以内の期間を定めて使用される者」で雇用契約書に「更新される」等が明示されておらず，また，実際に更新されて雇用された実績がない場合などがあげられているが，これを誤って解釈した手続きが横行している。

すなわち，事例のＡ社のように，中途採用者すべての正規従業員の採用において，当初，２カ月間の雇用契約を結び，２カ月間の契約満了時に本人の意思確認を行い，勤務態度，能力，業務量などを勘案し，契約を見直した上で，希

123　昭和55年の厚生省保険局保険課長，社会保険庁医療保険部健康保険課長，同年金保険部厚生年金保険課長の連名による都道府県民生主管部（局）保険課（部）長あての内かんをさす。

124　健康保険法193条，厚生年金保険法92条。

望者については再契約を行っているようなケースである。そもそも，「2月以内の期間を定めて使用される者」とは，使用関係の実態が臨時的である者と解され，事業所において継続的な使用関係に入るための，試みの使用期間的な意味で一定期間を臨時の使用人あるいは試用期間という取扱いをしても，継続的な使用関係が認められる場合は，採用当初から被保険者として扱うことになる[125]。

c）取締役の取扱い

　役員の場合の被保険者の判定については，労働者と異なる。昭和24年7月28日保発74号通知によると「役員であっても，法人から労務の対償として報酬を受けている者は，法人に使用される者として被保険者とする」とあり，使用関係の有無について，①定期的な出勤の有無，②役員会の出席の有無，③従業員に対する指示・監督の状況，④役員との連絡調整の状況，⑤法人に対してどの程度の意見を述べ，影響力を与える立場にあるか，⑥法人からの報酬の支払い実態（実費弁償的なものだけであるか否か）の6つのファクターを確認し，総合的判断において，実質的な使用関係が認められる場合，被保険者として，取り扱われることになる（行政内部運用解釈）。したがって，次郎は，「法人の経営に対する参画を内容とする経常的な労務の提供であり，かつ，その報酬が当該業務の対価として当該法人より経常的に支払いを受けるものである」と認められることから，被保険者資格があるものと判定できる。

d）2以上の事業所から報酬を受けている場合の取扱い

　次郎のように同時に2以上の事業所から報酬を受けている被保険者については，健康保険法44条3項および厚生年金保険法24条2項で，各事業所について法定された方法によって算定した額の合計額が報酬月額であるとされており，これに基づいて報酬月額が決定され，保険料については，各事業所での報酬に比例して按分されることになる。

　例えば，A社から30万円，B社から20万円の給与（または報酬）を得ていた

125　疑義照会回答（厚生年金保険適用）より。

場合，次のように各事業所での報酬に比例して按分されることになる。

図表２－９ ２以上の事業所から報酬を受ける場合の保険料の計算

(円)

区分	報酬月額	合計額	標準報酬月額	保険料の算定式
A社	300,000	500,000	500,000	保険料＝標準報酬月額×保険料率×300,000／500,000
B社	200,000			保険料＝標準報酬月額×保険料率×200,000／500,000

出所：野中健次「簿外債務（社会保険②）」ビジネスガイド839号111頁（2017）。

② 社会保険の基礎となる報酬に含めるもの

a) 報酬と賃金

社会保険料の算定基礎となる「報酬」と労働保険料の算定基礎となる「賃金」では，対象範囲が異なる。すなわち，報酬は「労働者が，労働の対償として受ける全てのもの」（厚生年金保険法３条１項３号）であるのに対して，賃金は「事業主が労働者に支払うもの」（労働保険徴収法２条２項）と「事業主が（直接）支払う」と制限しているため，「報酬」は「賃金」の範囲よりも広く解されることになる。現物給与について取扱いが異なる主なものは**図表２－10**のとおりである。

b) 現物給与の取扱い

社会保険では，被保険者が受け取る給与（基本給のほか残業手当や通勤手当などを含めた税引き前の給与）を一定の幅で区分した報酬月額に当てはめて決定した標準報酬月額を，保険料や年金額の計算に用いている。この標準報酬月額を決定するタイミングは，①入社時（資格取得時決定），②毎年９月（定時決定），③３カ月連続して著しく給与の変動があったとき（随時改定），④産前産後休業・育児休業の終了したとき（終了時改定）の４つである。

給与については，厚生年金保険法３条１項３号および健康保険法３条５項で「報酬」とは，「賃金，給料，俸給，手当，賞与その他いかなる名称であるかを問わず，労働者が，労働の対償として受ける全てのものをいう。ただし臨時に

112

図表２−10 保険料算出にあたり留意すべき現物給与

手当の種類	社会保険	労働保険
食事	標準価格（告示額）。本人から徴収がある場合，標準価格−徴収額が報酬。ただし，徴収額が標準価格の３分の２以上の場合，現物給与なし。	標準価格（告示額）。本人から徴収がある場合，標準価格の３分の１−徴収額が賃金。ただし，徴収額が標準価格の３分の１を超える場合，現物給与なし。
住宅貸与	標準価額（告示額）。ただし，賃貸料を徴収している場合，標準価額と賃貸料との差額が報酬に該当（標準価格を超える賃貸料が控除されている場合は報酬に該当しない）。	賃貸料の徴収にかかわらず，賃金には該当しない。ただし，均衡手当の支給がある場合，賃貸料を徴収していない場合は均衡手当が賃金に該当し，賃貸料を徴収していた場合，実際の費用の３分の１と賃貸料の差額が賃金に該当し，賃貸料が３分の１を超えた場合は賃金に該当しない。
貸付金の債務免除	報酬に含める。	賃金に含めない。
財形奨励金・NISA奨励金	報酬に含める。	賃金に含めない。
持株奨励金	強制の場合は，報酬に含め，任意の場合は，報酬に含めない。ただし，任意でも大半の社員が加入している場合は報酬に含める。	賃金に含めない。

出所：野中健次「簿外債務（社会保険②）」ビジネスガイド839号111頁（2017）を一部修正したもの。

受けるもの及び３月を超える期間ごとに受けるものは，この限りでない」と規定され，「賞与」に関しても厚生年金保険法３条１項４号および健康保険法３条６項で「賃金，給料，俸給，手当，賞与その他いかなる名称であるかを問わず，労働者が労働の対償として受ける全てのもののうち，３月を超える期間ごとに受けるものをいう」と定義されている。

　被保険者が労働の対償として受けるものであれば，金銭によるものであるか否かを問わず報酬の範囲に含まれ，現物給与がなされる場合，その現物給与を金銭に換算し，金銭で支給された報酬に加える必要がある。

しかし，現物給与の評価を事業主に委ねると，事業主の主観により評価が異なりかねず，また保険者としても公平に評価するため統一する必要性があるので，現物給与については，厚生労働大臣が，その地方（都道府県）の実情にあわせて標準価格を告示することになっており，現在のところ食事，住居について告示されている。

現物給与である食事については，原則として，被保険者から負担金を徴収している場合は，告示された標準価格から負担分を差し引いた額を現物給与額として取り扱い[126]，また，告示された標準価格の3分の2以上に相当する額の食費を負担分として徴収している場合には，現物給与がないものとして取り扱うことになる。

住居については，畳1畳当たり[127]の金額が都道府県別に公示され，「当該畳数×公示額」によりその「住宅価格」を算出し，被保険者の負担額がその「住宅価格」に満たない場合，その差額を現物給与額として取り扱い，被保険者の負担額がそれを上回れば現物給与がないものとして取り扱うことになる。なお，平成25年4月から，拠点の考え方が改正され，これまでは，本店所在地の都道府県告示額をその会社のすべての支店に適用していたが，改正後では，支店所在地の都道府県公示額を適用することになった。例えば，北海道に本社があり，東京の支店で勤務する被保険者については，北海道の安い告示額が適用されていたが，改正以降，東京の公示額が適用されることになる。

c）大入り袋の取扱い

「大入り袋」など「臨時に受けるもの」とは，「被保険者が常態として受ける報酬以外のもの」で狭義に解し，通達では「被保険者の通常の生計に充てられる性質のもの，例えば，分割支給給与，飢餓突破賃金，昇給差額等は臨時に受けるものに該当しない」[128]としている。また，昭和18年1月27日保発303号にも「事業主が恩恵的に支給する見舞金は通常の報酬ではない」（傍点著者）と

126　昭31・8・2保文発6425号。
127　洋室の場合は1.65㎡を1畳として計算する。例：30㎡÷1.65㎡×2,830円（東京の場合の畳1畳分）≒51,454円（1円未満の端数は切捨て）。
128　昭23・7・12保発1号。

され，原則として，恩恵的に支給される結婚祝金や慶弔費なども「報酬」や「賞与」とはならない。

　日本年金機構のホームページでは，報酬としない例として「大入り袋」の記載があるが，これは大入り袋のもつ本来の性質（発生が不定期であること，中身が高額でなく，縁起物なので極めて恩恵的要素が強いこと）からすると生計にあてられる実質的収入とは言い難いので，報酬および賞与としないと判断している[129]。

　事例のケースについては，「臨時的かどうか」でまずは判断することになるが，支給事由の発生，原因が不確定なものであり，極めて狭義に解するものとすることとされているので，例年支給されていないか，支払われる時期が決まっていないかなどで判断することになる。次に，臨時的でないとすれば，報酬または賞与となるのか判断することになるが，前述したように事業主が恩恵的に支給するものは報酬または賞与から除かれるので，恩恵的か否かで判断することになる。恩恵的か否かは，社会通念上での判断となるが，当該ケースでは，大入り袋に関し，賃金台帳に記載があること，金額が1万円であること，これに加え，支給事由が業績達成や営業成績に連動しているものであるので，本来の大入り袋のもつ性質とは異にし，恩恵的ではないと判断するのが妥当である。したがって，事例のケースでは，名目が「大入り袋」であっても社会保険の基礎となる報酬に加える必要がある。

d）養老保険の保険料の取扱い

　養老保険とは，一定額の死亡保障がありながら，満期には掛金とほぼ同額の満期保険金が戻ってくる貯蓄性のある生命保険である。通常の法人契約では従業員の死亡弔慰金や退職金の内払いとして，利用されている。この養老保険に係る保険料の取扱いについて，税法では死亡保険金および生存保険金の受取人が被保険者またはその遺族である場合には，その支払った保険料の額は，当該役員または使用人に対する給与（みなし給与）として，課税対象としている。

　しかし，社会保険における養老保険の取扱いに対し，当局では迷走している

129　疑義照会回答（厚生年金保険適用）より。

感が否めない。

　社会保険では，「事業主が保険契約者の当事者になっている場合には，事業主の負担する保険料は報酬に含めない」との通達[130]があるので，社会保険料の節約方法として紹介されることがある。

　はたして，「団体養老保険の保険料を事業主が負担している場合，その保険契約によって受ける利益が従業員に及ぶもの」であっても，「事業主が保険契約の当事者となっている場合」という条件にさえ該当していれば「団体養老保険の保険料は社会保険料を算定する報酬には含まれない」のであろうか。

　ここで，当該規範の根拠となる通達がなされた経緯を確認する。当該通達は，そもそも石油荷役株式会社からの疑義照会に対する社会保険庁健康保険課長の通知であった。

　同社からの疑義照会は「当社は団体養老保険として，会社が保険契約者（保険料全額を保険会社に毎月納付）となり従業員を被保険者，受取人を被保険者又は遺族として，60歳満期の生命保険に加入致しております（従業員が退職した場合は，個人名義に証書を書替えて渡す。尚，継続するかどうかは個人の自由意思とする。）。この生命保険料は事業主が従業員のために負担しておりますがこの月掛保険料（養老保険掛料）について(イ)健康保険法第二条の報酬及び(ロ)厚生年金保険法第三条第五項の報酬に該当し，それぞれ社会保険料の算定基準（賃金）にしなければならないのか，その点，公式見解を御指示賜り度，御願い致します。なお，養老保険に関する事項については，当社，労働協約，その他給与規則等には一切定めておらず，全々，関係ないものとして会社が，福利厚生的な面から恩恵的に任意加入しているような保険ですから，念のため，申添え致します」というものであった。

　当該疑義照会に対し，社会保険庁医療保険部健康保険課長は，「団体養老保険の保険料を事業主が負担している場合，その保険契約によって受ける利益が従業員に及ぶものであつても，御来示のように事業主が保険契約の当事者となっている場合には，事業主が負担する保険料は健康保険法第二条第一項又は厚生年金保険法第三条第一項第五号に規定する報酬に含まれないものと解す

130　昭38・2・6庁保険発3号。

る」と回答した。すなわち，「事業主が保険契約の当事者となっている場合には，報酬に含まれない」との通知が発令されたように読める。

しかし，当該事案のポイントは後段の「労働協約，その他給与規則等には一切定めておらず，全々，関係ないものとして会社が，福利厚生的な面から恩恵的に任意加入しているような保険」であったためであり，過去の「恩恵的なものは報酬にしない」との規範を踏襲したまでにすぎない。

また，別の案件だが，N生命保険相互会社から行政へ照会したものとして，「自社の生命保険に加入した従業員に対し，事業主がその保険料の一部（割引保険料）を負担した場合の厚生年金保険法における報酬の取扱い」についての興味深いやり取りがある。

N生命保険相互会社は，まず「昭和38年2月6日庁保険発第3号の通知では，事業主が，保険契約の当事者となっている場合には，事業主が恩恵的に負担する保険料は，報酬に含まれない」と「恩恵的であるものは報酬に含めない」ことを強調した上で，「(1)この従業員に対する特別な取り扱いは，労働協約，就業規則，給与規定等の定めではなく，あくまで，従業員の福利厚生の見地から，恩恵的に行うものであるが，契約当事者は，従業員となっていること。(2)事業主の負担する保険料の支給方法は，別添補足説明のとおり，一旦，本人から全額徴収し，同時に割引部分に相当する金額を，給与明細書に登載の上，支給する方式であること。(3)この生命保険への加入は，本人の自由意志によるものであり，全従業員に及ぶものでないこと等，さきの通知とは，若干，異なる要素があることから，あらためて，社会保険庁の見解を聞きたい」（傍点著者）と疑義照会を行った。

これに対する回答は，「N生命保険相互会社で実施している自社の生命保険に加入した従業員の保険料の割引については，次の理由により，厚生年金保険第三条第一項第五号〔現行第三号〕及び健康保険法第二条第一項に規定する報酬に含まれるものと解する」[131]とした。その理由として「①保険契約の内容は，契約者である被保険者が一般の団体保険料率を適用した保険料の全額を負担するのを建前としているもの，それを内規（社友会契約取扱規定）により事業主

131　昭47・10・18庁保険発30号。

が一定率を肩代りすることによって割引いており，しかも事業主の負担額は，毎月支給される報酬に上積みされ，所得税法においても当該被保険者の所得とされていること。②保険契約は，被保険者の自由意思によるものであるが，契約高などその取扱いは被保険者の勤続年数や雇用上の身分によって区別されており，自社商品を従業員に無差別に割引き販売するといった福利厚生とは異なること（傍点著者）。③かりにそれが従業員の福利厚生の見地から給付されるものであっても，特定人に定期的かつ継続的に行われる場合，それは報酬とみるべきであって，自宅通勤者に対する住宅手当や通勤手当等と本質的に大差ないこと。」をあげた。

■ 社友会契約取扱規定の概要

一　契約の区分および適用範囲
(1)　社友会扱契約をAおよびBに区分し，それぞれ本社従業員の在職中に限り適用する。
(2)　A扱は，57才未満の職員で，保険料払込期間が10年以上
(3)　B扱は，(2)に該当するもので払込期間が10年未満の者又は57才以降に新しく採用された特別外務嘱託等

二　AおよびB扱の契約限度額
AおよびB扱の契約限度額は，勤続年数により3年未満は50万円以下，Bは50万円超過部分，3年以上Aは100万円以下，Bは100万円超過部分…20年以上Aは500万円以下，Bは500万円超過部分
三　保険料の負担
この契約は団体保険料率を適用し，表定保険料に対し次の割合によって算出した保険料相当額を会社負担する。ただし，当該会社の負担分にかかる所得税は，契約者の負担とする。
(1)　A扱　25％
(2)　B扱　6％

　この問題について，著者は顧問先から類似の相談を受けていたので，平成26年8月11日に新宿年金事務所所長に対し，次の疑義照会を行った。

疑義照会

【疑義】

　いわゆる所得税法の「みなし給与」とされる養老保険等の保険料であれば，団体扱いか否かに関わらず，その保険料は健康保険法第3条第9項又は厚生年金保険法第3条第1項第3号に規定する標準報酬月額の算定上の報酬（以下，「社会保険法上の報酬」という）に含めるか否か，公式の見解を書面でご指示賜りたくお願いいたします。

＜照会の理由＞

　社会保険法上の報酬は「労働者が，労働の対償として受けるすべてのものをいう」とあります。しかし，昭和38年2月6日付庁保険発3号の2，医療保険部健康保険課長通知には「団体養老保険の保険料については，標準報酬月額の算定上の報酬に含まれない」とあります。

　当該通知の判断については，当該保険料を就業規則や労働協約等にその保険給付を一切定めておらず，かつ会社が福利厚生的な面から恩恵的に任意に加入しているものであることから，報酬に含めないということでした。

　ところが，団体養老保険の保険料は所得税法上，「みなし給与」として取り扱われることから，単に「みなし給与とされる保険料は社会保険料の報酬に含めない」などを規範に，インターネット上で流布されており，みなし給与とされる保険料を報酬に含めない取扱いをする事業所が散見されております。http://shotokuzei.k-solution.info/2007/05/_1_462.html

　しかし，みなし給与であっても，従業員に対する生命保険契約に係る割引保険料については，任意加入とはいえ，契約高などその取扱いは被保険者の勤続年数や雇用上の身分によって区別されており，自社商品を従業員に無差別割引き販売するといった福利厚生とは異なること，仮に福利厚生の見地から給付されるものであっても特定人に定期的かつ継続的に行われる場合，それは報酬とみるべきであって，自宅通勤者に対する住宅手当や通勤手当等と本質的に大差ないことから，当該割引保険料を「社会保険法上の報酬に含める」と判断しています。（昭和47年10月18日庁保険発30号）

　当該問題は，全国的に共通の問題であり，放置すると誤った手続きを誘引することになりかねないので，今回照会した次第です。

これに対し，平成26年8月15日，次の回答がなされた。

> **照会文書に係る回答について**
>
> 【疑義】について
>
> 　法人が契約者となり，役員又は従業員（使用人）を被保険者とする養老保険等に加入して支払った保険料は，保険金の受取人に応じて，報酬に含めるかを判断することになります。
>
> 　具体的には，
>
> ①　死亡保険金及び生存保険金の受取人が法人の場合
>
> 　⇒報酬に含めません。
>
> 　※福利厚生的なものとして恩恵的に行われているもので，労務の対価と判断できない場合には，報酬に含めないとされています。
>
> ②　死亡保険金及び生存保険金の受取人が被保険者又はその遺族の場合
>
> 　⇒報酬に含めます。
>
> 　⇒「みなし給与」となり，法人が支払った保険料の額は，その役員又は使用人に対する給与となり，生命保険料控除の対象となります。
>
> 　したがいまして，「養老保険等の保険料」については，すべてが「みなし給与」となるわけではありません。法人や事業主が保険金の受取人だった場合は，あくまでも本人が本来負担すべきものでないので，報酬にならないこととなります。また，本人が本来負担すべきものを事業主が負担しているような場合は，報酬として算入します。

　このように新宿年金事務所（本部ブロックに確認済み）では，当該疑義照会に対して「死亡保険金及び生存保険金の受取人が被保険者又はその遺族の場合は報酬に含める」と回答している。

　これは，昭和38年2月6日庁保険発3号の通達である「団体養老保険の保険料を事業主が負担している場合，その保険契約によって受ける利益が従業員に及ぶものであっても，事業主が保険契約の当事者となっている場合は報酬に含めない」と異なる回答である。さて，これをどのように解釈すればよいであろうか。

　結局のところ，当該回答は，養老保険料が福利厚生的なものではなく，特定人に定期的かつ継続的に行われるものであれば，住宅手当や通勤手当等と本質的に大差なく，かつ，退職金的な意味合いのものともいえないことから，「報酬に含める」と解したものと思料する。したがって，「団体養老保険の保険料を事業主が負担している場合，その保険契約によって受ける利益が従業員に及

ぶものであっても，事業主が保険契約の当事者となっている場合」という条件にさえ該当していれば「団体養老保険の保険料は社会保険料を算定する報酬には含まれない」と判断するのは早計である。譲渡企業において，養老保険に加入している場合，恩恵的なものか否か，保険料負担者および受取人は誰か，退職金的な意味合いの有無等を検討し，最終的に養老保険料を報酬に含めるか否か判断することになるが，判断が困難な場合は，事案ごとに管轄の年金事務所に疑義照会することも考えられよう。

e）在宅勤務手当

コロナ禍を機にテレワークを導入する企業が急増し，在宅勤務手当を支給するケースが散見される。労働者が在宅勤務に通常必要な費用として使用しなかった場合でも，その金銭を企業に返還する必要がないもの，例えば，企業が労働者に対して毎月5,000円を渡し切りで支給するものであれば，社会保険料・労働保険料等の算定の基礎に含まれる。

一方，在宅勤務手当が実費弁償に当たる場合，労働の対償とは認められないため社会保険料・労働保険料等の算定基礎に含める必要はない[132]。

実費弁償の該当性については，前述のとおりであるが，労働者へ貸与する事務用品等を購入する場合でも，事務用品等については，企業がその所有権を有し労働者に「貸与」[133]するものを前提としており，事務用品等を労働者に貸与するのではなく支給する場合（事務用品等の所有権が労働者に移転する場合）には，労働者に対する現物給与として社会保険料・労働保険料等の算定基礎に含めることになる。

また，購入費用や業務に使用した部分の金額を超過した部分を労働者が企業に返還しなかったとしても，その購入費用や業務に使用した部分の金額については労働者に対する報酬等・賃金として社会保険料・労働保険料等の算定基礎

---

[132]　厚生労働省・総務省による「テレワーク総合ポータルサイト」の「テレワークにおけるルール・労務管理（人事評価，費用負担，人材育成）等に関するＱ＆Ａ」（https://telework.mhlw.go.jp/info/qa/在宅勤務手当のうち実費弁償に当たるようなもの/）を参照。

[133]　企業が労働者に専ら業務に使用する目的で事務用品等を「支給」という形で配布し，その配布を受けた事務用品等を従業員が自由に処分できず，業務に使用しなくなったときは返却を要する場合には，「貸与」と解される。

に含める必要はないが，その超過分は労働者に対する報酬等・賃金として社会保険料・労働保険料等の算定基礎に含めると解される。

　通信費・電気料金については，業務に要した費用と生活に要した費用が一括で請求される電気料金も含まれ，このようなものについては，就業規則，給与規定，賃金台帳等において，実費弁償分の「合理的な算出方法」が明示され，実費弁償に当たるものであることが明らかである場合には，当該実費弁償部分については社会保険料・労働保険料等の算定基礎に含める必要はない。

　なお，業務に要した費用と生活に要した費用が一括で請求される費用の実費弁償分の算出方法としては，業務のために使用した部分を合理的に計算し，当該部分を実費弁償分とする方法[134]については，以下のとおりである。

【通信費に係る業務使用部分の計算方法】
＝１カ月の基本使用料や通信料等×（１カ月の在宅勤務日数÷該当月の日数）
÷２
（１円未満切上げ）

例：従業員が９月に在宅勤務を20日間行い，１カ月に基本使用料や通信料１万円を負担した場合の業務のために使用した部分の計算方法。
　　＝10,000円×（20日÷30日）÷２
　　＝3,334円（１円未満切上げ）

○ 電話料金
イ 通話料
　通話料（下記ロの基本使用料を除く）については，通話明細書等により業務のための通話に係る料金が確認できるので，その金額を企業が従業員に支給する場合には，社会保険料・労働保険料等の算定基礎に含める必要はない。
　なお，「業務のための通話を頻繁に行う業務」[135]に従事する従業員については，通話明細書等による業務のための通話に係る料金に代えて，上記の算式により算出したものを業務のための通話に係る料金として差し支えないとされる。

134　国税庁における「在宅勤務に係る費用負担等に関するFAQ（源泉所得税関係）」（https://www.nta.go.jp/publication/pamph/pdf/0020012-080.pdf）を参照。
135　例えば，営業担当や出張サポート担当など，顧客や取引先等と電話で連絡を取り合う機会が多い業務として企業が認めるものをいう。

□ 基本使用料

　基本使用料などについては，業務のために使用した部分を合理的に計算する必要があり，上記の算式により算出したものを社会保険料・労働保険料等の算定基礎に含めなくとも差し支えないと思われる。

○ インターネット接続に係る通信料

　基本使用料やデータ通信料などについては，業務のために使用した部分を合理的に計算する必要があり，上記の算式により算出したものを社会保険料・労働保険料等の算定基礎に含めなくとも差し支えないと思われる。ただし，従業員本人が所有するスマートフォンの本体の購入代金や業務のために使用したと認められないオプション代等（本体の補償料や音楽・動画などのサブスクリプションの利用料等）を企業が負担した場合には，社会保険料・労働保険料等の算定基礎に含める必要があると思われる。

【電気料金に係る業務使用部分の計算方法】
＝１カ月の基本使用料や電気使用料×（業務に使用した部屋の床面積÷自宅の床面積）×（１カ月の在宅勤務日数÷該当月の日数）÷２
　（１円未満切上げ）
例：従業員が９月に在宅勤務を20日間行ったときの１カ月の電気料金が15,000円の場合の，業務のために使用した部分の計算方法。
業務に使用した部屋の床面積…10㎡　　　　自宅の床面積…50㎡
　＝15,000円×（10㎡／50㎡）×（20日／30日）÷２
　＝1,000円

　基本料金や電気使用料については，業務のために使用した部分を合理的に計算する必要があり，上記の算式により算出したものを社会保険料・労働保険料等の算定基礎に含めなくとも差し支えないと思われる。

(2) 労働保険料の適法性

労働保険料の適法性

＜Ａ社＞

Ａ社は，倉庫業である。会社設立当初は小売業からスタートし，現在は従業員数100人の規模にまで成長した。ただし，労災保険料率の業種については，会社設立当初の小売業で登録したままであった。

＜Ａ社の調査結果＞

Ａ社は，小売業の労災保険料率1000分の3.0で労災保険料を計算していたため労災保険料を75,000円として申告納付していた。倉庫業（令和６年度）の労災保険料は1000分の6.5であるので，162,500円（＝75,000×6.5／3.0）となる。本年度と昨年度の労災保険料を修正申告すると，差額の87,500円について，前々年度および前年度の差額である175,000円が簿外債務となる。

＜Ｂ社＞

Ｂ社では，アルバイトの雇用保険被保険者への加入について，本人の希望を尊重し，希望する者のみ加入手続きを行っていた。

＜Ｂ社の調査結果＞

アルバイトの労働契約書およびタイムカードから，「31日以上の雇用見込み，かつ，週所定労働時間が20時間以上」に該当する者をピックアップした結果，30人が雇用保険の加入義務がありながら，未加入状態であることが判明した。まずは概算額として，１人当たりの平均月額賃金が10万円であったので，10万円×30人×15.5／1000（雇用保険料率）×保険料徴収時効の24カ月（２年分）で算出した雇用保険料1,116,000円が簿外債務となる。

＜Ｃ社＞

愛媛県で金属鉱業を営むＣ社（年間休日数105日）では，社員食堂において無料で100名の従業員に昼食を提供している。なお，この食費について，労働保険の基礎となる賃金に含めていない。

＜Ｃ社の調査結果＞

　100名に対する愛媛における１人当たりの昼食の公示額260円を現物給与として本年度と昨年度の労働保険料を修正申告する必要がある。金属鉱業の労災保険料率は1000分の88であり，雇用保険料率は1000分の15.5であるから，100人×260円×（365日－105日）×103.5／1000×保険料徴収時効の２年分で算出した労働保険料1,399,320円が簿外債務として認められる。

解　説

①　労災保険料率

　労働保険料（労災保険料と雇用保険料）は，１年間に労働者に支払う賃金総額に保険料率（労災保険料率＋雇用保険料率）を乗じて得た額になる。保険料率は業種により異なり，労災事故の発生率が高い業種や失業率が高い業種ほど高く設定されている。企業では主たる事業に基づき業種を申告して保険料を算定することになるが，事業を複数行っている場合は，それぞれの事業の売上高，個数，従事している労働者数，賃金額，労働時間などの構成比により決定する。

　変化の激しい社会では，会社設立時の主たる事業と現在の主たる事業が変わるのは珍しくない。しかし，この労災保険法上の業種について，労働保険の年度更新時期などに定期的に見直すルールがなく，企業が自主的に点検していく必要があるが，失念しているケースが散見される。

　事例のＡ社のように，小売業を営んでいた会社がその後，業態変更して倉庫業へ移行しているような場合，労災保険率は1000分の3.0から1000分の6.5に変更される[136]ことになり，現在の主たる事業に適用される労災保険率により算定された労災保険料と誤った労災保険率で算出した労災保険料の差額が簿外債務となる。

②　雇用保険被保険者の範囲

　雇用保険については，雇用保険法で定めた適用範囲に該当すれば使用者や本人の意向にかかわらず，強制的に加入することになる。この雇用保険被保険者

136　平成29年度の労災保険率。令和６年度は「引上げ」は３業種，「据置き」は34業種，「引下げ」は17業種となる。

第2章　簿外債務の調査項目　**125**

の適用範囲が，平成22年4月1日の雇用保険法の改正により，「6カ月以上の雇用見込み，かつ，週所定労働時間が20時間以上」から，「31日以上の雇用見込み，かつ，週所定労働時間が20時間以上」と拡大された。しかしながら，実務上では，旧基準により手続きが行われ，新基準による雇用保険被保険者資格取得手続きがとられていない事業所が散見され，特に短時間就労者の加入漏れが目立つ。

　したがって，雇用保険被保険者に該当するにもかかわらず，未加入になっている者に対する雇用保険料については，簿外債務として計上することになる。

　なお，同年10月1日からは，本人の負担する雇用保険料を賃金から控除していたにもかかわらず，事業主が当該従業員の雇用保険資格取得の手続きを怠っていたことにより，雇用保険被保険者でなかった者（特例対象者）に対して，それまでは2年間までしか遡及して加入手続きを取れなかったものが，改正後は2年を超えて遡及し加入することが可能となった。これにより納付が生じる雇用保険料を「特例納付保険料」と呼び，通常の雇用保険料の算出方法とは異なり，次の式で求められた額[137]となる。

特例納付保険料　＝　基本額　＋　加算額
基本額　　　＝　（遡及期間の最も古い日から1カ月の賃金＋遡及期間の直近1カ月
　　　　　　　　の賃金）÷2×遡及期間の直近の雇用保険料率×遡及期間の月数

加算額　　　＝　基本額　×　10／100

---

③　労働保険料の基礎に算入する賃金

　労働保険料の算定基礎に算入する「賃金」については，労働保険徴収法2条2項で「この法律において『賃金』とは，賃金，給料，手当，賞与その他名称のいかんを問わず，労働の対償として事業主が労働者に支払うもの（通貨以外のもので支払われるものであって，厚生労働省令で定める範囲外のものを除く。）をいう」とあり，かつ，労働保険徴収法施行規則3条で通貨以外のもの

137　徴収則56条参照。

図表2−11 労働保険料等の算定基礎となる賃金早見表（例示）

賃金総額に算入するもの	賃金総額に算入しないもの
• 基本給・固定給等基本賃金 • 超過勤務手当・深夜手当・休日手当等 • 扶養手当・子供手当・家族手当等 • 宿日直手当 • 役職手当・管理職手当等 • 地域手当 • 住宅手当 • 教育手当 • 単身赴任手当 • 技能手当 • 特殊作業手当 • 奨励手当 • 物価手当 • 調整手当 • 賞与 • 通勤手当 • 定期券・回数券等 • 休業手当 • 雇用保険料その他社会保険料（労働者の負担分を事業主が負担する場合） • 住居の利益（社宅等の貸与を受けない者に対し均衡上住宅手当を支給する場合） • いわゆる前払い退職金（労働者が在職中に，退職金相当額の全部または一部を給与や賞与に上乗せするなど前払いされるもの）	• 休業補償費 • 結婚祝金 • 死亡弔慰金 • 災害見舞金 • 増資記念品代 • 私傷病見舞金 • 解雇予告手当（労働基準法第20条の規定に基づくもの） • 年功慰労金 • 出張旅費・宿泊費等（実費弁償的なもの） • 制服 • 会社が全額負担する生命保険の掛金 • 財産形成貯蓄のため事業主が負担する奨励金等（労働者が行う財産形成貯蓄を奨励援助するため事業主が労働者に対して支払う一定の率又は額の奨励金等） • 創立記念日等の祝金（恩恵的なものでなく，かつ，全労働者又は相当多数に支給される場合を除く） • チップ（奉仕料の配分として事業主から受けるものを除く） • 住居の利益（一部の社員に社宅等の貸与を行っているが，他の者に均衡給与が支給されない場合） • 退職金（退職を事由として支払われるものであって，退職時に支払われるもの又は事業主の都合等により退職前に一時金として支払われるもの）

出所：厚生労働省ウェブサイト　http://www2.mhlw.go.jp/topics/seido/daijin/hoken/980916_6.htm

で支払われる賃金の範囲及び評価として，「法2条2項の賃金に算入すべき通貨以外のもので支払われる賃金の範囲は，食事，被服及び住居の利益のほか，所轄労働基準監督署長又は所轄公共職業安定所長の定めるところによる」との定めがある。

第2章　簿外債務の調査項目　**127**

したがって，C社において無料で提供される昼食は「通貨以外のもので支払われる賃金」に該当するので，労働保険料を算定する際には厚生労働大臣が定める公示額に基づき賃金として算入して計算する必要がある。

4　年5日の年次有給休暇の取得状況

平成30年の働き方改革関連法による労基法の改正で，仕事と生活の調和および長時間労働是正のための方策の1つとして，年次有給休暇（以下，「年休」という）が10日以上付与される労働者に対して，5日の年休を基準日から1年以内に使用者による時季指定により与えることが義務づけられた（同法39条7項）。なお，本条に違反した使用者は，30万円以下の罰金[138]に処せられることになる（同法120条1号）。

ところで，わが国における令和5年の年休の取得率は62.1％であるが[139]，IFRS[140]を採用する企業において未消化の年休は，本来企業が負うべき債務であり，「未払い年休」として，消化されない年休分の金額を「年次有給休暇の引当金」として計上している。

労基法39条7項の使用者に時季指定を義務づけた年休分について，本条違反には罰則を科す意義は重く，労務DDの場面において看過できないため「年次有給休暇の引当金」のルールを引用し，10日以上付与される労働者に対して，年5日消化できない年休分の金額を本書では簿外債務として評価することにする。

138　罰則による違反は，対象となる労働者1人につき1罪として取り扱われるため，10人の場合10罪となり，理論上では罰金も300万円となる。

139　厚生労働省「令和5年就労条件総合調査　結果の概況」（労働時間制度）。

140　国際会計基準／国際財務報告基準（International Financial Reporting Standards）の略称。2023年3月時点で，約260社の日本企業が適用している。

事 例
7

年次有給休暇の取得状況

<A社>

　入社5年目で月給360,000円（標準報酬日額12,000円）の太郎と月給300,000円の同期の花子（標準報酬日額10,000円）は，昨年は年次有給休暇を1日も消化していなかった。なお，A社においては，労使協定を締結し，標準報酬日額を年休時の賃金として支払う方法を採用していた。

<A社の調査結果>

　労基法39条7項により，使用者は，年休が10日以上付与される労働者に対して，5日の年休を基準日から1年以内に取得させなければならない。未消化分の年休は，有給休暇の引当金として，計上することができることから，少なくとも年5日分の未払い年休については，以下の算式により算出した額を簿外債務として評価する。

　　未払い年休の簿外債務　＝（5日－消化年休日数）×　年休取得日の賃金

　　太郎に対する未払い年休
　　　　＝（5日－0日）　×　12,000円　＝　60,000円
　　花子に対する未払い年休
　　　　＝（5日－0日）　×　10,000円　＝　50,000円
　　簿外債務
　　　　＝　60,000円　＋　50,000円　＝　110,000円

解　説 ....

①　年次有給休暇とは

　休暇とは，労働契約上，労働者の就労義務がある日につき，一定の理由で使用者が就労を免除することをいい，当該休暇を有給で毎年付与するものを「年次有給休暇」と呼び，労基法39条で一定の要件を満たした労働者に対して，使用者が付与することを義務づけている。

わが国の平成30年までの年休の取得率は，51.1％と５割前後を推移してきたが，働き方改革関連法による労基法の改正の影響もあり，年休の取得率は毎年増加し，令和５年には62.1％と過去最高を記録することとなった[141]。

年次有給休暇については，労基法39条で「使用者は，その雇入れの日から起算して６箇月間継続勤務し全労働日の８割以上出勤した労働者に対して，継続し又は分割した10労働日の有給休暇を与えなければならない」と定め，同条２項により継続勤務年数に応じて次の日数の年休権の付与を義務づけている。

図表２−12 通常の労働者の付与日数

勤続年数	0.5	1.5	2.5	3.5	4.5	5.5	6.5年以上
付与日数	10	11	12	14	16	18	20

また，パートタイム労働者等の通常の労働者より所定労働日数が少ない労働者が，勤続勤務要件と８割以上の出勤要件を満たした場合には，以下の年休の日数が所定労働日数に応じて比例付与される。

図表２−13 週所定労働日数が４日以下かつ週所定労働時間が30時間未満の労働者の付与日数

週所定労働日数	１年間の所定労働日数	継続勤務年数						
		６月	１年６月	２年６月	３年６月	４年６月	５年６月	６年６月以上
４日	169日〜216日	7日	8日	9日	10日	12日	13日	15日
３日	121日〜168日	5日	6日	6日	8日	9日	10日	11日
２日	73日〜120日	3日	4日	4日	5日	6日	6日	7日
１日	48日〜 72日	1日	2日	2日	2日	3日	3日	3日

※網掛け部分の付与日数については時季指定義務の対象労働者とはならない。

使用者は，この「継続勤務」および「８割出勤」の２要件を満たして年休権の発生した労働者から年休の取得の申出，すなわち，時季指定権の行使があった場合，使用者が時季変更権を行使しない限り，これを受領しなければなら

141　厚生労働省「令和５年就労条件総合調査　結果の概況」（労働時間制度）。

ず[142]，年休を取得した労働者に対して賃金の減額その他不利益な取扱いをしないようにしなければならない[143]。

なお，労働者の請求する時季に所定の年休を与えなかった場合や年休を与えても所定の賃金支払日に年休の取得に係る賃金を減額して支給した場合等は，39条違反として，6カ月以下の懲役または30万円以下の罰金に処せられることになる（同法119条1号）。

②　年5日の時季指定義務

労基法39条7項

使用者は，第1項から第3項までの規定による有給休暇（これらの規定により使用者が与えなければならない有給休暇の日数が10労働日以上である労働者に係るものに限る。以下この項及び次項において同じ。）の日数のうち5日については，基準日（継続勤務した期間を6箇月経過日から1年ごとに区分した各期間（最後に1年未満の期間を生じたときは，当該期間）の初日をいう。以下この項において同じ。）から1年以内の期間に，労働者ごとにその時季を定めることにより与えなければならない。ただし，第1項から第3項までの規定による有給休暇を当該有給休暇に係る基準日より前の日から与えることとしたときは，厚生労働省令で定めるところにより，労働者ごとにその時季を定めることにより与えなければならない。

改正労基法（平成31年4月1日施行）から，使用者は，労働者の意見を聴取し，年休を付与した日（基準日）から1年以内に5日について，できる限り労働者の希望に沿った取得時季に指定して年休を取得させなければならなくなった。ただし，「年5日の時季指定義務」の対象となるのは，年10日以上有給休暇の権利がある労働者である。当該年度に付与される年休の日数が10労働日未満である労働者については，仮に，前年度繰越分の年休も合算すれば，10労働日以上となったとしても，「有給休暇の日数が10労働日以上である労働者」に

142　労働者による「休暇の請求」やこれに対する使用者の「承認」という観念を容れる余地はない（昭48・3・6基発110号）。
143　最高裁（「沼津交通事件」最二小判平5・6・25民集47巻6号4585頁）は「使用者の努力義務を定めたもの」と判示している。

は含まれない[144]。

　なお，この5日のカウントには，前年度からの繰越分か当年度の基準日に付与された年休であるかについては問わないものであり，半日単位の取得について，0.5日として含めることが可能だが，時間単位の取得分[145]や，企業が任意で設けている法定外の有給休暇（特別休暇）は含めることができない。

　また，育児休業から復帰した労働者も，年10日以上の有給休暇の権利があれば，対象者となるが，計画年休制度により既に年5日以上の有給休暇を付与している者や従業員が既に年5日以上の有給休暇を取得している場合には，指定義務は生じない。

【対象者】

> ・入社後6カ月が経過している正社員またはフルタイムの契約社員
> ・入社後6カ月が経過している週5日以上または週30時間以上勤務のパート社員
> ・入社後3年半以上経過している週4日出勤のパート社員
> ・入社後5年半以上経過している週3日出勤のパート社員

　有給休暇取得日の指定義務を履行するためには，個別指定方式または計画年休制度の導入が考えられる。

　個別指定方式では，年休消化日数が5日未満となりそうな従業員について，事前に会社が有給休暇取得日を指定する方法である。あらかじめ就業規則に「基準日から1年間の期間が終わる1カ月前までに有給休暇が5日未満の従業員について会社が有給休暇を指定する」旨を規定し，年5日の年休を消化させる。

　一方，計画年休制度とは，会社が従業員の過半数を代表する者との労使協定により，各従業員の有給休暇のうち5日を超える部分について，あらかじめ消化日を決める制度である（労基法39条6項）。ただし，労使協定で決めた有給休暇取得日は会社側の都合で一方的に変更することができない。

　計画年休制度で年5日以上の有給休暇を付与すれば，対象従業員について5

144　平30・12・28基発15号。
145　平30・12・28基発15号。

日以上は有給を消化させたことになるため、指定義務の対象外となる。現状で年5日以上の有給休暇を取得している従業員が少ない場合には、計画年休制度が効果的であり、個別指定方式による対応よりも相対的に従業員全員の有給休暇消化日数が増えることになる。

また、労基法39条7項後段ただし書きの「基準日より前の日から与えることとした」場合については、入社と同時に年休を付与したり、起算日統一のために前倒しで付与したりするケースが考えられるが、付与期間の始期や長さ等について特例が設けられている。

例えば、入社（2019/4/1）と同時に10日以上の年次有給休暇を付与した場合、法定の基準日より前倒しで付与する場合であっても、付与日数の合計が10日に達した時点で義務が発生する。通常の場合は入社から半年後の10/1から翌年9/30までの1年間に年次有給休暇を5日取得させることになるが、この場合には、入社日から1年以内に5日の年次有給休暇を取得させる必要がある[146]。

図表2-14 入社と同時に10日以上の年次有給休暇を付与した場合

入社日：2019/4/1　休暇付与日：2019/4/1（10日付与）

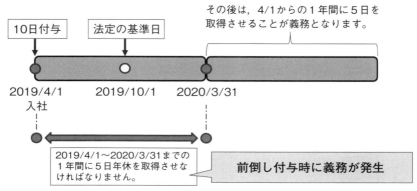

出所：厚生労働省・都道府県労働局・労働基準監督署「年5日の年次有給休暇の確実な取得わかりやすい解説」8頁（平成31年3月）。

146　労基法施行規則24条の5第1項。

また，入社から半年後（2019/10/1）に10日以上の年次有給休暇を付与し，翌年度以降は全社的に起算日を統一するため，4/1に年次有給休暇を付与する場合，2019/10/1と2020/4/1を基準日としてそれぞれ1年以内に5日の年次有給休暇を取得させる必要があるが，管理を簡便にするため2019/10/1（1年目の基準日）から2021/3/31（2年目の基準日から1年後）までの期間（18カ月）に，7.5日（18÷12×5日）以上の年次有給休暇を取得させることも特例として可能とされている[147]。

図表2－15 起算日を統一した場合の期間按分

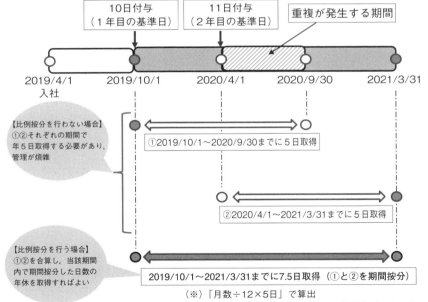

（※）「月数÷12×5日」で算出
（労働者が半日単位の取得を希望し，使用者がこれに応じた場合は「7.5日以上」，それ以外は「8日以上」となる）

出所：厚生労働省・都道府県労働局・労働基準監督署「年5日の年次有給休暇の確実な取得 わかりやすい解説」9頁（平成31年3月）。

---

147 労基法施行規則24条の5第2項。

なお，10日のうち一部を法定の基準日より前倒しで付与した場合には，付与日数の合計が10日に達した日から1年以内に5日の年次有給休暇を取得させなければならないが，付与日数の合計が10日に達した日以前に，一部前倒しで付与した年次有給休暇について労働者が自ら請求・取得していた場合には，その取得した日数分を5日から控除する必要がある[148]。

例えば，4月1日入社した労働者に対して，入社時に5日，7月1日に5日付与された年休を基準日以前（4月1日から6月30日）に労働者が自ら請求・取得していた場合（計画年休も含む）には，その日数分を5日から控除することができる。

図表2-16 10日のうち一部を法定の基準日より前倒して付与した場合

入社日：2019/4/1　休暇付与日：2019/4/1（5日付与），2019/7/1（5日付与）

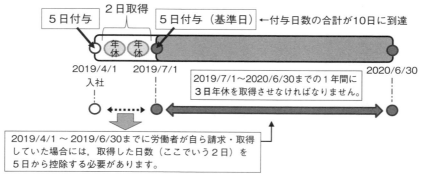

出所：厚生労働省・都道府県労働局・労働基準監督署「年5日の年次有給休暇の確実な取得わかりやすい解説」10頁（平成31年3月）。

③ 未払い年休

年休繰越し[149]の可否については，労基法上，直接的な定めがなく，「労働者が取得する休暇日が各年ごとに定められているので，その年度内に時季指定がなされ休暇が消化されなければ，特定すべきものとしての労働日がなくなり，

148　労基法施行規則24条の5第4項。
149　年休が対象年度内にすべて消化されないで残った場合，これを次年度以降に持ち越して使用すること。

有給休暇は履行不能によって消滅する」[150]として繰越しを否定する説や「年休制度は当該年度において法定の日数を有給で現実に休むことを保障するものであって，労基法39条の有給休暇を与えたことになるためには，現実に有給で休ませることが必要であり，年休の繰り越しは認められない」とした裁判例[151]がある。

　これに対して，通説および解釈例規（昭22・12・15基発501号）では，年休の繰越しを認めており，労基法115条においても「この法律の規定による賃金の請求権はこれを行使することができる時から5年間，この法律の規定による災害補償その他の請求権（賃金の請求権を除く。）はこれを行使することができる時から2年間行わない場合においては，時効によって消滅する」とあることから，2年間の時効（発生から2年で消滅）に服する[152]ものと理解されている。したがって，わが国の労基法上の年休制度は未消化分を1年に限り繰り越すことができる「累積型有給休暇」といえる。

　累積型有給休暇について，日本の会計基準では，年休を人件費（費用）として計上する慣行がないため，日本基準で財務諸表を作成している企業では，有給休暇引当金を計上していない。

　しかし，IFRS採用企業では，財務諸表を作成する場合，IFRSのIAS19号において，「累積型有給休暇」については負債として認識し，年休を有給休暇引当金として計上することを要請している。有給休暇の引当金とは，未消化分の有給休暇日数を日給で金額換算し，債務として計上した金額である。有給休暇引当金は，有給休暇の取得率が上がれば上がるほど，引当金の金額も少なくなり，企業の債務として計上する金額も少なくなることから，企業価値という観点から，年休の未消化分は看過できない問題である。

　そこで，本書では，IFRSの概念を引用し，「累積型有給休暇」である年休について，少なくとも労基法で罰則をもって消化することを義務づけている基準日から1年以内の「5日」のうち未消化分を「未払い年休」とし，該当する労働者がいた場合には，以下の算式で算出した額を簿外債務と評価することにす

150　山口浩一郎「年次有給休暇をめぐる法律問題」上智法学論集25巻2号72頁（1982）。
151　「国鉄浜松機関区事件」静岡地判昭48・3・23労民24巻1＝2号96頁。
152　菅野＝山川・前掲注(47)508頁。

る。

> 未払い年休の簿外債務　＝（5日－消化年休日数）×　年休取得日の賃金

　なお，年休を取得した日の賃金については，原則として，平均賃金方式あるいは，通常の賃金方式とされているが，例外として，標準報酬日額[153]方式により支払うこともできる（労基法39条9項）。

　平均賃金方式とは，平均賃金を算定すべき事由の発生した日以前3カ月間にその労働者に対して支払われた賃金総額を，その期間の総労働日数で除した金額（労基法12条）であり，昭和27年の労基法改正以前では，平均賃金方式のみが規定されていた。しかし，その都度計算するにはかなり煩雑であり，事務簡素化を図る観点から，月給をその月の所定労働日数で除した金額とする「通常の賃金方式」（労基法施行規則25条）の採用が認められ[154]，そして，例外的に書面による労使協定を要件として「標準報酬日額方式」の選択が認められるようになった。

　いずれの方式で支払うかについては任意であるが，あらかじめ就業規則その他において明確に規定することが必要であり，かつ，この選択がなされた場合には必ず，その選択された方法による賃金を支払わなければならず，その都度いずれかのものを選択することは認められていない[155]。

　なお，標準報酬日額については，「標準報酬月額÷30」の計算式で求められるが，アルバイト等の短時間就労者の定時決定（算定基礎届）における標準報酬月額の決定方法については，以下のとおりである。

---

[153]　標準報酬月額の30分の1に相当する額。5円未満の端数があるときはこれを切り捨て，5円以上10円未満の端数があるときは10円に切り上げる。
[154]　通常の出勤をしたものとして取り扱えば足り，施行規則25条に定める計算をその都度行う必要はないこととしている（昭27・9・20基発675号）。
[155]　昭27・9・20基発675号，平11・3・31基発168号。

第2章　簿外債務の調査項目　**137**

図表2-17　短時間就労者の定時決定

支払基礎日数	標準報酬月額の決定方法
4月，5月，6月の3カ月とも17日以上ある場合	3カ月の報酬月額の平均額をもとに決定
4月，5月，6月の3カ月のうち1カ月でも17日以上ある場合	17日以上の月の報酬月額の平均額をもとに決定
4月，5月，6月の3カ月とも15日以上17日未満の場合	4月，5月，6月の3カ月の報酬月額の平均額をもとに決定
1カ月または2カ月は15日以上17日未満の場合（1カ月でも17日以上がある場合を除く）	15日以上17日未満の月の報酬月額の平均額をもとに決定
3カ月とも15日未満の場合	従前の標準報酬月額で決定

5　障害者雇用納付金

　本節では，簿外債務の調査項目として，障害者雇用を取り上げ，事例をあげて詳解する。

　障害者雇用については，障害者雇用促進法で一定の企業に障害者の雇用を義務づけ，法定雇用率を下回っている場合，「障害者雇用納付金」を課しているわけだが，この納付金の算出方法を誤まっていたり，また，納付金を納付していなかったりした場合，当該納付金の額が簿外債務として認識されることになるため，譲渡企業について調査が必要となる。

　国が介入して使用者に障害者の雇用を義務づけることに対し，使用者に認められている「採用の自由」を侵害するのではと違和感を覚える方も多いであろう。確かに，採用の自由は，憲法22条の「職業選択の自由」および29条の「財産権」から導き出せる「企業の経済活動の自由」として位置づけられており，①いかなる者を採用するか選択する自由，②採用にあたり調査をする自由，③契約締結を強制されない自由（狭義の契約締結の自由）などからなるものと考えられている[156]。しかし，労働契約の締結を完全に自由にし，労働力の取引に

156　水町・前掲注(13)156頁。

何ら制約を設けなければ，社会的に弱い立場に置かれている労働者が著しく不利な労働条件で契約を締結されたり，第三者が契約の取引に介入してきて，過剰に中間搾取されたりするリスクが生じかねず，労働法で一定の規制を課している。例えば，性別の差別（男女雇用機会均等法），年齢の差別（労働施策総合推進法），労働組合に加入せずもしくは脱退することを雇用条件とすること（労働組合法），などを労働法上で制約しており，障害者に関しても，障害者雇用促進法37条で「全て事業主は，対象障害者の雇用に関し，社会連帯の理念に基づき，適当な雇用の場を与える共同の責務を有するものであつて，進んで対象障害者の雇入れに努めなければならない」と雇用義務を定め，具体的に雇用する人数までも同法43条で「雇用する対象障害者である労働者の数が，その雇用する労働者の数に障害者雇用率を乗じて得た数（…「法定雇用障害者数」という。）以上であるよう」義務づけている。さらに，これをクリアーできない常用労働者が101人以上の事業主にはペナルティー的な意味合いの「1人につき5万円の障害者雇用納付金を徴収する」という「ムチ」を使う半面（同法53条），法定雇用障害者数を超えた事業主には「障害者雇用調整金を支給する」という「アメ」を与えている（同法50条）。

　しかしながら，実際のところ，当該法定雇用率を満たしていないにもかかわらず，「満たしている」と虚偽の報告をして「障害者雇用納付金」の納付を回避している例が見受けられる[157]。したがって，労務DDに際しては，一定の労働者数を雇用する譲渡企業における法定雇用障害者数の有無を調べ，法定雇用障害者数を満たしていないにもかかわらず，障害者雇用納付金の算出方法を誤まっていたり，納付していなかったりした場合，障害者雇用納付金に相当する額を簿外債務として，認識しておく必要がある。

157　2018年8月に中央省庁における障害者の水増し問題が発覚した。特に国税庁においては1,000人以上の雇用数が誤って報告されていた。

第2章 簿外債務の調査項目　139

事 例
8

障害者雇用納付金

＜Ａ社＞

　Ａ社は，過去２年間，正社員を95人，契約期間を３年とする契約期間の定めのある契約社員を10人雇用していた。Ａ社では，週所定労働時間が30時間以上の身体障害者を１名雇用していたが，常用雇用労働者数については，契約社員を含めず95人として報告していたため，障害者雇用納付金を納めていなかった。

＜Ａ社の調査結果＞

【Ａ社の法定雇用障害者数】

＝（95＋10）×2.3％（令和５年度）≒　２人（小数点以下は切捨て）

【障害者数のカウント】

週30時間以上

身体・知的障害者	1
身体・知的障害者（重度）	0
精神障害者	0
計	1

20時間以上30時間未満

身体・知的障害者	0
身体・知的障害者（重度）	0
精神障害者	0
計	0

	4月	5月	6月	7月	8月	9月	10月	11月	12月	1月	2月	3月
常用雇用労働者数	105	105	105	105	105	105	105	105	105	105	105	105
法定雇用人数	2	2	2	2	2	2	2	2	2	2	2	2
障害者雇用数	1	1	1	1	1	1	1	1	1	1	1	1

【未納障害者雇用納付金】

＝（法定雇用人数－障害者雇用数）×50,000円

＝（24人－12人）×50,000円×２年＝1,200,000円

したがって，障害者雇用納付金1,200,000円を簿外債務として報告した。

＜Ｂ社＞

　建設の事業を営むＢ社は常時300人の正規従業員を雇用しているが，過去３年間，障害者を１名しか雇用しておらず，障害者雇用納付金も未納であった。

＜Ｂ社の調査結果＞

　Ｂ社は対象障害者が就業することが困難であると認められる職種と指定された建設の事業なので，雇用義務の軽減措置として，法定雇用障害者数の算定にあたり，常時使用されている労働者から，その業種ごとに認められた一定割合の人数を除外することが認められている。したがって，除外率を乗じて法定雇用障害者数を算定したものに，納付金の徴収時効は２年（障害者雇用促進法63条）であるため24カ月を乗じ，障害者雇用納付金相当額を簿外債務として計上する。

【Ｂ社の法定雇用障害者数】
　＝ ｛300人 － （300人 × 20%）｝× 2.3%（令和５年度） ≒ 　５人
　（小数点以下は切捨て）

【未納障害者雇用納付金】
　＝ （5 － 1人）× 24カ月 × 50,000
　＝ 4,800,000円

したがって，障害者雇用納付金4,800,000円を簿外債務とみなして報告した。

解　説

(1)　障害者雇用制度

　障害者雇用促進法２条１号では，障害者を「身体障害，知的障害，精神障害（発達障害を含む…）その他の心身の機能の障害…があるため，長期にわたり，職業生活に相当の制限を受け，又は職業生活を営むことが著しく困難な者[158]をいう」と定義している。

　当該障害者については，障害者雇用促進法により「障害者雇用率制度」が設けられており，常時雇用している労働者数が43.5人（令和６年４月１日以降は40人，令和８年７月以降は37.5人）以上の事業主は，常時雇用する労働者の法

158　障害者手帳を所持しない発達障害者や難治性疾患者も同法の対象となる「障害者」である。

定雇用率（2.3％。令和6年4月1日以降は2.5％，令和8年7月までには2.7％となる予定）以上の障害者を雇用しなければならない。なお，障害者を雇用する場合，作業施設や設備の改善等の経済的な負担を伴う特別の雇用管理が必要とされることから，雇用義務を履行する事業主と履行しない事業主とでは経済的負担に差が生じることになる。そこで，この経済的負担を調整するとともに，障害者の雇用の促進等を図るため，「障害者雇用納付金制度」が設置され，雇用障害者数が法定雇用率を下回っている事業主に対しては，納付金の納付を課し，超えている事業主に対しては，調整金が支給されている。

障害者雇用に係るDD上のポイントは，①譲渡企業が障害者雇用納付金制度の対象となる常時雇用している労働者数が100人を超える規模の事業主[159]か否か，②障害者雇用義務があるならば法定雇用障害者数を満たしているか否か，③法定雇用障害者数を満たしていない場合，障害者雇用納付金を納付しているか否かをチェックし，④障害者雇用納付金を納付していない場合，障害者雇用納付金相当額[160]を算定し簿外債務とみなして報告することである。

したがって，まずは，譲渡企業における「常時雇用している労働者」の数が101人以上か否か調査することになるが，この制度における「常時雇用している労働者」とは，次のいずれかに該当する労働者であり（**図表2－18**），短時間労働者（週所定労働時間が20時間以上30時間未満）については，1人を0.5人とカウントして計算する。

図表2－18 障害者雇用納付金制度上の「常用雇用労働者」の範囲

雇用契約の形式の如何を問わず，1週間の所定労働時間が20時間以上の労働者であって，以下の1年を超えて雇用される者（見込みを含む）。

① 雇用期間の定めのない労働者

---

159 常時雇用している労働者の数が100人を超える事業主は障害者雇用納付金の申告が義務づけられている。さらに，従業員数40人以上（令和8年7月からは従業員数37.5人以上）の事業主は，毎年6月1日時点の「障害者雇用状況報告書」を管轄のハローワークに7月15日までに提出しなければならない。また，障害者雇用推進者を選任するよう努めることとされ，障害者を解雇する場合には管轄の公共職業安定所長に届けなければならない。

160 障害者雇用納付金相当額は法定の文言ではない。法定の算定はより詳細な方法であるが，DDの目的から概算額さえ把握できればよい。

② 　1年を超える雇用期間を定めて雇用されている者
③ 　契約期間の定めがあり，かつ，過去1年を超える期間について引き続き雇用されている者，または雇入れのときから1年を超えて引き続き雇用されると見込まれる者（1年以下の期間を定めて雇用される場合であっても，更新の可能性がある限り，該当する）
④ 　日々雇用される者であって，雇用契約が日々更新されている者であり，かつ，過去1年を超える期間について引き続き雇用されている者または雇入れの時から1年を超えて引き続き雇用されると見込まれる者（上記③同様。）なお，「雇入れのときから1年を超えて引き続き雇用されると見込まれる者」に該当するか否かを判断するにあたっては，次のイまたはロに該当する場合に上記の者として取り扱う。
イ 　雇用契約書，雇入れ通知書等において，その雇用が更新される旨または更新される場合がある旨が明示されている場合。ただし，更新回数等の上限が併せて明示されていることにより，1年を超えて雇用されないことが明らかな場合はこの限りではない（ロに該当する実態にある場合を除く）
ロ 　雇用契約書，雇入れ通知書等において，その雇用が更新されない旨が明示されている場合または更新の有無が明示されていない場合であって，類似する形態で雇用されている他の労働者が1年を超えて引き続き雇用されている等の更新の可能性がある実態にある場合

　次に，譲渡企業が常時雇用している労働者の数が101人以上であれば，法定雇用障害者数を次の計算式で算出し，満たしているか否か確認する。

法定雇用障害者数 ＝ 　常時雇用している労働者数 　× 　2.3%（令和6年4月以降は2.5%）
※1未満の端数は切捨て

　法定雇用率未達の企業のうち，常用労働者数が101人以上の企業は，「障害者雇用納付金」として，法定雇用障害者数の不足1人当たり，月額50,000円の納付義務を負う。

障害者雇用納付金の額
　＝（法定雇用障害者数－雇用障害者数）の各月の合計額 　× 　月額50,000円

また，「常用雇用労働者」の具体的な範囲は次のとおりである（**図表２－19**）。

図表２－19 「常用雇用労働者」の具体的な範囲

① 雇用（契約）期間の定めない労働者
　雇用期間の定めなく雇用され，一般的に，正職員，正社員と呼ばれている労働者。試用期間中の労働者も含む。

② 雇用契約期間の定めのある労働者
　雇用契約期間の定めがあり，かつ，過去１年を超える期間について引き続き雇用されている労働者，または雇入れのときから１年を超えて引き続き雇用されると見込まれる労働者（日々雇用される方も含む）。

③ パートタイム・アルバイト
　１週間の所定労働時間が同一の事業所に雇用されている通常の労働者の１週間の所定労働時間よりも短い（ただし，30時間以上）であり，かつ，１年を超えて引き続き雇用されると見込まれる方または過去１年を超える期間について引き続き雇用されている労働者，または雇入れのときから１年を超えて引き続き雇用されると見込まれる労働者（日々雇用される方も含む）。

④ 役員を兼務している労働者
　取締役，理事等の役員のうち，雇用保険の一般被保険者または高年齢被保険者に該当する方であって，「常用雇用労働者」の範囲の①～④までのいずれかに該当する労働者

⑤ 出向中の労働者
　出向中の労働者は，原則として，その者が生計を維持するのに必要な主たる賃金を受ける事業主の労働者として取り扱い，当該必要な主たる賃金を受ける事業主についての判断が困難な場合は，雇用保険の取扱いを行っている事業主の労働者として取り扱って差し支えないとされる。

⑥ 海外勤務労働者
　会議の支社，支店，出張所等に勤務する日本国内の事業所から派遣されている労働者（雇用保険被保険者）。また，海外の別法人に派遣されているケースでも，雇用保険の一般被保険者または高年齢被保険者に該当し，「常用雇用労働者」の範囲の①～④までのいずれかに該当する場合は，常用雇用労働者としてカウントする。

⑦　外国人労働者
　原則として，在留資格があり，就労可能な労働者。ただし，外国人技能実習生は，1年を超えて就労しているまたは就労する見込みがあり，週所定労働時間が20時間以上の労働者は，雇用関係が発生する実習期間から常用雇用労働者として取り扱う。

⑧　休職中等の労働者
　休職中の者や育児・介護休業法により休業している労働者。

　ただし，前年度に在宅就業障害者特例調整金[161]の支給がある場合は，その額に応じて，障害者雇用納付金が減額される（障害者雇用促進法74条の2第4項）。なお，在宅就業障害者特例調整金とは，自宅等において就業する障害者に仕事を発注する企業に対して，障害者雇用納付金制度に基づいて支給されるもので，下記の計算式により算出される額である。

在宅就業障害者特例調整金
＝在宅就業障害者への年間支払総額÷評価額（35万円）×調整額（21,000円）
例：事業主が在宅就業障害者に対して，年間210万円の発注を行った場合の特例
　　調整金
　　＝210万円÷35万円×21,000円
　　＝126,000円

　当該納付金制度等が適正に運営され，かつ不正を防止するため，障害者雇用納付金申告書の未提出の事業主に対して追徴金（障害者雇用促進法58条）が課される。また，納付金を滞納し，督促状の指定期限までに完納しない場合，国税滞納処分の例により，滞納処分（同法59条）が実行される。しかし，当該納付金制度等に係る業務については，ハローワーク等の行政機関が直接行わずに「独立行政法人高齢・障害・求職者雇用支援機構」に業務委託しているため，事業主サイドでは当該制度の認識が不足しており，かつ，機構の取締りが緩く，

161　在宅就業障害者特例調整金の額は，「調整額（21,000円）×各月における当該事業主の雇用する身体障害者等である労働者の数の年間の合計数」が上限となる。

不正が横行[162]しており，実際には法定どおり障害者雇用納付金が納付されているとは言い難い。

　結論からいえば，対象企業の従業員数が101人以上の企業で，法定雇用障害者数を満たしていないにもかかわらず，障害者雇用納付金を納付していない場合，納付すべき障害者雇用納付金相当額が簿外債務に計上されることになる。

　なお，実雇用障害者数や実雇用率をカウントする際に，障害の種類，程度および週所定労働時間により異なるので，注意が必要である[163]。

図表2-20　障害者である短時間労働者のカウント表

【令和6年3月】

週所定労働時間	30時間以上	20時間以上30時間未満
身体・知的障害者	1人	0.5人
身体・知的障害者（重度）[164]	2人	1人
精神障害者	1人	1人

【令和6年4月以降】

週所定労働時間		30時間以上	20時間以上30時間未満	※10時間以上20時間未満
身体障害者		1	0.5	－
	重度	2	1	0.5
知的障害者		1	0.5	－
	重度	2	1	0.5
精神障害者		1	1[165]	0.5

※令和6年4月以降，週所定労働時間が10時間以上20時間未満の重度身体障害者・重度知的障害者および精神障害者についても，雇用率の算定対象となった。

162　平成26年10月2日，厚生労働省所管の独立行政法人「労働者健康福祉機構」（川崎市）は，平成22年から障害者雇用率を実際よりも3倍近く高く報告していたことを公表。障害者雇用促進法違反（虚偽報告）の疑いで刑事告発された。

163　厚生労働大臣の認定を受けた場合，障害者雇用のために特例子会社を作り親会社の雇用率に計上すること（特例子会社制度），企業グループ全体で実雇用率を通算すること（企業グループ算定特例），中小企業について事業協同組合等とその組合員である中小企業で実雇用率を通算すること（事業共同組合算定特例）ができる。

164　重度身体障害者とは，身体障害者障害程度等級の1級または2級の障害を有する者および3級の障害を2つ以上重複して有する者をいう。また，重度知的障害者とは，知的障害者判定機関により，重度知的障害者であると判定された者をいう。

146

(2) 除外率制度

　対象障害者が就業することが困難であると認められる職種が相当の割合を占めるとして指定された業種については，雇用義務の軽減措置として，法定雇用障害者数の算定にあたり，常時雇用している労働者から，その業種ごとに定められた一定の割合（除外率）の人数を除外することが認められており，原則として事業所ごとに除外率が適用され，次の計算式で算出し，満たしているか否か判定する。なお，ノーマライゼーション[166]の観点から平成16年4月にこの制度が廃止されたが，当分の間経過措置として現在も縮小しながら継続され，引下げは平成22年以降行われなかった。しかし，令和5年1月の労働政策審議会で，除外率の一律10ポイントの引下げが決定し，令和7年4月に実施されることになった。

除外率設定業種における法定雇用障害者数
　＝（常時雇用している労働者数－常時雇用している労働者数×除外率）×2.3%
　（令和6年4月以降は2.5%）
　※1未満の端数は切捨て

図表2-21 除外率設定業種と除外率（平成22年7月改正）

【令和7年3月まで】

除外率設定業種	除外率 %
林業（狩猟業を除く）	35
金属鉱業	40
石炭・亜炭鉱業	50
採石業，砂・砂利・玉石採取業	10
窯業原料用鉱物鉱業（耐火物・陶磁器・ガラス・セメント原料用に限る）	10
その他の鉱業	10
建設業	20

165　平成30年4月から精神障害者の雇用が義務化されるとともに，雇用率が引き上げられたことに伴い，精神障害者の職場定着を進める観点から，当分の間，短時間労働者を1カウントとする特例措置が設けられている。
166　障害者と健常者を特別に区別せずに，社会生活をともにするのが正常とする考え方。

第2章 簿外債務の調査項目　**147**

業種	除外率
鉄鋼業	20
非鉄金属製造業（非鉄金属第一次製錬・精製業を除く）	5
非鉄金属第一次製錬・精製業	15
船舶製造・修理業，舶用機関製造業	5
鉄道業	30
道路旅客運送業	55
道路貨物運送業	20
水運業	10
航空運輸業	5
倉庫業	5
港湾運送業	25
貨物運送取扱業（集配利用運送業を除く）	15
幼稚園	60
小学校	55
特別支援学校（専ら視覚障害者に対する教育を行う学校を除く）	45
高等教育機関	30
幼保連携型認定こども園	60
医療業	30
児童福祉事業	40
介護老人保健施設（日本標準産業分類，細分類番号8542に該当するものに限る）	30
国内電気通信業（電気通信回線設備を設置して行うものに限る）	5
船員等による船舶運航等の事業	80
警備業	25
郵便業（信書便事業を含む）	20

【令和7年4月以降】

除外率設定業種	除外率 %
非鉄金属製造業（非鉄金属第一次精製業を除く） 倉庫業 船舶製造・修理業，舶用機関製造業 航空運輸業 国内電気通信業（電気通信回線設備を設置して行うものに限る）	廃止

採石業，砂・砂利・玉石採取業 水運業 窯業原料用鉱物鉱業（耐火物・陶磁器・ガラス・セメント原料用に限る） その他の鉱業	廃止
非鉄金属第一次製錬・精製業 貨物運送取扱業（集配利用運送業を除く）	5
建設業 鉄鋼業 道路貨物運送業 郵便業（信書便事業を含む）	10
港湾運送業 警備業	15
鉄道業 医療業 高等教育機関 介護老人保健施設（日本標準産業分類，細分類番号8542に該当するものに限る）	20
林業（狩猟業を除く）	25
金属鉱業 児童福祉事業	30
特別支援学校（もっぱら視覚障害者に対する教育を行う学校を除く）	35
石炭・亜炭鉱業	40
道路旅客運送業 小学校	45
幼稚園 幼保連携型認定こども園	50
船員等による船舶運航等の事業	70

6　労使慣行

　中小企業・小規模事業者においては，就業規則や雇入れ通知書等の労働条件を基礎づける資料が作成されていないことも珍しくない。労務DDにおいては，開示された就業規則等の資料からだけではなく，求人票や内規等の書類に記載された法的効力が認められうる労使慣行が成立していないか，成立している場合に潜在債務となりうる労働契約上の権利が発生していないかを調査する必要がある。そのため，書面による調査のみではなく，労務担当者等へのヒアリン

第2章　簿外債務の調査項目　149

グ調査による運用実態の調査が重要となる。
　本節では，労使慣行について整理し，労務DDのポイントを解説する。

労使慣行

＜A社＞
　従業員数１名のA社には，就業規則も労働契約書もなく，労働条件について書面化されているものはなかった。しかし，20年間にわたり，長期間欠勤等という事情があるものを除き，すべての正社員に対して毎年度少なくとも3,000円を昇給させていた。A社の正社員である一郎は，病気欠勤や制裁を受けたことがないにもかかわらず，定期昇給を受けられなかった。
　また，A社の就業規則には退職金の規定がないものの，慣行として退職時の基本給に勤続年数に２分の１を乗じて算出した額を退職金として支給していた。しかし，A社に20年間正社員として働き，先月退職した二郎には，業績の不振を理由として，退職金は支払われなかった。なお，二郎の退職時の基本給は300,000円であった。

＜A社の調査結果＞
　職場において長期間にわたって繰り返し行われている取扱いを労使慣行という。労使慣行に法的効力が認められる要件として，裁判例は，①長期間にわたって反復継続して行われ，②労使双方がこれを明示的に排斥しておらず，③当該慣行が労使双方の規範意識によって支えられていることを満たすことが必要との立場をとっている。

【あてはめ】
　一郎の場合
　A社では，①20年間にわたって，特別の事情がない限り，正社員に対し，毎年度少なくとも１号俸ずつ定期昇給させることが事実として慣行となっていたこと，②労使双方が，これを明示的に排斥したことはないこと，③同慣行を規範として意識し，これに従ってきたことからすると，定期昇給は法的効力が認められる労使慣行となっていたといえる。そうすると，A社では少なくとも3,000円を昇給す

る慣行が認められることになる。

したがって，定期昇給額を3,000円として，これの12カ月分に当たる36,000円を未払い賃金の簿外債務として報告した。

二郎の場合

A社では，①退職金の支給に関して退職金規程はないが，これまで退職者全員（過去19名）に退職金が支給され，支給基準も同一であったことが事実として慣行となっていたこと，②労使双方が，これを明示的に排斥したことはないこと，③同慣行を規範として意識し，これに従っており，二郎も退職金の支給を期待していることからすると，退職金支給は法的効力が認められる労使慣行となっていたといえる。

したがって，二郎の退職時の基本給300,000円に退職時の係数10（＝20年×0.5）を乗じた3,000,000円を退職金給付債務の簿外債務として報告した。

解　説

（1）　問題の所在

個別的労働関係は，労働者と使用者の合意によって内容を定められる契約関係として構成され，この契約関係に対して，民事法規としての労働契約法とこれを補う判例法理が諸種の準則を設定し，また労働協約と就業規則がそれぞれ労働組合法，労働契約法の規定に基づき契約関係を規律する。もっとも，継続的な契約関係である労働契約関係においては，労働条件，職場規律，組合活動などについて，就業規則，労働協約など成文の規範に基づかない集団的一般的な取扱いが長い間反復・継続して行われて，それが使用者と労働者の双方に対して事実上の行為準則として機能することがある。このような取扱いを「労使慣行」という[167]。例えば，年末に賞与を支給する，勤続年数に応じて定期昇給を行う，毎月第2土曜日は休日とする，3年以上の勤務者は退職時に退職金を支給するなどである。

このように，契約の具体的な内容について当事者の意思が必ずしも明確でない場合，ある範囲で事実上行われている慣習（事実たる慣習）によって契約の

167　菅野＝山川・前掲注(47)192頁。

内容が補充されることがある。民法92条は「法令中の公の秩序に関しない規定と異なる慣習がある場合において，法律行為の当事者がその慣習による意思を有しているものと認められるときは，その慣習に従う」と規定し，法令上の任意規定と事実たる慣習の内容が異なる場合には，事実たる慣習が優先されることを定めている。

　問題は，この労使慣行に法的効力が認められるのか，認められるとしてどのような場合にどのような根拠で認められるかである。

(2)　労使慣行の成立要件

　この点について，裁判例[168]は，①長期間にわたって反復継続して行われ，②労使双方がこれを明示的に排斥しておらず，③当該慣行が労使双方（特に使用者側は当該労働条件について決定権または裁量権を有する者）の規範意識（例えば当該職場における確立したルールとして運用するという認識）によって支えられている場合には，事実たる慣習（民法92条）として法的効力が認められるとの立場をとっている。これら３つの要件を満たしていることを立証できれば，労働契約の権利としてその継続を認めることができることになる[169]。

　なお，労働協約の労働条件規定に反する取扱いや，就業規則の労働条件基準より労働者に不利な取扱いは，協約の規範的効力（労働組合法16条）または就業規則の最低基準効（労働契約法12条）によって労働契約上の効力を持ちえない。

(3)　法的効力

　労使慣行が成立した場合には，以下の法的効力が発生することになる。

　第１に，労使慣行は，労働契約の内容となることにより，使用者は，労使慣行に反するような労働条件に一方的に変更することはできない。労契法10条は，就業規則によって変更がされないとの合意がない限り，就業規則より有利な労

---

[168]　「商大八戸ノ里ドライビングスクール事件」最一小判平７・３・９労判679号30頁，「立命館（未払一時金）事件」京都地判平24・３・29労判1053号38頁，「学校法人明泉学園事件」東京地判令元・12・12労経速2417号３頁など。

[169]　水町・前掲注(13)97頁。

働条件部分も就業規則によって変更されうるとの立場を示している。したがっ
て，同法の下では，不変更の合意がなく，かつ，就業規則変更が周知され合理
的であれば，有効に成立していた労使慣行も破棄されうることになる。特にこ
こでは，労使慣行の成立や破棄に至る経緯，手続き等の諸事情が，不変更の合
意の存否の判断や就業規則変更の合理性判断において重視されることになろ
う[170]。

　第2に，就業規則に定められた労働条件よりも，労使慣行の方が優先される
場合がある。ただし，就業規則の規定が労使慣行よりも有利な労働条件を定め
ている場合は，就業規則の規定が優先される。

　第3に，使用者が，労使慣行に反する行為をすることは，権利濫用として違
法となる場合がある。例えば，一定の規律違反行為を黙認し放置する取扱いが
長年続いてきた場合は，その行為を突如として懲戒処分に付すことは，懲戒権
の濫用とされる可能性が大きい。使用者としては，今後はその種の行為につき
懲戒を行う旨の宣言を従業員に対し行い，その取扱い（慣行）によって弛緩し
ていた規律を引き締めた後でなければ，懲戒処分をなすべきではないこととな
る[171]。

　第4に，就業規則と労使慣行は，密接な関係にあるため，就業規則に明記さ
れていない労働条件であっても，労使慣行が成立している場合は，就業規則の
内容と同様に，労働契約の内容となりうる。また，就業規則の規定が不明確な
場合や，解釈に争いがある場合，労使慣行がその規定の解釈基準となる場合が
ある。例えば，「始業9時，タイムカードで確認」と定めただけで確認地点を
定めていない規定につき，入館時点でのタイムカード打刻で判断するという取
扱いが長年継続されてきた場合である。このような慣行は，就業規則または労
働協約の規定の解釈基準の地位を与えられ，それら規則や協約と一体の効力を
与えられうる[172]。

　以上の場合以外においては，労使慣行はそれ自体で特別の法的効力（例えば

170　水町・前掲注(13)98頁。
171　菅野＝山川・前掲注(47)193頁。
172　菅野＝山川・前掲注(47)193頁。

就業規則に準じる効力）を認めるべき実定法上の根拠は見当たらない[173]。

　第4の法的効力についての裁判例を見ていくと，まず，事例の一郎の場合と類似の定期昇給の法的効力が争点となった裁判例では，同慣行は，遅くとも平成10年度の時点で，法的拘束力を有する労使慣行となっていたものというべきであり，その後，その拘束力が失われたことをうかがわせるに足りる証拠もないから，同慣行は，平成29年度まで引き続き法的拘束力を有するものとして，毎年度1号俸ずつ定期昇給したものとして賃金支払の請求を認容したものがある[174]。

　また，事例の二郎の場合と類似の退職金支給の法的効力が争点となった裁判例では，退職金請求権の根拠となる明確な合意や労働協約，就業規則，退職金規定等に明示の規程がなくても，労使慣行により，賃金の後払い的部分が特定しえて，かつ，支給条件が明確になり，それが当該雇用契約の内容となったと認定しうることが必要であるとした上で，退職金の支払いを一部認容したものがある[175]。

(4)　労使慣行の有無のチェックポイント

　労働者の労働条件は，基本的にはすべて就業規則に記載されているはずであるが，労使関係が広範にわたり，しかも長期に及ぶことから，そこで生じるあらゆる取扱いを就業規則に記載し尽くすことは不可能といえる。以下では，労務DDにおける対象会社において，どのような労使慣行があるかを整理し，裁判例等を参考にして労使慣行が成立していると争われることの多い場面ごとに，主張が予想される労使慣行の内容を列挙する[176]。

173　菅野＝山川・前掲注(47)193頁。
174　学校法人明泉学園事件・前掲注(168)。
175　「宍戸商会事件」東京地判昭48・2・27労判169号5頁。
176　渡邊岳「気を付けたい労使慣行の法律実務－労働契約や就業規則に定めのない労使慣行が持つ法的拘束力とは－」労働法学研究会報64巻14号13～14頁。

図表2－22 労使慣行を見つけるためのチェックポイント

区分	労使慣行の成立が主張されうる場面	主張されうる労使慣行の内容
①労働時間	就業規則の始業・終業時刻の解釈	職場までのまたは職場からの移動，更衣，入浴，職場内の清掃，その他準備または後片付け等を，始業時刻後または終業時刻前に行ってもよい
	就業規則以外の休憩時間	昼休み以外の（例えば午前10時から午後３時の）休憩時間，残業前の休憩時間等
	所定労働時間中の勤務免除	長時間にわたらない無断離席，労働組合との間の合意に基づかない組合活動
	勤務時間中の職務専念義務の徹底	私用の電話・メール・サイト閲覧，飲食，職場離脱
②休日・休暇	代休・振替休日付与のルール	所定休日労働の際の代休・振替休日付与
	就業規則以外の休暇	一定の理由に基づく所定外の休暇の付与，時効消滅した年休の付与または買い取り
	年休の申請	一定の事由による当日または事後の年休申請の容認
	年末年始，夏季，創立記念日，個々の労働者の記念日等の扱い	就業規則外の休暇や勤務時間の短縮
③賃金	欠勤控除	一定の事由による欠勤については賃金控除しない
	賃金控除	短時間の遅刻・早退については遅刻・早退扱いとせず，賃金控除しない
	所定休日労働の際の割増賃金	就業規則以上の割増率
	各種手当の支給	就業規則に定めのない食事代の補助，営業手当・勤務手当・家族手当・皆勤手当等の支給，支給対象とされていない者への支給
	通勤手当，出張旅費等の計算方法	就業規則より労働者に有利な算出方法，義務づけられている証明手段提出の免除
	ストライキ，団体交渉その他組合活動時の賃金	協約に基づかない賃金カットの不実施

区分	労使慣行の成立が主張されうる場面	主張されうる労使慣行の内容
	賞与，退職金	支給対象とされていない者への支給，規則外の退職一時金や賞与時の一時金の支給，算定の際の基礎給の解釈，賞与の支給日在籍要件，労使間交渉未妥結下での支給日の仮払い
④人事異動	異動に際しての同意・協議	異動に際して労働者または所属労組の同意または協議
	異動の制限，補助	異動先または異動地域の制限，異動の事前通知時期，異動時の休暇や補助，復帰のルール
	昇格	一定年齢に達した際の自動昇格
⑤退職・再雇用	定年退職	就業規則の定年規定の形骸化
	再雇用	再雇用要件の形骸化
⑥労組活動	便宜供与	協約にない部屋の貸与，掲示板・社内ネットワーク・オフィス機器の無断使用または無料もしくは安価な対価での使用，会社施設内でのビラ配布・新入社員研修内での組合活動の説明など勧誘活動の容認
⑦その他	諸届けの提出	届出の免除，届出時期の柔軟化
	通勤手段	禁止対象とされている者の自家用車による通勤
	懲戒処分	懲戒処分に際して所属労組の同意または協議，労組への事前通知，処分対象者からの弁明の聴取

出所：渡邊岳「気を付けたい労使慣行の法律実務－労働契約や就業規則に定めのない労使慣行が持つ法的拘束力とは－」労働法学研究会報64巻14号20～21頁（著者において一部変更）。

7 副業・兼業

　厚生労働省では，「働き方改革実行計画」（平成29年３月28日働き方改革実現会議決定）の策定以降，企業も労働者も安心して副業・兼業に取り組むことができるよう，環境整備を行ってきた。平成30年１月には「副業・兼業の促進に関するガイドライン」[177]（以下，「副業ガイドライン」という）を策定し，副

___
177　平成30年１月に策定され，令和２年９月，令和４年７月と改訂された。

業・兼業の場合における労働時間管理や健康管理等について具体的な運用方法を示している。

　これを受け，厚生労働省で公表しているモデル就業規則においても，従前は「許可なく他の会社等の業務に従事しないこと」が遵守事項とされ，これに違反した場合が懲戒事由としてあげられており，原則として副業が禁止であるような記載となっていたが，「副業ガイドライン」が策定された以降は「労働者は，勤務時間外において，他の会社等の業務に従事することができる」との記載に変更され，原則として副業が自由であることを前提とした規定に改められている[178]。

　譲渡企業において，副業・兼業者に対する労働時間の管理が正しくされていなかったり，副業したことを理由として解雇していたりした場合，割増賃金の未払いや解雇無効となるおそれがあるため，労務DDでの調査が必要となる。

　本節では，副業・兼業を概観し，労働時間の通算，65歳以上の高年齢者を対象とした雇用保険被保険者の適用，そして，労災保険の複数業務要因災害について解説する。

副業・兼業

＜A社＞
　譲渡企業A社において，5年前から，既に他社で正社員として就労している太郎と新たに労働契約を締結し，土曜日のみ5時間，時給2,000円で雇用していた。太郎からは，本業で週40時間以上就労していると申告されていたにもかかわらず，A社では「時給2,000円も支払っているから割増賃金を支払わなくていいだろう」という判断で，法定の時間外労働に対する割増賃金を支払っていなかった。

178　厚生労働省「モデル就業規則」第14章 副業・兼業 第70条第1項。

第2章　簿外債務の調査項目　　**157**

<**A社の調査結果**>

　労基法38条1項には「労働時間は，事業場を異にする場合においても，労働時間に関する規定の適用については通算する」と規定されている。「事業場を異にする場合」とは事業主を異にする場合をも含む（昭23・5・14基発769号）と解釈されている[179]。通算した労働時間が法定労働時間を超える場合，原則として，後から労働契約を締結した企業が割増賃金を支払うことになる。

　A社での労働は，すべて週法定労働時間の40時間を超えた労働に当たるが，A社で割増賃金を支払う義務を認識していたにもかかわらず，割増賃金を全く支払っていなかった。また，過去3年間の出勤日数は，144日だったので，A社の太郎に対する割増賃金を計算すると次のとおりとなる。

　1日の割増賃金＝時給2,000円×5時間×0.25＝2,500円

　3年間の割増賃金＝2,500円×144日＝360,000円

　したがって，賃金請求消滅時効の3年（36カ月）分の割増賃金360,000円が太郎に対しての未払い賃金となり，簿外債務となる。

解　説

（1）　副業・兼業とは

　副業・兼業とは，一般的には「複数の仕事を掛け持つこと」を意味する。「主となる仕事以外の仕事」という副次性が協調されるときには「副業」，「複数の仕事を掛け持つ」という複数性が強調されるときは「兼業」と使い分けられることもあるが，一般的にも行政用語としてもほぼ同じ意味で用いられている[180]ので，本書では使い分けずに表記する。

　そもそも，会社側は労働者の副業や兼業を認める必要があるのだろうか。

　労働者は労働契約を締結することにより，使用者の命令に従って会社に対して労務を提供する義務を負い，就業時間内においては業務に専念する必要がある（労働者の労務提供義務と職務専念義務）。言い換えると，就業時間外においては会社の業務命令は及ばないため，何ら拘束されることはなくプライベー

---

[179]　「副業・兼業の場合における労働時間管理に係る労働基準法第38条第1項の解釈等について」労働基準局長通達（令2・9・1基発0901第3号）。

[180]　労務行政研究所編『人事部のための副業・兼業管理の実践ノウハウ』14頁（労務行政, 2023）。

トの時間として自由に活動できるといえる。加えて，憲法上すべての人に職業選択の自由[181]が保障されていることから，副業・兼業を行うことは労働者の自由である。

しかしながら，会社側からすると副業・兼業を認めることにより，過重労働や競業他社への機密情報の漏えい，人材の流出といった懸念点があげられ，場合によっては会社の利益を侵害するおそれがあるため，副業または兼業は懲戒事由とされることがある。

これらの点を考慮して，裁判例では，①二重就労・兼業を全面的に禁止する就業規則規定は合理性を欠くが，これを許可制とする規定には合理性が認められる（就業規則の合理性）としつつ，②ⓐ深夜に及び長時間の兼業等で労務提供に具体的に支障が生じる場合や，ⓑ競合する会社へ就職しまたは自ら事業経営を始めた際に所属企業の利益を侵害するなど背信行為があると認められる場合に限定して，懲戒事由に当たる（ⓐⓑ以外の場合には許可なく兼業しても懲戒事由に当たらない）と解釈されている（就業規則の限定解釈）[182]。

また，厚生労働省は，副業ガイドラインの中で，「裁判例を踏まえれば，原則，副業・兼業を認める方向とすることが適当である。副業・兼業を禁止，一律許可制にしている企業は，副業・兼業が自社での業務に支障をもたらすのかどうかを今一度精査した上で，そのような事情がなければ，労働時間以外の時間については，労働者の希望に応じて，原則，副業・兼業を認める方向で検討することが求められる」とした上で，副業・兼業を制限することが許されるのは，裁判例を参考にして以下のような場合に限られるとして例示している[183]（カッコ内は制限が許されるとする根拠）。

---

① 労務提供上の支障がある場合
　　（使用者の安全配慮義務→長時間労働等による労務提供上の支障）
② 業務上の秘密が漏えいする場合
　　（労働者の秘密保持義務）

181　日本国憲法22条１項「何人も，公共の福祉に反しない限り，居住，移転及び職業選択の自由を有する」。
182　水町・前掲注⒀206～207頁。
183　厚生労働省「副業・兼業の促進に関するガイドライン」（令和４年７月改定版）８頁。

③　競業により自社の利益が害される場合
　　（労働者の競業避止義務）
④　自社の名誉や信用を損なう行為や信頼関係を破壊する行為がある場合
　　（労働者の信用保持義務）

　解雇が無効となった場合，解雇期間中の賃金が偶発債務となるが，解雇無効に関する偶発債務については，第３章で詳解する。

(2)　労働時間の通算（原則的な労働時間の管理方法）

　労基法38条１項では「労働時間は，事業場を異にする場合においても，労働時間に関する規定の適用については通算する」と規定されており，「事業場を異にする場合」とは事業主を異にする場合をも含む（昭23・５・14基発769号）とされている。

　ただし，次のいずれかに該当する場合は，その時間は通算されない。

- 労基法が適用されない場合（例　フリーランス，独立，起業，共同経営，アドバイザー，コンサルタント，顧問，理事，監事等）
- 労基法は適用されるが労働時間規制が適用されない場合（農業・畜産業・養蚕業・水産業，管理監督者・機密事務取扱者，監視・断続的労働者，高度プロフェッショナル制度）

　原則的な管理方法を使用した場合の労働時間の通算については，まず，自社の所定労働時間と副業・兼業先の所定労働時間を通算し，その結果，自社の労働時間制度における法定労働時間を超える部分がある場合は，その超えた部分が時間外労働となり，時間的に後から労働契約を締結した企業が自社の36協定で定めるところによってその時間外労働を行わせることになる。

　また，割増賃金の支払義務については，各々の使用者は，自らの事業場における労働時間制度を基に，他の使用者の事業場における所定労働時間・所定外労働時間についての労働者からの申告等により，まず労働契約の締結の先後の順に所定労働時間を通算し，次に所定外労働の発生順に所定外労働時間を通算することによって，それぞれの事業場での所定労働時間・所定外労働時間を通算した労働時間を把握し，その労働時間について，自らの事業場の労働時間制

度における法定労働時間を超える部分のうち，自ら労働させた時間について，時間外労働の割増賃金（労基法37条1項）を支払う必要がある。

例えば，甲事業場において，1日8時間，週40時間労働し，乙事業場で5時間労働した場合で，甲事業場が先に労働契約を締結し，乙事業場では，甲事業場での労働時間を把握していた場合，乙事業場で割増賃金を支払うことになる（図表2-23）。

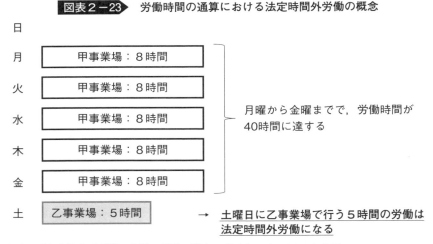

図表2-23　労働時間の通算における法定時間外労働の概念

出所：厚生労働省「副業・兼業の促進に関するガイドラインQ&A」3頁

(3) 労働時間の通算（管理モデル）[184]

副業・兼業の場合の労働時間管理の在り方について，労働時間の申告等や通算管理における労使双方の手続き上の負担を軽減するため，労基法に定める最低労働条件が遵守されやすくなる簡便な労働時間管理の方法（以下，「管理モデル」という）で行うことも認められている。

管理モデルは，副業・兼業の開始前に，当該副業・兼業を行う労働者と時間的に先に労働契約を締結していた使用者（以下，「使用者A」という）の事業

184　厚生労働省・前掲注(183)14頁。

場における法定外労働時間と時間的に後から労働契約を締結した使用者（以下，「使用者B」という）の事業場における労働時間（所定労働時間および所定外労働時間）とを合計した時間数が単月100時間未満，複数月平均80時間以内となる範囲内において，各々の使用者の事業場における労働時間の上限をそれぞれ設定し，各々の使用者がそれぞれその範囲内で労働させることとするものである。

　また，使用者Aは自らの事業場における法定外労働時間の労働について，使用者Bは自らの事業場における労働時間の労働について，それぞれ自らの事業場における36協定の延長時間の範囲内とし，割増賃金を支払うこととするものである。これにより，使用者Aおよび使用者Bは，副業・兼業の開始後においては，それぞれあらかじめ設定した労働時間の範囲内で労働させる限り，他の使用者の事業場における実労働時間の把握を要することなく労基法を遵守することが可能となるものとされる。

　管理モデルの導入手順については，まずは，副業・兼業を行おうとする労働者に対して使用者Aが管理モデルにより副業・兼業を行うことを求め，労働者および労働者を通じて使用者Bがこれに応じることによって導入される。

　次に，労働時間の上限の設定について，使用者Aの事業場における1カ月の法定外労働時間と使用者Bの事業場における1カ月の労働時間とを合計した時間数が単月100時間未満，複数月平均80時間以内となる範囲内において，各々の使用者の事業場における労働時間の上限をそれぞれ設定する。ただし，月の労働時間の起算日が，使用者Aの事業場と使用者Bの事業場とで異なる場合には，各々の使用者は，各々の事業場の労働時間制度における起算日を基に，そこから起算した1カ月における労働時間の上限をそれぞれ設定することとして差し支えない。

　そして，時間外労働の割増賃金の取扱いについては，使用者Aは自らの事業場における法定外労働時間の労働について，使用者Bは自らの事業場における労働時間の労働について，それぞれ割増賃金を支払うことになる。なお，時間外労働の割増賃金の率は，自らの事業場における就業規則等で定められた率（2割5分以上の率。ただし，使用者Aの事業場における法定外労働時間の上限に使用者Bの事業場における労働時間を通算して，自らの事業場の労働時

制度における法定労働時間を超える部分が1カ月について60時間を超えた場合には，その超えた時間の労働のうち自らの事業場において労働させた時間については，5割以上の率）となる。

(4) 雇用保険マルチジョブホルダー制度

雇用保険制度において，同一の事業主の下で，①1週間の所定労働時間が20時間未満である者，②継続して31日以上雇用されることが見込まれない者については被保険者とならない（適用除外）。

これに対して，「雇用保険法等の一部を改正する法律」（令和2年法律14号）により，令和4年1月から「雇用保険マルチジョブホルダー制度」が新設され，複数の事業所で勤務する65歳以上の労働者が，そのうち2つの事業所での勤務を合計して以下の要件を満たす場合に，本人からハローワークに申出を行うことで，申出を行った日から特例的に雇用保険の被保険者（マルチ高年齢被保険者）となることができることになった。

＜適用要件＞
- 複数の事業所に雇用される65歳以上の労働者であること
- 2つの事業所（1つの事業所における1週間の所定労働時間が5時間以上20時間未満）の労働時間を合計して1週間の所定労働時間が20時間以上であること
- 2つの事業所のそれぞれの雇用見込みが31日以上であること

通常，雇用保険資格の取得・喪失手続きは事業主が行うが，雇用保険マルチジョブホルダー制度は，マルチ高年齢被保険者としての適用を希望する本人が手続きを行う。事業主は，本人からの依頼に基づき，手続きに必要な証明（雇用の事実や所定労働時間など）を行い，これを受けて，本人が，適用を受ける2社の必要書類を揃えてハローワークに申し出る（**図表2−24**）。

図表２－24 雇用保険マルチジョブホルダー制度の手続きの流れ

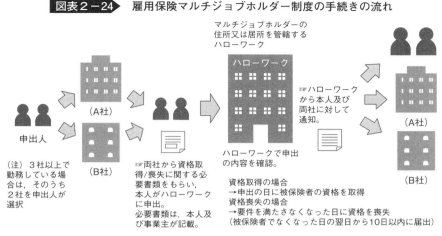

出所：厚生労働省「雇用保険マルチジョブホルダー制度の申請パンフレット」。

　譲渡企業において、雇用保険未加入の65歳以上の労働者本人から、雇用保険被保険者の加入の証明の依頼があったにもかかわらず、手続きに必要な証明を怠り、雇用保険被保険者資格取得がなされていない場合、当該未加入期間に対する雇用保険料が未納であるため、当該雇用保険料[185]については、簿外債務として評価し、当該手続き漏れにより、マルチ高年齢被保険者であった者が失業した場合に支給される「高年齢求職者給付金」については、偶発債務として評価することになる。

(5) 複数業務要因災害

　事業主を異にする事業場における労働時間を通算して初めて加重負荷と評価できる場合にはいずれの事業場の使用者にも災害補償責任を認めることはできないと解され、労災保険における業務災害と認定することもできない[186]。複数就業している者が増えている実状を踏まえ、複数就業者が安心して働くことが

185　マルチ高年齢被保険者として雇用保険の適用を希望する者が雇用保険の資格を取得した日から雇用保険料の納付義務が発生する。
186　厚生労働省労働基準局編・前掲注(11)570頁。

164

できるような環境を整備するため，「雇用保険法等の一部を改正する法律」（令
和2年法律14号）により，労災保険法が改正され，複数就業者の就業先の業務
上の負荷を総合的に評価し，保険給付を行う「複数業務要因災害」が業務災害
とは異なる保険給付として創設された。

　なお，労働者が，自社，副業・兼業先の両方で雇用されている場合の事業場
間の移動は，当該移動の終点たる事業場において労務の提供を行うために行わ
れる通勤であると考えられ，当該移動の間に起こった災害に関する保険関係の
処理については，終点たる事業場の保険関係で行うものとして，移動中に起
こった災害については，通勤災害として労災保険給付の対象となる[187]。

187　平18・3・31基発0331042号。

第3章

偶発債務の調査項目

　以前の労務DD報告書は，「労基法上の管理監督者として認められないおそれがある」や「法定の時間外労働に対する賃金の未払いの存在については否定できない」など曖昧な表記がほとんどであった。このような曖昧な内容の報告書は，買収価格がディスカウントされない売り手企業や買収価格に比例して仲介手数料が決定するM&A仲介会社には重宝されるが，買い手企業においては，株主に対しては「DDを実施し，株主代表訴訟を回避する」というアリバイにはなるも，M&A取引後に未払い賃金等を請求されるなど高値掴みになるおそれがあり危険であった。

　しかし，賃金請求消滅時効が2年から5年（当分の間は3年）に労基法が改正され，未払賃金リスクが，2.5倍になったことを機に，未払い賃金を請求される事件が急増するとともに労務に由来する潜在債務を可能な限り数値化してレポートする旨のリクエストが増えたように思われる。

　M&A取引において，労務に由来する債務が重視されるようになる中で，簿外債務の評価は法に則って把握することができるものの，紛争に関する損害賠償債務等，現時点では未発生だが将来的に発生しうる「偶発債務」について数値化して断定して報告することは困難である。

　行政のガイドラインを100%遵守していた企業においても，万一裁判ともなれば，裁判所（司法）はガイドラインの見解に従う義務はなく，ガイドラインを100%遵守している事案でも「労務に由来する債務がある」と独自に判断される可能性があるからだ。つまり，訴訟になった場合，労務に由来する潜在債務があるか否かは，最終的には，裁判所の判断枠組みに従って判断されること

になる。

　しかしながら，買い手企業は，M&A取引の実行を判断するにあたり，簿外債務のみならず，偶発債務もできるだけ数値化して把握しておきたいことから，過去の裁判例やガイドラインを遵守する考え方等をできる限り反映することに努め，偶発債務の評価方法を定立し，事案ごとに当てはめて報告している。

　ただし，労務に由来する偶発債務となりうる事項は，網羅的に取り上げるものではなく，著者として買い手企業の立場で望ましいと考えた事項を選択して調査することを提案している。

　また，本章で取り上げた偶発債務例をすべて網羅し，M&A取引に反映しなければならないわけでもなく，あくまで参考資料として示すものであり，各事項に対する買い手企業における対応を妨げるものではない。他方，偶発債務の評価方法をそのまま採用すれば，ガイドラインや裁判枠組みとして十分であることを保証するものでもない点についてもご容赦いただきたい。なお，労基法114条の付加金については，使用者が未払割増賃金等を支払わない場合に当然発生するものではなく，労働者の請求により裁判所が付加金を命じることによって初めて生じる稀なものなので，偶発債務の対象とはしない。

　本章では，偶発債務として，①労基法上の労働時間，②労基法上の管理監督者，③解雇，④取締役・個人請負型就業者，⑤労災民訴，⑥年金民訴，そして，⑦同一労働同一賃金の7つを調査項目として取り上げ，偶発債務となりうる根拠を示し，事例をあげて解説する。

1　労基法上の労働時間

　36協定を締結せずに「労基法上の労働時間」を超えて労働させた場合には，これを命じた使用者に対し，「6箇月以下の懲役又は30万円以下の罰金に処する」（労基法119条1号）と定められている。すなわち，違反した使用者には割増賃金の支払い義務が生じるのみならず，犯罪者にもなりうることから，労基法は刑法の性格も有するといえる[1]。刑罰法規の適用・解釈にあたっては，罪刑

1　労基法の定める基準を下回る労働契約は，その部分については無効とされ，無効となった部分は労基法の定める基準とする私法を救済する性格を有する。

法定主義に基づき，拡大解釈することは許されず，どのような行為が犯罪であり，それに対してどのような刑罰を科すのかを明確に定めておかなければならない[2]。

ところが，「労基法上の労働時間」について労基法上の定義がなされていないため，解釈により定義づけることになる。判例[3]では，労基法上の労働時間を「労働者が使用者の指揮命令下に置かれている時間」としたが，この「使用者の指揮命令下に置かれている時間」とは，通達等から，「次の5項目すべての拘束（指示命令）を使用者から受けて事業目的のために肉体的・精神的活動を行っており，労働から解放されていない時間」といえる[4]。

① 一定の場所的な拘束下にあること
② 一定の時間的な拘束下にあること
③ 一定の態度ないし行動上の拘束下にあること
④ 一定の業務の内容ないし遂行方法上の拘束下にあること
⑤ 一定の労務指揮権に基づく支配ないし監督的な拘束下にあること

本章において，労基法上の労働時間か否か判断する場合，原則として，まずは，これらの5項目のすべての拘束要件（以下，「5拘束要件」という）を満たした労働時間を「労基法上の労働時間」と解することにする。

また，労働時間の考え方には，「形式的な労働時間」と「実質的な労働時間」があり，前者は就業規則や労働契約で定められた始業時刻から終業時刻までの時間，後者は現実的に使用者の命令に従って労務が提供された時間をいう。「労基法上の労働時間」は，後者の実質的な労働時間をさす。例えば，遅刻時間に相当する時間分だけ終業時刻を超えて労働させても，形式的な労働時間の観点からは所定労働時間を超えた時間外労働ではあるが，実質的な労働時間の観点では実質的な労働時間には変更がなく，法定労働時間の8時間を超えてい

2　学説上，労基法の私法的側面と刑事法的側面を分離し，前者については柔軟に解釈することで労働者保護を拡大すべきであるとの見解が有力に主張されている。
3　「三菱重工業長崎造船所事件」最一小判平12・3・9民集54巻3号801頁。
4　安西愈『新しい労使関係のための労働時間・休日・休暇の法律実務』6頁（中央経済社，全訂7版，2010）。

ないため，労基法の割増賃金の支払い義務が生じる時間外労働とはならない[5]。

これら労基法上の労働時間の基本的な考え方に対し，これを柔軟化するため，「変形労働時間制」および「みなし労働時間制」の2つの特別の制度が労基法上，用意されている。

変形労働時間制とは，一定の単位期間について週当たりの労働時間数の平均が週法定労働時間の枠内に収まっていれば，1週または1日の法定労働時間の規制を解除することを認める法定労働時間を柔軟化する制度であり，みなし労働時間制とは，実際に何時間労働したかにかかわらず，一定時間労働したものとみなす制度で，労働時間の算定の仕方に柔軟性がある制度である。

本節では，労働時間の柔軟化にも触れ，労働が提供される以下の6つの局面において，「労基法上の労働時間」として解釈すべきか否かについて，解説を行う。

(1) 始業前・終業後の労働

事例 11

始業前・終業後の労働

＜A社＞

A社では，毎日，始業時刻の15分前に参加を希望する者のみラジオ体操を行っている。また，5年後に英語を社内公用語にするため，課長職以上を対象に終業時刻後，1時間程度，事務所内で外部講師を招き，英会話の参加必須の研修を行っている。通常の時間外労働に対しては時間外労働手当を支給されている課長の太郎（時給換算2,000円）は，ラジオ体操の時間帯も英会話の時間帯にも，時間外労働手当の支給はない。

＜A社の調査結果＞

始業時刻前に行われているラジオ体操は，自由参加で行われており，5拘束要

---

5 昭29・12・1基収6143号。

件を満たしておらず，労基法上の労働時間とはいえず，就業規則等で労働契約上の労働時間として賃金を支払う旨の定めがなければ，時間外労働に対する賃金を支給する義務は生じない。

しかし，英会話の参加必須の研修については，課長職以上の者に参加を命じている他，５拘束要件を充足している可能性が高く，労基法上の労働時間に当たり，法定労働時間を超える。したがって，太郎の割増時給2,500円（2,000円×1.25）に賃金請求時効の３年分（260日×３年）を乗じた1,950,000円を当該研修時間に対する未払い賃金の偶発債務として報告した。

解　説

始業時刻前のラジオ体操が「労基法上の労働時間」に当たるか否かについて，まずは前述の５拘束要件（①場所，②時間，③態度・行動，④内容・方法，⑤支配・監督）に当てはめて判断することになる。事例のケースでは，自由参加のもとで行われており，要件⑤の業務命令を欠くので，労基法上の労働時間とはいえない。

なお，労働の途中にある休憩時間帯にラジオ体操等が行われることがあるが，この休憩時間に行われるラジオ体操についても，同様に５拘束要件に当てはめて検討することになる。しかし，そもそも労働者には自分自身で健康を保持しなければならない義務[6]が労働契約に付随する義務として認められるので，このように労使双方に課せられた義務については，労使各々の責務であり，自己の健康保持のために体操するように上司が指導し，全員参加の態様になっていても，その時間中は仕事から離れて休息できる時間であれば，その時間は労働時間ではなく，休憩時間となる[7]。

社員の研修が労基法上の労働時間に当たるか否かについては，業務命令で参加が強制されている場合は，労基法上の労働時間となる可能性が高く，参加が任意のものであれば，原則として労基法上の労働時間には当たらないものと考

6　自己健康管理義務。「川崎製鉄事件」岡山地倉敷支判平10・２・23労判733号13頁では管理職の過労死自殺について，会社に対して，5,200万円の損害賠償を認めているが，睡眠時間の少ないのは飲酒にも原因があるとして，労働者の自己健康管理義務違反を問題とし，過失相殺により５割の減額をした。

7　安西・前掲注(4)56頁。

えられる。行政解釈[8]でも「就業規則上の制裁等の不利益取り扱いによる出席の強制がなく自由参加のものであれば，時間外労働にはならない」としている。

しかし，明白な業務命令がなくとも，従事する業務に関する内容のもの，職場規律の維持向上に関するもの，労働安全衛生法等により法で受講を義務づけられているもの等，業務遂行に欠かせない研修については，労働時間と認められることもあるので，その内容について精査が必要であり，「労働時間の適正な把握のために使用者が講ずべき措置に関するガイドライン」においても，参加することが業務上義務づけられている研修・教育訓練の受講や，使用者の指示により業務に必要な学習等を行っていた時間について，労働時間として扱わなければならないとしている。

その他，始業時刻前の朝礼や掃除の時間，終業時刻後のQCサークル活動（同じ職場内で品質管理活動を自発的に小グループで行う活動）時間等についても，まずは，参加の強制のない自主的な活動であるか否かで判断し，一定の拘束性が認められれば，その他の5拘束要件に当てはめて検討することになる。5拘束要件を充足した場合，労基法上の労働時間に当たり，これら活動等の時間を含めると法定労働時間を超えるにもかかわらず，賃金が支払われていなければ，当該未払い賃金が偶発債務となりうる。

(2) 健康診断・医師面接指導時間

健康診断・医師面接指導時間

＜A社＞
　A社では定休日である水曜日に従業員に対して年1回の定期健康診断を実施している。また，時間外労働が1カ月当たり100時間を超え，かつ，疲労の蓄積が

8　昭26・1・20基収2875号。

第3章　偶発債務の調査項目　**171**

認められる者から，医者の面接指導を申し出た場合も当該定休日である水曜日に行っている。

＜Ａ社の調査結果＞

定期健康診断に要する時間および医師面接指導時間は労基法上の労働時間に当たらないので，当該時間に対する賃金の取扱いについて，特約の有無など労使間でどのように取り決めているか調査し，労使協議や就業規則等で当該時間について賃金を支払う旨の定めがなければ当該時間に係る賃金の未払いはないものとして報告する。

解　説

①　健康診断の時間

使用者に対し，労働安全衛生法（以下，「安衛法」という）66条1項で「事業者は，労働者に対し，厚生労働省令で定めるところにより，医師による健康診断を行わなければならない」と健康診断を実施する義務を課す一方，労働者の協力がなければ，使用者の義務を果たせないことから，労働者に対しても，同法66条5項で「労働者は，…事業者が行なう健康診断を受けなければならない」と受診義務を課している。このように労使双方に課せられた義務については，各々の責務であるため，所定労働時間外に行われた場合，使用者にのみ義務を課し，賃金の支払い義務の対象となる労働時間とするのは偏った解釈である。

行政解釈では，定期健康診断について，「業務遂行との関連において行われるわけではないので，その受診のために要した時間については，当然には事業者の負担とすべきものではなく，労使協議して定めるべきものであるが，労働者の健康の確保は，事業の円滑な運営の不可欠な条件であることを考えると，その受診に要した時間の賃金を事業者が支払うことが望ましい」[9]（傍点著者）として，まずは「労使協議して定めるべき」としながら，「事業者が支払うのが望ましい」としている。したがって，労使が協議して，健康診断1回につき○円などと定めても構わないし，そのような協議がなされなければ，賃金を支払

9　昭47・9・18基発602号。

わなくても安衛法には抵触しない。

　なお，労働者が「事業者の指定した医師又は歯科医師が行なう健康診断を受けることを希望しない場合において，他の医師又は歯科医師の行なうこれらの規定による健康診断に相当する健康診断を受け，その結果を証明する書面を事業者に提出したときは，この限りでない」（安衛法66条5項ただし書）とあり，労働者自身が希望する医師の健康診断を受けるような場合には，その時間について使用者からの時間的，場所的な拘束下にはないので，労働時間には当たらない。

　ただし，健康診断の中でも，特定の有害な業務に従事する労働者について行われる「特殊健康診断」については，行政解釈で「事業の遂行にからんで当然実施されなければならない性格のものであり，それは所定労働時間内に行われるのを原則とし，当該健康診断が時間外に行われた場合には，当然割増賃金を支払わなければならないものであること」[10]とあることから，特殊健康診断が所定時間外に行われ，特殊健康診断に要した時間に対する賃金が支払われていなければ，偶発債務として認識することになる。

②　医師面接指導時間

　長時間労働に伴う医師による面接指導については，安衛法66条の8第1項で「事業者は，その労働時間の状況その他の事項が労働者の健康の保持を考慮して厚生労働省令で定める要件に該当する労働者に対し，厚生労働省令で定めるところにより，医師による面接指導を行わなければならない」として，労働者が一定の要件に該当した場合に使用者に医師による面接指導を義務づけている。この「厚生労働省令で定める要件」とは労働安全衛生規則52条の2第1項で「休憩時間を除き1週間当たり40時間を超えて労働させた場合におけるその超えた時間が1月当たり80時間を超え，かつ，疲労の蓄積が認められる者」であり，同条の3第1項で「面接指導は，前条第1項の要件に該当する労働者の申出により行うものとする」とある。しかし，労働者に対しても，安衛法66条の8第2項で「労働者は，前項の規定により事業者が行う面接指導を受けなけれ

10　昭47・9・18基発602号。

ばならない」として，受診義務を課している。このように労使双方に課せられた義務については，労使各々の責務であるため，所定労働時間外に行われた場合，必ずしも賃金の支払い義務の対象となる労働時間となるわけではない。

　行政解釈では，医師による面接指導についても，「面接指導を受けるのに要した時間に係る賃金の支払については，当然には事業者の負担とすべきものではなく，労使協議して定めるべきものであるが，労働者の健康の確保は，事業の円滑な運営の不可欠な条件であることを考えると，その面接指導を受けるのに要した時間（の賃金）を事業者が支払うことが望ましい」[11]（傍点著者）としている。したがって，労使が協議して，面接指導1回につき○円などと定めても構わないし，そのような取り決めがなければ，賃金を支払わなくても安衛法には抵触しない。

　なお，労働者が「事業者の指定した医師が行う面接指導を受けることを希望しない場合において，他の医師の行う同項の規定による面接指導に相当する面接指導を受け，その結果を証明する書面を事業者に提出したときは，この限りでない」（安衛法66条の8第2項の但書き）とあることから，労働者自身が希望する医師の面接指導を受けるような場合，その時間については，使用者から時間的，場所的に拘束されることはないので，労働時間には当たらない。

(3) 休憩時間

休憩時間

＜A社＞
　1日の所定労働時間が8時間であるA社では，昼の休憩時間について，社員が交代で電話番をしている。月，水，金曜日は太郎（時給換算1,000円）が担当し，火，木曜日は花子（時給換算2,000円）が担当していた。電話番担当者は弁当を持

11　平18・2・24基発0224003号。

参し，昼休み中に外部から電話がかかってきた場合，これに応接することになっている。なお，電話当番中の時間については，休憩時間とみなし，賃金を支払っていない。

＜Ａ社の調査結果＞

　休憩時間に社内に居残り電話に応接するよう使用者から指示があり，そのために待機する時間は休憩時間といえず，手待時間として労働時間に当たる。当該時間に対する賃金の取扱いについて，労使間で取り決めがなく，かつ就業規則等にも記載がなかったため，１週につき8,750円（1,000円×1.25×３日＋2,000円×1.25×２日）の割増賃金の未払いが認められ，これに３年分（52週×３）を乗じた1,365,000円を当該手待時間に対する未払い賃金の偶発債務として報告した。

解　説

　行政解釈では，休憩時間を「労働者が権利として労働から離れることを保障されている時間」[12]と定義している。職場において権利として保障されている以上，労働者が自分勝手に仕事の合間に職場を抜け出して喫煙を許されている時間や客が途絶えた時に適宜休憩をしてもよいなどの時間[13]を休憩時間とみなすことはできない。

　労基法では，休憩時間について「労働時間が６時間を超える場合においては少くとも45分，８時間を超える場合においては少くとも１時間の休憩時間を労働時間の途中に与えなければならない」（労基法34条１項）として「長さ」[14]と「位置」を規定している。

　この「長さ」については，途中に与える以上，途中のどの段階で付与してもよく，また，分割も制限していないため，10分単位など小刻みの付与も可能とされており，さらに，「位置」を特定ないし一定させることも要求していない（労基法89条１号も休憩時間に関する事項を就業規則の絶対的必要記載事項としているにすぎない）[15]。

　労基法上の休憩については，一斉に付与するのが原則であるが，当該事業場

12　昭22・９・13発基17号。
13　「すし処「杉」事件」大阪地判昭56・３・24労経速1091号３頁。
14　１日の労働時間が６時間未満のパートタイマーであっても労働時間が４時間を超える場合には休憩時間をその途中で与えるよう行政では指導している。
15　菅野和夫＝山川隆一『労働法』407頁（弘文堂，第13版，2024）。

に，労働者の過半数で組織する労働組合がある場合においてはその労働組合，労働者の過半数で組織する労働組合がない場合においては労働者の過半数を代表する者との書面による協定がある場合には，例外を認めている（同条2項）。なお，休憩時間は労働から離れることを保障されている労働者の権利であるから，労働者に自由に利用させなければならない（同条3項）が，自由利用が認められているからといって，使用者の施設管理権より優先されることはなく，一定の職場秩序の拘束は受けることになる。

電話当番に限らず，ビル管理人や警備員が仮眠している時間，店員が来客を待っている時間，およびトラック運転手が小口の貨物を持ち込まれるのを待つ時間等も，実際には作業をしているわけではないが，使用者の指揮命令下にあって，ただちに就労しうる態勢で待機している以上，行政解釈でも労働時間と解すべきとしている[16]。

仮眠時間等に対する賃金については，判例では「本件仮眠時間は労基法上の労働時間に当たるべきであるが，労基法上の労働時間であるからといって，当然に労働契約所定の賃金請求権が発生するわけではなく，当該労働契約において仮眠時間に対していかなる賃金を支払うものと合意されているかによって定まるものである」と判示している[17]。

したがって，通常の労働と比較して労働密度が薄く，軽微な業務であることから，仮眠時間等に対する賃金について通常の業務とは別の業務として労使間で自由に決定して構わない。ただし，仮眠時間について別途区分した賃金が定められていない場合，同判例では「労働契約は労働者の労務提供と使用者の賃金支払に基礎を置く有償双務契約であり，労働と賃金の対価関係は労働契約の本質部分を構成しているというべきであるから，労働契約の合理的解釈としては，労基法上の労働時間に該当すれば，通常は労働契約上の賃金支払の対象となる時間としているものと解するのが相当である」と判示していることから，使用者は労働契約で定めた賃金を支払うことになろう[18]。

16 　昭33・10・11基収6286号。
17 　「大星ビル管理事件」最一小判平14・2・28民集56巻2号361頁。
18 　警備員の仮眠・休憩中の作業について，中断してまで行う必要のない業務がほとんどであれば，当該仮眠・休憩時間は労働時間に当たらないとした判例もある。「ビソー工業事件」仙台高判平25・2・13労判1113号57頁，上告棄却。

なお，たまたま自由な休憩時間中に居合わせた社員が本人の自由意思で電話を受け，それが僅少な時間である場合[19]は「休憩時間」とみなされるので，賃金を支払う必要はないものと思われる。

(4) 通勤時間，出張等

通勤時間，出張等

＜Ａ社＞
　Ａ社では，希望する従業員に対して，通勤時間帯に限り，Ｔ駅から会社まで無料のＡ社所有のマイクロバスを運行している。このバスに乗り遅れた社員は，Ｔ駅から会社までタクシーを利用することになるが，この時のタクシー代金は従業員が全額負担していた。

＜Ａ社の調査結果＞
　労働者にはＡ社所有のバスに乗り込んだ時点で，Ａ社の提供する施設利用として一定の拘束性は生じるが，当該拘束は労働者自らが選択した通勤方法上の拘束であり，労働契約上の使用者の指揮命令下とはいえず，特段の取り決めがない限り，労働時間として取り扱う必要はない。また，バスに乗り遅れた場合にタクシーを利用するタクシー代金の負担については，労使間で取り決めもなく，就業規則等にも定めがないことから，従業員が負担するのが妥当であろう。

＜Ｂ社＞
　本社を東京に置くＢ社では，本社で勤務する開発課の太郎（時給3,000円）が大阪に出張する場合の移動時間について，自宅から直接大阪に行かせることから，通勤時間と同様に取り扱っている。

---

[19] 従業員が顧客の来訪や電話に対応することがあったとしても，それだけで休憩が保障されていなかったとはいい難い（「京都銀行事件」大阪高判平13・6・28労判811号5頁）。

第3章　偶発債務の調査項目　**177**

　営業課の次郎（時給2,000円）は，毎朝出社せずに自宅から取引先へ直接赴き，取引先との打ち合わせ終了後，毎日17時頃帰社し，総務の手伝いをしたり，企画部と新商品の打ち合わせをしたりして，終業時刻18時を毎日１時間程度オーバーする19時に会社を後にして帰宅する。Ｂ社では「事業場外のみなし労働制」を適用しており，所定労働時間（９時〜18時）である８時間労働したものとみなされ，時間外労働手当は支給されていない。

＜Ｂ社の調査結果＞
　太郎の出張に伴う移動時間は，休憩時間と類似する時間であり，労基法上の労働時間ではないので，未払い賃金は生じない。
　次郎が帰社後２時間通常とは異なる業務を行っているので，１日につき5,000円（2,000円×1.25×２時間）の賃金の未払いを認め，これに賃金請求時効の３年分（260日×３）を乗じた3,900,000円を当該時間外労働に対する未払い賃金の偶発債務と解することも可能であると報告した。

＜Ｃ社＞
　Ｃ社は，建設業を営む会社であり，従業員は，毎朝会社に集合し，作業用の工具を積み込んだ上で，自発的に従業員の自家用車に乗り合わせて現場へ移動している。Ｃ社の就業規則および雇入れ時に渡す雇用契約書には「始業８時，終業17時」との記載がある。実際には，朝７時に会社に集合，８時に現場へ到着，12から13時まで休憩，17時に現場での仕事を終えて，18時前に会社に到着し，帰宅している。
　一郎（時給2,500円）は，自家用車で朝６時30分前後に会社に到着し，工具の積み込みを行っている。また，他の従業員を一郎の自家用車に乗せて現場との往復をしている。現場への移動時間中は，助手席に乗ることの多い二郎と，社長からの指示に基づいた工事現場の打ち合わせを行うことが通常である。
　二郎（時給2,000円）は，朝８時に会社に到着し，一郎の自家用車に乗り合わせた上で現場との往復をしている。往復時は通常，一郎と工事現場の打ち合わせを行っている。
　三郎（時給1,500円）は，朝８時に会社に到着し，一郎の自家用車に乗り合わせた上で現場との往復をしている。往復時は通常，後部座席に乗って仮眠を取っていることが多い。

＜Ｃ社の調査結果＞
　労働基準法上の労働時間とは，使用者の指揮命令下に置かれている時間のことをいい，使用者の明示的・黙示的な指示により労働者が業務を行う時間は労働時

間に当たる。これらは，就業規則等の規定に左右されず，客観的に見て労働者の行為が使用者から義務づけられたものと言えるか等により個別具体的に判断する。

事業所から作業現場への移動時間における会社からの指揮命令を肯定する要素は，①車両への荷積みなどの作業の有無，②車両内での打ち合わせ等の有無，③車両運転者や集合時間などを従業員が自主的に決めているか否かがあげられる。

一郎の場合

①朝6時30分から7時まで，会社にて工具の積み込み，②会社と現場との往復時間は二郎と社長からの指示に基づいた工事現場の打ち合わせを行うことが通常であること，③積み込み作業のため会社への集合時間に必然性があることから，会社の指揮命令下にあるといえるため，朝の工具の積み込み時間および移動時間は労基法上の労働時間といえる。したがって，上記労働時間に対する以下の未払い賃金が発生する。

1カ月当たりの時間外労働時間：（工具の積み込み時間30分＋移動時間往復2時間＝2時間30分）×20日＝50時間

50時間×（2,500円×1.25＝3,125円）×賃金請求時効の3年（36カ月）分＝5,625,000円

二郎の場合

①確かに，荷物の積み込み等の作業はないものの，②朝7時に出社した後，一郎の自家用車の中で会社と現場との往復時間を社長からの指示に基づいた工事現場の打ち合わせを行うことが通常であること，③一郎との車内での打ち合わせのため必然的に会社へ集合していることから，会社の指揮命令下にあるといえるため，移動時間は労基法上の労働時間といえる。したがって，移動時間に対する以下の未払い賃金が発生する。

1カ月当たりの時間外労働時間：（移動時間往復2時間）×20日＝40時間

40時間×（2,000円×1.25＝2,500円）×賃金請求時効の3年（36カ月）分＝3,600,000円

三郎の場合

①積み込み等の作業がないこと，②会社から現場までの往復の移動時間は，打ち合わせに参加しておらず一郎の自家用車の後部座席で仮眠をしていること，③集合時間は，一郎の自動車に便乗するための時間に過ぎないことから，会社の指

第3章　偶発債務の調査項目　**179**

揮命令下にあるとはいえず，移動時間は労基法上の労働時間とはいえない。したがって，未払い賃金は発生しない。

以上より，一郎および二郎に対する未払賃金の合計額9,225,000円がC社の偶発債務となる。

解　説

① **通勤時間**

通勤時間について，労基法上の定めはないが，一般に「労働者が労働契約に基づいて使用者に約諾した労働力を使用者の支配下にまで持参する時間」[20]と定義することができる。事例のA社のようにA社所有のマイクロバスを利用している場合において，仮に交通事故に遭遇するようなケースでは，通勤災害ではなく，行政解釈では「事業主の提供する専用交通機関利用中その利用に起因する災害は業務上の災害」[21]とされてはいるが，これは施設管理の問題として労災保険法上の取扱いであり，通勤時間中は，寝ていても，音楽を聴いていても，隣席の人と話しても自由であり，5拘束要件を充足しておらず，労基法上の労働時間とはいえない。

通勤に係るタクシー代金の負担について，民法484条1項では「弁済をすべき場所について別段の意思表示がないときは，特定物の引渡しは債権発生の時にその物が存在した場所において，その他の弁済は債権者の現在の住所において，それぞれしなければならない」とあり，さらに，同法485条で「弁済の費用について別段の意思表示がないときは，その費用は，債務者の負担とする」とある。すなわち，私人間で取り決めがないときは民法により規律されることから，労働契約上の「労働力」を持参する点において債務者である労働者が，債権者である使用者に「労働力」を提供することから，特段の定めがない場合，債務者である労働者がタクシー代金を負担することになる。

② **出張時間**

使用者は，効率的に労働力を移動させるため，労働者に対し，自宅から通常

20　安西・前掲注(4)29頁。
21　昭25・5・9基収32号。

の就業場所以外である取引先や工事現場等へ直接向かわせる業務命令を発令したり，これら通常の場所以外から帰宅させる業務命令を発令したりする場合がある。

　出張は，一定の時刻までに一定の目的地に着くよう業務命令を受けるため，自宅を出た時点で使用者の支配下に入っていると解せる。行政解釈では「出張業務の遂行については，その用務の時間的，場所的な事情により，事業所に寄らないで自宅を出て用務を果たし，また自宅へ帰ることが是認されている場合には，自宅を出てから自宅へ帰るまでが出張途上にあるものと考えられる」[22] として，当該業務遂行時間の始点と終点を明確に示している。

　したがって，出張途上に災害を被った場合，その経路が合理的な順路および方法によっている限り，その行動は使用者の支配下における行為であるから，労災保険法上では通勤災害ではなく，業務上の災害として取り扱うこととしている[23]。

　たしかに，出張の場合，一定の交通機関を利用して移動しなければならないことや出張先のホテルや旅館に泊まる必要性がある等の場所的拘束を受ける。しかし，乗り物に乗車中はお弁当を食べようが，マンガを読もうが，ゲームをやっていようが本人の自由であるし，出張先のホテルや旅館では，何時に食事をとろうが，テレビを見ようが，マッサージを頼もうが本人の自由である。また，休憩時間中の拘束について，行政解釈で「事業場内において自由に休息し得る場合には必ずしも違法とはならない」[24]とあることから，出張時における往復時間や宿泊時間等は労務に従事していない休憩時間と類似の時間であり，かつ，5拘束要件を充足していないことから，労基法上の労働時間とは解せない。

　すなわち，労災保険法上の業務遂行性の考え方と労基法上の労働時間の考え方は必ずしも同一ではなく，出張先のホテルや旅館で寝ているときも業務遂行性はあるが，この時間は具体的に業務を行っていないので，労基法上の労働時

22　昭34・7・15基収2980号。
23　業務災害により休業した場合，使用者は，療養のために休業する期間および復職後30日間は，解雇してはならない（労基法19条1項）。
24　昭23・10・30基発1575号。

間ではないのであって，このように両者の法的概念は異なっているので混同してはならない[25]。

　では，出張時間のように使用者の直接の指揮監督下になく，業務遂行方法が労働者に委ねられている特殊な労働に対して使用者は，どのように実労働時間を把握すべきであろうか。このような特殊な労働に対する労基法上の労働時間の取扱いについては，「事業場外労働のみなし制度」[26]が用意されている。「事業場外労働のみなし制度」とは，労基法38条の２第１項で「労働者が労働時間の全部又は一部について事業場外で業務に従事した場合において，労働時間を算定し難いときは，所定労働時間労働したものとみなす」としており，出張のみならず，外回りの営業や報道記者等にも用いられている。したがって，出張先での労働時間について，算定し難いときは，所定労働時間労働したとみなすことになるので，通常の賃金を支払えば足りることになる。

　事業場外労働のみなし制度の適用要件となる「労働時間を算定し難いとき」は使用者の恣意的な判断であってはならず，通達では「事業場外で業務に従事する場合であっても，使用者の具体的な指揮監督が及んでいる場合については，労働時間の算定が可能であるので，みなし労働時間制の適用はないものであること」[27]とし，次のように例示している。

---

① 　何人かのグループで事業場外労働に従事する場合で，そのメンバーの中に労働時間の管理をする者がいる場合[28]
② 　事業場外で業務に従事するが，無線やポケットベル（携帯電話）等によって随時使用者の指示を受けながら労働している場合[29]
③ 　事業場において，訪問先，帰社時刻等当日の業務の具体的指示を受けたのち，事業場外で指示どおり業務に従事し，その後事業場にもどる場合

25　安西・前掲注⑷533頁。
26　この「事業場外」とは建設現場等の「屋外労働」という意味ではなく，場所的拘束を離れて使用者の具体的な指揮監督が及ばない「場所」をいう。
27　昭63・1・1基発1号。
28　上司に随行して出張した場合や管理監督者と同行しても，グループで組織的な行動が行われるわけではないので，これに当たらない。
29　単に携帯電話を携行しているだけで任意に連絡するに過ぎない場合は，随時使用者の指示を受けているわけではないので，これに当たらない。

また，当該業務を遂行するためには通常所定労働時間を超えて労働することが必要となる場合には，当該業務の遂行に通常必要とされる時間労働したものとみなされる（同項ただし書）が，この場合，当該事業場に，労働者の過半数で組織する労働組合があるときはその労働組合，労働者の過半数で組織する労働組合がないときは労働者の過半数を代表する者との書面による協定があるときは，その協定で定める時間が同項ただし書の当該業務の遂行に通常必要とされる時間となる（同条2項・3項，労基法施行規則24条の2第3項・4項）。

ただし，遠隔地で行われるセミナーに出席するために出張する場合については，セミナーの時間帯は明白であることから，「労働時間を算定し難いとき」には当たらず，「事業場外労働のみなし制度」を適用することはできない。この場合，セミナーの受講時間が労働時間になり，往復時間については移動時間となる。移動時間は，「物品の監視など特段の指示がない限り労働時間に含まれない」[30]。

なお，出張に伴う旅費については，労働者が負担するわけではない。前述のとおり，労働契約上の「労働力」を持参する債務（持参債務）は債務者である労働者が負担することになるが，出張により交通費や宿泊費が生じた場合，民法485条ただし書で「債権者が住所の移転その他の行為によって弁済の費用を増加させたときは，その増加額は，債権者の負担とする」とあることから，特段の定めがない場合，当該増加額である旅費等については，債権者である使用者が負担することになり，実務では日当や出張旅費のような名目で精算が行われている。

③　直行・直帰

直行・直帰の場合，自宅から取引先や取材のため現場へ直接向かわせる時間，または，業務終了後，直接帰宅させる時間については，「通勤時間」であり，労基法上の労働時間ではない。これら事業場外で業務を遂行するにあたり，「労働時間を算定し難いとき」は，「労働時間の全部又は一部について事業場外で業務に従事した場合において，…所定労働時間労働したものとみなす」（労

30　昭23・3・17基発461号。

第３章　偶発債務の調査項目　**183**

基法38条の２第１項）こともできる。

　問題なのは，事業場外労働を行う労働者が事業場内労働も行う場合である。通達によると「労働時間の全部又は一部について事業場外で業務に従事した場合において，労働時間を算定し難いときは，所定労働時間労働したものとみなされ，労働時間の一部について事業場内で業務に従事した場合には，当該事業場内の労働時間を含めて，所定労働時間労働したものとみなされるものであること」[31]（傍点著者）とある。この点について，厚生労働省労働基準局編の労働基準法コンメンタールの見解でも，「労働時間の一部について事業場外で業務に従事した場合には，事業場内の労働時間を含めて，その日には，所定労働時間労働したものとみなされる。例えば，所定労働時間が８時間で午前中は事業場内で業務に従事し，午後から事業場外で業務に従事した場合には，事業場外での労働時間の算定が困難なためにその日全体としての労働時間の算定ができないのであれば，みなし労働時間制の適用があり，原則として，その日は事業場内で業務に従事した時間を含めて全体として所定労働時間の８時間労働したことになる」[32]（傍点著者）としており，通達およびコンメンタールによると，事例の次郎の場合，帰社後の事業場内での２時間の労働を含めて所定労働時間労働したものとみなされることになる。

　ところが，臨検などの際，「事業場内で業務に従事した時間を含めて全体としての所定労働時間」とせず，「事業場内で業務に従事した時間を所定労働時間に加算せよ」との指導を労働基準監督官から受けることが多々ある。事業場外後に事業場に帰社し，内勤したような場合，事業場内の労働時間は算定可能であるから，時間外労働として加算すべきということのようだ。

　実務上の対応として，菅野教授の見解にあるように「常態的な事業場外労働に付随してそれと一体的に事業場内労働が行われる場合」には，「それら全体として事業場外労働」[33]として取り扱い，事業場外労働に付随しない労働が事業場内労働として行われた場合には，その時間は別途把握して時間外労働として算定することも考えられる。

31　昭63・１・１基発１号。

32　厚生労働省労働基準局編『令和３年版 労働基準法（上）』576頁（労務行政，2022）。

33　菅野＝山川・前掲注⒂473頁。

すなわち，外回りの事業場外労働から帰社後に行った内勤業務の内容，性質が問題であって，本来事業場外労働の中で処理すべき業務やその延長としての付随業務（例えば，注文書，請求書，納品書その他の書類や伝票の整理，金銭の計算，小切手・手形の仕訳処理，当日の業務報告作成等）であったときは，業務を行った場所がたまたま事業場内というだけであって，その業務の性質は事業場外勤務の中で処理すべきものと評価されるので，それは「みなし時間」の中に含めることとなろう（そうでなければ，事業場外でその都度きちんと処理してきたため内勤で処理する必要がなかった者に比べ，本人の怠慢等で処理しないで事業場内に持ち帰って内勤で処理した者のほうが時間外労働に対する割増賃金の支払いにより，手取り賃金が多くなるという不合理な結果となってしまう）[34]。

ただし，帰社後の内勤業務が，営業打合会，新商品の説明会，関係法規の研修，人事考課の面接等の本来の外勤業務とは性格の違う別の労働であるとみられるものである場合には，事業場外労働のみなしに含めるわけにはいかないので，別途通常の労働時間として把握し計算すべきこととなる[35]。

なお，専ら外勤勤務で所定労働時間を超えて労働するのが常態となっているものに対して，営業手当等の名称で固定制の残業手当の性質を持つ賃金が支払われることがある。これに対して行政解釈では，「時間外労働を行う労働者に対して支給するいわゆる超過勤務手当が定額のものであっても，法で支払を義務づけられている計算による金額を上回る場合には，その差額分を当該期に支払うことが明示されていれば，その手当全体を超過勤務手当の一部又は全部と見てさしつかえない」[36]としている。

したがって，当該手当を残業手当の見合い分として予定している場合には，当該手当の性質について，就業規則等で時間外労働に対する見合い分であり，実際に発生した時間外労働の割増賃金の計算額と比較して差額が生じた場合には，不足額について加算することを明確にしておく必要がある。

譲渡企業の就業規則等に超過勤務手当の性質を有する営業手当がどのように

---

34 安西・前掲注(4)511頁。
35 安西・前掲注(4)511頁。
36 昭52・3・7基発119号。

規定されているかを確認し，そのような定めがなく，時間外労働手当が支払われていない場合，賃金の未払いがあると判断することになる。

当該調査項目に対するDDレポートには，まずは内勤業務の有無を確認して，当該業務が所定時間外労働に当たる場合，通達およびコンメンタールに従って，賃金の未払いはない旨を報告し，次に補足意見として，事業場外労働に付随しない労働が行われていたにもかかわらず，当該内勤労働に係る賃金が支払われていない場合，偶発債務となりうるとして加筆しておくべきである。また，営業手当等の取扱いについて，通達で定額制の残業手当として認められる２要件を充足しているか否か確認し，そのような定めがなく，当該内勤労働に係る賃金が支払われていない場合，未払い賃金として偶発債務を指摘することになる。

④　移動時間

直行・直帰に類似する問題として，事務所と現場の移動時間が労働時間に当たるかという点がある。この移動時間が労働時間に該当する場合，使用者は労働者に対し，賃金を支払う必要が生じる。

まず，前述のとおり，労基法上の労働時間とは，労働者が使用者の指揮命令下に置かれている時間のことをいい，この時間は，就業規則等の規定に左右されず，客観的に見て労働者の行為が使用者から義務づけられたものといえるか等により個別具体的に判断される。そのため，移動時間が労働時間とみなされる場合もある。また，通勤とは，一般的に約束の時間（始業時刻や集合時刻）までに，集合場所（事務所や集合場所）へ到着することを目的とする行為をいう。どこから出発し，どのような方法で到着するかは労働者に任されているが，移動時間が「労働時間」に該当するか否かは，前記どおり客観的に判断するため，名称にとらわれず実態を見て判断する必要がある。

結論として，移動時間が事業主の支配管理下にある拘束時間といえる場合には労働時間となるため，使用者は労働者に対し，賃金を支払う必要が生じる。ただし，現場での作業が主たる業務であり，会社への出勤義務がなく，直接現場に出勤するとの指示がある場合は，業務の開始は現場と考えられるため，たとえ会社に集まって会社の車で移動したとしても労働時間とはならず，移動時間は通勤時間として取り扱われる。また，直行直帰の場合も，通勤時間と考え

られる。

　以下では，事務所と現場の移動を4つのケース（①自宅と事務所，自宅と現場の移動，②事務所と現場の移動，③集合場所と現場の移動，④同一日に複数の現場を移動）に分けた上で，それぞれの時間が労働時間に当たるかを検討する。

〈ケース①：自宅と事務所，自宅と現場の移動〉
　1つ目のケースは，自宅と事務所や，自宅と現場の移動時間である。
　この時間は，約束の時間までに就業場所へ到着することを目的とした行為であって，どこから出発し，どのような方法で到着するかは労働者に任されているものであるから，原則として通勤時間であって労働時間ではないと考えられる。したがって，当該通勤時間に対する賃金は発生しないのが通常である。

〈ケース②：事務所と現場の移動〉
　2つ目のケースは，事務所と現場の移動時間である。
　従業員がいったん事業所に立ち寄った後に，作業現場へ移動する時間がある。この移動時間は，自動車に同乗する場合や，公共交通機関を使って移動する場合は，何の業務も行っていないことが多く，また現場までの移動が長時間になることもあることから，当該時間が労働時間に当たるかが問題となる。
　まず，労働基準法上の労働時間とは，使用者の指揮命令下に置かれている時間[37]をいい，使用者の明示的・黙示的な指示により労働者が業務を行う時間は労働時間に当たる。例えば，使用者の指示により，就業を命じられた業務に必要な準備行為（着用を義務づけられた所定の服装への着替え等）や業務終了後の業務に関連した後始末（清掃等）を事業場内において行った時間は，労働時間に該当する[38]。これらは，就業規則等の規定に左右されず，客観的に見て労働者の行為が使用者から義務づけられたものといえるか等により個別具体的に判断する。

37　「三菱重工業長崎造船所事件」最一小判平12・3・9民集54巻3号801号。
38　厚生労働省「労働時間の適切な把握のために使用者が講ずべき措置に関するガイドライン」平成29年1月20日策定。

事業所と現場の移動時間が問題となった事例14のＣ社に類似する次の２つの裁判例では，具体的な事案に応じて指揮命令下に置かれていたといえるか判断している。

１つ目の裁判例は，移動が労働時間に該当しないと判断された事例である。労災事故に遭った後に退職した元従業員が，現場までの移動に要した時間等に対する割増賃金の請求をした事案に対し，東京地裁は，①会社事務所から作業現場への移動は会社指示ではなく直行直帰が認められていたこと，②労働者がいったん会社に立ち寄った後，単独または複数人で車両に乗って作業現場まで移動していたが，それは会社が命じたものではなく，車両運転者や集合時間等も移動する労働者の間で決めていたことを理由として，会社事業所と作業現場との移動時間は通勤としての性格を多分に有するものであり，労働時間に当たらないと判断している[39]。

２つ目の裁判例は，移動が労働時間に該当すると判断された事案である。工事請負業の元配管工らが集合から現場までの往復移動時間と終業後の片付け等の時間に対する割増賃金の請求をした事案に対し，東京地裁は，①従業員は原則としていったん事業所に集合し，資材を車両に積み込み，その後の車両内でも打ち合わせをしながら現場に行くこと，②誰がどの作業現場に行くかは当日の天候，作業現場の進捗状況に応じて会社代表者が指示をしていた実態等からすると，移動時間は拘束時間のうちの自由時間とはいえず実働時間に含められるものであり会社の指揮命令下にあったといえ，事業所に立ち寄った後の作業現場までの移動時間は労働時間に当たると判断している[40]。

これらの２つの裁判例からすると，事務所と現場の移動時間について会社からの指揮命令を肯定する要素としては，①車両への荷積みなどの作業の有無，②車両内での打ち合わせ等の有無，③車両運転者や集合時間などを従業員が自主的に決めているか否かがあげられる[41]。したがって，これらの要素が肯定される場合には，事業所から作業現場への移動時間は労働時間に当たるため，当

39　「阿由葉工務店事件」東京地判平14・11・15労判836号148頁。
40　「総設事件」東京地判平20・2・22労判966号51頁。
41　向井蘭「集合場所から作業現場への移動時間が労働時間に当たらないとした事例」労務ネットニュース（令和３年10月発行）。

該時間に対する未払い賃金が偶発債務となる。

〈ケース③：集合場所と現場の移動〉

3つ目のケースは，集合場所と現場の移動時間である。

各人の自宅から集合場所に自家用車等で向かい，そこから社有車で乗り合いにより従業員が運転し現場へ移動するような場合，その移動時間は，労働時間に当たるか，または通勤時間と差異のない時間かが問題となる。

この点が争いとなった裁判例[42]として，福井県高浜原子力発電所における作業を請け負っている会社の従業員が未払い残業代請求を求めた事案では，会社とは別の集合場所から高浜原発内の作業現場への移動時間が労働時間に当たるか否かが争点の1つになった。この事案では，高浜原発に勤務する従業員は，出勤時，自宅から集合場所に自家用車等で向かい，そこから会社の社有車で，乗り合いにより，従業員が運転し高浜原発に通勤していた。社有車利用に関して，従業員に対し運行の安全に関する一般的な注意はされていたが，乗車中に従業員は，会社における業務をしていなかった。このような事実認定に対して，福井地方裁判所は，次のように判示した。「各集合場所と高浜発電所の間の社有車の移動時間については，原告（従業員）らは，他の従業員を乗せて社有車の運転を行う場合もあったとはいえ，社有車内で業務を行うことはなかったことからすると，自家用車等で通勤する場合と差異はないといえる」，「また，原告らは，入門証につき，入門証持出・返却記録簿に日時を記載することを義務付けられており，入門証を紛失した場合には，始末書の提出を義務付けられていたものの，これは，入門証はもともと被告（会社）従業員が自ら管理していたところ，紛失のおそれが生じたことから，原子力発電所における入門証の重要性に鑑み，被告から指示が出されたことによるものであり，原告らが入門証の管理について被告の指示に従っていたことから直ちに，原告らが上記移動時間中に被告の指揮命令下に置かれていたとはいえない」，「ほかに，被告により乗車する従業員や給油場所が決められていたこと，集合場所の雪かきが求められていたことが認められるが，これらは社有車を無償で使用するに当たっての

---

42 「オーイング事件」福井地判令3・3・10労判ジャーナル112号54頁。

通常の作業の範囲と解され，自家用車等で通勤する場合と比較して負担が重くなったり自由の制約が大きくなったりするとはいえないから，これらの事実をもって，原告らが上記移動時間中に被告の指揮命令下に置かれていたとはいえない」。

上記判決からは，特に会社から従業員に車内で何らかの義務づけをしなければ，集合場所から作業現場までの移動時間は労働時間に当たらないということができる[43]。

この事例に対し，最寄り事業所を集合場所とした上で，会社の指示により集合および点呼を行うものであれば，自宅から最寄り事業所への移動時間は通勤時間であるものの，最寄り事業所から作業現場への移動時間は，通勤と差異があるものとはいえないといえる。そして，当該移動時間において会社からの指揮命令がある場合には，当該移動時間が労働時間に当たるかを検討することとなる。

なお，会社から社有車の運転を指示された者は，移動時間は労働時間となる。

〈ケース④：同一日に複数の現場を移動〉
4つ目のケースは，同一日に複数の現場を移動する場合の移動時間である。

例えば，①自宅から現場Xへ直行し，現場Xで仕事をした後に，②事務所へ移動して勤務，休憩時間を取得し事務所で勤務した後に，③現場Yへ移動し，現場Yで仕事をした後に，自宅へ直帰する場合である。

この場合，事務所，集合場所，現場の相互間を移動する時間については，使用者が業務に従事するために必要な移動を命じ，当該時間の自由利用が労働者に保障されていないと認められる場合には，労働時間に該当する。なお，通勤時間（①の時間）は，ここでいう移動時間に該当しないものとする。具体的には，指揮監督の実態により判断するものであり，例えば②または③の移動時間であって，その時間が通常の移動に要する時間程度である場合には，労働時間に該当するものと考えられる。

43　向井・前掲注(41)。

(5) 在宅就労

在宅就労

＜Ａ社＞
　Ａ社の終業時刻は18時である。20時までは残業を認めているが、原則として20時以降、一斉に消灯するので、社内で仕事をすることができない。中には、仕事を自宅に持ち帰って行う従業員もいるが、これらについて、使用者は自宅に持ち帰ることを禁止していた。

＜Ａ社の調査結果＞
　自宅で行う業務遂行時間については、使用者の支配管理を離れ、かつ労働者の自己意思で行われているため、使用者の指揮監督下に拘束され従属的労働に従事している労働とはいえず、労基法上の労働時間とはいえない。自宅持ち帰り労働の対価について、当事者間で何らかの取り決めがなければ、未払い賃金の問題は生じない。

＜Ｂ社＞
　Ｂ社の商品企画部員は、出勤せずに在宅勤務を認められている。在宅勤務を行うものは、Ｂ社の始業時刻の９時と同時にパソコンを立ち上げ、その後、終業時刻の18時までは常時通信可能で実作業を行っている状態にあることが求められる。すなわちＢ社の休憩時間（12時～13時まで）以外、上司の具体的な指示がメール等であれば、それに即応しなければならず、原則としてトイレ以外離席することは認められていなかった。
　在宅勤務が認められていた太郎（時給換算2,000円）は、毎日１時間程度（月20時間）の残業を行っていたが、在宅勤務は事業場外の「みなし労働時間制」が採用されており、就業規則で定められた所定労働時間により勤務したものとみなされるので、残業代は支給されていなかった。

＜Ｂ社の調査結果＞
　在宅勤務については、労働時間を算定し難い勤務形態として、労働基準法38条の２で規定する事業場外労働の「みなし労働時間制」を適用することができる。

第3章　偶発債務の調査項目　　191

　　ただし，この「みなし労働時間制」を適用するためには，①業務が自宅で行われること，②パソコンが使用者の指示で常時通信可能な状態となっていないこと，③作業が随時使用者の具体的な指示に基づいて行われていないことのすべての要件を満たすことが必要であるが，B社の場合，当該要件を充足していないので，「みなし労働時間制」を適用することができない。したがって，太郎に対する時間外手当1,800,000円（＝2,000円×1.25×240日×3年）が偶発債務となる。

＜C社＞

　　C社では，フランスに移住した三郎に対して，フランスの居宅で常態的に在宅勤務を認めていた。なお，労働条件については，時給20€，労働時間は1日8時間，週40時間，休日は年間119日で，時間外・休日労働をすることはなかった。

＜C社の調査結果＞

　　三郎が準拠法（その契約上の権利義務について適用される法律）として，フランスの労働法典を選択し，当該労働法典に基づき，法定超の労働時間に対して，超過勤務手当の支払いを求めてくることも考えられる。フランスでは，法定労働時間は週35時間と定められており（労働法典L.3121-27条），法定以上の超過勤務手当[44]を支払うことで法定労働時間を超えて労働させることができるとされている。したがって，フランスでの就労により生じる超過勤務手当として週25€（＝20€×0.25×5時間）が偶発債務となる。

解　説 ....

　　在宅勤務は，テレワークの形態の1つである。テレワーク[45]とは，パソコンやスマートフォン等，通信機能が付いている情報機器を使用して通常の事業場以外の場所（遠隔地）で一時的ではなく，常態的に働くことをいう。テレワークを行う場合には，その導入や運用にあたり，勤務場所の決定・変更について契約上の根拠（就業規則の合理的規定等）が必要と解される[46]。

　　テレワークは，新型コロナを契機に「新たな日常」，「新しい生活様式」に対応した働き方であると同時に，働く時間や場所を柔軟に活用することのできる

44　最初の8時間（36時間から43時間）は25％割増，9時間目以降（44時間以降）は50％割増となる。
45　単に「オフィス以外の場所で働くこと」をリモートワーク（remote working）と呼ぶ。
46　水町勇一郎『労働法』332頁（有斐閣，第10版，2024）。

働き方として定着し，労働者からの支持も高く，テレワークを認める企業であることが就職の条件とされることも少なくない。

　テレワークの形態は，労働者の自宅で行う「在宅勤務」，メインオフィス以外に設けられたシェアオフィスを利用する「サテライトオフィス勤務」，ノートパソコンや携帯電話等を活用して移動時間での車内を含め臨機応変に選択した場所で行う「モバイル勤務」の3つに分類される。このほか，余暇を楽しみつつ仕事を行う「ワーケーション」についても，情報通信技術を利用して仕事を行う場合には，モバイル勤務，サテライトオフィス勤務の一形態として分類することができる。

　テレワークにおいても，変形労働時間制やフレックスタイム制などの労働基準法に定められたすべての労働時間制度を採用することは可能であるため，テレワーク導入前に採用している労働時間制度を維持したまま，テレワークを行うことができる。

　テレワークとはいえ，使用者には労働時間把握義務があり，「労働時間の適正な把握のために使用者が講ずべき措置に関するガイドライン」を踏まえ，パソコンの使用時間の記録等の客観的な記録を基礎として，始業および終業の時刻を確認すること（テレワークに使用する情報通信機器の使用時間の記録等や，サテライトオフィスへの入退場の記録等により労働時間を把握），あるいは，労働者の自己申告により把握することが考えられる。

　ただし，令和3年3月に改定された厚生労働省の「テレワークの適切な導入及び実施の推進のためのガイドライン」によると，自己申告により労働時間を把握する場合には，①パソコンの使用状況など客観的な事実と自己申告により把握した始業・終業時刻に著しい乖離があることを把握した場合，所要の労働時間の補正をすること，②自己申告できる時間外労働の時間数に上限を設けるなど，労働者による労働時間の適正な申告を阻害する措置を講じてはならないことが重要とされている。

　また，同ガイドラインでは，中抜け時間（休憩時間とは異なり，一定程度労働者が業務から離れる時間）までは，使用者に把握義務はないが，把握する場合の当該中抜け時間については，休憩時間として取り扱い，終業時刻を繰り下げたり，時間単位の年次有給休暇として取り扱ったりすることも考えられると

している。

　なお，午前中には出勤し，午後からテレワークを行うなど勤務時間の一部についてテレワークを行う移動時間については，当該移動時間が労働者の自由利用が保障されている場合には休憩時間として取り扱い，在宅勤務中の労働者に対して，使用者が具体的な業務のために急きょオフィスへの出勤を命じるなど，労働者の自由利用が保障されていない場合の移動時間については，労働時間に該当するとしている。

　自宅で業務を行う主な形態として，通常の仕事を自宅へ持ち帰り行う「風呂敷残業」とパソコン等を活用して，自宅で仕事を行う「在宅勤務」がある。

①　風呂敷残業

　過度な時間外労働に対する風当たりが強い昨今，一定の時刻になると社内の電灯を消し，居残りを禁止した結果，仕事を自宅に持ち帰る「風呂敷残業」が散見されるが，この自宅で仕事を行う時間の取扱いが問題となる。これについては，使用者からの明示または黙示の指示があれば労働時間として認められるとの見解[47]も否定できないが，自宅における労働は，時間的な拘束はなく，横になって行おうが酒を飲みながらやろうが自由であることから，「労基法上の労働時間」を判断する５拘束要件を欠くので，労基法上の労働時間とは言い難い。

　風呂敷残業は，そもそも私生活の場である自宅に持ち帰って業務を行う義務が労働契約上認められていない以上，本人の意思ないし自主性で行われるもので，民法上このような仕事の依頼を受けてそれを処理する契約は「法律行為に非ざる事務の委託」であり，この意思表示を受けてそれを「為すことを黙示的に承認」したものと考えられるから，民法656条の準委任に該当ないし類似する性質を有する契約と思われる[48]。

　したがって，労働者には民法644条の善良なる管理者の注意義務をもってその事務を処理する義務が生じ，委任者である使用者から請求があるときは事務処理状況の報告をし，事務の終了の際は遅滞なくその顛末を報告しなければな

47　旬報法律事務所編『未払い残業代請求　法律実務マニュアル』32頁（学陽書房，2014）。
48　安西・前掲注⑷84頁。

らない（同法645条）。この事務処理の対価としての報酬については同法648条
で「特約がない限り請求できない」から，あらかじめ労使間で取り決めがなけ
ればあえてDD報告書に偶発債務としてレポートする必要はないであろう。

② 在宅勤務

　在宅勤務は事業場内で働くという一般的な就労形態と異なり，労働者の勤務
が私生活の場所である自宅で行われ，また，勤務時間帯と日常生活時間帯が混
在せざるを得ない働き方であるため，労働者の労働時間の把握や健康管理が困
難となる問題がある[49]。

　そこで，厚生労働省は，「テレワークの適切な導入及び実施の推進のための
ガイドライン」を策定し（2018年2月策定，2021年3月改定），次のように労
務管理上の留意点等を定めている。

　まず，在宅勤務については，事業主が労働者の私生活にむやみに介入すべき
ではない自宅で勤務が行われ，労働者の勤務時間帯と日常生活時間帯が混在せ
ざるを得ない働き方であることから，①業務が自宅で行われること，②パソコ
ンが使用者の指示で常時通信可能な状態となっていないこと，③作業が随時使
用者の具体的な指示に基づいて行われていないことのすべての要件を満たす場
合，労働時間を算定し難い働き方として，労基法38条の2で規定する事業場外
労働みなし労働時間制を適用することができるとしている。

　在宅勤務について，事業場外みなし労働時間制が適用される場合は，在宅勤
務を行う労働者は就業規則等で定められた所定労働時間を勤務したものとみな
されることとなる。業務を遂行するために通常所定労働時間を超えて労働する
ことが必要となる場合には，当該必要とされる時間労働したものとみなされ，
労使の書面による協定があるときには，協定で定める時間を通常必要とされる
時間とし，当該労使協定を労働基準監督署長へ届け出ることが必要となる（労
基法38条の2）。

　ただし，在宅勤務について，事業場外みなし労働時間制を適用する場合で
あっても，労働したものとみなされる時間が法定労働時間を超える場合には，

49　下井隆史ほか『企業のための労働契約の法律相談』324頁（青林書院，改訂版，2014）。

第3章　偶発債務の調査項目　　195

時間外労働に係る36協定の締結，届出および時間外労働に係る割増賃金の支払いが必要となり，また，現実に深夜に労働した場合には，深夜労働に係る割増賃金の支払いが必要となる（労基法36条および37条）。このようなことから，労働者は，業務に従事した時間を日報等において記録し，事業主はそれをもって在宅勤務を行う労働者に係る労働時間の適切な把握に努め，必要に応じて所定労働時間や業務内容等について改善を行うことが望ましいとしている。

　なお，事業場外みなし労働時間制が適用されている労働者が，深夜または休日に業務を行った場合であっても，少なくとも，就業規則等により深夜または休日に業務を行う場合には事前に申告し使用者の許可を得なければならず，かつ，深夜または休日に業務を行った実績について事後に使用者に報告しなければならないとされている事業場において，深夜もしくは休日の労働について労働者からの事前申告がなかったかまたは事前に申告されたが許可を与えなかった場合で，労働者から事後報告もなかった場合について，次のすべてに該当する場合には，当該労働者の深夜または休日の労働は，使用者のいかなる関与もなしに行われたものであると評価できるため，労基法上の労働時間に該当しない。

---

［1］　深夜又は休日に労働することについて，使用者から強制されたり，義務づけられたりした事実がないこと。
［2］　当該労働者の当日の業務量が過大である場合や期限の設定が不適切である場合など，深夜または休日に労働せざるを得ないような使用者からの黙示の指揮命令があったと解しうる事情がないこと。
［3］　深夜または休日に当該労働者からメールが送信されていたり，深夜または休日に労働しなければ生み出し得ないような成果物が提出された等，深夜または休日労働を行ったことが客観的に推測できるような事実がなく，使用者が深夜・休日の労働を知り得なかったこと。

　ただし，上記の事業場における事前許可制および事後報告制については，以下の点をいずれも満たしていなければならない。

> ［1］ 労働者からの事前の申告に上限時間が設けられていたり，労働者が実績
> どおりに申告しないよう使用者から働きかけや圧力があったなど，当該事業
> 場における事前許可制が実態を反映していないと解しうる事情がないこと。
> ［2］ 深夜または休日に業務を行った実績について，当該労働者からの事後の
> 報告に上限時間が設けられていたり，労働者が実績どおりに報告しないよう
> に使用者から働きかけや圧力があったなど，当該事業場における事後報告制
> が実態を反映していないと解しうる事情がないこと。

③ 越境在宅勤務

日本で雇用した外国籍社員に対して母国での在宅勤務を認めるなど，国境を越える在宅勤務の場合，どちらの国の法規が適用されるのか問題となるが，平成18年に制定された法適用通則法7条では「法律行為の成立及び効力は，当事者が当該法律行為の当時に選択した地の法による」として，当事者の準拠法（その契約上の権利義務について適用される法律）選択の自由を原則として維持しつつ，労働契約の最密接関係地法（とりわけ労務提供地法）に重要な地位が与えられた[50]。

また，契約当事者による準拠法の選択がなかった場合には，同法8条1項で「法律行為の成立及び効力は，当該法律行為の当時において当該法律行為に最も密接な関係がある地の法による」と規定されており，最密接関係地法が準拠法となる。

ただし，労働契約については，同法12条1項で「労働契約の成立及び効力について第7条又は第9条の規定による選択又は変更により適用すべき法が当該労働契約に最も密接な関係がある地の法以外の法である場合であっても，労働者が当該労働契約に最も密接な関係がある地の法中の特定の強行規定を適用すべき旨の意思を使用者に対し表示したときは，当該労働契約の成立及び効力に関しその強行規定の定める事項については，その強行規定をも適用する」として，特約を設けている。

ケイ・エル・エム・ローヤルダッチエアーラインズ（雇止め）事件[51]は，オ

---

50 水町勇一郎『詳解 労働法』1383頁（東京大学出版会，第3版，2023）。
51 東京地判令5・3・27労判1287号17頁。

ランダの航空会社と日本人の客室乗務員が日本法を準拠法として，有期契約（5年上限）を締結していた事案で，「労務提供地」については，オランダ国籍の飛行機の中で役務を提供しており特定できないとした上で，「雇入れ事業所所在地」については，人事に関する様々な判断（採用計画立案，採用の決定，フライトスケジュールの決定，業務上の指示，人事考課，労使交渉など）をオランダの本社が行っている点や，入社後すぐに9週間オランダで研修を受けること等の事情から，「雇入れ事業所所在地」をオランダと認定し，法適用通則法12条1項により，雇用契約の無期転換について原告労働者らが指定した強行規定であるオランダ法が適用されるとして，日本法より有利なオランダ法（通算期間36カ月で無期転換を認める規定）の適用により原告労働者らの無期転換を認めると判断している。

　また，同条2項には，「当該労働契約において労務を提供すべき地の法（その労務を提供すべき地を特定することができない場合にあっては，当該労働者を雇い入れた事業所の所在地の法。）を当該労働契約に最も密接な関係がある地の法と推定する」とあるが，労務を提供すべき地の法（労務提供地法）とは，労働契約に基づいて実際に労務を提供すべき地の法を意味し，労働契約上労務提供地が変更された場合（例えば海外転勤の場合）には，変更後の労務提供地が最密接関係地法と推定されることになる[52]。

　したがって，C社の事例における三郎の労務提供地はフランスであり，フランス法が最密接関係地法と推定されることになるため，三郎が当該労働契約にフランスの労働法典を適用すべき旨の意思をC社に対し表示したときは，フランス法では，法定労働時間は週35時間と定められており（労働法典L.3121-27条），使用者は，超過勤務手当の支払い等と引き換えに，法定労働時間を超えて労働させることができるとされている[53]ことから，週5時間分の超過勤務手当を支払わなければならないおそれがある。

　なお，日本の国内企業から指揮命令を受けている限り，労災保険および雇用

---

[52]　櫻田嘉章＝道垣内正人編『注釈国際私法　第1巻－第1部法の適用に関する通則法　1条～23条』288頁（有斐閣，2011）〔高杉直〕。

[53]　「諸外国における雇用型テレワークに関する法制度等の調査研究」労働政策研究報告219号51頁。

保険は引き続き加入することになるが，健康保険および厚生年金保険については，日本国内企業から報酬が支払われているとみなされる場合，引き続き適用されることになる。また介護保険については，出国時に住民票を除票し，除外手続きを行うことで適用除外となる。

(6) 専門業務型・企画業務型裁量労働制

事例 16

専門業務型・企画業務型裁量労働制

＜A社＞
　A社では，プログラムの設計または作成を行うプログラマーに対して，専門業務型裁量労働制を適用している。したがって，1日2時間しか働かなくても，また，8時間を超えて労働しても1日8時間働いたものとみなされ，欠勤しない限り，給料の減額はないが，残業手当等も支給されていない。同部門でプログラムの設計業務に従事する太郎（時給換算1,500円）は毎日2時間程度，8時間を超えて働いていたが，みなし労働時間制とのことで過去3年間，残業手当を支給されたことはない。

＜A社の調査結果＞
　太郎が従事するプログラムの設計業務については，専門業務型裁量労働制の対象業務に指定されていない。したがって，みなし労働時間制を適用することができず，太郎に対して，過去3年分の未払い残業手当として，2,925,000円（＝1,500円×1.25×2時間×260日×3年）の偶発債務を指摘した。

＜B社＞
　B社では，インテリアコーディネーターに従事する労働者に対して，専門業務型裁量労働制を適用している。同部門でインテリアコーディネーターの業務に従事する次郎（時給換算3,000円）は，毎日1時間程度，所定労働時間の8時間を超えて働いていたが，みなし労働とのことで過去3年間，残業手当を支給されたことはない。

第3章　偶発債務の調査項目　　**199**

また，専門業務型裁量労働制を採用するための労使協定当事者である過半数代表者については，会社が指名した総務部長が選出されていた。

＜Ｂ社の調査結果＞

専門業務型裁量労働制を採用するためには，適法な手続きが要件であるが，Ｂ社においては，従業員の過半数の意思に基づいて労働者代表が適法に選出されていないことから，当該労使協定は無効となり，専門業務型裁量労働制の効力が生じないことになる[54]。

したがって，みなし労働制を適用することができず，次郎に対して，過去3年分の未払い残業手当として，2,925,000円（＝3,000円×1.25×1時間×260日×3年）の偶発債務を指摘した。

＜Ｃ社＞

Ｃ社では，土曜日と日曜日を休日とする「週休2日制」で日曜日を法定休日と定めていた。企画業務型裁量労働制の対象者である三郎（時給換算3,000円）に土曜日の休日に出勤を命じ，当該所定休日労働の実労働時間2時間分に対して，1.25を乗じて割増賃金を支払っていた。なお，Ｃ社の裁量労働のみなし労働時間は1日8時間であった。

＜Ｃ社の調査結果＞

労使協定では，裁量労働に該当する業務について，その業務の遂行に必要とされる時間を定めるが，協定に際しては1日当たりの時間数を定めることになる（昭63・3・14基発150号）。また，当該事業場における裁量労働に該当する業務がいくつかに類型化され，それぞれごとにその遂行に必要とされる時間が異なる場合には，労使協定でそれぞれごとに時間数を定めることになる[55]。Ｃ社の裁量労働の労使協定では，1日8時間とする旨の定めしかないため，土曜日の就労についても，8時間とみなすことになる[56]。

したがって，8時間から2時間を控除した6時間分について，未払い残業手当として，22,500円（＝3,000円×1.25×6時間）の偶発債務を指摘した。

＜Ｄ社＞

証券会社であるＤ社では，M&Aアドバイザリー業務[57]に従事する労働者に対

54　「乙山彩色工房事件」京都地判平29・4・27労判1168号80頁では，従業員代表者の適格性の問題により協定の有効性の問題として判断している。

55　厚生労働省労働基準局編・前掲注㉜586頁。

56　安西・前掲注⑷524頁。

して専門業務型裁量労働制を適用している。同部門でM&Aアドバイザリーの業務に従事する四郎（時給換算4,000円）は，毎日１時間程度，所定労働時間８時間を超えて働いていたが，みなし労働とのことで過去３年間，残業手当を支給されたことはない。

なお，四郎の業務を細分化すると，調査や分析業務であり，考案および助言業務には携わっていなかった。

＜D社の調査結果＞

専門業務型裁量労働制において，令和６年４月１日から追加された「銀行又は証券会社におけるM&Aアドバイザリー業務」については，「調査又は分析」及びこれに基づく「考案及び助言」について１人の労働者がその両方を行っている場合に限り，対象業務に該当するものであり，１人の労働者が一方の「調査又は分析」業務のみを行う場合は対象業務には該当しない。

したがって，みなし労働制を適用することができず，四郎に対して，令和６年４月１日から現時点までの未払い残業手当として，日額5,000円（＝4,000円×1.25×１時間）が偶発債務として評価される旨指摘した。

解 説 ....

労基法は，実労働時間による労働時間算定の例外として，実際に何時間労働したかにかかわらず，一定時間労働したものとみなす制度を設けている。この労働時間のみなし制度には，「事業場外労働のみなし制」と「裁量労働のみなし制」がある。

裁量労働のみなし制とは，一定の専門的・裁量的業務に従事する労働者について事業場の労使協定において実際の労働時間数にかかわらず一定の労働時間数だけ労働したものとみなす制度[58]であり，専門業務型裁量労働制と企画業務型裁量労働制がある。

裁量労働制や事業場外労働のみなし制等を対象となる労働者に適用するにあたり，契約上の根拠が必要であることから，就業規則や労働契約書に規定してあることが前提となる。

57　銀行および証券会社のM&Aアドバイザリー業務は対象業務となるが，M&A仲介会社におけるM&Aアドバイザリー業務は対象業務とされていない。

58　菅野＝山川・前掲注⒂475頁。

第3章　偶発債務の調査項目　　201

　令和6年4月1日から，裁量労働制について，「労働基準法施行規則及び労働時間等の設定の改善に関する特別措置法施行規則の一部を改正する省令」（令和5年厚生労働省令39号）及び「労働基準法第38条の4第1項の規定により同項第1号の業務に従事する労働者の適正な労働条件の確保を図るための指針及び労働基準法施行規則第24条の2の2第2項第6号の規定に基づき厚生労働大臣の指定する業務の一部を改正する告示」（令和5年厚生労働省告示115号）が施行・適用されており，これらの改定事項を反映させて手続きを行わなければならない。

　なお，労務DDの場面では，裁量労働のみなし制を採用しているとはいえ，労使協定を締結しておらず，また，管轄の労基署へ労使協定等の届出をしていなかったり，事例のように運用面で不備があったりした場合には，裁量労働のみなし制の効果は認められず，原則の労働時間制が適用されることになる。その結果，過去3年間において法定労働時間を超えて時間外労働をしているにもかかわらず，当該時間外労働に対して割増賃金が支払われていなければ，偶発債務として評価する。

①　専門業務型裁量労働制

　専門業務型裁量労働制とは，労基法38条の3第1項で使用者が，当該事業場に，労働者の過半数で組織する労働組合があるときはその労働組合，労働者の過半数で組織する労働組合がないときは労働者の過半数を代表する者との書面による協定により，次に掲げる事項を定めた場合において，労働者を対象となる業務に就かせたときは，当該労働者は，厚生労働省令で定めるところにより，対象業務に従事する労働時間として算定される時間労働したものとみなすと定められたものであり，労使協定の締結および所轄労基署長へ届け出ることを導入要件とする。専門業務型裁量労働制の対象となる業務は，「業務の性質上その遂行の方法を大幅に当該業務に従事する労働者の裁量に委ねる必要があるため，当該業務の遂行の手段及び時間配分の決定等に関し使用者が具体的な指示をすることが困難なものとして厚生労働省令で定める業務」同項1号であり，省令で次の業務が列挙されている（労基法施行規則24条の2の2第2項）。

一	新商品若しくは新技術の研究開発業務，人文・自然科学の研究の業務
二	情報処理システムの分析又は設計の業務
三	新聞・出版の記事の取材・編集の業務，放送番組制作のための取材・編集の業務
四	衣服，室内装飾，工業製品，広告等の新たなデザインの考案の業務
五	放送番組，映画等の制作の事業におけるプロデューサー又はディレクターの業務
六	その他，厚生労働大臣の指定する業務[59]

　省令で列挙されていない業務については，専門業務型裁量労働制の対象の業務ではないので，そのような業務に従事する者が法定労働時間を超えて労働した場合，使用者には時間外労働の割増賃金を支払う義務が生じる。

　例えば，情報システム（電子計算機を使用して行う情報処理を目的として複数の要素が組み合わさった体系であってプログラムの設計の基本となるものをいう）の分析または設計の業務については，対象業務に指定されているが，ここでいう「情報システム」とは，情報の整理，加工，蓄積，検索等の処理を目的として，コンピューターのハードウェア，ソフトウェア，通信ネットワーク，データを処理するプログラム等が構成要素として組み合わされた体系をいい，「情報システムの分析または設計の業務」とは，(i)ニーズの把握，ユーザーの業務分析等に基づいた最適な業務処理方法の決定およびその方法に適合する機種の選定，(ii)入出力設計，処理手順の設計等アプリケーション・システムの設計，機械構成の細部の決定，ソフトウェアの決定等，(iii)システム稼働後のシステムの評価，問題点の発見，その解決のための改善等の業務をいうものである[60]。したがって，事例のようにプログラムの設計または作成を行うプログラマーは対象業務に含まれないので，時間外労働に対する未払い賃金が生じることになる。

　また，専門業務型裁量労働制をめぐる主な裁判例は以下のとおりである。裁

59　コピーライター，システムコンサルタント，インテリアコーディネーター，ゲーム用ソフトウェア開発，証券アナリスト，金融商品開発，大学教授，公認会計士，弁護士，建築士，不動産鑑定士，弁理士，税理士，中小企業診断士に，令和6年4月1日から，銀行又は証券会社におけるM&Aアドバイザリー業務が追加され，あわせて15業務が指定されている。

60　安西・前掲注(4)565頁。

判では，手続きの可否や対象となる範囲の該当性が考慮要素となる（**図表３－1**）。

図表３－1 専門業務型裁量労働制に関する主な裁判例

事件名	判断項目	考慮要素
シーエーアイ事件 東京地判 平12・2・8 労判787号	専門業務型裁量労働制の適用の可否	① 専門業務型裁量労働制を採用するには，労使協定の締結や労基署への届出が必要 ② 同社は上記①の適正手続きを怠った
ドワンゴ事件 京都地判 平18・5・29 労判920号57頁	適用事業場単位の範囲	① 本件裁量労働協定は本社の労働者の過半数の代表者と締結され，その届出も本社に対応する労働基準監督署に届けられたもの ② 大阪開発部を単位として専門型裁量労働制に関して協定された労働協定はなく，また，同開発部を管轄する労働基準監督署に同協定が届け出られたこともない ③ 本件裁量労働協定は大阪開発部においては効力を有しないとするのが相当
エーディーディー事件 京都地判 平23・10・31 労判1041号49頁	限定対象業務の該当性	① 「情報システムの分析又は設計」業務 ② プログラミングについてはその性質上裁量性の高い業務ではない ③ 対象業務に該当しない
レガシィ事件 東京地判 平27・3・27 労判1086号5頁	限定対象業務の該当性	① 「税理士の業務」は，税理士法３条所定の税理士となる資格を有し，同法18条所定の税理士名簿への登録を受けた者自身を主体とする業務をいうと解するのが相当 ② 確定申告に関する業務や土地等の簡易評価の資料作成業務などを行っていた補助スタッフは税理士となる資格を有さず，税理士名簿への登録もうけていなかった ③ 上記②の業務は裁量労働制の対象となる「税理士の業務」ということはできない
乙山彩色工房事件 京都地判 平29・4・27 労判1168号80頁	専門業務型裁量労働制の適用の可否 （この裁判例は従業員代表者の適格性の問題により協定の有効性の問題として判断している）	① 専門業務型裁量労働制を採用するためには，過半数労働組合または過半数代表者との書面による協定を要する ② 当該事業所に属する従業員の過半数の意思に基づいて労働者代表が適法に選出されたことをうかがわせる事情は何ら認められない

出所：野中健次編『IPOの労務監査標準手順書』192頁（日本法令，2022）に一部を追加したもの。

204

　以上の裁判例から考慮要素を抽出し，さらに，令和6年4月1日以降追加された項目を反映した労使協定で定めなければならない事項（**図表3－2**）が記載されているか確認するとともに，専門業務型裁量労働制の判断基準（**図表3－3**）をもって偶発債務の有無を判定するものとする。

図表3－2　労使協定で定めなければならない事項

No.	労使協定で定めなければならない事項
1	制度の対象とする業務（省令・告示により定められた20業務） （労基法38条の3第1項1号）
2	1日の労働時間としてみなす時間（みなし労働時間） （労基法38条の3第1項2号）
3	対象業務の遂行の手段や時間配分の決定等に関し，使用者が適用労働者に具体的な指示をしないこと （労基法38条の3第1項3号）
4	適用労働者の労働時間の状況に応じて実施する健康・福祉確保措置の具体的内容（労基法38条の3第1項4号）
5	適用労働者からの苦情処理のために実施する措置の具体的内容 （労基法38条の3第1項5号）
6	制度の適用にあたって労働者本人の同意を得なければならないこと （労基法38条の3第1項6号，労基則24条の2の2第3項1号）
7	制度の適用に労働者が同意をしなかった場合に不利益な取扱いをしてはならないこと （労基法38条の3第1項6号，労基則24条の2の2第3項1号）
8	制度の適用に関する同意の撤回の手続き （労基法38条の3第1項6号，労基則24条の2の2第3項2号）
9	労使協定の有効期間（※3年以内とすることが望ましい） （労基法38条の3第1項6号，労基則24条の2の2第3項3号）
10	労働時間の状況，健康・福祉確保措置の実施状況，苦情処理措置の実施状況，同意および同意の撤回の労働者ごとの記録を労使協定の有効期間中およびその期間満了後3年間保存すること （労基法38条の3第1項6号，労基則24条の2の2第3項4号および71条）

図表3－3　専門業務型裁量労働制の判断基準

①　（実質要件）省令や告示で定められた20業務のうちいずれかに該当する 　　□　対象とならない業務を適用範囲としていない

第3章　偶発債務の調査項目　　205

② （手続要件）労使協定に関するすべての事項が締結されている
  □　対象となる業務および労働者の範囲等を明確にしている
  □　対象労働者に対して個別同意を得ている

③ （手続的要件）労使協定を労働基準監督署に届け出，かつ，周知している
  □　対象とする事業場を所轄労働基準監督署に届け出ている
  □　当該協定書を周知している
  □　同意をしなかった労働者に対して解雇その他不利益な取扱いをしていない

④ （実務運用）労使協定書の届出完了後の実務
  □　対象業務の遂行の手段および時間配分の決定に関し具体的な指示をしていない
  □　いかなる時間帯にどの程度の時間在社し，労務を提供しうる状態にあったか等を明らかにしうる出退勤時刻または入退室時刻の記録等による労働時間の状況の把握方法を実施している
  □　労使協定に定めた健康および福祉に関する具体的な対応をしている
  □　労使協定に定めた苦情処理処置を行っている

⑤ （書類保管）法定保存期間の遵守
  □　労働者の労働時間の状況並びに当該労働者の健康および福祉を確保するための措置として講じた措置および労働者からの苦情の処理に関する措置として講じた措置について，協定有効期間およびその後5年間保存している

②　企画業務型裁量労働制

企画業務型裁量労働制とは，労基法38条の4第1項で「賃金，労働時間その他の当該事業場における労働条件に関する事項を調査審議し，事業主に対し当該事項について意見を述べることを目的とする委員会（使用者及び当該事業場の労働者を代表する者を構成員とするものに限る。）が設置された事業場において，当該委員会がその委員の5分の4以上の多数による議決により次に掲げる事項に関する決議をし，かつ，使用者が，厚生労働省令で定めるところにより当該決議を行政官庁に届け出た場合において，第2号に掲げる労働者の範囲に属する労働者を当該事業場における…第1号に掲げる業務に就かせたときは，

当該労働者は，厚生労働省令で定めるところにより，第３号に掲げる時間労働したものとみなす」と定められたものであり，労使委員会の決議および所轄労基署長へ届け出ることを導入要件とする。この「労使委員会」の委員は，任期を定めて指名されなければならず（同条２項１号），同法41条２号の管理監督者は労働者側の代表委員にはなれない（労基法施行規則24条の２の４第１項）。委員会の議事については，議事録を作成し３年間保存しなければならず（労基法38条の４第２項２号，労基法施行規則24条の２の４第２項），また，労働者に周知しなければならない（労基法38条の４第２項２号，106条）。

対象となる業務は「事業の運営に関する事項についての企画，立案，調査及び分析の業務であつて，当該業務の性質上これを適切に遂行するにはその遂行の方法を大幅に労働者の裁量に委ねる必要があるため，当該業務の遂行の手段及び時間配分の決定等に関し使用者が具体的な指示をしないこととする業務」（労基法38条の４第１項１号）であり，かつ，「対象業務を適切に遂行するための知識，経験等を有する労働者[61]」（労基法38条の４第１項２号）が就く場合で，個別同意を得た労働者にのみ適用することができる。すなわち，企画し，立案し，調査し，分析する業務に従事し，かつ，一定の経験を有する労働者しか対象とすることができないので，新卒で経験のない労働者から同意を取り付けたとしても，当該制度の対象とすることはできない。

具体的には，以下の対象業務に関する企画，立案，調査及び分析の業務に該当することを要すると解される（**図表３－４**）。

図表３－４ **企画業務型裁量労働制の対象業務例**

業務部署	対象業務
経営企画	経営方針，経営計画，経営内容，経営環境，海外戦略等
総務・管理	社内組織，再編・統合，ガバナンス，株主，子会社等
法務政策	コンプライアンス，合併，M&A等，知財，法務対策等
人事労務	社内組織，賃金対策，人事評価，人事労務対策，リストラ等
研修・保健	研修計画，研修制度，健康管理，セクハラ対策，社内年金等
財務・経理	財務計画，財政状態，資金，財務政策，税務対策，投資計画等

61　指針では３年ないし５年程度の職務経験を判断の留意事項としている。

営業・企画	営業方針，営業計画，営業活動，営業成績評価等
広報・宣伝	広報活動，マーケティング，広告宣伝，IR・各種イベント等
生産・企画	生産方針，生産計画，生産管理，原材料・燃料，工場用地計画，アウトソーシング，ISO取得等
工務・安全	生産設計，機材装置，工場管理，安全管理，安全教育等
研究開発	研究開発計画，製品・新素材等開発，大学研究機関との提携，研究管理等

出所：菅野和夫ほか『論点体系判例労働法2　賃金・労働時間・休暇』202頁（第一法規，2014）。

　そして，令和6年4月1日以降追加された項目を反映した労使委員会で決議しなければならない事項（**図表3－5**）が決議されていることを確認するとともに，企画業務型裁量労働性の判断基準（**図表3－6**）をもって偶発債務の有無を判定するものとする。

図表3－5　労使委員会で決議しなければならない事項

No.	労使委員会で決議しなければならない事項
1	制度の対象とする業務 （労基法38条の4第1項1号）
2	対象労働者の範囲 （労基法38条の4第1項2号）
3	1日の労働時間としてみなす時間（みなし労働時間） （労基法38条の4第1項3号）
4	対象労働者の労働時間の状況に応じて実施する健康・福祉確保措置の具体的内容 （労基法38条の4第1項4号）
5	対象労働者からの苦情処理のために実施する措置の具体的内容 （労基法38条の4第1項5号）
6	制度の適用にあたって労働者本人の同意を得なければならないこと （労基法38条の4第1項6号）
7	制度の適用に労働者が同意をしなかった場合に不利益な取扱いをしてはならないこと （労基法38条の4第1項6号）
8	制度の適用に関する同意の撤回の手続き （労基法38条の4第1項7号，労基則24条の2の3第3項1号）

9	対象労働者に適用される賃金・評価制度を変更する場合に，労使委員会に変更内容の説明を行うこと （労基法38条の４第１項７号，労基則24条の２の３第３項２号）
10	労使委員会の決議の有効期間（※３年以内とすることが望ましい） （労基法38条の４第１項７号，労基則24条の２の３第３項３号）
11	労働時間の状況，健康・福祉確保措置の実施状況，苦情処理措置の実施状況，同意および同意の撤回の労働者ごとの記録を決議の有効期間中およびその期間満了後３年間保存すること （労基法38条の４第１項７号，労基則24条の２の３第３項４号および71条）

図表３－６ 企画業務型裁量労働制の判断基準

① （実体的要件）対象業務に該当している
  □ 「事業運営に関する事項についての企画，立案，調査及び分析の業務」とならない業務を適用範囲としていない
  □ 対象労働者は３年から５年程度の職務経験を有している
  □ 対象労働者に対して個別同意を得ている

② （手続的要件）労使委員会の設置が適正に行われている
  □ 過半数組合または労働者代表が労働者側委員を指名している
  □ 労基法41条２号の監督若しくは管理の地位にある者を選任していない[62]
  □ 労働者側委員１名，使用者側委員１名の２名委員会としていない[63]

③ （手続的要件）労使委員会の決議（同委員の５分の４以上）事項に関するすべての事項が決議されている
  □ 同意をしなかった労働者に対し解雇その他不利益取扱いをしていない

④ （手続的要件）上記③の決議事項を労働基準監督署へ定期報告し，かつ，周知している
  □ 対象とする事業場を所轄労働基準監督署に１年以内ごとに１回（初回は６か月以内に１回），届け出ている
  □ 当該決議事項を周知している

62　労基法施行規則24条の２の４第１項「法第38条の４第２項第１号の規定による指名は，法第41条第２号に規定する監督又は管理の地位にある者以外の者について行わなければならない。」

63　平12・１・１基発１号。

第3章　偶発債務の調査項目　209

⑤　（実務運用）決議事項の届出完了後の実務
- ☐　対象業務の遂行の手段および時間配分の決定に関し具体的な指示をしていない
- ☐　いかなる時間帯にどの程度の時間在社し，労務を提供しうる状態にあったか等を明らかにしうる出退勤時刻または入退室時刻の記録等による労働時間の状況の把握方法を実施している
- ☐　労使委員会の決議事項に定めた健康および福祉に関する具体的な対応をしている
- ☐　労使委員会の決議事項に定めた苦情処理処置を行っている

⑥　（書類保管）法定保存期間の遵守
- ☐　労働者の労働時間の状況並びに当該労働者の健康および福祉を確保するための措置として講じた措置および労働者からの苦情の処理に関する措置として講じた措置について，協定有効期間およびその後5年間保存している

③　事業場外労働のみなし制

　事業場外労働のみなし制とは，労働者が労働時間の全部または一部について事業場外で業務に従事した場合において，労働時間を算定し難いときは，「所定労働時間」だけ労働したものとみなす制度である。ただし，当該業務を遂行するためには通常所定労働時間を超えて労働することが必要となる場合においては，当該業務に関しては，厚生労働省令で定めるところ[64]により，当該業務の遂行に「通常必要とされる時間」労働したものとみなす（労基法38条の2第1項）。

　また，当該業務に関し，当該事業場に，労働者の過半数で組織する労働組合があるときはその労働組合，労働者の過半数で組織する労働組合がないときは労働者の過半数を代表する者との書面による協定があるときには，その協定で定める時間が当該業務の遂行に「通常必要とされる時間」とされ（同条2項），

64　「厚生労働省令で定めるところ」とは，厚生労働省労働基準局編・前掲注32581頁によると，事業場外労働に係るみなし労働時間制については，法第4章の労働時間に関する規定の適用に係る労働時間の算定について適用されるものであり，第6章の年少者および第6章の2の妊産婦については適用されず，また，みなし労働時間制に関する規定が適用される場合であっても，休憩，深夜業，休日に関する規定の適用は排除されないとしている（昭63・1・1基発1号，婦発1号）。

当該労使協定を管轄の労基署へ届け出なければならないとしている（同条3項）。

整理すると，事業場外の労働時間については以下のとおりとなる（**図表3－7**）。

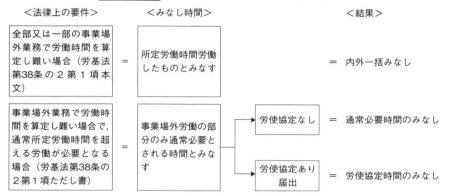

出所：菅野和夫ほか編集『論点体系判例労働法2　賃金・労働時間・休暇』208頁（第一法規，2014）。

なお，1日の労働時間に外勤と内勤がある場合，みなし労働時間が，「所定労働時間」，あるいは「通常必要時間」，「労使協定時間」によって取扱いが以下のように異なる。

【所定労働時間】
　所定労働時間とみなした時間が8時間の場合，内勤と外勤の全体時間を<u>一体</u>として所定労働時間とみなす。
　　事業所内勤務　＋　事業場外勤務　＝　8時間とみなす

【通常必要時間・労使協定時間】
　通常必要時間（または，労使協定時間）が9時間の場合，直行型の外勤を行い，その後，内勤2時間の就労があり，一部外勤の場合には，内勤時間に通常必要とされる時間を<u>加算</u>する。
　　事業所内勤務（2時間）＋　事業場外勤務（9時間）＝　11時間労働

本制度は，取材記者，外勤営業社員などの常態としての事業場外労働や出張

などの臨時的事業場外労働によって労働時間の算定が困難となる場合については，古くから省令（改正前の労基則22条）で規定されていたものを，労基法の1987年改正の際に本則の中に整備したものである[65]。本制度も他のみなし制度と同様に，事業場外労働みなし制度が無効である場合には，実働時間に沿った未払い残業代を支払うことになる。

　また，労基法は，事業場外労働の性質に鑑みて，みなし制度によって，使用者が労働時間を把握・算定する義務を一部免除したものに過ぎず[66]，使用者による労働時間の把握が困難であり，実労働時間の算定が困難な場合に対処するために，実際の労働時間にできるだけ近づけた便宜的な労働時間の算定方法を定めるものであり，その限りで使用者に課せられている労働時間の把握・算定義務を免除するものと解されている[67]。

　ところで，行政解釈では，「使用者の具体的な指揮監督が及んでいる場合」については，労働時間の算定が可能であるので，みなし労働時間制の適用はないものであることとして，①何人かのグループで事業場外労働に従事する場合で，そのメンバーの中に労働時間の管理をする者がいる場合，②事業場外で労務に従事するが，無線やポケットベル等によって随時使用者の指示を受けながら労働している場合，③事業場において，訪問先，帰社時刻等当日の業務の具体的指示を受けた後，事業場外で指示どおりに業務に従事し，その後事業場に戻る場合には，労働時間の算定がし難いときには該当しないとしている（昭63・1・1基発1号）。

　一方，リーディングケースである阪急トラベルサポート事件で最高裁[68]は，行政解釈の「使用者の具体的な指揮監督が及んでいるか」という観点ではなく，「使用者が労働者の勤務の状況を具体的に把握することが困難か否か」という基準を示し，判断要素として，①業務の性質，内容やその遂行の態様，②業務に関する指示および報告の方法，内容やその実施の態様，状況等をあげた。そして，当該事案では，「添乗員に対し，①あらかじめ定められた旅行日程に

65　菅野＝山川・前掲注(15)472頁。
66　「レイズ事件」東京地判平22・10・27労判1021号39頁。
67　「阪急トラベルサポート事件」東京高判平24・3・7労判1048号6頁。
68　最二小判平26・1・24労判1194号13頁。

沿った旅程の管理等の業務を行うべきことを具体的に指示し，②予定された旅行日程に途中で相応の変更を要する事態が生じた場合にはその時点で個別の指示を受けるなど，③旅行日程の終了後は内容の正確性を確認し得る添乗日報によって業務の遂行の状況等につき詳細な報告をすることから，労働時間を算定がし難い場合に当たるとはいえない」と判示している。

さらに，令和6年4月16日に出された最高裁第三小法廷判決（協同組合グローブ事件）では，原審（福岡高裁判決）の「Xの業務の性質，内容等からみると，Y組合がXの労働時間を把握することは容易でなかったものの，Y組合は，Xが作成する業務日報を通じ，業務の遂行の状況等につき報告を受けており，その記載内容については，必要であればY組合から実習実施者等に確認することもできたため，ある程度の正確性が担保されていたといえる。現にY組合自身，業務日報に基づきXの時間外労働の時間を算定して残業手当を支払う場合もあったものであり，業務日報の正確性を前提としていたものといえる。以上を総合すると，本件業務については，本件規定にいう労働時間を算定し難いときに当たるとはいえない」と示したことについて，「原審は，業務日報の正確性の担保に関する具体的な事情を十分に検討していない」として，差し戻している。今回の最高裁判決によって，単に労働者が業務日報を作成しているというだけで事業場外労働が否定されるわけではないこと，そして，正確性が担保されているか否かはその手段の現実的な可能性や実効性等を含めて判断されることが明らかになった。

以上から，事業場外労働のみなし労働時間制の有効性にかかる判断基準（**図表3－8**）を整理し，本書では当該基準をもって偶発債務の有無を判定するものとする。

図表3－8 事業場外労働のみなし労働時間制の偶発債務の有無

---

① 根拠規定
　　□ 就業規則あるいは労働契約書に事業場外労働のみなし制の記載がない

② 労働時間を算定し難い場合
【行政解釈】（指揮監督が及ばない）

第3章　偶発債務の調査項目　213

　　　□　何人かのグループで事業場外労働に従事する場合で，そのメンバーの
　　　　　中に労働時間の管理をする者がいる場合
　　　□　事業場外で労務に従事するが，無線やポケットベル等によって随時使
　　　　　用者の指示を受けながら労働している場合
　　　□　事業場において，訪問先，帰社時刻等当日の業務の具体的指示を受け
　　　　　た後，事業場外で指示どおりに業務に従事し，その後事業場に戻る場合
【裁判例】（勤務の状況を具体的に把握することが困難）
　　　□　出退勤の管理が困難ではない場合
　　　□　業務日報から把握が困難ではない場合
　　　□　あらかじめ定められたスケジュールで具体的な指示がある場合
　　　□　あらかじめ定められたスケジュールの変更を要する事態が生じた際，
　　　　　その時点で個別の指示を受ける場合
　　　□　あらかじめ定められたスケジュールの終了後は詳細な報告をする場合

③　労使協定が締結されている場合
　　　□　過半数代表者の選出に不備
　　　□　対象となる労働者の範囲が適切でない
　　　□　有効期間が切れている
　　　□　労使協定書を所轄労働基準監督署に届け出ていない
　　　□　労働者に周知していない

④　割増賃金の支払いの妥当性
　　　□　内勤と外勤の労働時間が法定の労働時間を超え，超えた部分の割増賃
　　　　　金が支払われていない場合
　　　□　使用者が当該労働者は実労働時間を証拠としてあげて反証し，その分
　　　　　の賃金カットをしたり，あるいは後になって過払いであるとしてその
　　　　　返還を求めたりしている

④　高度プロフェッショナル制度とは

　高度プロフェッショナル制度は，高度の専門的知識等を有し，職務の範囲が
明確で一定の年収要件（1,075万円以上[69]）を満たす労働者を対象として，労使
委員会の決議および労働者本人の同意を前提に，年間104日以上の休日確保措
置や健康管理時間の状況に応じた健康・福祉確保措置等を講ずることにより，

69　使用者から支払われると見込まれる年間賃金額が基準年間平均給与額の3倍を相当程度
　　上回る水準として厚生労働省令で定める額（労基則34条の2第6項）。

労基法に定められた労働時間，休憩，休日および<u>深夜の割増賃金</u>に関する規定を適用しないという，2018年の働き方改革関連法によって導入された新しいタイプの適用除外者（労基法41条の２）である。

なお，対象業務については，「労働基準法第41条の２第１項の規定により同項第１号の業務に従事する労働者の適正な労働条件の確保を図るための指針」で次の(イ)および(ロ)に掲げる要件のいずれにも該当するものであるとされ，仮に，(イ)および(ロ)の全部または一部に該当しない業務を労使委員会において対象業務として決議したとしても，当該業務に従事する労働者に関し，高度プロフェッショナル制度の効果は生じない。

(イ)　**当該業務に従事する時間に関し使用者から具体的な指示を受けて行うものでないこと。**

　労働基準法施行規則（昭和22年厚生省令第23号。以下「則」という。）第34条の２第３項に規定する「当該業務に従事する時間に関し使用者から具体的な指示（業務量に比して著しく短い期限の設定その他の実質的に当該業務に従事する時間に関する指示と認められるものを含む。）を受けて行うものを除く」の「具体的な指示」とは，対象労働者から対象業務に従事する時間に関する裁量を失わせるような指示をいい，対象業務は働く時間帯の選択や時間配分について自らが決定できる広範な裁量が対象労働者に認められている業務でなければならない。また，実質的に業務に従事する時間に関する指示と認められる指示についても，「具体的な指示」に含まれるものである。

　ここでいう「具体的な指示」として，次のようなものが考えられる。
①　出勤時間の指定等始業・終業時間や深夜・休日労働等労働時間に関する業務命令や指示
②　対象労働者の働く時間帯の選択や時間配分に関する裁量を失わせるような成果・業務量の要求や納期・期限の設定
③　特定の日時を指定して会議に出席することを一方的に義務付けること。
④　作業工程，作業手順等の日々のスケジュールに関する指示

(ロ)　**則第34条の２第３項各号に掲げる業務のいずれかに該当するものであること。**
①　金融工学等の知識を用いて行う金融商品の開発の業務
　則第34条の２第３項第１号の「金融工学等の知識を用いて行う金融商品の開発の業務」とは，金融取引のリスクを減らしてより効率的に利益を得るため，金融工学のほか，統計学，数学，経済学等の知識をもって確率モデル等の作成，

更新を行い，これによるシミュレーションの実施，その結果の検証等の技法を駆使した新たな金融商品の開発の業務をいう。

ここでいう「金融商品」とは，金融派生商品（金や原油等の原資産，株式や債券等の原証券の変化に依存してその値が変化する証券）及び同様の手法を用いた預貯金等をいう。

②　資産運用（指図を含む。以下この②において同じ。）の業務又は有価証券の売買その他の取引の業務のうち，投資判断に基づく資産運用の業務，投資判断に基づく資産運用として行う有価証券の売買その他の取引の業務又は投資判断に基づき自己の計算において行う有価証券の売買その他の取引の業務

則第34条の２第３項第２号の「資産運用（指図を含む。以下この号において同じ。）の業務又は有価証券の売買その他の取引の業務のうち，投資判断に基づく資産運用の業務，投資判断に基づく資産運用として行う有価証券の売買その他の取引の業務又は投資判断に基づき自己の計算において行う有価証券の売買その他の取引の業務」とは，金融知識等を活用した自らの投資判断に基づく資産運用の業務又は有価証券の売買その他の取引の業務をいう。

③　有価証券市場における相場等の動向又は有価証券の価値等の分析，評価又はこれに基づく投資に関する助言の業務

則第34条の２第３項第３号の「有価証券市場における相場等の動向又は有価証券の価値等の分析，評価又はこれに基づく投資に関する助言の業務」とは，有価証券等に関する高度の専門知識と分析技術を応用して分析し，当該分析の結果を踏まえて評価を行い，これら自らの分析又は評価結果に基づいて運用担当者等に対し有価証券の投資に関する助言を行う業務をいう。

ここでいう「有価証券市場における相場等の動向」とは，株式相場，債券相場の動向のほかこれらに影響を与える経済等の動向をいい，「有価証券の価値等」とは，有価証券に投資することによって将来得られる利益である値上がり益，利子，配当等の経済的価値及び有価証券の価値の基盤となる企業の事業活動をいう。

④　顧客の事業の運営に関する重要な事項についての調査又は分析及びこれに基づく当該事項に関する考案又は助言の業務

則第34条の２第３項第４号の「顧客の事業の運営に関する重要な事項についての調査又は分析及びこれに基づく当該事項に関する考案又は助言の業務」とは，企業の事業運営についての調査又は分析を行い，企業に対して事業・業務の再編，人事等社内制度の改革など経営戦略に直結する業務改革案等を提案し，その実現に向けてアドバイスや支援をしていく業務をいう。

ここでいう「調査又は分析」とは，顧客の事業の運営に関する重要な事項について行うものであり，顧客から調査又は分析を行うために必要な内部情報の提供を受けた上で，例えば経営状態，経営環境，財務状態，事業運営上の問題点，生産効率，製品や原材料に係る市場の動向等について行う調査又は分析をいう。

⑤　新たな技術，商品又は役務の研究開発の業務

　則第34条の２第３項第５号の「新たな技術，商品又は役務の研究開発の業務」
とは，新たな技術の研究開発，新たな技術を導入して行う管理方法の構築，新
素材や新型モデル・サービスの研究開発等の業務をいい，専門的，科学的な知識，
技術を有する者によって，新たな知見を得ること又は技術的改善を通じて新た
な価値を生み出すことを目的として行われるものをいう。

　なお，厚生労働省によると，全国の労基署が受理した直近の決議届を集計し
て算出した導入企業数は，令和６年３月末時点で30事業場（29社），適用労働
者数は1,340人であった。中小企業で導入しているのは皆無だと思われるが，
高度プロフェッショナル制度の導入に係る要件を整理しておく（**図表３－９**）。

図表３－９　高度プロフェッショナル制度導入の実質要件・手続要件・届出要件

(1)　実質要件	対象業務	イ．労働基準法施行規則第34条の２第３項に定める以下のいずれかの業務に該当すること ・金融商品の開発の業務 ・ファンドマネージャー，トレーダー，ディーラーの業務 ・証券アナリストの業務 ・コンサルタントの業務 ・新たな技術，商品または役務の研究開発の業務
		ロ．業務に従事する時間に関し使用者から具体的な指示を受けて行うものではないこと
	対象労働者の範囲	ハ．使用者との間の合意に基づき職務が明確に定められていること
		ニ．対象労働者の年収（年収1,075万円以上）
	対象労働者の書面による個別同意	
	健康管理時間の把握措置	
	休日の確保（年間104日以上，かつ，４週４日以上）	
	選択的措置（①インターバル確保・深夜制限，②健康管理時間上限措置，③２週間連続休日，④臨時健康診断のうち，いずれかを選択）	
(2)　手続要件	労使委員会の適合要件（設置）	イ．半数以上が労働者側から指名を受けていること
		ロ．議事録の作成・保存，労働者への周知
		ハ．運営規程の制定

	労使委員会の5分の4以上の多数による決議	決議事項	イ．対象業務
			ロ．対象労働者の範囲
			ハ．健康管理時間の把握およびその方法
			ニ．休日の確保（年間104日以上，かつ，4週4日以上）
			ホ．選択的措置（①インターバル確保・深夜制限，②健康管理時間上限措置，③2週間連続休日，④臨時健康診断）
			ヘ．健康および福祉確保措置
			ト．同意撤回に関する手続き
			チ．苦情処理措置
			リ．労働者の同意を要すること，不同意労働者への不利益取扱いの禁止
			ヌ．決議有効期間，委員会開催時期・頻度，医師選任（50人未満），記録保存期間
	保存期間	5年間保存	・本人の同意書 ・合意に基づく職務の内容 ・見込まれる賃金 ・健康管理時間の状況等
(3) 届出要件	届出事項	労基則34条の2第1項	所轄労基署長（様式14号の2）
(4) 報告処理	実施状況報告	労基法41条の2第2項	上記のハ，ニ，ホ，へに関する事項を決議から6ヶ月以内ごとに定期報告

出所：野中健次編『IPOの労務監査標準手続書』211頁（日本法令，2022）に一部を追加したもの。

2　労基法上の管理監督者

　以前は「管理職には残業手当を払わなくてもよい」と誤解している企業も散見されたが，日本マクドナルド「名ばかり管理職」事件[70]を契機に，「労基法上の管理監督者の範囲」は極めて狭く，労基法41条2号の管理監督者に該当しない「名ばかり管理職」には残業手当を支払わなければ相応の労務リスクを負うことが世間に広まったと思われる。

70　東京地判平20・1・28労判953号10頁。

労務DDの局面では，譲渡企業において，管理職の取扱いの調査過程で，労基法上の管理監督者とは認められない者に対して，時間外労働および休日労働に対する割増賃金を支払っていない場合には，偶発債務と評価することになる。

本節では，労基法上の管理監督者の範囲について詳解し，譲渡企業における管理職の労基法上の管理監督者の該当性の基準を行政解釈や裁判例から読み出し，整理する。

なお，厚生労働省は「スタートアップ企業で働く者や新技術・新商品の研究開発に従事する労働者への労働基準法の適用に関する解釈について」（令和6年9月30日基発0930第3号）を発出し，当該労働者の管理監督者の該当性について新しい判断基準を示した。実際の裁判で当該基準を採用するか否か不明だが，今後，注視する必要があろう。

管理監督者

＜A社＞

太郎（時給換算3,000円）は平成20年4月から営業部長に昇進し，部長の職責に対して役職手当（8万円）が支給されていた。1カ月50時間程度は残業していたが，残業手当は営業部長への就任時に労働組合から脱退して以降，支給されていない。部下は30名おり，部下の教育から人事評価については太郎が行っていたが，採用についてはA社の社長が行っていた。取締役が参加し，月1回行われる幹部会議には出席していたが，太郎は専ら営業成績を報告するのみであった。なお，太郎の労働時間はタイムカードで管理され，欠勤した場合には欠勤控除されていた。

＜A社の調査結果＞

労基法上の管理監督者に該当するか否かについては，①経営者と一体的な立場であったか，②労働時間の裁量権は有していたか，③相応の処遇を受けていたかが判断基準になる。

太郎の場合，社員の教育および評価を行っていたが，正社員の採用権はなく，また営業会議には参加するものの実質的に経営に関する意思決定が行われている

ような会議ではなく，かつ発言もしていないので，経営者と一体的な立場であったとはいえない。また，労働時間についても制約があったことから，労基法上の管理監督者には当たらず，時間外労働に対する割増賃金を支払わなければならないものと解する。なお，役職手当は職責に対して支給されていたので，役職手当の8万円について，1カ月所定労働時間の173時間で除した金額を時給換算に加算して計算することになる。したがって，7,790,400円 ｛＝（3,000円＋8万円÷173）×1.25倍×50時間×36カ月｝が偶発債務となる。

＜B社＞

B社は予備校を都内に10店舗経営している。各校の校長（時給換算2,000円）および校長代理（時給換算1,800円）には残業等の見合い分の管理職手当としてそれぞれ月額5万円と3万円を支給している。それぞれの労働時間は本社本部が管理しており，月平均40時間残業している。校長も校長代理も講師として登壇することもあり，教室の掃除や備品の交換業務等も行っていた。なお，B社の労働者数は40名（正社員30名，アルバイト10名）であり，校長代理以上の地位にある正社員は26名（校長10名，校長代理16名）であった。

＜B社の調査結果＞

まず，校長代理以上を労基法上の管理監督者とすると，正社員40名中26名が管理監督者ということになり，6割以上の者が労基法の労働時間・休憩・休日に関する規定の保護を受けられないという社会通念上の相当性を欠く。労働時間について，講義の時間割に合わせて，講師としての業務にも従事することから，自己の自由に決められるわけではなく，相応の処遇を受けていたとはいえず，労基法上の管理監督者としてみなすことはできない。

したがって，校長に従事する者については，1カ月2,000円×1.25倍×40時間で求められる100,000円を時間外割増賃金として支給しなければならないが，ここから残業等に対する手当であった管理職手当の5万円を控除するので，校長1人当たりの1カ月未払い賃金は50,000円になり，これに10名×36カ月を乗じた1,800万円がすべての校長に対する偶発債務となる。同様に校長代理に従事する者については，1カ月1,800円×1.25倍×40時間で求められる90,000円を時間外割増賃金として支給しなければならないが，ここから残業等に対する手当であった管理職手当の3万円を控除するので，校長代理1人当たりの1カ月未払い賃金は60,000円になり，これに16名×36カ月を乗じた34,560,000円がすべての校長代理に対する偶発債務となる。DDレポートにはそれぞれを合計した52,560,000円の偶発債務を報告することとなった。

解　説

(1)　労基法上の管理監督者と労組法上の管理的地位にある労働者

　企業社会において，管理職に昇格すると同時に，労働組合から脱退し，部下に対して指揮命令する立場となり，時間外手当が支払われないこととなるのが慣行的になっている。そのように取り扱われることに対し，労使ともに違和感がなく，むしろ，管理職が残業手当を受け取るほうが不自然と受け止められているきらいがある[71]。この労基法上の管理監督者の範囲と労組法上の監督的地位にある労働者の範囲の差異について検討する。

　労基法上の管理監督者については，「労働時間等に関する規定の適用除外」として，同法41条2号において，「事業の種類にかかわらず監督若しくは管理の地位にある者」と定めている。部下を指導し，業務命令をする権限のある監督職や労働者の昇級昇格，降格，配転などの人事に関する決定をする権限のある管理職で，労基法41条2号に該当する管理監督者に対しては，1日8時間，1週40時間を超えて労働させても，休日，休憩時間を与えなくても労基法に抵触しないことになる。さらに，時間外および休日労働に関する規定の適用がないので，時間外労働および休日労働をさせても，これら割増賃金を支払う必要はない。ただし，深夜の時間帯に労働した場合に対する深夜割増賃金の支払いや，年次有給休暇に関する規定は排除されていない。

　一方，労組法上の監督的地位にある労働者については，同法2条1号で，「役員，雇入解雇昇進又は異動に関して直接の権限を持つ監督的地位にある労働者，使用者の労働関係についての計画と方針とに関する機密の事項に接し，そのためにその職務上の義務と責任とが当該労働組合の組合員としての誠意と責任とに直接にてい触する監督的地位にある労働者」は，使用者の利益を代表する者であり，これらの労働者の参加を許す労働組合は，労組法の労働組合に該当しないとしている。すなわち，労組法上の監督的地位にある労働者とは，労働組合の自主性の確保の観点から非組合員の範囲を定めたものであり，労基法上の管理監督者の労働者保護規定適用外の観点とは明らかに異なるものである。したがって，両者の範囲は必ずしも一致して連動しているわけではなく，

71　安西・前掲注(4)949頁。

それぞれ別個の観点に立って個々の労働者の職務内容により実態的に判断しなければならない[72]。

(2) 管理監督者の行政解釈

そもそも，労基法上において，管理監督者に労働者の保護規定の適用を一部除外しているのはなぜであろうか。業務が天候や気象等の自然的条件の影響を著しく受ける産業である農業や水産業に従事する労働者については，その業務の性格から規制の枠を超えて活動せざるを得ず，法定労働時間および週休制になじまないものとして同法41条の1号で適用を除外している。労基法上の管理監督者もこれと同様に，職務の性質上，早朝であろうが深夜であろうが休日であろうが，必要であればいつでも活動しなければならない立場である。それゆえに賃金等の待遇も優遇される一方，使用者からいちいち労働時間について拘束を受けず，自己の自由な裁量によって出退社が決められることから，労基法上の保護に値せず，労働時間等に関する規定の適用を除外しているものと考えられる。通達では，「監督若しくは管理の地位にある者とは，部長，工場長等の名称にとらわれず，労働条件の決定その他労務管理について経営者と一体的な立場にある者を指し，実態に即して判断すべきものであり，具体的な判断にあたっては，下記の考え方による」としている[73]。

記

(1) 原則

　法に規定する労働時間，休憩，休日等の労働条件は，最低基準を定めたものであるから，この規制の枠を超えて労働させる場合には，法所定の割増賃金を支払うべきことは，すべての労働者に共通する基本原則であり，企業が人事管理上あるいは営業政策上の必要等から任命する職制上の役付者であればすべてが管理監督者として例外的取扱いが認められるものではないこと。

(2) 適用除外の趣旨

　これらの職制上の役付者のうち，労働時間，休憩，休日等に関する規制の枠を超えて活動することが要請されざるを得ない，重要な職務と責任を有し，現

72　昭29・11・24基収5722号。
73　昭29・9・13発基17号，昭63・3・14基発150号。

実の勤務態様も，労働時間等の規制になじまないような立場にある者に限って管理監督者として法41条による適用の除外が認められる趣旨であること。従って，その範囲はその限りに，限定しなければならないものであること。

(3) 実態に基づく判断

一般に，企業においては，職務の内容と権限等に応じた地位（以下「職位」という。）と経験，能力等に基づく格付（以下「資格」という。）とによって人事管理が行われている場合があるが，管理監督者の範囲を決めるにあたっては，かかる資格及び職位の名称にとらわれることなく，職務内容，責任と権限，勤務態様に着目する必要があること。

(4) 待遇に対する留意

管理監督者であるかの判定にあたっては，上記のほか，賃金等の待遇面についても無視しえないものであること。この場合，定期給与である基本給，役付手当等において，その地位にふさわしい待遇がなされているか否か，ボーナス等の一時金の支給率，その算定基礎賃金等についても役付者以外の一般労働者に比し優遇措置が講じられているか否か等について留意する必要があること。なお，一般労働者に比べ優遇措置が講じられているからといって，実態のない役付者が管理監督者に含まれるものではないこと。

(5) スタッフ職の取扱い

法制定当時には，あまり見られなかったいわゆるスタッフ職が，本社の企画，調査等の部門に多く配置されており，これらスタッフの企業内における処遇の程度によっては，管理監督者と同様に取り扱い，法の規制外においても，これらの者の地位からして特に労働者の保護に欠けるおそれがないと考えられ，かつ，法が監督者のほかに，管理者も含めていることに着目して，一定の範囲の者については，同法41条第2号該当者に含めて取り扱うことが妥当であると考えられること。

さらに，日本マクドナルド事件で注目された「名ばかり管理職」問題の社会的な関心の高まりを受け，「多店舗展開する小売業，飲食業等の店舗における管理監督者の範囲の適正化」について，次のとおり通達が発出された[74]。

74　平20・9・9基発0909001号。

第3章　偶発債務の調査項目　223

記

1　「職務内容，責任と権限」についての判断要素

　店舗に所属する労働者に係る採用，解雇，人事考課及び労働時間の管理は，店舗における労務管理に関する重要な職務であることから，これらの「職務内容，責任と権限」については，次のように判断されるものであること。

(1)　採用

　店舗に所属するアルバイト・パート等の採用（人選のみを行う場合も含む。）に関する責任と権限が実質的にない場合には，管理監督者性を否定する重要な要素となる。

(2)　解雇

　店舗に所属するアルバイト・パート等の解雇に関する事項が職務内容に含まれておらず，実質的にもこれに関与しない場合には，管理監督者性を否定する重要な要素となる。

(3)　人事考課

　人事考課（昇給，昇格，賞与等を決定するため労働者の業務遂行能力，業務成績等を評価することをいう。以下同じ。）の制度がある企業において，その対象となっている部下の人事考課に関する事項が職務内容に含まれておらず，実質的にもこれに関与しない場合には，管理監督者性を否定する重要な要素となる。

(4)　労働時間の管理

　店舗における勤務割表の作成又は所定時間外労働の命令を行う責任と権限が実質的にない場合には，管理監督者性を否定する重要な要素となる。

2　「勤務態様」についての判断要素

　管理監督者は「現実の勤務態様も，労働時間の規制になじまないような立場にある者」であることから，「勤務態様」については，遅刻，早退等に関する取扱い，労働時間に関する裁量及び部下の勤務態様との相違により，次のように判断されるものであること。

(1)　遅刻，早退等に関する取扱い

　遅刻，早退等により減給の制裁，人事考課での負の評価など不利益な取扱いがされる場合には，管理監督者性を否定する重要な要素となる。

　ただし，管理監督者であっても過重労働による健康障害防止や深夜業に対する割増賃金の支払の観点から労働時間の把握や管理が行われることから，これ

らの観点から労働時間の把握や管理を受けている場合については管理監督者性を否定する要素とはならない。

(2) 労働時間に関する裁量

営業時間中は店舗に常駐しなければならない，あるいはアルバイト・パート等の人員が不足する場合にそれらの者の業務に自ら従事しなければならないなどにより長時間労働を余儀なくされている場合のように，実際には労働時間に関する裁量がほとんどないと認められる場合には，管理監督者性を否定する補強要素となる。

(3) 部下の勤務態様との相違

管理監督者としての職務も行うが，会社から配布されたマニュアルに従った業務に従事しているなど労働時間の規制を受ける部下と同様の勤務態様が労働時間の大半を占めている場合には，管理監督者性を否定する補強要素となる。

3 「賃金等の待遇」についての判断要素

管理監督者の判断に当たっては「一般労働者に比し優遇措置が講じられている」などの賃金等の待遇面に留意すべきものであるが，「賃金等の待遇」については，基本給，役職手当等の優遇措置，支払われた賃金の総額及び時間単価により，次のように判断されるものであること。

(1) 基本給，役職手当等の優遇措置

基本給，役職手当等の優遇措置が，実際の労働時間数を勘案した場合に，割増賃金の規定が適用除外となることを考慮すると十分でなく，当該労働者の保護に欠けるおそれがあると認められるときは，管理監督者性を否定する補強要素となる。

(2) 支払われた賃金の総額

一年間に支払われた賃金の総額が，勤続年数，業績，専門職種等の特別の事情がないにもかかわらず，他店舗を含めた当該企業の一般労働者の賃金総額と同程度以下である場合には，管理監督者性を否定する補強要素となる。

(3) 時間単価

実態として長時間労働を余儀なくされた結果，時間単価に換算した賃金額において，店舗に所属するアルバイト・パート等の賃金額に満たない場合には，管理監督者性を否定する重要な要素となる。

特に，当該時間単価に換算した賃金額が最低賃金額に満たない場合は，管理監督者性を否定する極めて重要な要素となる。

第3章　偶発債務の調査項目　225

当該通達で示された判断要素は，管理監督者に係る基本的な判断基準[75]において示された職務内容，責任と権限，勤務態様および賃金等の待遇に関する基準の枠内において，いわゆるチェーン展開する店舗における店長等の実態を踏まえ，最近の裁判例も参考にした上で，特徴的に認められる「名ばかり管理職」の管理監督者性を否定する要素を整理したものである。

当該通達で示された否定要素は，すべて管理監督者性を否定する要素であり，これに1つでも該当する場合には，管理監督者に該当しない可能性が大きいと考えられる。一方，こうした否定要素の性格から，「これに該当しない場合は管理監督者性が肯定される」という反対解釈も可能ではあるが，仮に，当該通達で示された否定要素に当てはまらない場合であっても，業務実態を「基本的な判断基準」に照らして総合的に管理監督者性を判断し，その結果，管理監督者性が否定されることは当然ありうる。

また，当該通達では，「重要な要素」と「補強要素」を区分けしているが，その中でも「重要な要素」は，監督指導において把握した実態を踏まえ，これらの事項すら満たされていないのであれば，管理監督者性が否定される可能性が特に大きいと考えられる逸脱事例を強調して示しているのが特徴的である。

(3) 管理監督者をめぐる裁判例

労基法上の管理監督者に該当すると認められた主な裁判例は次のとおりである。

図表3−10 労基法上の管理監督者に該当すると認められた主な裁判例

事件名	年月日	対象者	判　旨
医療法人徳洲会事件	昭和62年3月31日大阪地裁労判497号65頁	人事第二課長	① 労務管理について経営者と一体的な立場であった ② 労働時間が自由であった ③ 相応の責任手当・特別調整手当が支給されていた

75　昭22・9・13発基17号，昭63・3・14基発150号。

日本プレジデントクラブ事件	昭和63年4月27日 東京地裁 労判517号18頁	総務局次長	① 総務全般を管掌していた ② 役職手当等を受けていた ③ 時間外労働手当を支給しない旨の規定があった
姪浜タクシー事件	平成19年4月26日 福岡地裁 労判948号41頁	営業部次長	① 人事権，採用権を有していた ② 労働時間が自由であった ③ 他の従業員と比べ，最高額であった（年収700万円） ④ 経営協議会のメンバーであった
日本ファースト証券事件	平成20年2月8日 大阪地裁 労経速1998号3頁	支店長	① 事業経営上重要な職責にあった ② 人事権・採用権を有していた ③ 労働時間が自由であった ④ 月額25万円の職責手当，賃金月額82万円と高額であった

　労基法上の管理監督者に該当しないと否定された主な裁判例は次のとおりである。

図表3－11 労基法上の管理監督者に該当しないと否定された主な裁判例

事件名	年月日	対象者	判　旨
静岡銀行事件	昭和53年3月28日 静岡地裁 労判297号39頁	支店長代理	① 出退勤に厳格な規制があった ② 人事権がなかった ③ 管理職の割合（一般男子行員が2,746名，うち支店長代理以上が1,090名と40%もいる）が歪であった
サンド事件	昭和58年7月12日 大阪地裁 労判414号63頁	課長	① 役職手当は支給されているが，課長昇進前と職務内容の質・量，給料，勤務時間の取扱いにほとんど差がなかった ② 労働時間に自由裁量権がなかった
ケー・アンド・エル事件	昭和59年5月29日 大阪地裁 労判431号57頁	アート・ディレクター	① 労務管理上の指揮権限を有しておらず，経営者と一体的な立場ではなかった ② 出退勤に厳格な規制があった

第3章 偶発債務の調査項目　**227**

			③　原告が従前得ていた収入を参考として決定されており，管理監督者としての地位にあることに対する給与が支払われていたわけではなかった
レストラン・ビュッフェ事件	昭和61年7月30日大阪地裁労判481号51頁	レストラン店長	①　出退勤の自由がなかった②　仕事の内容がレジ係り，掃除等まで及んでおり，経営者と一体的な立場ではなかった
日本マクドナルド「名ばかり管理職」事件	平成20年1月28日東京地裁労判953号10頁	店長	①　アルバイトの採用権等はあるが，店舗内の権限に限られ，経営者との一体的な立場ではなかった②　形式的には労働時間に裁量権はあるが，実際には自らシフトマネージャーとして勤務せざるを得なかった③　C評価の店長の年額賃金は5,792,000円であり，下位の職位であるファーストアシスタントマネージャーの平均年収より低額であった
三井住友トラスト・アセットマネジメント事件	令和4年3月2日東京高裁労判1294号61頁	投資信託の運用者（スタッフ管理職）	①　業務の閑散期において，比較的自由に時間を使うことが許容されていたこと，遅刻や早退があっても賃金から控除されることもなかったことを踏まえると，労働時間について一定の裁量があったといえる②　年俸は，全社員の上位約6％に入るほどのものであり，待遇面では，一応，管理監督者にふさわしいものであったといえる③　専門的かつ重要な業務ではあるものの，経営上の重要事項に関する業務であるとはいえず，他に人事労務管理業務を行っていたわけでもないため実質的に経営者と一体的な立場にあるといえるだけの重要な職務と責任，権限を付与されていたとはいえない

裁判所は，管理監督者該当性について，労基法41条2号の趣旨を踏まえ，①当該労働者が実質的に経営者と一体的な立場にあるといえるだけの重要な職務と責任，権限を付与されているか，②自己の裁量で労働時間を管理することが許容されているか，③給与等に照らし管理監督者としての地位や職責にふさわしい待遇がなされているかという観点から判断すべきであるとの3つの判断基準を示している。

　経営者と一体的な立場について，「企業の経営者は管理職に企業組織の部分ごとの管理を分担させつつ，それらを連携統合しているのであって，担当する組織部分について経営者の分身として経営者に代わって管理を行う立場にあることが経営者と一体の立場であると考えるべきである」とする学説[76]があるが，三井住友トラスト・アセットマネジメント事件のように，裁判では，「企業全体の運営への関与を要する」ことを重視する傾向が強い[77]。

　また，労基法41条は，労基法の諸規制のうち，労働時間に関する規制に限定したうえでその適用除外を認めた定めである点を重視して，その適用対象となりうる具体的基準を考えるにあたっては，長時間の労働を余儀なくされることからの保護という労働時間規制の根拠がなじまない働き方か否かが最も中心的な検討要素となるべきであり，高額の賃金を得て経営者と一体と見られる重要な職位・職責を享受していることは，論理的にも事実上も，当該労働者の「長時間労働を余儀なくされる」ことからの解放や緩和には繋がらない。ホワイトカラーの働き方が多様化していることや，スタッフ管理職の独特の人事管理上の地位は見逃せないが，少なくとも労基法41条2号の解釈適用という観点からは，労働時間の裁量性という判断要素がなお重視されるべきとする学説[78]もある。

　つまり，裁判例の一貫した傾向として，管理監督者は労基法の定める例外であることを正面から捉え，過度に広範に該当性を認めることには否定的であると評価できる。

　すなわち，労基法は使用者に対し，原則として労働者に対する厳格な労働時

76　菅野＝山川・前掲注⒂417頁。
77　現時点では，スタッフ管理職を「労基法上の管理監督者」として認めた裁判例はない。
78　野川忍『労働法』670頁（日本評論社，2018）。

第3章　偶発債務の調査項目　**229**

間管理義務を課し，例外的に管理監督者についてかかる労働時間管理義務を免除しているにすぎず，管理監督者該当性を広範に認めることは，使用者に労働時間管理を義務づけた法の趣旨を没却しかねないからと推測できる。

(4)　役職手当と時間外割増賃金との関係

　管理監督者をめぐる裁判の結果，労基法上の管理監督者に該当しないと判示された場合，当該従業員に対し，それまで支払われてきた役職手当等が時間外労働等の割増賃金として充当できるか否かが問題となる。すなわち，当該役職手当が「職責」に対する対価であれば，時間外労働等の割増賃金が支払われているとはいえず，「残業」に対する対価であれば，当該役職手当が時間外労働等の割増賃金として充当できることになる。この点につき，裁判例[79]では「右にいう監督管理者とは，従業員の労働条件の決定その他労務管理について経営者と一体的立場にある者をいうと解すべきところ，課長に就任したことによって原告が従業員の労務管理等について何らかの権限を与えられたとの主張立証はなく，役職手当が支給されたりあるいは休暇取得や勤務時間等について多少の優遇措置が採られるようになったりすることは認められるものの，これらのみでは，原告が右監督管理者に該当するとはいい難い。地位の昇進に伴う役職手当の増額は，通常は職責の増大によるものであって，昇進によって監督管理者に該当することになるような場合でない限り，時間外勤務に対する割増賃金の趣旨を含むものではないというべきである。仮に，被告としては，右役職手当に時間外勤務手当を含める趣旨であったとしても，そのうちの時間外勤務手当相当部分または割増賃金相当部分を区別する基準は何ら明らかにされておらず，そのような割増賃金の支給方法は，法所定の額が支給されているか否かの判定を不能にするものであって許されるものではない。そうすると，原告には時間外勤務手当に相当する手当が実質的にも支給されていたとは認められない。以上によれば，被告が，原告に時間外勤務手当を支給してこなかった扱いは違法というほかなく，被告は原告に対して就業規則に従った時間外勤務手当を支給すべき義務がある。」と判示している。

79　「関西事務センター事件」大阪地判平11・6・25労判769号39頁。

230

　すなわち，割増賃金相当部分が区別されていないときは，地位，職務，権限，責任の対価であると認められることになる。そうなると，当該役職手当が時間外手当とは関係なく，職務の対価として支払われていた場合，毎月定期的に支払われる賃金であることから，割増賃金の算定基礎から控除される賃金に当たらない手当となり，当該役職手当を加えて時間外労働等の割増賃金を計算して支払わなければならないことになる。まさに使用者にとってはダブルパンチである。

　一方，管理監督者であることは否定されたが，役職手当につき，規定上では明白ではないが，役職手当は「職責」に対する対価ではなく，「残業」に対する対価として支払われていたものであるとし，役職手当を除外したものを計算基礎として，かつ役職手当分を控除した残業手当を支払えとした裁判例もある[80]。当該裁判では，「①被告の給与規則上，課長以上の役職手当の支給を受けている者には超過勤務手当を支給しないことが明示されていること。②原告は，被告在職中，給与規則に基づき，超過勤務手当は支給されないと理解していたこと，③原告の担当職務自体は，必ずしも高度な経営判断を要するものでなく，日々，定型作業が中心で，基本的に原告一人のみで遂行することが可能な程度の範囲の限定されたもので，原告に部下が配置された時期があるものの，部下の勤怠管理に対する原告の意識は，希薄であったもので，原告に支給されていた役職手当は，職責に対する対価ではなく，残業等に対する対価として支払われていたものというべきである。したがって，原告に支給されていた役職手当は，残業等に係る賃金の計算の基礎に算入すべきでなく，本俸297,000円と技能手当50,000円が計算の基礎となるというべきである」と判示した。

(5)　判断要素表

　以上の通達および裁判例等から，本節では労基法上の管理監督者の判断要素を図表3－12のとおりまとめた。判断要素を実態に当てはめた数が，多ければ多いほど労基法上の管理監督者の該当性が高いといえる。なお，スタートアップ企業の管理監督者の該当性については，通達（令和6年9月30日基発

---

80 「ユニコン・エンジニアリング事件」東京地判平16・6・25労経速1882号3頁。

0930第３号）の新基準（①取締役等役員を兼務する者，②部長等で経営者に直属する組織の長，③①および②と当該企業内において同格以上に位置づけられている者）を補強要素として加味することも考えられる。

図表３－12 労基法上の管理監督者の判断要素表

１．経営者と一体的な立場にあり，重要な権限と責任のある職務に従事している
　　□自己の部署における採用権，解雇権等の人事権が付与されている
　　□自己の部署における人事考課の権限が付与されている
　　□経営にかかわるメンバーのみで開催される会議への出席義務がある（会社全体の経営にも影響がある地位でもある）

２．自己の裁量で労働時間を管理することが許容されている
　　□遅刻，早退しても自己の時間単位の年次有給休暇を消化する必要がなく，遅刻早退控除に対するペナルティーが一切ない
　　□欠勤しても自己の年次有給休暇を消化する必要がなく，欠勤控除に対するペナルティーが一切ない
　　□事前に勤務時間の裁量を有していることを認識した上で，誰からの承認も受けずに労働時間を決めることができる

３．地位や職責にふさわしい待遇
　　□残業手当を上回る管理職手当等が支給されている
　　□賞与支給基準が一般社員と比較して優遇されている
　　□年収で従業員最上位層である

４．全労働者に占める労基法上の管理監督者の割合
　　□中小企業において妥当な割合

出所：野中健次『IPOの就業規則と企業実務』418頁（中央経済社，2023）を一部修正したもの。

　そして，譲渡企業において労基法上の管理監督者として取り扱われているすべての労働者に対して，判断要素を実態に当てはめて各１点の10点満点で点数化したものを評価表に当てはめ，労基法の管理監督者として認められなかった場合の未払い賃金額に評価率を乗じた額を偶発債務として報告する（**図表３－13**）。

図表3－13　評価表

評価率	評　　価	集計結果
0.0	労基法上の管理監督者と認められる	10点満点
0.3	労基法上の管理監督者と認められる余地はある	7～9点
0.5	労基法上の管理監督者と認めるには無理がある	4～6点
1.0	労基法上の管理監督者ではない	3点以下

出所：野中健次編『IPOの労務監査標準手順書』274頁（日本法令，2022）を一部修正したもの。

労基法上の管理監督者に対する偶発債務計算式

偶発債務　＝　未払い賃金額　×　評価率

3　解　雇

　解雇とは，使用者の一方的意思による労働契約の解約である。解雇の事由については，労基法89条3号に「解雇の事由」が掲げられていることから，就業規則に列挙された事実が存在しなければ，解雇は認められないとする限定列挙説がある。しかし，実際上はほとんどの就業規則において，解雇事由の列挙の中に「その他前各号に掲げる事由に準じる重大な事由」のような包括条項があるので，従業員としての適格性の欠如や信頼関係の喪失が「前各号…に準じる」合理的で相当な事由として存在する場合には，解雇は可能ということになる[81]。

　解雇の効力を争った結果，当該解雇が無効となった場合，労働契約は解雇時から存続していたことになるので，会社は解雇の時点まで遡及して賃金を支払う（バックペイ）おそれがある。

　なお，解雇については，民法627条1項で「2週間の予告期間を置けばいつでも労働契約を解約することができる」旨の定めがあるが，労働者を保護する

---

[81]　菅野＝山川・前掲注⒂767～768頁。

必要があるため，労働契約法や労基法等で「解雇手続き」と「解雇理由」に関し，一定の規制を課している。

労働契約法では，使用者の懲戒権と解雇権の行使について，「客観的に合理的な理由を欠き，社会通念上相当であると認められない場合は，その権利を濫用したものとして，無効とする」（15条・16条）旨規定し，解雇事由の合理性を欠く権利濫用的なものについては，解雇は無効となる。

さらに「期間の定めのある場合」では，「やむを得ない事由がある場合」でなければ，解雇権の濫用として無効としている（17条1項）。この「やむを得ない事由」とは，労働者の責めに帰する解雇については悪質な金銭の着服や重大な業務命令の違反などが，整理解雇については赤字などにより事業の継続が困難となるおそれがある場合などがやむを得ない事由に含まれるといえる[82]。

偶発債務として評価するにあたり，どのような場面であれば，権利濫用として解雇が無効となり，偶発債務として評価できるのか，正確に分析しておくことは不可欠である。

なお，解雇期間中の賃金を計算する場合，他社で就労して得た賃金（中間収入）をバックペイから控除するのが原則[83]であるが，労務DDの場面で解雇者が他社で就労し，どれくらいの賃金を得ているかを調べることは極めて困難であるため，偶発債務の評価に際し，中間収入については考慮しない。

また，雇用保険法により給付される失業給付については，やむを得ない離職とされる「特定受給資格者」と認定されると離職理由により離職者に支給される失業手当（雇用手当）の給付日数等が優遇される。このことから，雇用保険被保険者資格喪失手続きに伴う離職証明書の作成手続きにおいて，転職希望等の自己の都合で辞職するにもかかわらず，退職予定者から，会社都合の解雇により退職するよう虚偽の手続きを事業主が依頼されることがある。これに事業主が応じ，不正が発覚した場合，本人のみならず，事業主も連帯して返還命令

---

[82]　山口毅『労使紛争リスク回避のポイント－雇用管理のリスクマネジメント～』268頁（労働調査会，2013）。
[83]　労働委員会では，労働者個人の被害だけでなく，組合活動一般への侵害の側面をも考慮し，中間収入があってもそれを控除せずに全額バックペイを命じるものが多い。

処分を受ける[84]ことになる[85]。このように雇用保険法上の退職手続きに不正があると，事業主にも返還義務が課せられ，偶発債務が生じることとなるので，離職証明書でやたら「解雇」が多い場合，労働者名簿に記載された退職理由，退職金の退職理由（会社都合退職か自己都合退職か）による係数と突合して整合性を確認しておく必要がある。

普通解雇，整理解雇，懲戒解雇，雇止め

<A社>
　クリーニング業を営むA社では，中途入社で採用した太郎（基本給250,000円，資格手当30,000円，通勤手当16,540円）を①業務遂行速度が遅い，②先輩社員に対する態度が反抗的である，③商品を粗雑に扱うという3点をあげ，就業規則に記載のある「能力不足」を根拠に半年前に解雇した。

<A社の調査結果>
　解雇（解雇権の行使）について，客観的合理的な理由および社会通念上相当性が認められない場合，解雇権の濫用で解雇は無効となる。解雇の理由が合理的と認められるためには就業規則の解雇事由に記載されていることが前提となる。しかし，就業規則に記載された解雇事由に該当しさえすれば，解雇理由の合理性が担保されるわけではなく，能力不足を理由とする解雇には，勤務成績の不良が企業経営に支障を来す等の高いレベルであることが必要である。太郎の解雇の場合，業務遂行速度が遅いとのことであるが，太郎が所属していた工場の上司へのヒアリングによると，遅いけれども全体業務の流れを妨げるほどではないということであり，また，太郎よりも遅い従業員も少なくないとのことであった。さらに，負けず嫌いの性格であったため，人から教えてもらうことには抵抗があったが，自分から勉強会へ参加するなど自己啓発に対し，業務改善のため積極的な面もあったという。商品の取扱いについては，繁忙期で工場で扱う容量が増えたときに通常よりも速度を上げて処理しなければならない態様を粗雑に扱うと見られた

84　雇用保険法10条の4第2項。「3倍返し」という。
85　野中健次『M&Aの人事労務管理』134頁（中央経済社，2013）。

第3章　偶発債務の調査項目　　235

ようであり，通常ではそのような行為は認められないとのことであった。以上のことを検討した結果，太郎の能力不足を理由とした解雇は解雇権の濫用であり無効と解せる。したがって，解雇した日から買収価格基準日までの6カ月間の太郎への未払い賃金168万円 {＝（250,000円＋30,000円）×6カ月} が偶発債務となる。

＜B社＞

　B社では新卒の次郎（月給180,000円）を業務終了後の懇親会や花見にも参加しないなど，同じ会社の一員として協調性に欠け，返事する声が小さいなど今後の戦力として期待できず，また，試用期間（3カ月）中でもあったので，7カ月前に本採用拒否（解雇）していた。

＜B社の調査結果＞

　試用期間中においても，解雇については，客観的合理的な理由および社会通念上相当性が認められない場合，解雇権の濫用で解雇は無効となる。次郎の解雇理由は協調性に欠けることおよび声が小さい等，主観的なものであり，客観的とはいえないことから，次郎の解雇は無効と解せる。したがって，解雇した日から買収価格基準日までの7カ月間の次郎への未払い賃金126万円（＝180,000円×7カ月）が偶発債務となる。

＜C社＞

　C社では，昨年の売上が前年比50％減少したため，新卒を採用するのをやめ，かつ，勤務時間を短縮する等の措置を取った。さらに，希望退職の募集を1,000人行ったが，800人しか応募がなかったので，労働組合等と協議をせず，50歳以上のものを6カ月前に200人（1人当たりの平均月給400,000円）解雇した。

＜C社の調査結果＞

　整理解雇の場合，原則として整理解雇の4要件を満たしているか否かを検討することになる。売上の対前年比が50％減少とのことであるが，前年は例年にない特需のため売上が好調であったのであり，前々年比では5％しか減少しておらず，3年前の売上と比較すると今期の売上はほとんど変わらないものであるので，必要性が認められるとは言い難い。新卒者の採用の抑制はあったが，賃金や役員報酬の減額もなく，勤務時間・勤務日数も多少の減少は認められるが，ほとんど変わらず，解雇回避措置を十分にしているとはいえない。被解雇者の選定の合理性については，定年までの会社に貢献できる年数が短く，人件費の高い中高齢者を対象としていることから，一定の合理性は認められるが，解雇に至る手続きの相当性について，労働組合との協議や被解雇者への説明が足りず，個別の相談に対

しても丁寧で誠実な対応があったとはいえない。したがって，当該整理解雇は解雇権の濫用として無効と解せることから，解雇した日から買収価格基準日までの6カ月間の被解雇者への未払い賃金4億8千万円（＝400,000円×200人×6カ月）が偶発債務となる。

＜D社＞

D社では，桃子から，課長の四郎（月給350,000円）に職場で胸やおしりを触られたとの苦情があり，調査した結果，目撃者がいたので，セクハラ行為があったとして，四郎を1年6カ月前に懲戒解雇していた。当初は，懲戒委員会で検討して，懲戒処分として，四郎を部長から課長へ降格としたが，それでも，被害者の桃子が納得せず，四郎を解雇するよう要望があったので，やむを得ず，懲戒解雇することに至った。

＜D社の調査結果＞

懲戒処分（懲戒権の行使）について，解雇と同様に客観的合理的な理由および社会通念上相当性が認められない場合，懲戒権の濫用で懲戒処分は無効となる。また，懲戒処分は同一の事由について，繰り返し懲戒処分を行うことは禁止される。当該事例では，目撃者がいたことから客観的合理的理由は認められたが，「解雇」しかも「懲戒解雇」をすることに相当性があったのか問題となる。人事部門からのヒアリングによると四郎は終始セクハラ行為を否認していたようであるし，弁明の機会も設けていないとのことであった。さらに，セクハラ行為に対して，同一の事由で「降格処分」と「懲戒解雇処分」と繰り返して懲戒処分を行っているため，「懲戒解雇」処分は懲戒権の濫用で無効と解せる。したがって，四郎との労働契約は継続していると解せるから，解雇した日から買収価格基準日までの1年6カ月間の四郎への未払い賃金630万円（＝350,000円×18カ月）および未払い賞与105万円（＝350,000×3回）の合計735万円が偶発債務となる。

＜E社＞

E社では，有期労働契約の無期労働契約への転換を防止するため，販売の業務に従事する契約社員の花子（月給220,000円）との労働契約を4回まで更新可能（最長5年間）としており，8カ月前に雇止めしていた。花子は社員を含め販売成績は300人中112位と特段問題はなく，過去には，有期契約が終了した後，契約期間の定めがない労働契約で改めて雇用される者も少なからずいて，花子も更新を強く希望していた。

第3章　偶発債務の調査項目　**237**

＜Ｅ社の調査結果＞

　無期契約転換の時期が到来することだけを理由に雇止めした場合には，労働契約法19条違反となり，同一の労働契約が更新されたものとみなされる。Ｅ社では，直前に新規学卒者として30人を雇用していること，労働契約法が改正される以前では，花子のようなケースで雇止めされることはなかったこと，花子が従事する業務は恒常的な業務であること，契約更新の上限年数が５年という新しい社内ルールが周知されていなかったこと等から，花子の雇用継続期待には合理性があり，雇止めには合理的な理由はないと判断できる。

　したがって，花子との契約は同一の労働条件で更新されたものとみなし，雇止め日から買収価格基準日までの８カ月間に対する花子への未払い賃金相当額176万円（＝220,000円×８カ月）が偶発債務となる。

解　説

(1)　労働契約の終了

　使用者と労働者の関係については，労働と賃金の双務契約[86]関係である。すなわち，労働者は使用者の指揮命令に従って労働に従事すること（労働提供義務）を約束し，使用者はこれに対して報酬を支払うこと（賃金支払義務）を約束している。これを雇用契約または労働契約と呼び，雇用契約と労働契約は基本的に同一の概念であるとする学者[87]もいる。しかし，民法に登場する雇用契約は，当事者が対等な立場であることを前提としているが，実際には，使用者と労働者とでは交渉力に歴然たる格差があり，労働者が不利な契約を締結してしまうおそれがあるので，国が労働法を道具に介入し，労働条件を修正することで労働者の保護を行っている。すなわち，労働契約とは雇用契約に労働法による修正が加わった契約概念であるといえる[88]。

86　当事者の双方が互いに対価的な債務を負担する契約のこと。

87　菅野＝山川・前掲注⒂170頁。

88　森紀男＝岩崎仁弥『リスク回避型就業規則・諸規程作成マニュアル』34頁（日本法令，8訂版，2024）。

　労働契約の終了事由は，使用者からの意思表示によるもの（解雇），労働者の意思表示によるもの（辞職）[89]，そして，当事者間の合意によるもの（合意解約）[90]の３つに大別できる。ここで偶発債務に係る問題となるのは「解雇」である。解雇は，使用者からの一方的な意思表示によって労働契約を解約することから，労働者を保護する必要があり，労働法制で「解雇手続き」と「解雇理由」に関し，一定の規制を課している。

　解雇手続きの規制とは，①解雇の予告，②時期的規制，③労働協約等によるものである。

　第１の解雇の予告とは，労基法20条で「解雇する場合には，少なくとも30日前に予告するか，平均賃金の30日分以上を支払うこと」を義務づけている。ただし，天災事変その他やむを得ない事由により事業の継続が不能になった場合，および，労働者の責めに帰すべき事由に基づいて解雇する場合，即時解雇することができる。なお，労働者の責めに帰すべき事由により即時解雇する場合は，事前[91]に管轄の労働基準監督署の解雇予告除外申請書を提出し，認定を受ける必要がある。

　第２の解雇の時期的規制とは，労基法19条１項で「労働者が業務上の負傷や疾病による療養のために休業する期間及びその後30日間と，産前（６週間）産後（８週間）の期間およびその後30日間」の時期について，当該労働者を解雇することはできないというものである。ただし，業務上の負傷については，打切補償[92]を支払ったまたは，支払ったとみなされる場合，および，天災事変その他やむを得ない事由により事業の継続が不能になった場合には解雇制限は適

89　労働者からの一方的な意思表示によって労働契約の解約を通告すること。通常，「退職届」を提出することにより行われる。
90　使用者からの退職勧奨による場合や，労働者から「退職願」が出され，使用者の返答を待って結論を出す場合等がある。
91　事後であっても解雇除外申請書は受理されるが，是正勧告の指導対象となる。

第3章　偶発債務の調査項目　　239

図表3-14　法令による主な解雇の規制

	内　　　容	根　拠　法
差別的なもの	国籍・信条・社会的身分を理由としたもの	労基法3条
	組合員・組合活動を行ったことを理由としたもの	労組法7条
	通常の労働者と同視すべき短時間・有期雇用労働者に対するもの	パート有期法9条
	障害者であることを理由とするもの	障害者雇用促進法35条
	性別を理由としたもの	男女雇用機会均等法6条
	婚姻・妊娠・出産を理由としたもの	男女雇用機会均等法9条
法律上の権利を行使をしたことによるもの	育児・介護休業の申出・取得したことによるもの	育児介護休業法10条，16条など
	裁判員休暇の申出・取得したことによるもの	裁判員法100条
	裁量労働制，高度プロフェッショナル制度の導入を拒否したことによるもの	労基法38条の4第1項6号，41条の2第1項9号
	労基署に労基法違反を申告したことによるもの	労基法104条2項
	労働紛争の助言・指導，あっせんを申請したことによるもの	個別労働紛争解決促進法4条3項，5条2項
	公益通報者保護法上の通報したことによるもの	公益通報者保護法3条
	事業主にハラスメントの相談をしたこと等によるもの	男女雇用機会均等法11条2項，11条の3第2項，育児介護休業法25条2項，52条の4第2項
	均等法上の紛争解決の援助や調停を申請したことによるもの	男女雇用機会均等法17条2項，18条2項
	労働者派遣法違反を申告したことによるもの	派遣法49条の3第2項
	パート有期法上の紛争解決の援助や調停を申請したことによるもの	パート有期法24条2項

92　療養開始後3年を経過したときに，平均賃金の1,200日分を支払うことを条件として，その後の療養補償，休業補償，障害補償，その他のすべての補償についての使用者責任を免除させる。

240

用されない（同法19条1項但書き）。

　第3の労働協約等による手続的規制とは，労働協約や就業規則において，使用者が解雇を行うときには労働組合と事前に協議し，または，同意を得ることを要件とする[93]ものであり，使用者の解雇権を契約上規制する。以上が解雇手続きの規制である。

　一方，解雇理由の規制とは，法令で定める理由によるもの，および就業規則に定める理由によるものがある。

　まず，法令で定める理由による規制は，「差別的なもの」および「法律上の権利を行使したことによるもの」の2つに大別できる（**図表3－14**）。

　また，労働契約法16条で「解雇は，客観的に合理的な理由を欠き，社会通念上相当であると認められない場合は，その権利を濫用したものとして，無効とする」とあり，解雇事由の合理性を欠く権利濫用的なものについても，解雇は無効となる。

　そして，就業規則に定める理由による規制とは，解雇の事由に関し，就業規則に定める以外の理由は認めないとするものである。解雇の事由については，労基法89条3号に就業規則の絶対的記載事項とする旨の定めがあり，その趣旨については，解雇は，就業規則に記載されている解雇事由に限られる「限定列挙」とする見方と解雇事由が限定されていなくても，包括的事由が規定[94]されてさえすれば，就業規則等に記載されている解雇事由に限られない「例示列挙」とする見方があるが，裁判例では，限定列挙とされることが多い[95]。したがって，譲渡企業において，法令に抵触する解雇や過去に例示列挙を理由とする解雇があり，解雇権の濫用で無効と解せるものであれば，当該無効と解される期間に対応する賃金相当額が偶発債務となる。

　また，精神疾患のため休職していた従業員が復職できず，休職期間満了により退職した場合は注意が必要である。休職期間満了による退職は事実上「解雇」と同一視されることもあるので，当該精神疾患が業務に起因して発病したもので，その療養中の休職期間満了による退職であれば，労基法19条1項「労

93　解雇協議と呼ばれる。
94　「その他全各号に掲げる事由に準じる重大な事由」などの定め。
95　水町・前掲注(46)212頁。

働者が業務上負傷し，又は疾病にかかり療養のために休業する期間及びその後30日間並びに産前産後の…休業する期間及びその後30日間は，解雇してはならない」の類推適用により，休職期間満了による退職は無効となるおそれがある。

すなわち，労働者が安心して休業することを保障するために，労基法19条1項で解雇の時期的制限を定めており，当該期間中の解雇は同条違反として無効となる[96]。ここでいう「業務上負傷し」とは，必ずしも「労災認定されること」[97]まで要請されていないことに注意が必要である。

なお，原則として，基本給および各種手当がバックペイの対象となるが，通勤手当のように実費補償的なものや，残業手当のように現実に残業に従事して初めて請求権が発生するものなどは除外され[98]，賞与については，最も蓋然性が高い基準（最低評価額，解雇前の実績）を用いて算出される[99]。

(2)　解雇の理由

前述したとおり，解雇権の行使には労働契約法16条により，「客観的に合理的な理由」と「社会通念上の相当性」が求められ，2つの要素から総合的に判断して，その権利を濫用したものと認められた場合，解雇は無効となる。

この「客観的に合理的な理由」は，①労働者の労働能力や適格性の低下・喪失によるもの（普通解雇・労働者側に理由がある），②経営上の必要性があるもの（整理解雇・会社側に理由がある），③労働者の義務違反や規律違反行為によるもの（懲戒解雇・労働者側に理由がある）の3つ[100]に大別できる。

これらの理由のうちのいずれかが存在したとしても，さらに解雇は社会通念上相当なものであるとして認められなければならず，長期雇用慣行の下，日本

96　「アイフル事件」大阪高判平24・12・13労判1072号55頁。上告不受理により確定。
97　精神障害が労災と認定されるためには，①認定基準の対象となる精神障害を発病していること，②発病前のおおむね6カ月の間に業務による強い負荷が認められること，③業務以外の心理的負荷や個体側要因により発病したとは認められないことの3要件を満たすことが必要である。強い負荷の判断には，過重労働，セクハラおよび，パワハラ等は重要な要素になる。
98　菅野＝山川・前掲注(15)771頁。
99　「武富士事件」東京地判平6・11・29労判673号108頁。
100　これに，ユニオン・ショップ協定による解雇を加えて4つとする学説もある。菅野＝山川・前掲注(15)750頁。

の裁判所は，安易にこれを認めない傾向がある。

① 普通解雇等の場合の理由
a) 採用内々定・内定の取消し

わが国では新卒者を正規従業員として一括採用する場合，①プレ広報[101]，②広報活動[102]，③採用選考[103]，④内々定，⑤内定[104]，⑥入社（試用期間），⑦本採用（試用期間終了）というプロセスを経て行われる（図表3－15）。

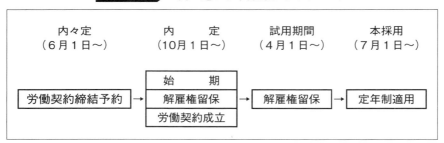

図表3－15　内々定から本採用までのイメージ

　内々定とは，「内定前の1つのプロセスであり，応募者に対する採用予約である」と本書では定義する。あくまでも，採用（雇用）の予約であるため，内々定を得た学生は，その後も他社への就職活動を継続して自由に行うことが許され，その結果，複数の企業から内々定を得た上で，10月1日に1社に絞ることになる。内々定はあくまでも採用の予約であることから，この段階では，原則として，双方ともにキャンセルすることができるが，キャンセルを連絡する時期については，可能な限り早く行い，その理由を誠実な態度で説明する等の信義則上の義務を負う。内々定は契約過程とはいえ，その取消しにつき，信義則違反があった場合，取消し企業の損害賠償責任（55万円）を認めた裁判

101　インターンシップ，就職支援イベント，およびセミナー等を行うことで，エントリーを促進する。
102　経団連の採用選考に関する指針では卒業・修了年度に入る直前の3月1日以降としている。
103　経団連の採用選考に関する指針では卒業・修了年度の6月1日以降としている。
104　経団連の採用選考に関する指針では卒業・修了年度の10月1日以降としている。

例[105]もある。

　また，内々定の段階でも，使用者側から採用を確信させるような具体的な言動があり，学生に対して，誓約書，卒業見込み証明書および健康診断書等の提出を求め，さらに，他社への就職活動を妨げるような事実上の拘束があるような場合では，始期付き・解約権留保付きの労働契約が成立していると解される[106]。この場合の「内々定取消し」は「解雇」に当たり，当該内々定を取り消す際には，解雇権濫用法理が適用され，客観的に合理的な理由があり社会通念上相当として是認できる場合にのみ許されることになる。

　内定については，一般に採用内定日（10月1日）に内定通知を交付した時点で始期付き・解約権留保付きの労働契約の成立が認められると解されている。これは，新規卒業者の採用過程を検討して，採用内定により始期付き・解約権留保付きの労働契約の成立を認めた大日本印刷事件[107]において示された概念である。当該事件は，入社予定日の直前に採用内定を取り消したケースで内定取消しの効力が争われたものであるが，判例では「採用内定により，労働者が働くのは大学卒業直後とし，それまでの間に企業と学生が取り交わした誓約書に記載されている採用内定取消事由があれば会社が解約することができることを約した労働契約が成立したと認めるのが相当」とし，「採用内定の取消は，採用内定当時知ることができず，また知ることが期待できないような事実であり，これを理由として採用内定を取消すことが客観的に合理的と認められ社会通念上相当として是認することができるものに限られると解するのが相当である」と示した。

　また，取消事由に該当すれば内定取消しが無条件に認められるわけではなく，その都度，解雇権濫用法理の適用を検討して判断する必要がある。

　例えば，内定者の生活の本分が学生生活の場である以上，これを尊重し，内定期間中の研修によって学業を阻害してはならないことから，内定期間中の研修への不参加を理由とする内定取消しについては，これを無効とした事例[108]

105　「コーセーアールイー（第2）事件」福岡高判平23・3・10労判1020号82頁。
106　水町・前掲注(46)164頁。
107　最二小判昭54・7・20民集33巻5号582頁。
108　「宣伝会議事件」東京地判平17・1・28労判890号5頁。

もある。また，会社の経営環境の急激な悪化により採用することが困難になった場合で内定を取り消す際には，通常の解雇よりハードルが高く，「整理解雇」としての4要件（あるいは4要素）を充足していなければ，法的効力が認められないと解されている。

「始期」については，やむを得ない理由により，採用内定の際に定められていた入社日は変更しないものの，事業主の都合により休業させ，実際の就業をさせなかったり（自宅待機），または，事業主の都合により，採用内定の際に定められていた入社日を延期したり（入社日の延期），内定を取り消す場合には，所定の様式により，管轄のハローワークおよび施設の長[109]に通知する必要がある（職業安定法54条，同法施行規則35条[110]）。

また，内定を取り消した企業について，厚生労働大臣は，以下のいずれかに該当する場合には，企業名を公表することができるとしている（職業安定法施行規則17条の4，平成21年厚生労働省告示5号）。

内定取消し企業として企業名を公表される場合

①　2年度以上連続して行われたもの
②　同一年度内において10名以上の者に対して行われたもの
③　事業活動の縮小を余儀なくされているものとは明らかにいえないもの
④　内定取消者に対して，取消理由を十分な説明を行わなかったか，就職先の確保に向けた支援を行わなかったもののいずれかに当たる場合

なお，内定者を入社前の研修に参加させた場合，賃金の支払い義務が問題となることがある。一般に労働者を使用者の指揮命令下に置いた場合には，労基法上の労働時間として認められることとなり，研修の参加が強制であり業務との関連性も強い場合には賃金を支払う義務が生じ，偶発債務と評価することが考えられる。

b）試用期間における本採用拒否

新卒学生に対する試用期間は，日本の長期雇用慣行において，定年まで雇用

109　学校の校長等。
110　「新規学校卒業者の採用内定取消等に係る事前通知制度」という。

第3章　偶発債務の調査項目　**245**

するために相応しい人材かを判定する期間として位置づけられ，適格性を観察・実験することを第1の目的としている。試用期間中の賃金については，研修も多く，本格的に業務に就かせることが少ないことから，都道府県労働局長の許可を受ければ，最低賃金を下回る時給で雇用することもできる（最低賃金法7条2号）。

　なお，長期雇用の対象外となる有期契約の場合には，パート・有期労働法8条の不合理な待遇の禁止を踏まえ，同一労働同一賃金の主張を受けないためにも，長期雇用慣行の機能の1つである試用期間を設けることは適切とはいえないと考えられる。

　また，試用期間の長さについては，法律上の規定がないので，会社で任意に決められるが，この期間は労働者にとって不安定な状態であり，必要以上に長期にわたる試用期間の設定は公序良俗に反して無効となりうるため3カ月程度とするケースが多い。

　判例[111]では，試用期間について「企業者が，大学卒業者を管理職要員として新規採用するにあたり，採否決定の当初においてはその者の管理職要員としての適格性の判定資料を十分に蒐集することができないところから，後日における調査や観察に基づく最終的決定を留保する趣旨で試用期間を設け，企業者において右期間中に当該労働者が管理職要員として不適格であると認めたときは解約できる旨の特約上の解約権を留保したもの」と労働契約に特約として解約権を留保することができるとした上で，「解約権の行使は，右解約権留保の趣旨，目的に照らして，客観的に合理的な理由が存し社会通念上相当として是認されうる場合にのみ許されるものと解すべきである」と，本採用拒否は「解雇」にあたり，解雇権濫用法理が類推適用されるとの規範を定立した。

　さらに，同判例では「留保解約権に基づく解雇は，これを通常の解雇と全く同一に論ずることはできず，前者については，後者の場合よりも広い範囲における解雇の自由が認められてしかるべきものといわなければならない」と試用期間中の本採用拒否（留保解約権の行使）は，試用期間後の解雇よりも広い範囲で認められることを明確にしている。ただし，試用期間満了前の解雇につい

111　「三菱樹脂事件」最大判昭48・12・12民集27巻11号1536頁。

ては，試用期間満了時における解雇よりも一層高度の合理性と相当性が求められるとする裁判例[112]もある。

　一方，中途採用者の「試用」については，採用決定の当初には判明しなかったものの，試用期間中に履歴書や職務経歴書に虚偽があったこと（経歴詐称）が判明した場合，これを信頼して採用した者との間の信頼関係が損なわれ，当該被採用者を採用した実質的な理由が失われてしまうことも少なくない。したがって，意図的に履歴書に虚偽の記載をすることは，当該記載の内容如何では，正社員としての適格性を損なう事情でありうるので，解雇権を基礎づける１つの要素として認められると考えられる[113]。

　なお，採用後14日までの「試の使用期間中の者」については，労基法20条の解雇予告および解雇予告手当の支払い義務は適用されない[114]が（同法21条），これは単に労基法上の解雇手続きの規制の例外にすぎず，入社後14日以内の解雇権の行使そのものを正当化させるものではない。また，試用期間を定めず直ちに本採用した場合は，採用後14日以内であっても試用期間中ではないので，労基法20条の解雇予告制度の適用を受けることになる。

c）普通解雇

　普通解雇とは，労働者の労働能力や適格性の低下・喪失に起因するものである。ただし，当該客観的事実があったとしても，その程度が解雇に値するほどの重大なものか，会社はその能力の改善のための具体的な指導を行っていたか，職種の変更，配転，降格，雇用形態の変更，退職勧奨等の解雇回避措置を実施していたかも重要視され[115]，総合的に社会通念上の相当性が判断されることになる。

　例えば，普通解雇が問題となったリーディングケースの高知放送事件[116]で

112　「ニュース証券事件」東京高判平21・9・15労判911号153頁。
113　経歴詐称のみで試用期間中の解雇（本採用拒否）が有効になるわけではない。
114　試の使用期間は，労働契約上の一態様であるから，就業規則または労働契約において明確に定められている必要がある。これを定めずに直ちに本採用にした場合は，採用後14日以内であっても解雇予告制度の適用がある。厚生労働省労働基準局編・前掲注(32)339頁。
115　山口寛志『裁判事例から見える労務管理の対応策』179頁（新日本法規，2014）。
116　最二小判昭52・1・31労判268号17頁。

は，ラジオアナウンサーが宿直勤務に従事していたところ２週間内に２度寝すごしてしまいニュース放送を放送できず，しかも，第２事故についてアナウンサーは，上司にこのことを報告しなかっただけではなく，事故報告書を求めた別の上司に，事実とはちがう報告書を提出したことを理由に解雇された。しかし，同判決では，普通解雇事由該当性を認めつつも「まず，本件事故は，Ｘの過失によって発生したもので，悪意又は故意によるものではなく，次に，通常アナウンサーより先に起きてアナウンサーを起こすことになっているファックス担当者も寝過ごしておりＸのみを責めるのは酷である。第三に，Ｘは第一事故については直ちに謝罪し，第二事故については起床後一刻も早くスタジオ入りすべく努力した。寝過ごしによる放送時間の空白はさほど長時間とはいえない。第四に，会社において早朝のニュース放送の万全を期すべき措置を講じていなかった。第五に，事実と異なる報告書を提出したことも，短期間内に２度の放送事故を起こして気後れしていたこと等を考えると，これを強く責めることはできない。第六に，Ｘはこれまで放送事故歴がなく，平素の勤務成績も別段悪くない。第七に，第二事故のファックス担当者はけん責処分に処せられたに過ぎない。第八に，会社においては従前放送事故を理由に解雇された事例はなかった。そして，第二事故についても結局は事故の非を認めて謝罪の意を表明している」等を考慮し，社会通念上相当性がないとして解雇権濫用に該当する旨判断している。

また，成績不良を理由とする解雇では，解雇された従業員が他の従業員の平均的水準に達していないというだけでは認められず，就業規則に「労働能率が劣り，向上の見込みがない」旨の規定があったとしても，解雇事由の該当性が認められるためには，「著しく労働能力が劣り，改善の見込みがないときでなければならない」とされ[117]，「単なる成績不良ではなく，企業経営や運営に現に支障・障害を生じ又は重大な損害を生じさせるおそれがあり，企業から排除しなければならない程度にいたっていること」までをも要求した裁判例[118]もある。

なお，業務命令違反を理由とする解雇では，一般に，企業秩序を乱したこと

---

117 「セガ・エンタープライゼス事件」東京地決平11・10・15労判770号34頁。
118 「エース損害保険事件」東京地決平13・8・10労判820号74頁。

による点が重視され，普通解雇ではなく，後述する懲戒解雇を選択することが
多い。

② 整理解雇の場合の理由

整理解雇とは，企業が経営上必要とされる人員削減のために行う解雇である[119]。労務DDを行う場面では，経営不振の譲渡企業において，既に実施した整理解雇の有効性を評価することがある。整理解雇の場合は，労働者には何ら落ち度がないため，普通解雇よりもハードルが極めて高い。裁判例上，①人員削減の必要性の有無，②解雇回避義務の履行，③合理的な対象者の選定，④解雇に至る手続きの妥当性の４つの要件を整理解雇の効力の判断材料にしている。

整理解雇の４要件を一つひとつ検証すると，まず，人員削減の必要性の有無とは，一時的な売上の落ち込みではなく，従業員を辞めさせなければ会社の存続が危ぶまれるほど経営状況が悪化した上，人員削減を選択せざるを得ないことが必要であり，整理解雇と並行して新規採用を行うような矛盾した行動がとられていたならば，必要性がなかったものと判断されうる。中小M&Aの場合，経営者が経費の使い込みや一族への高額な支払いをしているなど経理が杜撰なことが多々あるが，会社が役員の私用自動車の維持費を負担している場合等では，経費削減の余地を肯定できるとして，解雇を無効と判示した事例[120]もある。

次に，解雇回避義務の履行とは，残業の削減，非正規従業員の雇止め，新規採用の抑制，一時休業，希望退職者の募集，給料の減額等，解雇を回避する努力を行っていることが求められる。なお，中小M&Aの場合，経営者の役員報酬の減額や３K（広告費，交通費，特に交際費）の削減がなされていない場合等では，経費削減の余地を肯定できるとして，解雇が無効と判示されることが考えられる。

第３の合理的な対象者の選定とは，年齢，懲戒処分の回数，勤怠状況，扶養家族の有無等，会社側の恣意的要素が入らないような合理的なものでなければならず，合理性が認められなければ，当該解雇は無効と判断されることになる。なお，人選の基準に関して，高年齢を考慮要素にすることについては，会社に

119　菅野＝山川・前掲注⒂758頁。
120　「塚本庄太郎商店（本訴）事件」大阪地判平14・3・20労判829号79頁。

将来的にも必要な人材を残すという観点からして，人選基準に加えることを合理的とする裁判例は多く，加えて，年功人事・職能人事が処遇の中心であった高年齢者については，貢献度が低下するという側面の他に，生計費の減少（ピークは46歳前後と考えられる），および解雇時に一定の退職金ないし年金が見込まれる点[121]も合理性を基礎づけるものと考えられる。

　そして，解雇に至る手続きの妥当性とは，労働組合や労働者に対して，できるだけ早い時期に，人員削減の必要性，解雇回避の方法，整理解雇の時期，規模，人選の方法等について説明を行うなど協議を尽くし，被解雇者には個別意見を聞くなどの配慮が必要とされる。

　整理解雇が社会通念上相当であると認められるためには，以上の4つの要件をすべて満たさなければならない（4要件説）。しかし，近年の裁判例[122]の傾向では，4要件を4要素と理解して，総合的に判断して整理解雇の有効性を判断するというものが多くなっている（4要素説）。4要件説では，4つの要件をすべて満たさなければ整理解雇は無効と判断されるが，4要素説では，4つの要素のすべてを充足しなくても，他の要素によって解雇の合理性を補完できれば有効となる。例えば，解雇回避努力が完全でなくても，人員整理の必要性が非常に高ければ，整理解雇が有効であるという結論を導くことも可能となっている[123]。

③　懲戒解雇の場合の理由

　懲戒解雇の場合は，懲戒処分の中でも最も重い処分であり，除外認定を受けることで労基法20条の解雇の予告や，解雇予告手当も支払われず，かつ退職金も全額ないし一部不支給となる[124]場合が多く，労働者にとってはまさに極刑である。

　懲戒処分については，労働契約法15条で「使用者が労働者を懲戒することが

121　石嵜信憲編著『労働契約解消の法律実務』355頁（中央経済社，第3版，2018）。
122　「東京自動車健康保険組合事件」東京地判平18・11・29労判935号35頁。
123　野口大『労務管理における労働法上のグレーゾーンとその対応』171頁（日本法令，2011）。
124　懲戒解雇の場合だと退職金が支給されないため，会社側から労働者に退職を勧告し，退職願を提出させ，退職金を支給する「論旨（ゆし）解雇（退職）」がある。

できる場合において，当該懲戒が，当該懲戒に係る労働者の行為の性質及び態様その他の事情に照らして，客観的に合理的な理由を欠き，社会通念上相当であると認められない場合は，その権利を濫用したものとして，当該懲戒は，無効とする」とある。「懲戒することができる場合」とは，就業規則に懲戒処分の対象，懲戒処分の内容等の根拠規定を記載し，従業員に周知させている場合である。そもそも就業規則等に根拠規定がなければ，懲戒権は認められないと解されている。

　また，懲戒処分の有効要件として，対象となる労働者の企業秩序違反行為が根拠規定に該当し，客観的に合理的な理由があることがあげられるが，裁判所では，懲戒解雇という処分の重大性に鑑み，就業規則に懲戒解雇規定を記載していても懲戒解雇事由に該当しないと判断する場合も多い[125]。

　特に懲戒解雇の決定にいたるまでの手続きについて，社内の懲罰委員会にて，事実関係の存否を検証し，対象となる行為と処分のバランスを考慮して慎重に審議を行い，最終的に懲戒処分を決定する前に本人に弁明の機会を与えることが，手続き上必須であり，これらを怠ったことにより懲戒解雇を無効とした裁判例[126]もある。

　また，懲戒処分は制裁罰であるため，同一の事由について，繰り返し懲戒処分を行うことは罪刑法定主義の原則である一時不再理により禁止される[127]。したがって，事例のように同一の事由で，降格処分を行い，さらに懲戒解雇処分を行うケースは，懲戒権の濫用で無効となると考えられる。

　一方，配転命令や出向命令などの重要な業務命令違反に対しては，懲戒解雇を認めるケースが多い。リーディングケースである東亜ペイント事件[128]では，「営業マンへの転勤命令拒否を理由とする懲戒解雇につき，本件における単身赴任となる生活上の不利益は，転勤に伴い通常甘受すべき程度のもので，本件転勤命令は権利濫用にあたらない」と判示している。具体的には「使用者は業

125　五三智仁ほか『労働契約の終了をめぐる判例考察』209頁（三協法規，2012）。

126　「千代田学園事件」東京高判平16・6・16労判886号93頁。

127　ある事件について判決が確定した場合，同一の事件について再び公訴の提起を許さないとする刑事訴訟法上の原則である。転じて，同一の事案について，懲戒処分したにもかかわらず，再度懲戒処分を行うことを禁じている（二重処罰の禁止）。

128　最二小判昭61・7・14労判477号6頁。

務上の必要に応じ，その裁量により労働者の勤務場所を決定することができるものというべきであるが，転勤，特に転居を伴う転勤は，一般に，労働者の生活関係に少なからぬ影響を与えずにはおかないから，使用者の転勤命令権は無制約に行使することができるものではなく，これを濫用することの許されないことはいうまでもないところ，当該転勤命令につき業務上の必要性が存しない場合又は業務上の必要性が存する場合であっても，当該転勤命令が他の不当な動機・目的をもってなされたものであるとき若しくは労働者に対し通常甘受すべき程度を著しく超える不利益を負わせるものであるとき等，特段の事情の存する場合でない限りは，当該転勤命令は権利の濫用になるものではないというべきである。右の業務上の必要性についても，当該転勤先への異動が余人をもっては容易に替え難いといった高度の必要性に限定することは相当でなく，労働力の適正配置，業務の能率増進，労働者の能力開発，勤務意欲の高揚，業務運営の円滑化など企業の合理的運営に寄与する点が認められる限りは，業務上の必要性の存在を肯定すべきである。本件についてこれをみるに，名古屋営業所のＡ主任の後任者として適当な者を名古屋営業所へ転勤させる必要があったのであるから，主任待遇で営業に従事していた被上告人を選び名古屋営業所勤務を命じた本件転勤命令には業務上の必要性が優に存したものということができる。そして，前記の被上告人の家族状況に照らすと，名古屋営業所への転勤が被上告人に与える家庭生活上の不利益は，転勤に伴い通常甘受すべき程度のものというべきである。したがって，本件転勤命令は権利の濫用に当たらないと解するのが相当である」と示した。

　なお，近年，勤務地や職種を限定した正社員制度を設ける企業も見受けられるが，勤務地や職種を限定する合意があれば，転勤命令や配転命令には本人の自由な意思に基づく同意が必要であり，自由な意思に基づく同意のない転勤命令権や配転命令[129]は否定されることになる。

---

129 「滋賀県福祉協議会事件」最二小判令6・4・26労判1308号5頁。

(3) 雇止め（更新拒否）等

① 雇止め法理

　期間の定めがある労働契約は，期間満了により終了する。これは辞職でも解雇でもなく，あらかじめ当事者間で約束されていたことであるから，合意解約に分類される。なお，期間満了後も労働者が継続して就労し，使用者もこれを知りながら，異議を述べなかった場合には，従前と同一の労働条件で黙示の更新があったものと推定されるので（民法629条1項），この黙示の更新を回避し，労働契約を期間の終了とともに打ち切るためには，使用者は更新しない旨（雇止め）の意思表示をする必要がある。

　雇止め等に際して発生するトラブルを防止し，その迅速な解決が図られるようにすることが必要であることから，平成15年の労基法の改正において，14条2項で「厚生労働大臣は，期間の定めのある労働契約の締結時及び当該労働契約の期間の満了時において労働者と使用者との間に紛争が生ずることを未然に防止するため，使用者が講ずべき労働契約の期間の満了に係る通知に関する事項その他必要な事項についての基準を定めることができる」と定められた。なお，「有期労働契約の締結，更新及び雇止めに関する基準」は，平成24年，令和6年（1条と5条の新設）にそれぞれ一部の改正が行われている（改正労基法施行規則5条1項1号の2）。

有期労働契約の締結，更新及び雇止めに関する基準

> **（有期労働契約の変更等に際して更新上限を定める場合等の理由の説明）**
> 第1条　使用者は，期間の定めのある労働契約（以下「有期労働契約」という。）の締結後，当該有期労働契約の変更又は更新に際して，通算契約期間又は有期労働契約の更新回数について，上限を定め，又はこれを引き下げようとするときは，あらかじめ，その理由を労働者に説明しなければならない。
>
> **（雇止めの予告）**
> 第2条　使用者は，有期労働契約（当該契約を3回以上更新し，又は雇入れの日から起算して1年を超えて継続勤務している者に係るものに限り，あらかじめ当該契約を更新しない旨明示されているものを除く。次条第2項において同じ。）を更新しないこととしようとする場合には，少なくとも当該契約の期間の満了する日の30日前までに，その予告をしなければならない。

第3章　偶発債務の調査項目　　**253**

（雇止めの理由の明示）
第３条　前条の場合において，使用者は，労働者が更新しないこととする理由
　　について証明書を請求したときは，遅滞なくこれを交付しなければならない。
２　有期労働契約が更新されなかった場合において，使用者は，労働者が更新
　　しなかった理由について証明書を請求したときは，遅滞なくこれを交付しな
　　ければならない。

（契約期間についての配慮）
第４条　使用者は，有期労働契約（当該契約を１回以上更新し，かつ，雇入れ
　　の日から起算して１年を超えて継続勤務している者に係るものに限る。）を更
　　新しようとする場合においては，当該契約の実態及び当該労働者の希望に応
　　じて，契約期間をできる限り長くするよう努めなければならない。

（無期転換後の労働条件に関する説明）
第５条　使用者は，労働基準法第15条第１項の規定により，労働者に対して労
　　働基準法施行規則第５条第５項に規定する事項を明示する場合においては，
　　当該事項（同条第一項各号に掲げるものを除く。）に関する定めをするに当
　　たって労働契約法第３条第２項の規定の趣旨を踏まえて就業の実態に応じて
　　均衡を考慮した事項について，当該労働者に説明するよう努めなければなら
　　ない。

　雇止めに関する基準は，有期労働契約の契約期間の満了に伴う雇止めの法的
効力に影響を及ぼすものではない[130]が，雇止めに関する基準に定める内容に
反して労働契約の締結や雇止めがなされた場合にその是正を求める等，雇止め
に関する基準に関し，有期労働契約を締結する使用者に対し，労基法14条３項
に基づき必要な助言及び指導ができるとされている。
　一方，雇止めに関して，判例では「長期間にわたり，有期労働契約が反復し
て更新されて常用化しているような場合，使用者の更新拒否の意思表示は解雇
と実質的に同じであって，解雇権濫用法理が類推適用される」（実質無期契約
型）[131]とするものや，更新拒否の意思表示は解雇と実質的に同じとはいえなく
ても，「有期労働契約の満了時に労働者が更新を期待することに合理的理由が

130　厚生労働省労働基準局・前掲注㉜2232頁。
131　「東芝柳町工場事件」最一小判昭49・7・22民集28巻5号927頁。

認められる場合，解雇権濫用法理が類推適用される」（期待保護型）[132]とするものがあり，これらのケースに該当するような雇止めには解雇と同様に「客観的に合理的な理由および，社会通念上の相当性」を要請している。そして，これら判例法理として確立した「雇止め法理」が，そのまま，平成24年の労契法改正で追加され，法律上明文化された（労契法19条）。

同法19条１号は，「当該有期労働契約が過去に反復して更新されたことがあるものであって，その契約期間の満了時に当該有期労働契約を更新しないことにより当該有期労働契約を終了させることが，期間の定めのない労働契約を締結している労働者に解雇の意思表示をすることにより当該期間の定めのない労働契約を終了させることと社会通念上同視できると認められること」（実質無期契約型），同条２号では「当該労働者において当該有期労働契約の契約期間の満了時に当該有期労働契約が更新されるものと期待することについて合理的な理由があるものであると認められること」（期待保護型）とあり，これらのいずれかに当たる雇止めの場合には，客観的合理性および社会的相当性が要件となり，これらが認められなければ，労働者の更新の申し込みに対し，使用者は従前の有期労働契約と同一の労働条件で承諾をしたものとみなすと同条で規定している。

裁判で重視する判断要素は，実質無期契約型では，①業務の内容（臨時的，季節的，恒常的のいずれか），②当事者間の言動（雇用の継続に関し，どのような言動があったか），③更新手続き（長期にわたり反復更新の有無，手続きの曖昧さ，更新拒否の実績の有無）等であり，これらを勘案して，期間の定めのない労働契約と実質的に変わらないと認められるときには，同一の労働条件で契約の更新があったものとみなされる。

期待保護型では，長期的な反復更新がなく，相当の更新手続きが行われていたとしても，前述の業務の内容や当事者間の言動等を勘案して，労働者が「更新を期待すること」に対して合理性があると認められるときには，同一の労働条件で契約の更新があったものとみなされる。実務では，「期待保護型」が問題となるケースが圧倒的に多く，裁判では，「２～３年更新すれば正社員にす

---

132 「日立メディコ柏工場事件」最一小判昭61・12・４判時1221号134頁。

るかのような言動があった」,「正社員と業務の内容が変わらない, 過去に雇止めされた事例がない」,「契約更新の上限が3年ということが周知されていない」,「新卒者が雇用されている」等の要素を重視して判断している。

いずれの場合も, 同一の労働条件で契約の更新があったものとみなされるのであって, 契約期間の定めがない労働契約に転化するわけではない。譲渡企業において, 雇止めが否認されるような事例があった場合, バックペイと同様, 当該労働者との従前の契約期間に対応する賃金総額を偶発債務と評価することになる。

② 休職期間満了に伴う退職（解雇）

「休職」とは, 最大公約数的にいえば, ある従業員について労務に従事させることが不能または不適当な事由が生じた場合に, 使用者がその従業員に対して労働契約関係そのものは維持させながら労務への従事を免除または禁止すること, と定義できる[133]。そして, 休職期間満了までに復職できなければ, 退職（合意解約）あるいは解雇されることになるが, 休職期間の満了を理由として退職させる場合, 休職命令が発令されていることが前提であり, 休職命令が発令されたことが確認できない場合には, 休職期間満了による退職を無効とした裁判例[134]もある。

休職期間や休職期間中の賃金等の処遇については各社多様であり, 期間の設定や賃金を支払うことも可能である。ただし, 組合専従休職者に対してまで, 賃金を支払うことが組合の自主性を阻害すると認められる場合には, 労組法7条3号の支配介入に当たるおそれがある。

また, 休職の種類については, 業務外の疾病により長期欠勤が一定期間に及んだときに勤続年数等に応じて一定期間の休職が認められ, 期間内に回復せずに復職できなければ退職または解雇となる「傷病休職（病気休職）」, 傷病休職以外の自己の都合による「事故欠勤休職」, そして, 刑事事件に関し起訴され, 判決確定までの期間を休職とする「起訴休職」などがある（**図表3－16**）。

133　菅野＝山川・前掲注⒂699頁。
134　「北港観光バス（休職期間満了）事件」大阪地判平25・1・18労判1077号84頁。

図表3－16 休職の種類と内容

名称	内容
傷病休職 （病気休職）	業務外の疾病により長期欠勤が一定期間に及んだときに勤続年数等に応じて一定期間の休職が認められ，期間内に回復せずに復職できなければ退職または解雇となる。
事故欠勤休職	傷病以外の自己都合による欠勤（事故欠勤）が一定期間に及んだときに一定期間の休職が認められ，期間内に出勤可能とならなければ，退職または解雇となる。
起訴休職	刑事事件に関し起訴された者を一定期間または判決確定までの間休職とする。
出向休職	他社へ出向している期間を休職とする。
公職休職	議員等の公職に就任する期間を休職とする。
自己都合休職	海外等への留学期間を休職とする。
組合専従休職	労働組合に専従する期間を休職とする。
懲戒休職（出勤停止または自宅謹慎）	就業規則違反に対する制裁として労働者の就労を禁止する期間を休職とする。

　休職命令で問題となるのが，当該休職命令が休職事由に該当しないのに休職命令を発令したり，刑事事件で起訴されただけで，直ちに休職命令を発令したりする場合である。これら休職辞令が権利を濫用したものとして認められ無効となる場合は，休職期間中の賃金を受ける権利が生じることになり，当該未払い賃金を偶発債務と評価することになる（**図表3－17**）。

図表3－17 休職命令が無効となった裁判例

事件名	年月日	判旨
富国生命保険事件	平成7年8月30日 東京高裁 労判683号39頁	通常勤務に相当程度の支障をきたす場合に休職事由が認められるが，本件では休職事由が認められない。
日本冶金工業事件	昭和61年9月29日 東京地裁 労判482号6頁	沖縄返還協定反対闘争において，凶器準備集合罪で逮捕，起訴された労働者に対する保釈後に発令された起訴休職処分を無効とした。

　傷病休職の場合，休職期間中に傷病が治癒すれば復職することになり，治癒

せずに休職期間が満了となれば退職または解雇となるが，復職については，どの程度の健康状態に回復すれば治癒したことになり，復職を認めるかは，医師等の意見を参考とするが，最終的には労務提供を受領する使用者が判断することになる。実際には「うつ病」にもかかわらず，「抑うつ状態」や「心身疲弊」などと軽い症状に書き換えた診断書の提出もあることから，復職後に断続欠勤や不完全な労務提供がなされるなど問題になることが多い。また，労働者が復職を強く希望し，主治医の復職可能とする診断書があるにもかかわらず，使用者が合理的な理由もなく，復職を認めず休職期間満了により退職させたりした場合には，退職した労働者が不当解雇であると主張し，訴訟に発展することがある。

　また，片山組事件最高裁判決[135]以降，職種限定契約でない傷病休職した労働者に対し，その健康状態により，他に配置可能な業務があり，本人もそれを望んでいるにもかかわらず，それを認めず休職辞令を継続する場合において裁判では，当該休職期間中の賃金請求権を認めている。

　このように職種限定契約でなく，現実的に配置可能な業務の有無を検討せず，退職扱いとした場合，無効となりバックペイが生じるおそれがあり偶発債務として評価することになる（**図表３−18**）。

図表３−18 復職を認めず退職（解雇）したケースが無効となった裁判例

事件名	年月日	判旨
東海旅客鉄道事件	平成11年10月４日 大阪地裁 労判771号25頁	病気休職期間満了後の退職で，復職の意思があり，職種限定契約でなければ，現実的に配置可能な業務の有無を検討することが必要。当該事件はこれを検討せず，退職扱いを無効とした。
キヤノンソフト情報システム事件	平成20年１月25日 大阪地裁 労判960号49頁	休職期間満了前に復職可との診断書を提出し，復職を申し出たが，負担軽減措置や他部門への就労可能性を考慮した事情がうかがえず，退職扱いを無効とした。

　また，休職期間満了の退職は，実質的には「解雇」とみなす余地があり，労

135　最一小判平10・10・９労判736号15頁。

災認定の有無にかかわらず，当該傷病に業務との起因性が認められた場合，「解雇」として労基法19条の類推適用を認められ，解雇が制限されることもある。したがって，メンタルヘルス不調者の休職期間満了による退職については，当該疾病が労災として認定されていなくとも，業務との起因性が認められるケースでは，解雇制限期間での解雇と判断されることもあるので，可能な限り休職と業務との因果関係を調査する必要がある。

③　定年後の再雇用拒否

　65歳未満の定年の定めをしている事業主は，65歳までの安定した雇用を確保するため（高年齢者雇用確保措置），①定年の引上げ，②継続雇用制度の導入，③定年制の廃止のいずれかを講じなければならない（高年齢者雇用安定法９条１項）。なお，事業主に課せられているのは65歳まで雇用を継続する制度を導入する義務であり，個々の労働者に対して直接65歳まで雇用関係を維持する義務が課せられているわけではない。

　しかし，高年齢者雇用安定法９条１項で定める高年齢者雇用確保措置に違反した事業主に対しては，厚生労働大臣は，必要な指導および助言をすることができ（同法10条１項），指導または助言をしても，なお違反している場合には勧告し（同法10条２項），勧告しても従わなかったときは，企業名を公表することができる（同法10条３項）とされている。

　これら３つのうち実際に最も多く採用されているのは「継続雇用制度」である。

　継続雇用制度は，現に雇用している者が定年後も就労することを希望するときは引き続き雇用する制度であるが，かつては労使協定により対象者を定めて選別することも可能とされていた[136]。

　高年齢者雇用安定法９条１項が労働者に対して65歳まで雇用される権利を保障したものであり私法的効力が認められるかについて裁判[137]では，「高年法第９条は，労働者に事業主に対する継続雇用制度の導入請求権ないし継続雇用請求権を付与した規定（直截的に私法的効力を認めた規定）とまで解することは

136　2013年４月から2025年４月までの経過措置として，12年かけて段階的に廃止される。
137　「NTT西日本事件」大阪高判平21・11・27労判1004号112頁。

できない。仮に同条項によって事業主に作為義務があるとしても，その作為内容が未だ抽象的で，直ちに私法的強行性ないし私法上の効力を発生させる程の具体性を備えているとまでは認めがたい。同法には同条第1項の義務に違反した場合について，労基法第13条のような私法的効力を認める旨の明文規定も補充的効力に関する規定もない」と判示している。

高年齢者雇用安定法9条1項に私法的効力が認められないとしても，雇用継続されるという期待権に合理的な理由が認められ，企業に雇用終了することに客観的に合理的で社会通念上相当といえる事情が認められない場合には，雇止め法理を援用しつつ，解雇権濫用法理（継続雇用を不承諾）を類推適用し，補充的解釈を行い，雇用継続を認めた判例[138]もある。

なお，労務DDの場面で，定年後再雇用を拒否していた者が判明した際，当該労働者が心身の故障や勤務状況の著しい不良など就業規則に定める解雇事由または退職事由に該当せず，再雇用基準を満たしており，本人が継続雇用を望んでいるにもかかわらず，再雇用拒否に客観的に合理的で社会通念上相当といえる事情が認められない場合の偶発債務を慰謝料として評価することが考えられる。

日本ニューホランド事件[139]は，Xを中央執行委員長とするA組合（会社と対立路線）と，多数派組合のB組合（会社と協調路線）があり，両組合は，別個に，団体交渉を行い，労働協約を締結していた。Xは定年後の再雇用を希望すると申し出たが，会社は再雇用できないと通知した事案である。裁判所では「再雇用契約は，定年退職した従業員が新たに締結する雇用契約であり，雇用契約において賃金の額は契約の本質的要素であるから，再雇用契約においても当然に賃金の額が定まっていなければならず，賃金の額が定まっていない再雇用契約の成立は法律上考えられない。そして，Y社は，Xとの再雇用契約締結を拒否しており，再雇用契約における賃金の額について何らの意思表示もしていないのであって，仮に本件再雇用拒否が無効であるとしても，XとY社の間で締結される再雇用契約における賃金の額が不明である以上，XとY社との間に再雇用契約が成立したと認めることはできない。」とし，再雇用契約の成立

---

138 「津田電機計器事件」最一小判平24・11・29労判1064号13頁。
139 札幌高判平22・9・30労判1013号160頁。

を否定した。しかし、「本件再雇用拒否はそれまで対立路線を歩んできたろう Xに対して不利益を与えることを目的としてなされたものと強く推認され、そのような目的でなされた本件再雇用拒否は権利の濫用に該当し、かつ不法行為にも該当する」として、再雇用拒否の違法性の程度、再雇用契約が締結された可能性の程度、再雇用契約が締結された場合にXが取得できたと推認される経済的利益の額およびその額を取得することができなくなったことによるXの精神的苦痛の程度等を総合考慮して500万円の慰謝料を認めた[140]（民訴法248条）。

　当該ケースのように慰謝料が認められる場合の偶発債務の算定については、金銭で評価することが困難であるため「偶発債務がありうる」旨に留めて報告することになる。

　一方、継続雇用されたと仮定し、当該雇用期間中の賃金を偶発債務と評価することも考えられる。

　高年齢者雇用安定法9条1項に私法的効力が認められないとしても、雇用継続されるという「期待権」に合理的な理由を認めた津田電機計器事件では、「会社の定めた継続雇用契約基準を満たす労働者には、定年後も雇用が継続されるものと期待することには合理的な理由があるとし、会社がその労働者に対して継続雇用基準を満たしていないとして継続雇用規定に基づく再雇用をしないことは、他にこれをやむを得ないものとみるべき特段の事情もうかがわれない以上、客観的に合理的な理由を欠き、社会通念上相当であると認められないとした上で、高年齢者の職業の安定その他福祉の増進を図ることを目的とする高年法の趣旨に鑑みて、定年後も本件継続雇用規定に基づき、再雇用されたのと同様の雇用関係が存続しているものとみるのが相当であり、その期限や賃金、労働時間等の労働条件については本件規程の定めに従うことになるものと解される」と判断している。

　このように地位確認が認められるケースでの労務DDにおいては、譲渡企業の再雇用者が適用される就業規則を基に継続雇用されたであろう期間の賃金を算出し、偶発債務として評価することになる。

140　民事訴訟法248条は、損害賠償請求事件で賠償責任の認められる場合において「損害の性質上その額を立証することが極めて困難であるとき」に裁判所は、「弁論の全趣旨及び証拠調べの結果に基づき、相当な損害額を認定することができる」と規定している。

第3章　偶発債務の調査項目　261

④　継続雇用後の雇止め

　高年法が65歳までの雇用確保措置を求めていることを踏まえ，定年後の再雇用者に，65歳まで契約が更新されるとの期待権が認められた場合，労契法19条2号の「当該労働者において当該有期労働契約の契約期間の満了時に当該有期労働契約が更新されるものと期待することについて合理的な理由があるものであると認められる」に該当するものと考えられる。当該期待権が認められる者を雇止めする場合には，客観的合理性および社会的相当性が必要であり，これらが認められなければ，労働者の更新の申し込みに対し，「使用者は従前の有期労働契約の内容である労働条件と同一の労働条件で当該申込みを承諾をしたものとみなす」（同条柱書）が類推適用されると思われる。

　フジタ事件[141]は，定年退職後の継続雇用を拒否，あるいは継続雇用の更新を拒否したことは違法であるとして，会社に対し，労働契約上の権利を有する地位の確認等を求めた事案である。これに対して，裁判所では「その他の事情（経営不振による雇用継続の困難性等）によって，雇用の継続が困難であると認められる客観的に合理的な理由があり，雇い止め等が社会通念上相当であると認められる場合には，継続雇用しないことも許されると解するのが相当である」と規範を定立し，「Yにおいては会社存続に当たって人員削減の必要性が高度に認められ，Yは，希望退職の募集や役員報酬，賃金の減額等の人員削減を回避すべく一定の措置を講じており，団体交渉等において説明するとともに，一定の譲歩案を提案したこと等の事情を総合的に勘案すると，Yが行った本件雇い止め等には客観的に合理的な理由があり，社会通念上相当であると認めるのが相当である。そうすると，XらとYとの間には雇用契約が存在するとはいえないから，XらがYに対し労働契約の権利を有する地位があるとはいえない」と判示した。

⑤　65歳から70歳までの高年齢者就業確保措置違反

　65歳までの高年齢者雇用確保措置に加え，高年法の改正により，65歳から70歳までの就業機会を確保するため，「高年齢者就業確保措置」として，以下の

141　大阪地判平23・8・12労経速2121号3頁。

262

いずれかの措置を講ずる努力義務が新設された（令和3年4月1日施行）。

---

① 70歳までの定年引き上げ
② 定年制の廃止
③ 70歳までの継続雇用制度（再雇用制度・勤務延長制度）の導入
　（特殊関係事業主に加えて，他の事業主によるものを含む）
④ 70歳まで継続的に業務委託契約を締結する制度の導入
⑤ 70歳まで継続的に以下の事業に従事できる制度の導入
　a．事業主が自ら実施する社会貢献事業
　b．事業主が委託，出資（資金提供）等する団体が行う社会貢献事業

　実務では，今までの雇用契約から，④の業務委託契約に切り替えることで，本人は老齢年金を満額受給することができ，また，企業においても社会保険料の負担がなくなることから，選択する企業が多いように思われる。

　また，事業主に課せられているのは65歳から70歳までの高年齢者就業確保措置のいずれかを導入するよう努めることであり，個々の労働者に対して直接70歳まで就業確保する義務が課せられているわけではないが，厚生労働大臣は，①から⑤までの高年齢者就業確保措置の実施・運用について「高年齢者就業確保措置の実施及び運用に関する指針」を定め（同条6条），必要があるときには指導・助言および計画の作成・変更の勧告をすることができる（同法10条の3）としている。

　65歳定年後の再雇用拒否や70歳までの更新拒否の争いについて，尚美学園事件[142]では，定年が65歳であったが事実上70歳が定年になるよう運用されており，この運用を変更するというのであれば，その具体的内容，実施時期，周知方法等について議論・検討をした上，運用・方針の変更について，事前に教員らに開示して理解を得るなどの手順を踏むことが必要であったとした。そして，大学側においてそうした説明をしたという的確な証拠はなく，65歳定年制を厳守することとしたという記録は平成26年2月のことであることを指摘し，さらに，70歳に達する前に契約を更新しなかった例がないのだから，これは70歳になるまで特別専任教員としての労働契約が更新されるとの期待をもたらすと判

142　東京高判平29・9・28判例集未登載。

示している。

70歳までの継続雇用後の雇止めがなされたケースでの労務DDにおいては，当該雇止めには客観的に合理的な理由があり，社会通念上相当であると認められるか検討し，認められない場合には，通常の雇止め同様に当該対象期間中の賃金を算出し，当該賃金を偶発債務として評価することになる。

4　取締役・個人請負型就業者の労働者性

会社の取締役は，会社との間に委任契約[143]が成立している（会社法330条）。また，個人請負型就業者[144]は，会社との間に業務委託契約[145]が成立している。ともに労働契約ではないので，取締役も個人請負型就業者も労働者に該当せず，よって，彼（彼女）らは労働法の保護を受けることはない。しかし，形式的に会社と委任契約や業務委託契約を締結していても，実質的に会社と使用従属関係が認められる場合には，労働契約が締結されていたとみなされ，取締役や個人請負型就業者は労基法上の労働者として身分が保障されることになる。

個人請負型就業者が労基法上の労働者に該当するか否かの判断基準については，裁判例における労働者性の判断基準を整理・分析した昭和60年12月19日の労働基準法研究会第一部会（座長：萩澤清彦）の報告書が参考になる。同会の報告書によると，労基法上の労働者の判断については，「使用される者＝指揮監督下の労働」という労務提供の形態と「賃金の支払い」という報酬の労務に対する対償性の2つの基準を用い，次の要素を事例に当てはめて判断するという。

1．使用従属性に関する判断基準
① 仕事の依頼に対する諾否の自由の有無

143　委任契約の場合，受託者は，一定の事務の処理を目的とし，誠実に事務を処理する義務を負い，その義務を果たさない場合，過失責任を問われる。
144　一般に「フリーランサー」，「個人業務請負」，「インディペンデント・コントラクター」等と呼ばれている。顧客が個人ではなく，企業等の法人であり，従業員を雇用していない点で「自営業者」とは異なる。
145　請負契約の場合，受託者は，仕事の完成を目的とし，過失の有無を問わず，完成したはずの仕事に瑕疵があった場合には瑕疵担保責任を負う。なお，報酬の請求には仕事の完成・引き渡しが必要となる。

② 業務遂行上の指揮監督の有無
③ 通常予定されている業務以外の業務に従事することがあるか
④ 場所および時間に対する拘束性の有無
⑤ 労務提供の代替性の有無（本人に代わって他の者が労務提供を行うことが認められているか）
⑥ 報酬の性格が使用者の指揮監督下に一定時間労務を提供していることに対する対価と判断されるか否か
２．労働者性の判断を補強する要素
① 事業者性の有無（機械・器具の負担関係，報酬の額，業務遂行上の損益・危険負担関係）
② 専属性の程度
③ その他，採用，委託等の選考過程，給与所得としての源泉徴収，労働保険の加入，服務規律の適用等

したがって，これらの要素を基準（特に１の①，②，④を重視）として，対象会社の個人請負型就業者との関係を調査する必要がある。労働性が認められた場合には，労働法の保護を受けることになり，時間外労働等に対する賃金の未払い問題のみならず，労働・社会保険の未加入問題も浮上することになる[146]。

本節では，取締役および個人請負型就業者と会社との関係において，これらの者に対して，労働契約関係が認められ，労働者性を有すると解せる場合，どのような労務リスクが顕在化するのかを指摘する。

取締役・個人請負型就業者の労働者性

＜Ａ社＞
太郎は使用人兼務役員であり，取締役に対する対価として役員報酬月額30万円，

---

146 野中・前掲注(85)127頁。

工場長の職責に対する対価として基本給月額40万円が支給されていた。工場長とはいえ，就業時刻は厳格に管理され，また，ラインのスタッフに欠員が出ると自ら他のスタッフと同様に作業を行うことも日常的であった。1カ月60時間程度は残業していたが，取締役ということで，経営者と一体的な立場であることを理由に残業手当は支給されていない。従業員の教育や人事評価については太郎が行っていたが，正規従業員の採用については権限がなく，A社の人事部長が行っていた。取締役会に参加することもなく，福利厚生も他の従業員と比べて，優遇されているわけではない。

＜A社の調査結果＞

A社と太郎とは委任契約関係と労働契約関係が併存する関係である。取締役の地位を有すれば，自動的に労基法上の管理監督者とみなすことにはならないので，労働契約関係について，労基法上の管理監督者に該当するか否か実態に応じて検証する必要がある。労基法上の管理監督者については，①経営者と一体的な立場であったか，②労働時間の裁量権は有していたか，③相応の処遇を受けていたかが判断基準になる。

太郎の場合，従業員の教育および人事評価を行っていたが，正社員の採用権は人事部長が有しており，また取締役会にも参加しておらず，経営者と一体的な立場であったとはいえない。また，労働時間についても制約があったことから，労基法上の管理監督者には当たらず，時間外労働に対する割増賃金を支払わなければならないものと解する。したがって，少なくとも基本給の40万円について，1カ月所定労働時間の173時間で除して時間外労働割増率を乗じた金額に1カ月の時間外労働である60時間および賃金請求時効である3年（36カ月）を乗じて求められる6,242,400円（40万円÷173時間×1.25×60時間×36カ月）が偶発債務となる。

＜B社＞

次郎は取締役情報開発部長である。入社以来20年間，情報開発部へ配属され，5年前に情報開発部長を拝命，4年前には取締役にも就任し，取締役情報部長という地位を得た。しかし，取締役に就任後も，社長から指示された仕事内容は就任前と同一であり，取締役就任時点で退職金は支給されなかった。給料については，従前は基本給30万円，役職手当20万円が支給されていたが，就任後は，役員報酬として60万円と10万円アップしたものの，賞与は支給されないため，従前の年収とほとんど変わらなかった。また，就任後も1カ月30時間程度は残業していたが，取締役でもあり，経営者と一体的な立場であるとして，残業手当は支給されていなかった。

＜Ｂ社の調査結果＞

従業員だった者が取締役に就任した場合における取締役の労働者性について，主な判断の基準は，取締役就任前後の仕事内容が異なるか否か，取締役就任時に労働者に対しての退職金を受領し，労働者としての地位が清算されているかどうかが重視される。

次郎の場合，４年前に取締役に就任したが，社長から指示された仕事の内容は変わらず，また，労働契約関係の終了を基礎づける退職金も支給されていない。したがって，労働者としての地位が清算されておらず，継続しているものと解せることから，労働者性が認められ，時間外労働に対する割増賃金の支給問題が浮上する。仮に，次郎が労基法上の管理監督者に当たらなければ，１カ月30時間および賃金請求時効である３年（36カ月）を乗じて求められる4,681,800円（60万円÷173時間×1.25×30時間×36カ月）が未払い賃金であり簿外債務となる。

＜Ｃ社＞

不動産の販売業を営むＣ社（平均所定労働時間は173時間）は３年前から「インディペンデント・コントラクター[147]制度」を営業部門に採用していた。65歳の定年を機にこれに応募した三郎は，労働契約から販売代行契約に切り替わることに伴い，雇用保険，健康保険，厚生年金保険を脱退し，国民健康保険および国民年金に加入した。Ｃ社からは，売上の30％を販売代行手数料（最低保障時給2,500円）という名目で支給され，三郎の名刺代金や営業活動に伴う旅費交通費等もＣ社が負担していた。

実態の販売代行活動は，Ｃ社の営業部長の指示によって，Ｃ社が販売する新築戸建て住宅の販売のみ行うよう命令され，朝礼，営業会議，商品研究会等の参加も義務づけられていた。出退社時刻も従前と同様で，１カ月50時間程度の残業も行い，遅刻した場合１回につき1,000円，欠勤した場合には１回につき１万円を販売代行手数料から控除する旨契約に記載されていた。

＜Ｃ社の調査結果＞

労働基準法上の労働者の判断は，「使用従属性」の有無がポイントである。使用従属性とは，①仕事の依頼に対する諾否の自由があるか否か，②業務遂行上の指揮監督の有無，そして，③場所および時間に対する拘束性の有無が主な判断基準であり，事例に当てはめて検討することになる。三郎の場合，①Ｃ社が決めた

147　労働契約ではなく，請負契約や委託（委任）契約を企業と結んで活動する独立・自立した個人事業主であり，業務のアウトソーシングの形態の１つである。

キャンペーン商品を重点的に行うよう命令され，②営業部長の指示により販売活動を行い，③出退社時刻等も厳格に決められていた。

労働者性の判断を補強する要素については，給与として支給されていたわけではないが，営業活動に伴う費用をＣ社が負担していたことから，三郎の事業者性が高いとはいえない。

したがって，Ｃ社と三郎の関係は，労働契約関係と解するのが妥当であり，三郎が労基法上の労働者としてみなせるので，１カ月50時間および賃金請求時効である３年（36カ月）を乗じて求められる5,625,000円（2,500円×1.25×50時間×36カ月）が時間外労働に対する未払い賃金であり簿外債務となる。

さらに，労災・雇用保険および健康保険・厚生年金保険にも強制加入になるので，それぞれの保険料徴収消滅時効である２年分を計算すると，労災保険料40,012円（{2,500円×173時間×24カ月＋5,625,000}　×2.5/1,000），雇用保険料248,077円（{2,500円×173時間×24カ月＋5,625,000}　×15.5/1,000），健康保険料1,053,888円（43,912円×24カ月），そして厚生年金保険料1,932,480円（80,520円×24カ月）が未払い保険料となり，時間外労働にかかる未払いの割増賃金と併せて，8,899,457円が偶発債務として認められる。

解　説

(1)　取締役の労働者性

取締役は，全く労働者性がない取締役，一部労働者性がある取締役，取締役とはいえない取締役の３つに区別できる[148]。

まず，全く労働者性がない取締役とは，会社とは委任契約のみの関係で，実態においても使用従属関係がない取締役であり，そのような取締役は労基法上の労働者ではない[149]ので，労務DDの対象者にはならない。

次に，一部労働者性がある取締役とは，法人のいわゆる重役で代表権を持たない者が，工場長，部長の職にあって賃金を受ける場合，その限りにおいて労基法９条に規定する労働者[150]となる取締役である。これを「使用人（従業員）兼務取締役」という。例えば，取締役兼工場長や取締役兼営業部長等のように

148　野中・前掲注⑧129頁。
149　昭23・１・９基発14号，昭63・３・14基発150号，平11・３・31基発168号。
150　昭23・３・17基発461号。

会社との間には，委任契約と労働契約が併存している関係である。すなわち，使用従属関係が完全に排除されておらず，委任による対価が役員報酬として，また，労働に対する対価が基本給として峻別して支給されている[151]。このような場合，一部労働者性がある取締役となる。この労働者性がある部分について，時間外労働が行われた場合，労基法上の管理監督者に該当しないかぎり，使用者には割増賃金の支払い義務が生じることになる。

　そして，取締役とはいえない取締役とは，長年勤務している労働者が退職金の清算もなく，取締役に就任するようなケースであり，今までの職務の内容が同一で，処遇も変わらず，取締役会にも出席しないような場合，労働者性の有無が疑われる。このようなケースは，中小企業において散見されるが，労働者としての労働法の保護を受けることになりかねない。労基法上の労働者として認められる取締役が，時間外労働を行っていたならば，労基法上の管理監督者に該当しないかぎり，使用者には割増賃金の支払い義務が生じることになる。

　取締役に対し，労基法上の労働者性の有無が争われた裁判[152]では，「原告は，被告において，当初は常務取締役として，後には代表取締役専務として，ホテルの現場の支配人等に対し業務通達を行ったり，課長ら従業員からの提案等に対し決裁を行ったり，あるいは被告の収支につき責任を負うなど，被告の業務及び営業という実務面を統括する役付（代表）取締役として業務執行にあたっていること，原告は取締役会に取締役として出席し，代表取締役に選任された後は，対外的にも代表者として業務執行行為をしていること，原告が被告から受領していた金員は，従業員のそれとは異なり，給与規程に定められた役職手当，家族手当，調整給等の区分が存せず，金額自体も従業員の賃金より相当程度高額であること，右金員は，原告が被告の代表取締役専務に就任した後まで，A会社から支払がなされていたこと，原告が被告の代表取締役を辞任する際も，（代表）取締役としての辞任届を提出するのみで，従業員としての辞任届出等は提出していないし，また，その提出が求められてもいないこと，原告は被告以外の会社についても常務取締役や取締役に就任していたこと，雇用保険料についても，当初は控除されていたものの，後にこれの控除もなくなっているこ

151　役員報酬よりも基本給が高い場合，雇用保険法上の被保険者に該当することになる。
152　「美浜観光事件」東京地判平10・2・2労判735号52頁。

と，原告は，勤務場所及び勤務時間の指定を受けておらず，勤怠管理を受けていなかったことなどの事情が認められるのであって，これらの諸事情を総合考慮すると，原告が被告との間で使用従属関係にあったとはこれを認めることができない」とし，前述の労働者性の判断基準とほぼ同じ基準を用いて判示している。

また，他の裁判[153]では，「取締役に就任した際に，それまでの退職金の支給を受けているが，右退職金の支給は，それまでの債権者の労働の対価としてその清算を行ったものである。したがって，債権者は，従業員の地位を喪失することを前提に右退職金を受領したものである」とし，取締役就任時に退職金を受領し，従業員としての地位が清算されているか否かも労働者性の判断要素として重視している。なお，労働者性が認められた場合，労働保険についても強制的に被保険者となるため，労働保険料の未納分について徴収時効である２年分の保険料を算出し，偶発債務として認識することになる。

(2)　個人請負型就業者の労働者性

パートタイム労働者，有期雇用労働者，派遣労働者等の非正規労働者への待遇改善や雇用安定の法的要請が高まると，そもそも「非雇用」労働者として労働法規の適用を受けず，社会保険料の使用者負担も求められない自営業者の形式を利用して，コスト削減や雇用調整をしようとする動きが広がることが，EU諸国の経験等からもうかがえる[154]。

実際，業務委託契約等の形式で取引を行うフリーランスについて，内閣官房日本経済再生総合事務局が2020年２月〜３月に実施した「フリーランス実態調査」によると，フリーランスは，402万人（本業214万人，副業248万人）と試算されている。

労務DDで問題になるフリーランス等の個人請負型就業者については，労働契約から業務委託契約へ転化するケースにおいて，労働者性が認められ，偶発債務を指摘する場合が多い。例えば，65歳から70歳までの「高年齢者就業確保措置」の１つである「70歳まで継続的に業務委託契約を締結する制度」を導入

153　「佐川ワールドエクスプレス事件」大阪地判平７・10・６労判684号21頁。
154　水町・前掲注㊿463頁。

した場合，指揮命令性が皆無で業務遂行のために必要な費用をすべて個人が負担することが明白な関係であれば，労働者性は認められず，労務DDにおいて問題ない。しかし，事例のように，営業職に従事していた者に対して，労働者としての関係を終了して，個人請負型就業者として販売代行契約に移行するケースでは，形式的に契約上では請負契約であっても，実際には従前と同様に仕事の依頼に対する諾否の自由がなく，上司からの指示命令により業務が行われ，場所および時間的な拘束を受ける場合では，労働者性が認められ労基法上の労働者として保護されることになる。労働者性が認められた個人請負型就業者が，時間外労働を行っていたならば，労基法上の管理監督者に該当しないかぎり，使用者には割増賃金の支払い義務が生じるおそれがある。

　さらに，個人請負型就業者に対し，労働者性が認められた場合，未加入であった労働保険（労災保険・雇用保険）および社会保険（健康保険・厚生年金保険）についても，強制的に被保険者となるため，労働保険料および社会保険料の未納分について最長2年遡及して保険料を算出し，偶発債務として認識することになる。

　令和6年4月1日より，自動車運転の業務においても時間外労働の上限規制が適用されたことに対して，当該規制を潜脱するため業務委託契約に切り替えることも考えられる。しかし，形式だけ業務委託契約であっても，実態として労働契約であれば，労働法制の適用を受けることになる。運転代行業務を業務委託契約に基づいて行っていた原告が，当該業務は労働契約に該当すると主張して，未払いの割増賃金の支払いを求めた日本代行事件[155]では，「ドライバーである原告は，出社する日を自由な意思で決定することができるとされていたものであり，原告らが出社を希望したにもかかわらず，被告から出社を拒否されたあるいは原告らの意思に反して出社を命じられたというような事情はうかがわれない。また，同従業員はタイムカードを打刻することとされているのに対し，原告らを含むドライバーはタイムカードを打刻することとされていない。そうすると，原告らを含むドライバーは出社するか否かを自らの意思で自由に決定することができていたものであり，また，労働時間も把握されていなかっ

155　大阪地判令2・12・11労判1243号51頁。

たものであるから，勤務日・勤務時間について拘束されていなかったということができる。

　次に，原告らを含むドライバーは，番号札を取ったり，運転代行業務に使用する車両を手に入れるため最初に被告事務所に赴いたりする必要があるが，その後は，被告の事務所で待機して打診を待つことも，歓楽街等で打診を待つことも自由であったのだから，勤務場所についても拘束されていなかったということができる。

　第三に，原告らを含む各ドライバーは被告からの打診を受けて運転代行業務に従事するところ，どのような経路で顧客の指定する場所まで赴くか，運転代行業務終了後，どこで待機するか，待機場所まで戻る際に高速道路を使用するか否かなどは各ドライバーが自由に決めていたものである。そうすると，運転代行という業務の遂行方法について，被告から各ドライバーに対する個別具体的な指示はなされていなかったということができる。

　第四に，原告らを含むドライバーが出社日を自由に決定することができていたことからすれば，原告らを含むドライバーはある日について業務を受けるか否かの諾否の自由を有していたといえる。

　第五に，各ドライバーの事情（例えば，被告での業務が副業であった場合，本業の出勤時間との兼ね合いなどが想定される）から，一定の時間になれば自らの意思で以降の運転代行業務に従事しないこととするなどという諾否の自由を有していたことがうかがわれる。

　第六に，被告が，原告らを含むドライバーに対して支払う報酬は，運転代行業務の売上額に応じてその金額が決まる完全歩合制となっていたものであるから，労務提供時間の長さとは無関係なものであったといえる。そうすると，原告らが支払を受ける報酬は，労務対償性が弱かったことになる。

　第七に，被告は，各ドライバーに報酬を支払うにあたって，社会保険料及び公租公課の控除を行っておらず，事務室の談話室のトイレ横に紙を貼って，運送業一人親方特別加入を案内したり，確定申告の相談窓口として，税理士事務所を紹介したりするなどしているところ，これらの事情も報酬の労務対償性がなかったことをうかがわせる事情であるといえる。

　そして，被告で運転代行業務に従事するドライバーは，副業として従事して

いる者が多かったことがうかがわれ，そうであれば，被告で運転代行業務に従事していたドライバーには専属性がなかったことになる。

以上を総合考慮すれば，本件において，原告らが，被告の指揮命令に従って労務を提供していたと評価することはできないから，原告らと被告との契約が雇用契約であったということはできない。」と判示している。

5　労災民訴

労基法は，労働者が業務上負傷，疾病，死亡した場合，使用者の過失の有無にかかわらず，法定された給付を行う義務を使用者に課している。この義務については，労働者災害補償保険法（以下，「労災保険法」という）の労災保険に強制加入[156]することで免責されることから，保険給付を受ける労働者ではなく，免責の利益を受ける事業主が労災保険料[157]を全額負担している。

ただし，労働災害によって損害が発生した場合，使用者に故意・過失，不法行為責任や安全配慮義務違反があると，刑事上および民事上の責任を問われることがある。

この刑事上の責任とは，労働安全衛生法等の労働安全衛生法規に違反し，労災を防止するための諸規定を遵守していなかった場合，7年以下の懲役や300万円以下の罰金が科せられることや，業務上必要な注意を怠ったことにより，労働者を死亡させた場合，刑法211条により5年以下の懲役もしくは禁錮または100万円以下の罰金に処せられること等である。

そして，民事上の責任とは，被災労働者等に対する労災保険制度でカバーされない損害に対する賠償責任であり，精神的損害（慰謝料），積極損害（労働災害によって被災者が支出するもの。入院雑費，付添看護費等），消極損害（労働災害がなければ得られたであろう利益。後遺障害逸失利益，死亡逸失利益），および休業損害（労災保険で補てんされない収入部分）等がこれに当た

156　国の直営事業・官公署の事業（非適用事業）および，個人経営の労働者数5人未満の農林水産業（暫定任意適用事業）を除く。

157　1年間に支払われる賃金総額に事業の種類ごとに定められた保険料率を乗じた額（労働保険料徴収法11条）。

第3章　偶発債務の調査項目　**273**

る。これらの損害について，使用者に故意・過失や安全配慮義務違反が認められると，被災者やその遺族の請求（労災民訴という）により，民事上の損害賠償義務を負うことになる[158]。

　特に，心理的負荷（ストレス）に起因する労働災害に係る労災請求件数については，安全配慮義務の法定化（労働契約法5条）や過労死・過労自殺の労災認定基準の緩和の影響もあり，平成10年度には42件であったが，令和5年度には3,575件と急増しており，これに労災民訴も比例することがうかがえる。

　この使用者に対する損害賠償請求の法的根拠は，まずは民法709条「故意又は過失によって他人の権利又は法律上保護される利益を侵害した者は，これによって生じた損害を賠償する責任を負う」という不法行為責任が考えられる。しかし，不法行為による損害賠償請求は，消滅時効が損害および加害者を知った時から3年（民法724条）であり，かつ，被災労働者が使用者の過失の存在を立証する責任を負うことから，裁判[159]では，使用者は労働契約上の信義則に基づき，安全配慮義務を負うとして，使用者に民法415条「債務者がその債務の本旨に従った履行をしないとき又は債務の履行が不能であるときは，債権者は，これによって生じた損害の賠償を請求することができる」との債務不履行責任を問うことを認めた。なお，消滅時効については，民法改正（平成29年法律44号，2020年4月1日施行）により，「人の生命又は身体を害する不法行為による損害賠償請求権」について5年間とするとされた（同法724条の2）。

　債務不履行として被災労働者等が使用者に責任を追及する場合，損害賠償請求権の消滅時効は，民法166条1項により，「権利を行使することができることを知った時から5年」（同項1号）または「権利を行使することができる時から10年」（同項2号），さらに同法167条により，事故によって被害者が怪我をした場合のように「人の生命又は身体の侵害による損害賠償請求権」のときは，権利を行使することができることを知った時から5年であり，かつ，権利を行使することができる時から20年になる。したがって，譲渡企業で過去10年間または20年間における労働災害に係る民事上の責任の程度とアスベスト等の有害

158　これを労災保険制度と損害賠償制度の「併存主義」という。
159　「陸上自衛隊八戸車両整備工場事件」最三小判昭50・2・25民集29巻2号143頁（♯54），「電通事件」最二小判平12・3・24民集54巻3号1155頁（♯55）など。

物質の使用の有無を調査しておく必要がある。

なお，2020年4月1日に施行された民法の債権法改正の権利の消滅時効に関するルールは，施行日前に債権発生の原因である法律行為がされた場合には，その債権の消滅時効については，原則として改正前の民法が適用される。したがって，労災事故により債務不履行に基づく損害賠償請求権が施行日後に発生していても，法律行為（雇用契約）が施行日前にされているときは，改正前の民法が適用されるため，10年で消滅時効が完成することになる[160]。

労災民訴

＜A社＞

総務部門の太郎（30歳，年収400万円）は，昨年，棚の上にある空であるだろうダンボールを片手で取ろうとした際，資料が中に入っていたことを知らなかったため，バランスを崩し，ダンボールを支えることができず，ダンボールの角が右目のまつ毛周辺に当たり負傷した。当該災害は労災が認められ，2週間分の休業補償給付のみならず，被災で「まつ毛はげ」が半分くらいできてしまったため，障害等級の第14級に該当し，56万円の障害補償一時金および8万円の障害特別支給金を受給していた。なお，太郎に対して会社は見舞金など支給していない。

＜A社の調査結果＞

A社では地震災害や危険防止の観点から棚の上に置くダンボールの中には資料を入れすぎてはいけないとの暗黙のルールがあったが，従業員に対して，そのような安全教育を行った形跡もなく，周知・徹底されているとはいえず，十分な防止措置を取っていなかった。したがって，当該労働災害に対し，安全配慮義務を果たしていたとはいえず，民事上の損害賠償責任（休業補償，後遺障害逸失利益および後遺症慰謝料）は免れないものと判断できる。

A社の負担する休業補償については，休業2週間のうち，労災保険でカバーできなかった部分，すなわち，（給付基礎日額×3日＋給付基礎日額×0.4×11日分）

---

160 法務省「民法の一部を改正する法律の概要」経過措置4頁事例4。

から求めることができる。56万円の障害補償一時金が支給されていることから，これを56日で除すと，給付基礎日額は10,000円であることがわかるから，上記の計算式に当てはめると，休業補償額は74,000円（＝10,000円×３日＋10,000円×0.4×11日分）となった。

後遺障害逸失利益については，（年収×労働能力喪失率×ライプニッツ係数）により求めることができるから，当該計算式で算出した結果，4,433,440円（＝400万円×５％×22.1672）となる。また，後遺症慰謝料については，弁護士会の基準表を参考とすると，障害等級第14級に該当するので，110万円となり，これに休業補償の74,000円と後遺障害逸失利益の4,433,440円を合計すると，損害賠償額は5,607,440円となった。

ただし，太郎もダンボールには資料が入っているかもしれないとの危険予知を欠き，かつ，片手でダンボールを取ろうとした軽率な行為が認められたので，類似の裁判例[161]を参考にすると，その過失割合を２割とするのが妥当と判断し，控除前相殺の方法 ｛＝（休業補償＋後遺障害逸失利益＋慰謝料）×過失割合－特別支給金を除く労災保険給付金｝ で計算した結果，3,925,952円（＝5,607,440円×80％－56万円）となった。

したがって，3,925,952円を太郎に対する労災民訴の偶発債務として報告した。

＜Ｂ社＞

Ｂ社の営業部に所属する次郎（27歳，年収300万円）は，営業部長の花子のパワー・ハラスメントが原因で，うつになり，業務との関連性が認められて，治療代金と６カ月（180日）の休業補償が労災保険から支給された。さらに，職場に復帰したものの，軽微な業務は問題ないが，通常の業務に支障をきたすことから，障害等級の14級に該当し，44万８千円の障害補償一時金および８万円の障害特別支給金を労災保険から支給されていた。なお，次郎に対して会社は慰謝料として30万円を支払っている。

＜Ｂ社の調査結果＞

営業部長の花子はすぐに感情的になり，営業成績の悪い次郎を所構わず怒鳴りつけていた。さらに，他の部員に次郎と会話することを禁じたり，次郎だけ合理的理由もなく，営業会議に参加させなかったり，「いじめ」を繰り返していた。花子の直属の部下は，過去に精神的に病んで退職した者が３人いた。しかし，Ｂ社は花子に対して，何ら注意せず，また，社員の苦情を受け付ける相談窓口等も

---

161 「本田技研工業事件」東京地判平６・12・20労判671号62頁。

設置していなかった。したがって，当該労働災害に対し，Ｂ社は安全配慮義務を果たしていたとはいえず，民事上の損害賠償責任（休業補償，後遺障害逸失利益および後遺症慰謝料）は免れないものと判断できる。

休業補償については，休業180日のうち，労災保険でカバーできなかった部分，すなわち，（給付基礎日額×３日＋給付基礎日額×0.4×177日分）から求めることができる。448,000円の障害補償一時金が支給されていることから，これを56日で除すと，給付基礎日額は8,000円であることがわかるから，上記の計算式に当てはめると，休業補償額は590,400円となる。

後遺障害逸失利益については，（年収×労働能力喪失率×ライプニッツ係数）で求められるから，3,467,220円（＝300万円×５％×23.1148）と算出できる。また，後遺症慰謝料については，弁護士会の基準表を参考に障害等級第14級に該当するので，110万円となり，これに休業補償の590,400円と後遺障害逸失利益の3,467,220円を合計すると，損害賠償額は5,157,620円となった。

ただし，次郎も，病気が悪化する以前に，心療内科への受診を人事部長の五郎から何度も勧められていたにもかかわらず，これを拒んでいたこと，および，入社する前にストレス性疾患の受診歴があったことから，類似する裁判例[162]を参考にすると，その過失割合を３割とするのが妥当であろうと判断した。後遺障害逸失利益を控除後相殺の方法 ｛＝（休業補償＋後遺障害逸失利益＋慰謝料－特別支給金を除く労災保険給付）×過失相殺割合｝で再計算した結果，使用者の後遺障害逸失利益は，3,296,734円 ｛＝（5,157,620円－448,000円）×70％｝となった。

これに既に支払った慰謝料の30万円を控除した2,996,734円を次郎に対する労災民訴の偶発債務として報告した。

解　説

(1) 労災保険制度

労働者の業務上の負傷・疾病に対し，民法709条の不法行為として使用者に対して治療代金や休業による逸失利益等の損害賠償を請求することができる。ただし，不法行為の枠組みで損害賠償を請求する場合，被災労働者等が，使用者の故意・過失，使用者の行為と損害の因果関係の有無を立証する必要があり，また，仮に使用者の不法行為責任が認められても，使用者に資力がなければ，

162　「伊勢市消防吏員事件」津地判平４・９・24労判630号68頁。

第3章　偶発債務の調査項目　**277**

被災労働者等は損害賠償を受けられないおそれがあることから，被災労働者等を救済するために労基法および労災保険法でこれらをカバーしている。

　まず，労基法では，療養補償（75条），休業補償（76条），障害補償（77条），遺族補償（79条），葬祭料（80条）と，使用者の負担義務を明文化し，さらに，使用者の補償責任の履行を担保するために6カ月以下の懲役または30万円以下の罰金を定めている（119条）。

　次に，労災保険法は，同法3条1項により，非適用事業および暫定任意適用事業を除き，労働者を使用するすべての事業主に強制的に労災保険に加入させ，補償給付の上積みともいうべき特別支給金の支給や通勤災害[163]に対する給付等，労基法上の補償内容を上回る保険給付を国が保険者となって行っている（**図表3－19**）。

　労災保険法により保険給付が行われる場合，使用者は労基法上の補償責任を免責される（労基法84条1項）ため，労働災害において，労基法が登場する場面はほとんどない[164]。

　また，保険給付については，被災労働者等の立証の困難さを克服させるため，「業務上の」災害として認められさえすれば，使用者の無過失責任として補償がなされ，かつ，労働者の過失の有無も問わない[165]。この「業務上の」災害の判断基準については，「業務上の事故によって負傷・死亡した場合」と「業務に関連して疾病に罹患した場合」とでは基本的に異なる。

　業務上の事故によって負傷・死亡した場合，「業務遂行性」と「業務起因性」の2点から判断される。業務遂行性とは，具体的な業務の遂行中のみならず，労働者が事業主の支配ないし管理下にある状態をいい，業務起因性とは，業務

163　労務提供は持参債務とされ，債務者である労働者が費用等を負担することを原則とすることから，使用者には責任を問えず，通勤災害について，従来は労災保険給付の対象外であった。しかし，通勤事情の悪化による通勤災害の増加に伴い，昭和48年から労災保険法で通勤災害も保険給付の対象となった。したがって，今もなお，通勤災害は，労基法上の使用者責任は問われないため，通勤災害に係る労務DDは行う必要はない。余談だが，通勤災害に係る保険給付には使用者責任はないため「補償」という文言は使わない。

164　労基法上の災害補償が登場する場面として，休業補償の最初の3日間がある。労災保険給付は4日目からであり，労基法上の休業補償は初日から補償責任を課しているため，事業主は労働者の過失の有無を問わず，当該期間に係る休業補償の支払い義務を負う。

165　ただし，労働者の故意または重過失により発生した災害については，政府は保険給付を行わないことができる（労災保険法12条の2の2）。

図表3－19 労働基準法による災害補償と労災保険法による災害補償の対比

項　目	労働基準法	労災保険法
適用	労働者を1人でも使用していて業務災害が発生すれば事業主は補償しなければならない	強制適用事業所では保険給付されるが，任意適用事業所では保険に加入しなければ原則として保険給付はされない
特別加入	制度がない	中小企業主，一人親方，特定作業従事者，海外派遣者について保険給付が認められる
療養	療養の給付または療養費の支給	療養の給付が原則，療養費の支給は例外
休業	休業1日目から補償される（平均賃金の60％）	休業4日目から保険給付される（給付基礎日額の60％）
障害	すべて一時金の補償	1級から7級までは年金給付 8級から14級までは一時金給付
遺族	すべて一時金の補償	年金給付 年金の受給権者がいないときは一時金給付
葬祭	平均賃金の60日分	315,000円＋（給付基礎日額×30）または 給付基礎日額の60日分のうちいずれか高い額
長期	療養開始後3年経過時，一時金の補償（打切補償）	療養開始後1年6カ月経過時に傷病補償年金
物価スライド	休業補償	休業・障害・遺族給付その他転勤給付・その他一時金
通勤災害	補償されない	保険給付される
労働福祉事業	制度がない	1．社会復帰促進の事業 2．特別支給金その他の援護の事業 3．労働安全衛生の事業 4．適正な労働条件の確保の事業
費用の負担	全額事業主負担	1．事業主負担の保険料 2．通勤災害療養者の一部負担金 3．国庫補助あり

出所：山口浩一郎『労災補償の諸問題』12頁（信山社，増補版，2008）を著者が一部修正したもの。

第3章　偶発債務の調査項目　**279**

または業務行為を含めて，労働者が労働契約に基づき事業主の支配下にあることに伴う危険が現実化したものと経験則上認められることをいう[166]。したがって，実労働時間中に発生した労働災害のみならず，移動中や出張中における宿泊先など実際に業務を行っていない時間であっても，業務上の理由によりそのような状況に置かれていることから，これらの時間帯および場所における災害も業務上の災害として広く認められている。

　業務に関連して疾病に罹患した場合（職業病）の判断については，労基法75条の2項で「業務上の疾病及び療養の範囲は，厚生労働省令で定める」とあり，これを受け，労基法施行規則35条で「労基法75条第2項の規定による業務上の疾病は，別表第一の二に掲げる疾病とする」と医学的にみて業務に起因して発病する可能性が高い疾病を業務の種類ごとに類型的に列挙しており，これを基準としている。

図表3－20　別表第一の二

一　業務上の負傷に起因する疾病
二　物理的因子による次に掲げる疾病
　　1　紫外線にさらされる業務による前眼部疾患又は皮膚疾患
　　2　赤外線にさらされる業務による網膜火傷，白内障等の眼疾患又は皮膚疾患
　　3　レーザー光線にさらされる業務による網膜火傷等の眼疾患又は皮膚疾患
　　4　マイクロ波にさらされる業務による白内障等の眼疾患
　　5　電離放射線にさらされる業務による急性放射線症，皮膚潰瘍等の放射線皮膚障害，白内障等の放射線眼疾患，放射線肺炎，再生不良性貧血等の造血器障害，骨壊死その他の放射線障害
　　6　高圧室内作業又は潜水作業に係る業務による潜函病又は潜水病
　　7　気圧の低い場所における業務による高山病又は航空減圧症
　　8　暑熱な場所における業務による熱中症
　　9　高熱物体を取り扱う業務による熱傷
　　10　寒冷な場所における業務又は低温物体を取り扱う業務による凍傷
　　11　著しい騒音を発する場所における業務による難聴等の耳の疾患
　　12　超音波にさらされる業務による手指等の組織壊死

166　菅野＝山川・前掲注(15)590～591頁。

13　1から12までに掲げるもののほか，これらの疾病に付随する疾病その他物理的因子にさらされる業務に起因することの明らかな疾病

三　身体に過度の負担のかかる作業態様に起因する次に掲げる疾病

1　重激な業務による筋肉，腱，骨若しくは関節の疾患又は内臓脱

2　重量物を取り扱う業務，腰部に過度の負担を与える不自然な作業姿勢により行う業務その他腰部に過度の負担のかかる業務による腰痛

3　さく岩機，鋲打ち機，チェーンソー等の機械器具の使用により身体に振動を与える業務による手指，前腕等の末梢循環障害，末梢神経障害又は運動器障害

4　電子計算機への入力を反復して行う業務その他上肢に過度の負担のかかる業務による後頭部，頸部，肩甲帯，上腕，前腕又は手指の運動器障害

5　1から4までに掲げるもののほか，これらの疾病に付随する疾病その他身体に過度の負担のかかる作業態様の業務に起因することの明らかな疾病

四　化学物質等による次に掲げる疾病

1　厚生労働大臣の指定する単体たる化学物質及び化合物（合金を含む。）にさらされる業務による疾病であって，厚生労働大臣が定めるもの

2　弗素樹脂，塩化ビニル樹脂，アクリル樹脂等の合成樹脂の熱分解生成物にさらされる業務による眼粘膜の炎症又は気道粘膜の炎症等の呼吸器疾患

3　すす，鉱物油，うるし，テレビン油，タール，セメント，アミン系の樹脂硬化剤等にさらされる業務による皮膚疾患

4　蛋白分解酵素にさらされる業務による皮膚炎，結膜炎又は鼻炎，気管支喘息等の呼吸器疾患

5　木材の粉じん，獣毛のじんあい等を飛散する場所における業務又は抗生物質等にさらされる業務によるアレルギー性の鼻炎，気管支喘息等の呼吸器疾患

6　落綿等の粉じんを飛散する場所における業務による呼吸器疾患

7　石綿にさらされる業務による良性石綿胸水又はびまん性胸膜肥厚

8　空気中の酸素濃度の低い場所における業務による酸素欠乏症

9　1から8までに掲げるもののほか，これらの疾病に付随する疾病その他化学物質等にさらされる業務に起因することの明らかな疾病

五　粉じんを飛散する場所における業務によるじん肺症又はじん肺法（昭和35年法律第30号）に規定するじん肺と合併したじん肺法施行規則（昭和35年労働省令第6号）第1条各号に掲げる疾病

六　細菌，ウイルス等の病原体による次に掲げる疾病

1　患者の診療若しくは看護の業務，介護の業務又は研究その他の目的で病原体を取り扱う業務による伝染性疾患

2　動物若しくはその死体，獣毛，革その他動物性の物又はぼろ等の古物を取り扱う業務によるブルセラ症，炭疽病等の伝染性疾患

3　湿潤地における業務によるワイル病等のレプトスピラ症
　　4　屋外における業務による恙虫病
　　5　1から4までに掲げるもののほか，これらの疾病に付随する疾病その他
　　　細菌，ウイルス等の病原体にさらされる業務に起因することの明らかな疾
　　　病
七　がん原性物質若しくはがん原性因子又はがん原性工程における業務による
　　次に掲げる疾病
　　1　ベンジジンにさらされる業務による尿路系腫瘍
　　2　ベーターナフチルアミンにさらされる業務による尿路系腫瘍
　　3　四―アミノジフェニルにさらされる業務による尿路系腫瘍
　　4　四―ニトロジフェニルにさらされる業務による尿路系腫瘍
　　5　ビス（クロロメチル）エーテルにさらされる業務による肺がん
　　6　ベリリウムにさらされる業務による肺がん
　　7　ベンゾトリクロライドにさらされる業務による肺がん
　　8　石綿にさらされる業務による肺がん又は中皮腫
　　9　ベンゼンにさらされる業務による白血病
　　10　塩化ビニルにさらされる業務による肝血管肉腫又は肝細胞がん
　　11　三・三′―ジクロロ―四・四′―ジアミノジフェニルメタンにさらされる
　　　業務による尿路系腫瘍
　　12　オルト―トルイジンにさらされる業務による膀胱がん
　　13　一・二―ジクロロプロパンにさらされる業務による胆管がん
　　14　ジクロロメタンにさらされる業務による胆管がん
　　15　電離放射線にさらされる業務による白血病，肺がん，皮膚がん，骨肉腫，
　　　甲状腺がん，多発性骨髄腫又は非ホジキンリンパ腫
　　16　オーラミンを製造する工程における業務による尿路系腫瘍
　　17　マゼンタを製造する工程における業務による尿路系腫瘍
　　18　コークス又は発生炉ガスを製造する工程における業務による肺がん
　　19　クロム酸塩又は重クロム酸塩を製造する工程における業務による肺がん
　　　又は上気道のがん
　　20　ニッケルの製錬又は精錬を行う工程における業務による肺がん又は上気
　　　道のがん
　　21　砒素を含有する鉱石を原料として金属の製錬若しくは精錬を行う工程又
　　　は無機砒素化合物を製造する工程における業務による肺がん又は皮膚がん
　　22　すす，鉱物油，タール，ピッチ，アスファルト又はパラフィンにさらさ
　　　れる業務による皮膚がん
　　23　1から22までに掲げるもののほか，これらの疾病に付随する疾病その他
　　　がん原性物質若しくはがん原性因子にさらされる業務又はがん原性工程に
　　　おける業務に起因することの明らかな疾病

八 長期間にわたる長時間の業務その他血管病変等を著しく増悪させる業務による脳出血，くも膜下出血，脳梗塞，高血圧性脳症，心筋梗塞，狭心症，心停止（心臓性突然死を含む。），重篤な心不全若しくは大動脈解離又はこれらの疾病に付随する疾病

九 人の生命にかかわる事故への遭遇その他心理的に過度の負担を与える事象を伴う業務による精神及び行動の障害又はこれに付随する疾病

十 前各号に掲げるもののほか，厚生労働大臣の指定する疾病

十一 その他業務に起因することの明らかな疾病

(2) 損害賠償額の算定

損害賠償額の算定にあたり，積極損害，休業損害，慰謝料，後遺障害逸失利益，および死亡逸失利益の5つが対象となる。

積極損害とは，被災したことにより労働者が出費した費用をさし，例えば，入院雑費，通院交通費，家族宿泊費，家屋等の改築費，弁護士費用などがこれに当たる。これら，労災保険給付の対象となっていないもののうち，合理的範囲内のものについて，使用者は損害賠償義務を負うことになる。

休業損害とは，被災した労働者が休業を余儀なくされ，当該休業期間において使用者から賃金の支払いも労災保険[167]からも何ら補填が行われない損害，および，賃金の支払いがあったり，または労災保険から休業補償が給付されたりしても，通常の賃金との差額が生じる場合，当該休業損害について，使用者は損害賠償義務を負うことになる。

慰謝料については，死亡・後遺障害・入通院に対する精神的な損害に対するものであり，労災保険ではカバーされていない。財産的な損害と異なり，算定するのが困難であるため，最終的には裁判所の判断になるが，実務上当所では，交通事故のケースで一般的に用いられる基準を参考としている。ただし，安全配慮義務違反を理由とする損害賠償請求については，遺族固有の慰謝料は認められていない[168]。

---

167 労災保険の休業補償は4日目から支給の対象となる。
168 「鹿島建設・大石塗装事件」最一小判昭55・12・18民集34巻7号888頁。

第3章　偶発債務の調査項目　283

図表3−21 死亡慰謝料

弁護士会（日弁連交通事故相談センターの交通事故損害額算定基準）
　一家の支柱…2,800万円
　母親，配偶者…2,500万円
　その他…2,000万円〜2,500万円

※「その他」とは，独身の男女，子供，幼児等をいう。

図表3−22 後遺症慰謝料

弁護士会（日弁連交通事故相談センターの交通事故損害額算定基準）

第1級	2,800万円	第8級	830万円
第2級	2,370万円	第9級	690万円
第3級	1,990万円	第10級	550万円
第4級	1,670万円	第11級	420万円
第5級	1,400万円	第12級	290万円
第6級	1,180万円	第13級	180万円
第7級	1,000万円	第14級	110万円

図表3−23 入・通院慰謝料表（民事交通事故訴訟 損害賠償額算定基準）[169]

単位：万円

	入院	1月	2月	3月	4月	5月	6月	7月	8月	9月	10月	11月	12月	13月	14月	15月
通院		53	101	145	184	217	244	266	284	297	306	314	321	328	334	340
1月	28	77	122	162	199	228	252	274	291	303	311	318	325	332	336	342
2月	52	98	139	177	210	236	260	281	297	308	315	322	329	334	338	344
3月	73	115	154	188	218	244	267	287	302	312	319	326	331	336	340	346
4月	90	130	165	196	226	251	273	292	306	316	323	328	333	338	342	348
5月	105	141	173	204	233	257	278	296	310	320	325	330	335	340	344	350
6月	116	149	181	211	239	262	282	300	314	322	327	332	337	342	346	
7月	124	157	188	217	244	266	286	304	316	324	329	334	339	344		

169　通称「赤い本」という。

8月	132	164	194	222	248	270	290	306	318	326	331	336	341			
9月	139	170	199	226	252	274	292	308	320	328	333	338				
10月	145	175	203	230	256	276	294	310	322	330	335					
11月	150	179	207	234	258	278	296	312	324	332						
12月	154	183	211	236	260	280	298	314	326							
13月	158	187	213	238	262	282	300	316								
14月	162	189	215	240	264	284	302									
15月	164	191	217	242	266	286										

※通院のみ2カ月であれば，52万円，入院のみ3カ月であれば，145万円，入院1カ月後に通院2カ月であれば，98万円になる。

　後遺障害逸失利益とは，労働災害により障害（第1級〜第14級）[170]が残った場合，障害により労働能力が低下しなければ，得られたであろう利益のことであり，労働保険では十分カバーされておらず，一般的に稼働年数を症状固定日から67歳までとして，次の計算式で算出された額を後遺障害逸失利益として，使用者は賠償義務を負うことになる。

【後遺障害逸失利益の計算式】
＝被災労働者の年収[171]×労働能力喪失率×労働能力喪失期間に対するライプニッツ係数[172]

図表3−24 労働能力率表

障害等級	労働能力喪失率
第1級	100/100
第2級	100/100
第3級	100/100
第4級	92/100
第5級	79/100

170　障害等級の第1級〜第7級までは年金で，第8級〜第14級までは一時金で支給される。数字が小さいほど障害の程度が重い。
171　賃金センサス（賃金構造基本統計調査）の平均賃金額を下回る場合は平均賃金額とする。死亡逸失利益も同様。

第3章　偶発債務の調査項目　　285

第6級	67/100
第7級	56/100
第8級	45/100
第9級	35/100
第10級	27/100
第11級	20/100
第12級	14/100
第13級	9/100
第14級	5/100

出所：労働基準局長通牒　昭32・7・2基発551号。

図表3－25　ライプニッツ係数表・年金現価表（18歳以上）

令和2年4月1日以降

労働能力喪失期間（年）	ライプニッツ係数	労働能力喪失期間（年）	ライプニッツ係数	労働能力喪失期間（年）	ライプニッツ係数
1	0.9709	31	20.0004	61	27.8404
2	1.9135	32	20.3888	62	28.0003
3	2.8286	33	20.7658	63	28.1557
4	3.7171	34	21.1318	64	28.3065
5	4.5797	35	21.4872	65	28.4529
6	5.4172	36	21.8323	66	28.5950
7	6.2303	37	22.1672	67	28.7330
8	7.0197	38	22.4925	68	28.8670
9	7.7861	39	22.8082	69	28.9971
10	8.5302	40	23.1148	70	29.1234
11	9.2526	41	23.4124	71	29.2460
12	9.9540	42	23.7014	72	29.3651
13	10.6350	43	23.9819	73	29.4807
14	11.2961	44	24.2543	74	29.5929
15	11.9379	45	24.5187	75	29.7018
16	12.5611	46	24.7754	76	29.8076

172　生涯収入を一度に受けることで得る利益（中間利息）を控除するためにライプニッツ係数を用いて修正する。なお，以前は東京地裁ではライプニッツ係数（複利計算），大阪地裁では新ホフマン係数（単利計算）を使っていたが，現在はライプニッツ係数で統一されている。

17	13.1661	47	25.0247	77	29.9103
18	13.7535	48	25.2667	78	30.0100
19	14.3238	49	25.5017	79	30.1068
20	14.8775	50	25.7298	80	30.2008
21	15.4150	51	25.9512	81	30.2920
22	15.9369	52	26.1662	82	30.3806
23	16.4436	53	26.3750	83	30.4666
24	16.9355	54	26.5777	84	30.5501
25	17.4131	55	26.7744	85	30.6312
26	17.8768	56	26.9655	86	30.7099
27	18.3270	57	27.1509		
28	18.7641	58	27.3310		
29	19.1885	59	27.5058		
30	19.6004	60	27.6756		

令和２年３月31日以前

労働能力喪失期間（年）	ライプニッツ係数	労働能力喪失期間（年）	ライプニッツ係数	労働能力喪失期間（年）	ライプニッツ係数
1	0.9524	31	15.5928	61	18.9803
2	1.8594	32	15.8027	62	19.0288
3	2.7232	33	16.0025	63	19.0751
4	3.5460	34	16.1929	64	19.1191
5	4.3295	35	16.3742	65	19.1611
6	5.0757	36	16.5469	66	19.2010
7	5.7864	37	16.7113	67	19.2391
8	6.4632	38	16.8679	68	19.2753
9	7.1078	39	17.0170	69	19.3098
10	7.7217	40	17.1591	70	19.3427
11	8.3064	41	17.2944	71	19.3740
12	8.8633	42	17.4232	72	19.4038
13	9.3936	43	17.5459	73	19.4322
14	9.8986	44	17.6628	74	19.4592
15	10.3797	45	17.7741	75	19.4850
16	10.8378	46	17.8801	76	19.5095
17	11.2741	47	17.9810	77	19.5329
18	11.6896	48	18.0772	78	19.5551

19	12.0853	49	18.1687	79	19.5763
20	12.4622	50	18.2559	80	19.5965
21	12.8212	51	18.3390	81	19.6157
22	13.1630	52	18.4181	82	19.6340
23	13.4886	53	18.4934	83	19.6514
24	13.7986	54	18.5651	84	19.6680
25	14.0939	55	18.6335	85	19.6838
26	14.3752	56	18.6985	86	19.6989
27	14.6430	57	18.7605		
28	14.8981	58	18.8195		
29	15.1411	59	18.8758		
30	15.3725	60	18.9293		

※令和2年3月31日以前，または同年4月1日以降に発生した事故の損害賠償請求に適用する表。小数点以下5桁目を四捨五入した数値。

死亡逸失利益とは，労働災害が発生せずに死亡しなかったら得られたであろう利益のことであり，労働保険では十分カバーされておらず，次の計算式で算出された額を死亡逸失利益として，使用者は賠償義務を負うことになる。なお，稼働年数については，後遺障害と同様67歳までであるが，死亡の場合，生活費の負担が減少するので，生活費割合を控除することになる。

【死亡逸失利益の計算式】
＝被災労働者の年収×（1－生活費控除率）×労働能力喪失期間に対するライプニッツ係数

図表3－26 生活費控除率

民事交通事故訴訟 損害賠償額算定基準
　　死亡した者が一家の支柱
　　　　　被扶養者1名の場合…40％
　　　　　被扶養者2名以上の場合…30％

　　　　　死亡した者が女性（主婦，独身，幼児等を含む）…30％
　　　　　死亡した者が男性（独身，幼児等を含む）…50％

(3) 労災保険と損害賠償の調整

　労災保険は，業務上の災害でありさえすれば，無過失責任として補償がなされ，業務外であれば一切補償されない。すなわち，オール・オア・ナッシングである。一方，労災民訴では，使用者に故意・過失や安全配慮義務違反があれば，労災保険として認定されないケースでも責任の度合いに応じた損害賠償が認められる[173]。

　このように，2つの請求権が併存し，同一の労働災害について，労災保険と損害賠償との両方から同一の事由で重複して損害を補填される場合には，労災保険給付と損害賠償との間で調整が行われる。

　労基法84条2項では「使用者は，この法律による補償を行った場合においては，同一の事由については，その価額の限度において民法による損害賠償の責を免れる」とあり，また，労災保険法64条1項でも，労働者等が障害補償年金等の年金給付を受ける場合，同一の事由について，事業主からも損害賠償を受けることができるとき，当該損害賠償については，同項1号では，事業主は，労働者等の年金給付を受ける権利が消滅するまでの間，その損害の発生時から当該年金給付に係る前払一時金給付を受けるべき時までの法定利率により計算される額を合算した場合における当該合算した額が当該前払一時金給付の最高限度額に相当する額となるべき額の限度で，その損害賠償の履行をしないことができるとし，次に，同項2号では，「損害賠償の履行が猶予されている場合において，年金給付又は前払一時金給付の支給が行われたときは，事業主は，その損害の発生時から当該支給が行われた時までのその損害の発生時における法定利率により計算される額を合算した場合における当該合算した額が当該年金給付又は前払一時金給付の額となるべき額の限度で，その損害賠償の責めを免れる」とある。

　平たく言うと，同一の理由について重複して損害補填金が支給されることは，不公正，不合理であって相当ではないので，損害賠償額から労災保険の給付額を控除されるということである。また，過去の判例[174]では将来給付が予定されている労災保険の年金については控除を認めていなかったが，使用者が労災

173　労災保険給付の支給要件と民法上の不法行為や債務不履行の成立要件が異なるためである。

第3章　偶発債務の調査項目　**289**

保険料を負担しているのに，民事上の損害賠償として支払う金額から労災保険による年金の将来給付分を控除できないことは合理的ではないとの観点から，労災保険法が改正され，障害補償年金または遺族補償年金の「前払一時金」の最高限度額までは損害賠償の支払いを猶予されることとされ，この猶予の間に前払一時金または年金が現実に支払われたときは，その給付額の限度で損害賠償責任を免除されることになった[175]。

　ただし，労災保険から給付される特別支給金[176]と損害賠償との調整については，判例[177]で「労働福祉事業（現在の社会復帰促進等事業）の一環として支給される特別支給金は，被災労働者の療養生活の援護等によりその福祉を増進させるためのものであり，損害の塡補の性質を有するものでないから，労働災害による損害の賠償に際し損害額から控除することは許されない」と判示している。使用者が労災保険料を負担しているのに，民事上の損害賠償として支払う金額から労災保険により給付される分を控除できないことは合理的ではないが，特別支給金は「見舞金的な性質なもの」と解せるため，現在も損害賠償額から特別支給金の控除は認められていない。

　損害の公平な負担という観点から，過失相殺，寄与度および損益相殺については留意が必要である。過失相殺についての詳細は後述するが，民法722条2項で「被害者に過失があったときは，裁判所は，これを考慮して，損害賠償の額を定めることができる」とあり，また，安全配慮義務違反に基づく損害賠償請求においは，同法418条で「債務の不履行又はこれによる損害の発生若しくは拡大に関して債権者に過失があったときは，裁判所は，これを考慮して，損害賠償の責任及びその額を定める」とあるので，被災労働者に過失があった場合，債務者の主張の有無にかかわらず，裁判では職権でその過失の割合に応じて損害賠償額が減額される。

　さらに，労災事故の中でも，過労死・過労自殺や，心臓や脳の疾患による死

174　「三共自動車事件」最三小判昭52・10・25民集31巻6号836頁。
175　ロア・ユナイテッド法律事務所編『労災民事訴訟の実務』139頁（ぎょうせい，2011）。
176　特別支給金には，1日につき給付基礎日額の100分の20が支給される「休業特別支給金」，障害の等級に応じて支給される「障害特別支給金」，300万円の一時金で支給される「遺族特別支給金」等がある。
177　「コック食品事件」最二小判平8・2・23民集50巻2号269頁。

290

亡の場合は，労働者の心因的要因や，高血圧などの基礎疾患，既往病の存在などの要因について，損害の発生に関与した割合（寄与度）を考慮して，過失相殺などの理由で，使用者が負うべき損害賠償額の減額がなされる場合もある[178]。

また，被災労働者が被災したことによって同一の事由によって経済的な利益を得た時には，その経済的な利益を損害賠償額から減額することになる（損益相殺）[179]。例えば，労災保険給付は当然のこと，会社からの労災上乗せ補償金や厚生年金保険から支給される障害厚生年金・遺族厚生年金も損益相殺の対象となる。

労災保険から支給される障害補償年金や遺族補償年金と厚生年金保険から支給される障害厚生年金や遺族厚生年金の併給については，同一の理由で支給される場合，厚生年金保険からは全額受け取れるが，労災保険から支給される年金は調整され，全額を受け取ることはできない。例えば，障害厚生年金を受け取っている者が障害補償年金を受け取る場合，障害厚生年金は全額受け取ることができるが，労災年金は0.73の調整率が乗じられるので，全額を受け取ることはできない（**図表3−27**）。

図表3−27 労災補償年金と厚生年金等の調整率

社会保険の種類	労災年金 併給される年金給付	障害補償年金遺族補償年金	
		障害年金	遺族年金
厚生年金および 国民年金	障害厚生年金および障害基礎年金	0.73	−
	遺族厚生年金および遺族基礎年金	−	0.8
厚生年金	障害厚生年金	0.83	−
	遺族厚生年金	−	0.84
国民年金	障害基礎年金	0.88	−
	遺族基礎年金	−	0.88

ただし，この減額にあたり，調整された障害補償年金の額と障害厚生年金の額の合計が，調整前の障害補償年金の額より低くならないように考慮されてい

---

178 ロア・ユナイテッド法律事務所編・前掲注(175)138頁。
179 ロア・ユナイテッド法律事務所編・前掲注(175)137頁。

る。

　なお，障害厚生年金を受け取っている人が遺族補償年金を受け取る場合，支給事由が異なるため調整は行われず，厚生年金保険・労災保険ともに全額受け取れる。

　このように，年金の損益相殺を行う場合には，年金が併給調整されること，および年金の支給事由に留意する必要がある。

(4)　過失相殺

　民事訴訟額（損害賠償額）を低くする効果の１つに「過失相殺」がある。過失相殺とは，「損害賠償法の指導原理たる公平の原則，あるいは信義誠実の原則の１つの具体的顕現とされ，被害者・債権者の損害発生，または拡大の防止，損害の避抑軽減への社会的努力を怠った不注意をいい，これを考慮して，被害者や債権者に帰せらるべき損害額を，賠償額の算定に際して考慮し，被った全損額の額より，これを減額すること」[180]と定義できる。前述のとおり，過失相殺の法的根拠は民法722条２項にあるが，「裁判所は，これを考慮して，損害賠償の額を定めることができる」としたのは，過失相殺は権利者の自己利益侵害に関する過失であり，権利者自ら自己の利益を保護せざるがゆえに，権利者の過失が義務者の賠償を定めるにつき斟酌させられる[181]からであろう。

　なお，被災労働者の過失とは，社会規範に従いなすべき，または，なさざるべからずことがらを不注意，怠慢によってこれをなさなかったことにつき，このような自己の行為に対する不忠実な態度が，加害者である損害賠償義務者に責任と負担を発生せしめる原因の発生および結果たる損害の惹起と損害の増大に因果関係を有し，その拡大に寄与し，協力したと認められるときは，自己の行為により不当に他人の負担を生ぜしめ増加させたことになり，それにつき損害の負担上斟酌し，その自己行為の影響につき減額されて自己負担となるものである[182]。なお，具体的な過失割合については，過去の裁判例から類似の事例

180　谷口知平＝植林弘『損害賠償法概説』84頁（有斐閣双書，1964）。
181　安西愈『そこが知りたい！労災裁判例にみる労働者の過失相談』９頁（労働調査会，2015）。
182　安西・前掲注(181) ９頁。

を当てはめて判断することになる。

　では，どのタイミングで過失相殺を行うべきであろうか。すなわち，賠償額の算定にあたり，もともとの損害賠償額から過失相殺を行い，その後労災保険から保険給付された額を控除する「控除前相殺説」を採用すべきか，または，損害賠償額から労災保険を控除し，使用者が負うべき金額を算出してから過失相殺として労働者の帰責分を控除する「控除後相殺説」を採用すべきかが問題である。

　例えば，損害賠償額が1億円，使用者と被災労働者の過失相殺割合が7対3（すなわち，過失相殺率30％），労災保険からの給付金が3,000万円だった場合，控除前相殺説と控除後相殺説では900万円も被災労働者等の受け取る額が変わることになる。

【控除前相殺説による使用者の損害賠償額】
＝　1億円　×　70%　−　3,000万円　＝　4,000万円

【控除後相殺説による使用者の損害賠償額】
＝（1億円　−　3,000万円）×　70%　＝　4,900万円

判例[183]では，「労災保険の費用はすべて使用者が拠出する労災保険料によっており，その根拠は被災労働者の損害の補填の性格を有することに基づくものであること，労災保険給付と民法など他の法律に基づく損賠賠償とは相互補完の関係にあって損害の二重補填は認められず，立法上両者の調整措置が規定されていることなどから，労災補償給付があろうとなかろうと，被害者の損害額は同じであり，公平の観点から損害賠償の請求者である労働者の過失に見合う損害額をすべきである」とし，控除前相殺説を採っている。しかし，労務DDでは，「労災保険の社会保障的性格を重視して，より被災労働者に完全な補償をして保護しようとする意味から，自賠責保険と同様，労働災害についても労働者が労災保険の給付制限を受けるのは故意または重大な過失によって被災した場合に限られることから，通常の過失があっても給付制限を受けないので，

183　「鹿島建設・大石塗装事件」最一小判昭55・12・18民集34巻7号888頁。

その利益は確保されるべきであること，すでに労災保険金を受領している場合に過失相殺するのは問題であるなどの理由から，保険給付分を過失相殺から除外して，総損害額から労災保険分を控除した残りの額について過失相殺すべきである」[184]との理由で「控除後相殺説」を採用して偶発債務の算定を行うことも可能である。

(5) 基本合意の締結後のリスクヘッジ

労務DDの過程では，後日になって労働災害と認定されるおそれのある事実を発見することがある。例えば，私傷病による休職として傷病手当金を受給中の労働者が，後日当該傷病の原因は業務上によるものと主張して労働災害が認定されるケースである。また，過去に発生した事故が原因で後日になって傷病が顕在化し後遺障害が残ることで労務の提供が困難または不能になるケースなどがある。このように，後日になって労働災害による損害が顕在化するケースに対しては，期間や費用上の制約で完全な労務DDの結果を報告することは困難である。そして，当該労働災害を原因とした損害賠償請求権が顕在化した場合，企業は，その請求に対する民事上の責任を負うおそれがあり，事業承継によって労働契約関係を引き継いだ買主はその責任を承継することになる。損害賠償請求される慰謝料は，死亡慰謝料の場合，当該労働者が一家の支柱であったときは，「赤い本」によれば2,800万円，また，過労自殺（自死）による慰謝料のときは，過去の裁判例では5,000万円から1億円以上になることもある。このような高額の損害賠償を請求されるおそれに対して買主としてはリスクヘッジが必要となる。

上記の偶発債務リスクを回避する方法として，第1に売主による表明保証を，第2に売主の取引成立後の義務を，事業譲受時の契約書の条項に定めておくことが考えられる[185]。

第1の表明保証とは，契約締結日や取引実行日など特定の時点において，リスクに該当する事実が存在しない旨を表明し，保証することをいう。期間や費用上の制約で完全な労務DDが困難であった事項について，売主に労務に由来

---

[184] 安西・前掲注(181)42頁。
[185] 野中健次『事業承継・M＆Aと社会保険労務士の役割』230頁（日本法令，2023）。

する潜在債務の事由はない旨を表明保証させることである。ただし，表明保証条項に違反して，潜在債務があったとしても，買主の損害を補償する義務まで定めておかなければ，買主は売主に対し損害賠償を求めることはできない。そこで，例えば，売主において過去に労働災害が疑われる事故に被災した者がいた場合，契約書の条項として「当該事故に関して，行政当局または裁判所により労働災害であるとの認定をされたことはなく，その認定がされるおそれがないこと。また，事業譲渡企業は，当該労働者から，当該事故に関して損害賠償その他の請求を受けたことはなく，その請求を受けるおそれもないこと」と定め，偶発債務リスクを回避しておく方法が考えられる。

　また，売主が投資会社であるプライベート・エクイティ・ファンドの場合，偶発債務が発生した時点で解散していることもある。そこで，民間の「表明保証保険」[186]に加入することで，当該損害をカバーする方法も考えられる。

　第2の取引成立後の義務としては，取引成立後も重要な前提条件を維持するため，売主に対して取引成立後の義務を負わせ，履行請求や損害賠償請求を可能にする方法である。例えば，労務DDで偶発債務として労災民訴の可能性が認められた場合，契約書の条項として「当該従業員から民事訴訟により慰謝料を請求される際には，当該事故の経緯や当該労働者との当時のやり取り等の調査について協力する義務を負うものとする」と定め，加えて「慰謝料を請求されたことにより，事業譲受企業が被った損害，損失，費用について，売主は賠償するものとする」と定めることで，偶発債務リスクを回避することが考えられる。

186　売主用と買主用の2種類があり，表明保証保険の保険金上限額は，M＆A対象企業の企業価値の約10～20％，保険料は保険金上限額の1～2％前後が多い。

6　年金民訴

事業主が保険料を納付しない場合の法的責任

＜Ａ社＞

　Ａ社は，適用事業所にもかかわらず，社会保険料の負担を回避するため，正社員のみ社会保険に加入させていた。50歳以上の中途採用者は正社員になれないため，常用的使用関係が認められても，社会保険の資格取得手続きを怠っていた。月給20万円（賞与はなし）で倉庫業務の契約社員として平成20年４月１日付けでＡ社に採用された長島（昭和32年７月６日生まれ）は，常用的使用関係があったにもかかわらず，採用時に50歳以上であり，正社員になれなかったため社会保険に加入できず，国民健康保険と国民年金に加入していた。

＜Ａ社の調査結果＞

　事業主が保険料の納付を怠ったことにより，年金を受給できなくなったり，年金額が少なくなったりする場合，被保険者であった者は事業主に対して民事訴訟により逸失利益額（「得べかりし年金額」[187]という）として損害賠償請求をすることができるので，得べかりし年金額を次の計算式に当てはめて算出し，偶発債務として認識することにする。ただし，将来受け取る年金額を賠償金として一度に受け取るため，中間利息を控除する必要があり，一定の利子率（ライプニッツ係数）で割り引くことにする。なお，Ａ社の手続き懈怠により余儀なく長島が負担した保険料については，損害として認められることになるが，さらに個別の調査が必要となるので，保険料についてはDDの調査対象から外した。基準日は令和６年３月31日とする。

【情報の整理】

長島の生年月日：昭和32年７月６日

187　堀勝洋『年金保険法』597頁（法律文化社，第５版，2022）。

対象となる年金：「60歳からの特別老齢厚生年金の報酬比例部分」
　　　　　　　　　　および「65歳からの老齢厚生年金（報酬比例部分）」
支給期間：60歳から特別老齢厚生年金の報酬比例部分→２年
　　　　　　65歳からの老齢厚生年金→16年≒男性平均余命（81.09歳）－　65歳
A社在籍以外の年金記録：なし
被保険者期間：147カ月（平成20年４月～令和２年６月）
　　　　　　　　192カ月（平成20年４月～令和６年３月）
60歳前半の在職老齢厚生年金：全額支給（支給停止なし）

$\boxed{\text{得べかりし年金額}}$

　＝　60歳からの特別老齢厚生年金の報酬比例部分　×　２年（24カ月）
　　　＋　65歳からの老齢厚生年金×平均余命年数16年のライプニッツ係数

$\boxed{\text{60歳から特別老齢厚生年金の報酬比例部分}}$

　＝平均標準報酬月額×報酬比例部分の乗率×平成15年３月までの被保険者期間
　　の月数
　　　＋平均標準報酬額×報酬比例部分の乗率×平成15年４月以降の被保険者期間
　　　　の月数
　＝20万円×（7.125÷1000）×０カ月＋20万円×（5.481÷1000）×147カ月
　≒161,141
【従前額保障】
　＝｛20万円×（7.500÷1000）×０カ月＋20万円×（5.769÷1000）×147カ月｝
　　　×1.041≒176,562
　　　161,141＜176,562
　＝176,562
　　60歳から65歳までの逸失利益
　＝176,562×２年
　＝353,124

$\boxed{\text{65歳からの老齢厚生年金（報酬比例部分）}}$

　＝平均標準報酬月額×報酬比例部分の乗率×平成15年３月までの被保険者期間
　　の月数
　　　＋平均標準報酬額×報酬比例部分の乗率×平成15年４月以降の被保険者期間
　　　　の月数

＝20万円×（7.125÷1000）×０カ月＋20万円×（5.481÷1000）×192カ月
　≒210,470

【従前額保障】

　＝｛20万円×（7.500÷1000）×０カ月＋20万円×（5.769÷1000）×192カ月｝
　　　×1.041≒230,612

　　　210,470＜230,612

　＝230,612

65歳からの逸失利益

　＝230,612×ライプニッツ係数（12.561）≒2,896,717

　得べかりし年金額（偶発債務）

　　＝353,124＋2,896,717

　　＝3,249,841円

　ただし，偶発債務は概算額として把握しておきさえすればよいので，次の簡易計算式により偶発債務を算出することも可能である。

偶発債務

　＝平均標準報酬月額×（5.481÷1000）×可能加入月数×平均余命年数66歳のライプニッツ係数

　＝20万円×（5.481÷1000）×192カ月×12.561

　≒2,643,718円

＜B社＞

　B社は，適用事業所にもかかわらず，社会保険料の負担を回避するため，外国人労働者には，常用的使用関係が認められても，社会保険の資格取得手続きを怠っていた。通訳の業務に従事し，月給30万円で６年前に入社したベトナムのグエンは，常用的使用関係があったにもかかわらず，外国人労働者だったため社会保険に加入していなかった。

＜B社の調査結果＞

　常用的使用関係があれば短期在留の外国人労働者であっても，原則として厚生年金保険に加入する必要がある。ただし，国際社会保障協定[188]の締結国の年金保険法の被保険者が一時的（５年間）に日本に居住する場合は，母国の年金保険法が適用され，国民年金・厚生年金法は適用されない（社会保障協定実施７条１

項・24条１項)。

　日本とベトナムでは，社会保障協定を締結していないため，グエンの場合は，厚生年金保険に加入する必要があるので，厚生年金保険料と健康保険料を合わせて消滅時効である２年分の保険料を簿外債務として認識することになる。

　また，受給資格期間が10年未満で日本国籍を有していない短期在留の外国人労働者については，資格喪失し帰国後２年以内であれば，脱退一時金を請求することができる。したがって，事業主が保険料の納付を怠ったことにより，脱退一時金を受給できない場合，被保険者であった外国人労働者は事業主に対して民事訴訟により，脱退一時金相当の逸失利益額（「得べかりし脱退一時金」という）の損害賠償請求をすることができる。

　ここでは，得べかりし脱退一時金を次の計算式に当てはめて算出し，偶発債務として認識することにする。なお，Ｂ社の手続き懈怠によりグエンが負担を余儀なくされた国民年金および国民健康保険料については，損害として認められることになるが，さらに個別の調査が必要となるので，DDの調査対象からは外した。また，国民年金に加入していた場合，国民年金から支給される脱退一時金についても，得べかりし脱退一時金から控除すべきであるが，さらに個別の調査が必要となるので，DDの調査対象から外し，国民年金から支給される脱退一時金については，相殺しないものとする。

得べかりし脱退一時金額（偶発債務）
　＝被保険者期間中の平均標準報酬額×支給率
　＝30万円×18.3%÷２×60
　＝1,647,000

解　説

　譲渡企業が社会保険の適用事業所であるにもかかわらず，常用的使用関係にある者を被保険者として資格取得手続きをしていない場合，一次的には社会保険料の未納額を簿外債務として認識することになる。さらに，事業主の保険料

188　国の相互間で協定を締結することにより，相互に自国民と同じ扱いをし，居住地国の年金保険法のみを適用することによって，居住地国と母国の重複適用による保険料の重複負担を防ぐ（日本では，５年間は母国の年金を適用する）。原則として，それぞれの国の年金保険のへの加入期間を通算し，それぞれの国が，それぞれの国の年金保険への加入期間分の年金を支給する。

納付懈怠により，被保険者または被保険者であった者が年金を受給できなくなったり，または年金額が少なくなったりする場合には，被保険者であった者は事業主に対して民事訴訟により逸失利益額を損害賠償請求することが可能であり（「年金民訴」という[189]），本書では当該逸失利益額を偶発債務として認識することにする。

年金受給者については，平成29年8月1日施行の年金受給資格期間短縮法（年金機能強化法の一部改正）によって，年金の受給資格期間が25年から10年に短縮されたことから，新たに約64万人に平成29年8月1日の施行日に年金受給権が発生することになった。したがって，今まで年金受給資格期間が25年以上ないため年金受給権のなかった者が，当該改正以降，年金受給権を取得することにより，年金民訴が可能となり，紛争の増加が予想される。

また，社会保障協定を締結していない短期在留の外国人労働者については，社会保険の適用事業所で就労し，かつ常用的使用関係が認められる場合には，社会保険に加入しなければならないが，厚生年金保険料が掛け捨てになりかねないため，社会保険未加入のケースが多々見受けられる。したがって，譲渡企業において，外国人労働者が在籍していた（している）場合，社会保険の加入状況を調査し，社会保険に加入しなければならない外国人労働者が加入していない場合には，当該外国人労働者が，厚生年金保険資格を喪失し，帰国する際に請求することができる脱退一時金を偶発債務として認識しておく必要がある。以下，「年金民訴」について解説する。

(1) 年金民訴

事業主の保険料納付懈怠により，被保険者または被保険者であった者が年金を受給できなくなったり，年金額が少なくなったりする場合，被保険者であった者は事業主に対して民事訴訟により逸失利益額を損害賠償請求することができる。また，短期在留の外国人労働者については，脱退一時金を受給することができなくなったり，脱退一時金の額が少なくなったりする場合，被保険者であった外国人労働者は事業主に対して民事訴訟により逸失利益額として損害賠

189　野中健次「偶発債務（年金民訴）」ビジネスガイド846号111頁（2017）。

300

償請求をすることができる。

　損害賠償責任の法的根拠としては，民法415条の債務不履行責任（**図表３−28**）と民法709条の不法行為責任（**図表３−29**）が考えられる。これらを区別することもできるが，１つの事実について債務不履行責任と不法行為責任の２つが共に成立する場合，実際の訴訟においては，「債務不履行責任ないし不法行為責任を構成する」など両者を区別せずに判示することもある。

図表３−28 　債務不履行責任による裁判例

事件名	年月日	判旨
エコープランニング事件	平成11年７月13日 大阪地裁 賃社1264号47頁	資格取得届出義務はあくまでも公法上の義務であり債務不履行・不法行為に当たらない。
大真実業事件	平成18年１月26日 大阪地裁 労判912号51頁	資格取得届出義務は単なる公法上の義務にとどまらず，雇用契約の付随義務として，債務不履行・不法行為を構成する。
豊國工業事件	平成18年９月５日 奈良地裁 労判925号53頁	資格取得届出を怠ることは労働者の法益を侵害する違法行為であり，労働契約上の債務不履行を構成する。

図表３−29 　不法行為責任による裁判例

事件名	年月日	判旨
京都市役所非常勤嘱託厚生年金保険事件	平成11年９月30日 京都地裁 判時1715号51頁	被用者が厚生年金に加入する権利を侵害する結果にならぬように注意する義務があり，これを怠ったとして事業主の過失を認めた。
鹿瀬町事件	平成17年２月15日 新潟地裁 判例集未登載	被保険者となる資格を有していたと知りながら届出を怠ったことは過失である。

(2)　損　害

　老齢年金における事業主が賠償すべき額は，逸失利益額として，事業主の手続き懈怠により事業主が保険料を適正に納付したとしたら受給し得たであろう年金の総額から，実際に受給できる年金の総額に相当する額を控除した額（得べかりし年金額）である。労務DDの場面では，譲渡企業における社会保険の

加入の有無が問題になることから，譲渡企業において，保険料を適正に納付したとしたら受給し得たであろう年金額が「得べかりし年金額」であり，譲渡企業が保険料を適正に納付したとしたら受給し得たであろう厚生年金保険から支給される年金額を控除した額を偶発債務として認識することにする。

さらに，被保険者が余儀なく支払った国民年金・国民健康保険の保険料から，被保険者が負担すべきだった厚生年金保険・健康保険の保険料を控除した額（以下，「過剰負担保険料」という）を損害として認識することも可能である。

例えば，豊國工業事件[190]において裁判では，社会保険未加入期間である4年1カ月に対して，「得べかりし年金額」として333万842円および，国民年金・国民健康保険の保険料から，被保険者の自己負担分の社会保険料を控除した額53万8,280円の「過剰負担保険料」を損害と認めている。

労務DDでは，「得べかりし年金額」および「過剰負担保険料」が偶発債務の対象となりうる。前者については事業主の手続き懈怠により，厚生年金保険に加入しなかった期間における報酬比例部分等の概算額を偶発債務として算出し，後者については当該期間における自己負担した国民健康保険料と国民年金保険料から被保険者の自己負担分の社会保険料を控除した額を算出することになる。ただし，労務DDの局面で調査対象を自己負担した国民年金保険料や国民健康保険料まで広げて調査することは極めて困難であり，またそれを調査することによって，当該M&Aの取引過程であることを従業員に悟られるリスクもあることから，「過剰負担保険料」についての調査は行わず，「得べかりし年金額」についてのみ偶発債務とする。なお，「得べかりし年金額」については，将来受け取る年金額を賠償金として一度に受け取ることにより，中間利息を控除する必要があるので，当該部分については，一定の利子率（ライプニッツ係数）で割り引くことにする。

脱退一時金に係る事業主が賠償すべき額は，事業主の手続き懈怠により，事業主が保険料を適正に納付したとしたら受給し得たであろう脱退一時金から，国民年金等から支給される脱退一時金および，過剰負担保険料を控除した額である。ただし前述したとおり，労務DDの局面で，国民年金の納付状況や自己

190　奈良地判平18・9・5労判925号53頁。

負担した国民年金・国民健康保険料を把握することは困難であり，またそれを調査することによって，当該M&Aの取引過程であることを従業員に悟られるリスクもあることから，事業主の手続き懈怠により，事業主が保険料を適正に納付したとしたら受給し得たであろう脱退一時金（得べかりし脱退一時金）についてのみ偶発債務として検討することにする。

なお，財産的損害以外に精神的損害として賠償を認めた裁判例[191]もあるが，精神的な損害を正確に算定することは困難であることから精神的損害に対する慰謝料については，偶発債務の対象としないこととする。

①　得べかりし年金額

逸失利益額は，事業主の手続き懈怠により，事業主が保険料を適正に納付したとしたら受給し得たであろう年金の総額から，実際に支給されている（または，される）年金の総額に相当する額を控除した額である。なお，得べかりし年金額を確定させるため，65歳以降に支給される見込みの老齢厚生年金額については，65歳から平均寿命[192]まで生存することを前提とし，厚生労働省の令和5年簡易生命表（男性の平均寿命は81.09年，女性の平均寿命は87.14年）を採用して算出することにする。

厚生年金保険の被保険者であった者に支給される老齢厚生年金とは，**図表3－30**に示したように，60歳以上65歳未満の者に支給される「特別支給の老齢厚生年金」（報酬比例部分，定額部分）と，65歳以上の者に支給される「65歳以降の老齢厚生年金」である。

図表3－30▶ 老齢厚生年金の給付体系図

←特別支給の老齢厚生年金→			
60歳→		65歳→	死亡
報酬比例部分		65歳以降の老齢厚生年金	
	定額部分	老齢基礎年金	

191　豊國工業事件では，20万円の慰謝料が相当と判示している。

192　零歳時における平均余命。

第3章　偶発債務の調査項目　　**303**

　昭和60年の法改正により，厚生年金保険の支給開始年齢が60歳から65歳に引き上げられたが，支給開始年齢を段階的に，スムーズに引き上げるために設けられたのが特別支給の老齢厚生年金である。なお，特別支給の老齢厚生年金の支給要件は，次の4要件を満たしている必要がある。

- 男性の場合，昭和36年4月1日以前に生まれたこと
- 女性の場合，昭和41年4月1日以前に生まれたこと
- 老齢基礎年金の受給資格期間（10年）があること
- 厚生年金保険等に1年以上加入していたこと
- 60歳以上であること

　現在，特別支給の老齢厚生年金は，性別および生年月日により，定額部分から支給開始年齢が引き上げられ，その後，報酬比例部分も引き上げられ（**図表3−31**），最終的には支給されなくなる。

図表3−31　　老齢厚生年金（報酬比例部分）の支給開始年齢の引上げ（年月日は生年月日）

支給開始年齢	男性（第2号～第4号厚生年金被保険者である女性を含む）	女性（第1号厚生年金被保険者に限る）
60歳	昭和28年4月1日以前	昭和33年4月1日以前
61歳	昭和28年4月2日～同30年4月1日	昭和33年4月2日～同35年4月1日
62歳	昭和30年4月2日～同32年4月1日	昭和35年4月2日～同37年4月1日
63歳	昭和32年4月2日～同34年4月1日	昭和37年4月2日～同39年4月1日
64歳	昭和34年4月2日～同36年4月1日	昭和39年4月2日～同41年4月1日
65歳	昭和36年4月2日以後	昭和41年4月2日以後

出所：堀勝洋『年金保険法』410頁（法律文化社，第5版，2022）。

　特別支給の老齢厚生年金は，定額部分の額と報酬比例部分の額を合算した額であり，次の計算式により求めることができる。

【定額部分の額】
＝1,701円（令和6年度。昭和31年4月2日以後生まれの単価）×生年月日に応じた率×被保険者期間の月数[193]

【報酬比例部分の額】

＝平均標準報酬月額[194]×報酬比例部分の乗率×平成15年３月までの被保険者期間の月数

＋平均標準報酬額[195]×報酬比例部分の乗率×平成15年４月以降の被保険者期間の月数

　ただし，上記の式によって算出した額が次の式によって算出した額を下回る場合には，次の式によって算出した額が報酬比例部分の年金額になる（従前額保障[196]）。

＝（平均標準報酬月額×報酬比例部分の乗率×平成15年３月までの被保険者期間の月数＋平均標準報酬額×報酬比例部分の乗率×平成15年４月以降の被保険者期間の月数）×1.043[197]

定額部分の単価については，次のとおりである（**図表３－32**）。

図表３－32 定額部分の単価表

生年月日	定額単価（令和６年度）	
	1,701円× （昭31.4.2以後 生まれの単価）	1,696円× （昭31.4.1以前 生まれの単価）
昭和２年４月１日以前	1.875	
昭和２年４月２日　～　昭和３年４月１日	1.817	
昭和３年４月２日　～　昭和４年４月１日	1.761	
昭和４年４月２日　～　昭和５年４月１日	1.707	
昭和５年４月２日　～　昭和６年４月１日	1.654	
昭和６年４月２日　～　昭和７年４月１日	1.603	
昭和７年４月２日　～　昭和８年４月１日	1.553	

193　定額部分については，上限が設定されており，昭和21年４月２日以後に生まれた者の上限は480月となる。

194　平均標準報酬月額とは，平成15年３月までの被保険者期間の各月の標準報酬月額の総額を平成15年３月までの被保険者期間の月数で除して得た額である。

195　平均標準報酬額とは，平成15年４月以後の被保険者期間の各月の標準報酬月額と標準賞与額の総額を平成15年４月以後の被保険者期間の月数で除して得た額である。

　これらの計算にあたり，過去の標準報酬月額と標準賞与額には，最近の賃金水準や物価水準で再評価するために「再評価率」を乗じる。

196　従前額保障とは，平成６年の水準で標準報酬を再評価し，年金額を計算したもの。

197　昭和13年４月２日以降に生まれた者は1.041。

第3章　偶発債務の調査項目　　305

昭和8年4月2日　〜　昭和9年4月1日	1.505
昭和9年4月2日　〜　昭和10年4月1日	1.458
昭和10年4月2日　〜　昭和11年4月1日	1.413
昭和11年4月2日　〜　昭和12年4月1日	1.369
昭和12年4月2日　〜　昭和13年4月1日	1.327
昭和13年4月2日　〜　昭和14年4月1日	1.286
昭和14年4月2日　〜　昭和15年4月1日	1.246
昭和15年4月2日　〜　昭和16年4月1日	1.208
昭和16年4月2日　〜　昭和17年4月1日	1.170
昭和17年4月2日　〜　昭和18年4月1日	1.134
昭和18年4月2日　〜　昭和19年4月1日	1.099
昭和19年4月2日　〜　昭和20年4月1日	1.065
昭和20年4月2日　〜　昭和21年4月1日	1.032
昭和21年4月2日以後	1.000

報酬比例部分の乗率については，次のとおりである（**図表3－33**）。

図表3－33　報酬比例部分の乗率

乗率は1000分の1表示

生年月日	報酬比例部分の乗率		従前額保障の 年金額計算に用いる 報酬比例部分の乗率	
	平成15年3月までの平均標準報酬月額に掛ける率	平成15年4月以降の平均標準報酬額に掛ける率	平成15年3月までの平均標準報酬月額に掛ける率	平成15年4月以降の平均標準報酬額に掛ける率
〜昭和2年4月1日	9.500	7.308	10.000	7.692
昭和2年4月2日〜昭和3年4月1日	9.367	7.205	9.860	7.585
昭和3年4月2日〜昭和4年4月1日	9.234	7.103	9.720	7.477
昭和4年4月2日〜昭和5年4月1日	9.101	7.001	9.580	7.369
昭和5年4月2日〜昭和6年4月1日	8.968	6.898	9.440	7.262
昭和6年4月2日〜昭和7年4月1日	8.845	6.804	9.310	7.162
昭和7年4月2日〜昭和8年4月1日	8.712	6.702	9.170	7.054
昭和8年4月2日〜昭和9年4月1日	8.588	6.606	9.040	6.954
昭和9年4月2日〜昭和10年4月1日	8.465	6.512	8.910	6.854
昭和10年4月2日〜昭和11年4月1日	8.351	6.424	8.790	6.762
昭和11年4月2日〜昭和12年4月1日	8.227	6.328	8.660	6.662

昭和12年4月2日～昭和13年4月1日	8.113	6.241	8.540	6.569
昭和13年4月2日～昭和14年4月1日	7.990	6.146	8.410	6.469
昭和14年4月2日～昭和15年4月1日	7.876	6.058	8.290	6.377
昭和15年4月2日～昭和16年4月1日	7.771	5.978	8.810	6.292
昭和16年4月2日～昭和17年4月1日	7.657	5.890	8.060	6.200
昭和17年4月2日～昭和18年4月1日	7.543	5.802	7.940	6.108
昭和18年4月2日～昭和19年4月1日	7.439	5.722	7.830	6.023
昭和19年4月2日～昭和20年4月1日	7.334	5.642	7.720	5.938
昭和20年4月2日～昭和21年4月1日	7.230	5.562	7.610	5.854
昭和21年4月2日～	7.125	5.481	7.500	5.769

　老齢基礎年金の支給要件を満たし，厚生年金保険の被保険者期間が1カ月以上あることを支給要件とする「65歳以降の老齢厚生年金」については，次の計算式から年金額を算出することができる。

65歳以降の老齢厚生年金
　＝報酬比例年金額 ＋ 経過的加算
報酬比例年金額
　＝特別支給の老齢厚生年金の報酬比例部分と同様
経過的加算
　＝特別支給の老齢厚生年金の定額部分の額－813,700円（令和6年度）
　　×昭和36年4月以降で20歳以上60歳未満の期間の厚生年金保険の
　　被保険者期間の月数÷加入可能年数×12

　なお，加給年金額[198]および在職支給停止[199]についても考慮する必要があるが，この局面でこれらを把握することは極めて困難であり，またそれを調査することによって，当該M&Aの取引過程であることが従業員に悟られてしまうリスクもあることから，「加給年金額」および「在職支給停止」については考慮しないものとする。

198　厚生年金保険の被保険者期間が20年以上ある者が，65歳到達時点（または定額部分支給開始年齢に到達した時点）で，その者に生計を維持されている一定の配偶者または子がいるときに加算される年金。
199　就労して報酬を得ながら老齢厚生年金を受けると過剰給付になるため，標準報酬額と厚生年金から支給される額とを合算した額が一定額を超えるときは，年金額が全部または一部停止される。

第3章　偶発債務の調査項目　**307**

② **過剰負担保険料**

　労務DDの調査対象としては取り上げないが，過剰負担保険料については，対象期間における被保険者が支払った国民年金保険料の総額と対象期間における被保険者が負担すべき厚生年金保険料の総額を比較して，対象期間における被保険者が支払った国民年金保険料の総額が対象期間における被保険者が負担すべき厚生年金保険料の総額よりも高い場合には，過剰負担保険料が生じ，当該過剰負担保険料を損害として認識することになる。ただし，対象期間における被保険者が支払った国民年金保険料の総額が対象期間における被保険者が負担すべき厚生年金保険料の総額よりも低い場合には，賠償すべき額から当該差額を控除することになる。

過剰負担保険料
（対象期間における被保険者が支払った国民年金保険料）＞（対象期間における被保険者が負担すべき厚生年金保険料）の場合
＝（対象期間における被保険者が支払った国民年金保険料）－（対象期間における被保険者が負担すべき厚生年金保険料）

　なお，厚生年金保険料率および国民年金保険料については，毎年引き上げられてきたが（厚生年金保険料率0.354％，国民年金保険料は月額280円），平成29年9月1日以降，厚生年金保険料率は18.3％に固定された[200]（**図表3－34**）。国民年金保険料（**図表3－35**）についても，平成29年度から法定額が月額16,900円に固定される予定であったが，持続可能性向上法が国民年金第1号被保険者の産前産後期間（4カ月）の保険料を免除することとしたため，平成31年度以降17,000円に引き上げられることになった。

③ **脱退一時金**

　国民年金の第1号被保険者または厚生年金の被保険者だった外国人が，被保険者資格を喪失して出国した場合は，所定の要件を充足することにより脱退一時金が支給される。ここでは，適用事業所に雇用されていた外国人労働者に係

200　保険料水準固定方式という。

る偶発債務として，厚生年金保険から支給される脱退一時金が対象となる。

　厚生年金保険から支給される脱退一時金は，厚生年金保険・共済組合等の加入期間の合計が6カ月以上あり，老齢厚生年金などの年金の受給権を満たしていない日本国籍を有しない者が，厚生年金保険の被保険者資格を喪失し，日本を出国した場合，日本に住所を有しなくなった日から2年以内に請求することができる（厚生年金保険法附則29条1項）。

　ただし，①国民年金の被保険者となっているとき，②日本国内に住所を有するとき，③障害厚生年金などの年金を受けたことがあるとき，④最後に国民年金の資格を喪失した日から2年以上経過しているときのいずれかに該当した場合は脱退一時金を請求することができない。

　脱退一時金の額については，保険料の掛け捨てにならぬよう，事業主が負担した保険料を除外し，自己負担の保険料を返金しようとする趣旨から，次の計算式により算出される。

脱退一時金　＝　厚生年金被保険者であった期間の平均標準報酬額　×　支給率
厚生年金被保険者であった期間の平均標準報酬額
　＝　A　＋　Bを合算した額全体の被保険者期間の月数で除して得た額
　　　A：平成15年4月より前の被保険者期間の標準報酬月額に1.3を乗じた額
　　　B：平成15年4月以後の被保険者期間の標準報酬月額および標準賞与額を合算した額
支給率[201]
　＝　9.15[202]×　被保険者期間に応じた以下の表の数

被保険者期間	掛ける数
6カ月以上12カ月未満	6
12カ月以上18カ月未満	12
18カ月以上24カ月未満	18
24カ月以上30カ月未満	24
30カ月以上36カ月未満	30
36カ月以上42カ月未満	36
42カ月以上48カ月未満	42
48カ月以上54カ月未満	48
54カ月以上60カ月未満	54
60カ月以上	60

第3章　偶発債務の調査項目　　**309**

(3)　過失相殺

　労使双方で加入しないことに合意していた場合や，被保険者が被保険者であ
ることについて，厚生年金保険法31条1項の確認の請求をしない場合には，事
業主が賠償責任自体を免れたり，過失相殺により賠償額が減らされたりするこ
とも考えられる。

　しかし，前者の場合は，法で事業主に届出義務を課し，届出懈怠には罰則を
科しており，届出をしない合意は公序良俗違反で無効でもあり，ここでは過失
相殺を認めないことにする。また，後者の場合は，被保険者自体が確認請求の
仕組みを知っていて確認請求を行わなかった場合，3割程度の過失を認めた裁
判例[203]もあるが，労務DDの局面で「被保険者自体が確認請求の仕組みを知っ
ていて確認請求を行わなかった」ことを調査するのは極めて困難であり，また
調査対象を広げ，調査することによって，当該M&Aの取引過程であることが
従業員に悟られるリスクもあることから，偶発債務を検討する際には，過失相
殺については考慮しないことにする。

(4)　年金受給資格期間短縮法（年金機能強化法の一部改正）の影響

　老齢年金の受給権を取得していない場合や受給資格期間の25年に足りない場
合，事業主に対して「得べかりし年金額」を逸失利益額として損害賠償請求を
行うことについて，裁判所[204]では年金受給権が発生していない場合の逸失利
益を認めない傾向が見られた。

　しかし，平成29年8月1日，年金受給資格期間短縮法（年金機能強化法の一
部改正）が施行され，受給資格期間が25年以上から10年以上（カラ期間[205]を
含む）に短縮されたことにより，同施行日以降，64万人が新たに受給資格を得
るといわれており，得べかりし年金額を逸失利益額として請求することができ

201　支給率に小数点以下1位未満の端数があるときは，四捨五入される。
202　最終月（資格喪失した日の属する月の前月）の属する年の前年10月の（最終月が1～
　　8月であれば，前々年10月の保険料率）保険料率に2分の1を乗じた保険料。したがって，
　　最終月（資格喪失した日の属する月の前月）が平成30年8月以前であれば「9.091」となる。
203　「京都市役所非常勤嘱託厚生年金保険事件」京都地判平11・9・30判時1715号51頁。
204　「大真実業事件」大阪地判平18・1・26労判912号51頁等。
205　カラ期間とは，老齢基礎年金などの受給資格期間を判断する場合に，期間の計算には
　　入れるが，年金額には反映されない期間（合算対象期間）のことである。

図表3－34 厚生年金保険料率の変遷表

[単位：‰（パーミル）]

	第1種	第2種	第3種	第4種	第5種 (特例1種)	第6種 (特例2種)	第7種 (特例3種)	旧三公社共済組合			旧農林 共済組合
								日本鉄道 共済組合	日本たばこ 産業 共済組合	日本電信 電話共済 組合（船保 基金加入）	
昭17. 6. 1～	64.00		80.00								
昭19.10. 1～	110.00	110.00	150.00								
昭22. 9. 1～	94.00	68.00	126.00								
昭23. 8. 1～	30.00	30.00	35.00								
昭24. 5. 1～	→	→	→	78.00							
昭25. 4. 1～	→	→	→	26.00							
昭29. 5. 1～	35.00	→	→	30.00							
昭35. 5. 1～	55.00	39.00	42.00	35.00							
昭40. 5. 1～		→	67.00	55.00							
昭40. 6. 1～	→	→	→	→	31.00	19.00	31.00				
昭44.11. 1～	62.00	46.00	74.00	→	36.00	24.00	36.00				
昭45. 1. 1～	→	→	→	62.00	→	→	→				
昭46.11. 1～	64.00	48.00	76.00	64.00	38.00	26.00	38.00				
昭48.11. 1～	76.00	58.00	88.00	76.00	50.00	36.00	50.00				
昭49.11. 1～	→	→	→	→	48.00	34.00	48.00				
昭51. 8. 1～	91.00	73.00	103.00	91.00	61.00	47.00	61.00				
昭55.10. 1～	106.00	89.00	118.00	→	74.00	60.00	74.00				
昭55.11. 1～	→	→	→	106.00	→	→	→				
昭56. 6. 1～	→	90.00	→	→	→	61.00	→				
昭57. 6. 1～	→	91.00	→	→	→	62.00	→				
昭58. 6. 1～	→	92.00	→	→	→	63.00	→				
昭59. 6. 1～	→	93.00	→	→	→	64.00	→				
昭60.10. 1～	124.00	113.00	136.00	124.00	92.00	83.00	104.00				
昭61.10. 1～	→	114.50	→	→	→	84.50	→				
昭62.10. 1～	→	116.00	→	→	→	86.00	→				
昭63.10. 1～	→	117.50	→	→	→	87.50	→				
平 1.10. 1～	→	119.00	→	→	→	89.00	→				
平 2. 1. 1～	143.00	138.00	161.00	143.00	111.00	108.00	129.00				
平 3. 1. 1～	145.00	141.50	163.00	145.00	113.00	111.50	131.00				

期間	第1種	第2種	第3種	第4種	第5種	第6種	第7種	免除保険料率①	免除保険料率②	免除保険料率③	免除保険料率④
平 4. 1. 1〜	→	→	143.00	→	→	113.00					
平 5. 1. 1〜	→	→	144.50	→	→	114.50					
平 6. 1. 1〜	→	→	145.00	→	→	113.00					
平 6.11. 1〜	165.00	165.00	165.00	183.00	130.00	130.00	148.00				
平 6.12. 1〜	→	→	→	→	165.00	→	→				
平 8. 4. 1〜	173.50	173.50	173.50	191.50	173.50	165.00	→				
平 8.10. 1〜	→	→	→	→	→	173.50	→				
平 9. 4. 1〜	135.80	135.80	135.80	149.60	135.80	130.00	113.00				
平13. 4. 1〜	→	→	→	→	→	→	114.50				
平14. 4. 1〜	→	→	→	→	→	→	113.00	200.90	199.20	115.50	194.90
平15. 4. 1〜	→	→	→	→	→	→	→	156.90	155.50	154.50	152.50
平15. 9. 1〜	→	→	→	→	→	→	→	→	→	120.60	→
平16.10. 1〜	139.34	139.34	139.34	152.08	139.34	→	→	→	→	→	147.04
平17. 9. 1〜	142.88	142.88	142.88	154.56	142.88	→	→	→	→	→	150.58
平18. 9. 1〜	146.42	146.42	146.42	157.04	146.42	→	→	→	→	→	154.12
平19. 9. 1〜	149.96	149.96	149.96	159.52	149.96	→	→	→	→	→	157.66
平20. 9. 1〜	153.50	153.50	153.50	162.00	153.50	→	→	→	→	→	161.20
平20.10. 1〜	→	→	→	→	→	→	→	→	→	→	153.50
平21. 9. 1〜	157.04	157.04	157.04	164.48	157.04	→	→	157.04	157.04		157.04
平22. 9. 1〜	160.58	160.58	160.58	166.96	160.58	→	→	160.58	160.58		160.58
平23. 9. 1〜	164.12	164.12	164.12	169.44	164.12	→	→	164.12	164.12		164.12
平24. 9. 1〜	167.66	167.66	167.66	171.92	167.66	→	→	167.66	167.66		167.66
平25. 9. 1〜	171.20	171.20	171.20	174.40	171.20	→	→	171.20	171.20		171.20
平26. 9. 1〜	174.74	174.74	174.74	176.88	174.74	→	→	174.74	174.74		174.74
平27. 9. 1〜	178.28	178.28	178.28	179.36	178.28	→	→	178.28	178.28		178.28
平28. 9. 1〜	181.82	181.82	181.82	181.84	181.82	→	→	181.82	181.82		181.82
平28.10. 1〜	→	→	→	→	→	→	→	→	→		→
平29. 9. 1〜	183.00	183.00	183.00	183.00	183.00	→	→	183.00	183.00		183.00

平成 15.9.1 代行返上

平成8年4月からは、第1種、第2種及び第3種の保険料率から、各厚生年金基金に適用した保険料率を控除した保険料率が免除保険料率となります。

注）厚生年金保険の保険料率は、年金制度改正に基づき平成16年から段階的に引き上げられてきましたが、平成29年9月を最後に引上げが終了し、厚生年金保険料率は18.3％で固定されています。

【用語の説明】
・第1種：男子である被保険者であって、第3種被保険者、第4種被保険者及び船員任意継続被保険者以外のもの
・第2種：女子である被保険者であって、第3種被保険者、第4種被保険者及び船員任意継続被保険者以外のもの
・第3種：坑内員または船員である被保険者であって、第4種被保険者及び船員任意継続被保険者以外のもの
・第4種：第4種被保険者
・第5種：第1種被保険者であって、厚生年金基金の加入者であるもの
・第6種：第2種被保険者であって、厚生年金基金の加入者であるもの
・第7種：第3種（坑内員）である被保険者であって、厚生年金基金の加入者であるもの

出所：日本年金機構「厚生年金保険料と標準報酬月額等級の変遷表」。
https://www.nenkin.go.jp/service/kounen/hokenryo/ryogaku/20140710.files/standard_insurance_2.pdf

図表3−35 国民年金保険料の変遷表

保険料を納付する月分	定額 35歳未満	定額 35歳以上	付加保険料	半額免除 (H14.4〜)	4分の1納付 (H18.7〜)	4分の3納付 (H18.7〜)
昭和36年4月〜昭和41年12月	¥100	¥150				
昭和42年1月〜昭和43年12月	¥200	¥250				
昭和44年1月〜昭和45年6月	¥250	¥300				
昭和45年7月〜昭和47年6月		¥450	¥350 (10月から)			
昭和47年7月〜昭和48年12月		¥550	¥350			
昭和49年1月〜昭和49年12月		¥900	¥400			
昭和50年1月〜昭和51年3月		¥1,100	¥400			
昭和51年4月〜昭和52年3月		¥1,400	¥400			
昭和52年4月〜昭和53年3月		¥2,200	¥400			
昭和53年4月〜昭和54年3月		¥2,730	¥400			
昭和54年4月〜昭和55年3月		¥3,300	¥400			
昭和55年4月〜昭和56年3月		¥3,770	¥400			
昭和56年4月〜昭和57年3月		¥4,500	¥400			
昭和57年4月〜昭和58年3月		¥5,220	¥400			
昭和58年4月〜昭和59年3月		¥5,830	¥400			
昭和59年4月〜昭和60年3月		¥6,220	¥400			
昭和60年4月〜昭和61年3月		¥6,740	¥400			
昭和61年4月〜昭和62年3月		¥7,100	¥400			
昭和62年4月〜昭和63年3月		¥7,400	¥400			
昭和63年4月〜平成元年3月		¥7,700	¥400			
平成元年4月〜平成2年3月		¥8,000	¥400			
平成2年4月〜平成3年3月		¥8,400	¥400			
平成3年4月〜平成4年3月		¥9,000	¥400			
平成4年4月〜平成5年3月		¥9,700	¥400			
平成5年4月〜平成6年3月		¥10,500	¥400			
平成6年4月〜平成7年3月		¥11,100	¥400			
平成7年4月〜平成8年3月		¥11,700	¥400			
平成8年4月〜平成9年3月		¥12,300	¥400			
平成9年4月〜平成10年3月		¥12,800	¥400			
平成10年4月〜平成11年3月			¥400			
平成11年4月〜平成12年3月			¥400			
平成12年4月〜平成13年3月			¥400			
平成13年4月〜平成14年3月		¥13,300	¥400			
平成14年4月〜平成15年3月			¥400			
平成15年4月〜平成16年3月			¥400	¥6,650		
平成16年4月〜平成17年3月			¥400			
平成17年4月〜平成18年3月		¥13,580	¥400	¥6,790		
平成18年4月〜平成19年3月		¥13,860	¥400	¥6,930	¥3,470	¥10,400
平成19年4月〜平成20年3月		¥14,100	¥400	¥7,050	¥3,530	¥10,580
平成20年4月〜平成21年3月		¥14,410	¥400	¥7,210	¥3,600	¥10,810
平成21年4月〜平成22年3月		¥14,660	¥400	¥7,330	¥3,670	¥11,000
平成22年4月〜平成23年3月		¥15,100	¥400	¥7,550	¥3,780	¥11,330
平成23年4月〜平成24年3月		¥15,020	¥400	¥7,510	¥3,760	¥11,270
平成24年4月〜平成25年3月		¥14,980	¥400	¥7,490	¥3,750	¥11,240
平成25年4月〜平成26年3月		¥15,040	¥400	¥7,520	¥3,760	¥11,280
平成26年4月〜平成27年3月		¥15,250	¥400	¥7,630	¥3,810	¥11,440
平成27年4月〜平成28年3月		¥15,590	¥400	¥7,800	¥3,900	¥11,690
平成28年4月〜平成29年3月		¥16,260	¥400	¥8,130	¥4,070	¥12,200
平成29年4月〜平成30年3月		¥16,490	¥400	¥8,250	¥4,120	¥12,370
平成30年4月〜平成31年3月		¥16,340	¥400	¥8,170	¥4,090	¥12,260
平成31年4月〜令和2年3月		¥16,410	¥400	¥8,210	¥4,100	¥12,310
令和2年4月〜令和3年3月		¥16,540	¥400	¥8,270	¥4,140	¥12,410
令和3年4月〜令和4年3月		¥16,610	¥400	¥8,310	¥4,150	¥12,460
令和4年4月〜令和5年3月		¥16,590	¥400	¥8,300	¥4,150	¥12,440
令和5年4月〜令和6年3月		¥16,520	¥400	¥8,260	¥4,130	¥12,390
令和6年4月〜令和7年3月		¥16,980	¥400	¥8,490	¥4,250	¥12,740

出所：日本年金機構「国民年金保険料の変遷」。
https://www.nenkin.go.jp/service/kokunen/hokenryo/hensen.html

る年金受給者も増加すると思われ，今後，事例のようなケースでは，年金民訴へ展開することが予想される。

① 年金受給資格期間短縮法のポイント

　対象となる年金は，老齢に係る年金，寡婦年金等である。現在，無年金者である高齢者に対しても，改正施行後，カラ期間を含め10年以上の受給期間を満たす場合には，経過措置として施行日以降，保険料納付済期間等に応じた年金が支給されることになる。国民年金の寡婦年金については，夫の国民年金の保険料納付期間または免除期間が10年以上あり，老齢基礎年金を受給しないまま死亡した場合，残された妻が60歳から65歳になるまでの間，支給されることになるが，期間短縮による寡婦年金は，平成29年8月1日以降に夫が死亡した場合が対象となる。

　カラ期間を含めても10年以上の受給資格期間を満たさない場合には，国民年金の任意加入制度，特例任意加入制度，後納制度を利用して年金受給権を確保することもできるし，保険料の納付が経済的に困難な場合には，国民年金の保険料免除制度，保険料納付猶予制度を利用することも可能である。

② 外国人労働者への対応

　外国人労働者については，社会保障協定締結国であり派遣期間が5年を超えない見込みのときには，相手国の法令のみ適用し，5年を超える見込みのときには，日本の法令のみを適用することになるので，社会保障協定締結国であるか否かで対応が異なる点に注意が必要となる。

　改正前は，日本の年金を受給するためには25年以上の受給資格期間が必要であったので，退職して帰国する場合には，脱退一時金を請求していた。しかし，改正後では，短期間の加入期間であっても社会保障協定締結国の年金制度と通算して10年以上あれば，将来日本から年金が受給できることになる[206]ので，脱退一時金をもらわないという選択も考えられる（**図表3－36**）。

---

206 イギリス，韓国，中国，イタリアなど，協定締結国でも通算されない国もある。

314

図表３−36 社会保障協定締結国との期間通算により，年金受給権が発生する場合

【改正前】

日本の年金に加入（６年）	アメリカの年金に加入（４年）

　アメリカの年金は通算して10年になるので，アメリカ[207]から４年分の年金がもらえる。日本の年金は通算して25年にならないので，日本から年金はもらえない。

【改正後】

日本の年金に加入（６年）	アメリカの年金に加入（４年）

　アメリカの年金は通算して10年になるので，アメリカから４年分の年金がもらえる。日本の年金は通算して10年になるので，６年分の年金がもらえる。

出所：三宅明彦「年金受給資格短縮法のポイント」月刊社労士53巻９号６頁（2017）。

(5)　特例納付保険料の納付および納付しない事業主名の公表
①　厚生年金特例法

　被保険者から厚生年金保険料を源泉控除（天引き）していたにもかかわらず，事業主が，国に保険料を納付しなかった場合，事業主は時効（２年間）消滅後であっても，納付すべきであった保険料（以下，「特例納付保険料」という）を任意で納付することができる厚生年金保険の保険給付及び保険料の納付の特例等に関する法律（以下，「厚生年金特例法」という）が制定され，平成19年12月19日から施行されている。

　同法の施行により，保険料徴収時効消滅後でも，特例保険料の納付の有無にかかわらず，以下の４つの要件すべてに該当する場合は，厚生労働大臣は社会保障審議会の意見を尊重して，遅滞なく，被保険者資格の取喪の確認または標準報酬月額・標準賞与額の改定・決定を行うことが可能となり，年金の支給または年金を増額されることになった。

> (ア)　社会保障審議会の調査審議の結果として，次の(イ)に該当するとの意見があったこと

207　年金受給要件として，最低加入期間が10年必要である。

第3章　偶発債務の調査項目　**315**

> (イ)　厚生年金の適用事業所が，被保険者負担分の保険料を報酬から控除した事
> 　　　実があるにもかかわらず，その被保険者に係る保険料を納付する義務を履行
> 　　　したことが明らかでないこと
> (ウ)　(イ)の保険料の徴収する権利が時効消滅していること
> (エ)　特例対象者（未納保険料に係る被保険者期間を有する者）が，事業主が義
> 　　　務を履行していないことを知り，または知り得る状態であったと認められる
> 　　　場合でないこと

　また，本法は時限立法であったが（厚生年金特例法附則2条），事業運営法によりこの2条が「削除」に改正されるとともに，厚生年金特例法が改正されて，平成27年4月1日以後新たな体制で運営されることになった[208]。

② **事業主名の公表**

　厚生年金特例法2条1項に「厚生労働大臣が特例対象者に係る確認等を行った場合には，当該特例対象者を使用し，又は使用していた特定事業主（当該特定事業主の事業を承継する者及び当該特定事業主であった個人を含む。以下「対象事業主」という。）は，厚生労働省令で定めるところにより，特例納付保険料として，未納保険料に相当する額に厚生労働省令で定める額を加算した額を納付することができる」とある。特例対象者が同法により年金受給権を取得または年金額が増額された場合，特定事業主は保険料の徴収時効にかかわらず，特例保険料として納付することが可能であり，譲渡企業において，特例対象者の存在が疑われる場合には，買収企業が，特定事業主とみなされることについて覚悟が必要である。

　また，同法2条2項では厚生労働大臣は，対象事業主に対して，特例納付保険料の納付を勧奨しなければならないとしている。当該勧奨については，対象事業主（法人である対象事業主に限る）に係る事業が廃止されているときその他やむを得ない事情のため前項の規定による勧奨を行うことができないときは，当該法人の役員（業務を執行する社員，取締役，執行役またはこれらに準ずる者をいい，相談役，顧問その他いかなる名称を有する者であるかを問わず，法人に対し業務を執行する社員，取締役，執行役またはこれらに準ずる者と同等

208　堀・前掲注(187)610頁。

以上の支配力を有すると認められる者を含む）であった者は，特例納付保険料を納付することができるとし（同条3項），厚生労働大臣は，対象事業主または役員であった者に対して，厚生労働大臣が定める期限までに申出を行わないときは次条の規定による公表を行う旨を，併せて通知するものとしている（同条5項）。

対象事業主または役員であった者が，勧奨を受けた場合には，特例納付保険料を納付する旨を厚生労働大臣に対し書面により申し出ることができるが（同条6項），申出を行った場合には，厚生労働大臣が定める納期限までに，特例納付保険料を納付しなければならない（同条7項）。

そして，厚生労働大臣は，対象事業主または役員であった者が，特例納付保険料を納付する旨を申し出なかった場合や，申出を行ったが特例納付保険料を納付しなかった場合等は，対象事業主または役員であった者の氏名または名称をインターネットの利用その他の適切な方法により随時公表しなければならず（同法3条），現在，日本年金機構のウェブサイトで氏名または名称を公表している[209]。当該勧奨は「勧奨」というよりは，氏名または名称を公表すると威嚇して特例納付保険料を支払わせるという「命令」に近い性格のものである。

7　同一労働同一賃金

パートタイム労働者・契約社員と定年後再雇用者の場合

＜A社＞
　譲渡企業のA社の営業部門は，正社員の太郎，有期雇用労働者の一郎，60歳の定年後に再雇用した二郎，そして，パートの花子の4人である。それぞれの労働条件等については，以下のとおりであった。

209　http://www.nenkin.go.jp/service/kounen/sonota/20150515.html

	太郎	一郎	二郎	花子
1日の所定労働時間	8時間	8時間	8時間	4時間
週所定労働時間	40時間	40時間	40時間	12時間
休日	休日カレンダー	土，日曜日	土，日曜日	水，土，日
年間休日	125日	105日	105日	156日
基本給/非正規は時給	320,000円	1,600円	1,400円	1,200円
皆勤手当	3,000円	なし	なし	なし
通勤手当	12,000円	なし	なし	なし
住宅手当	20,000円	なし	なし	なし
家族手当	10,000円	なし	なし	なし
賞与（基本給1カ月分を年2回）	640,000円	なし	なし	なし

　コロナの影響もあり，過去4年間は正社員も含め誰も昇給がなく，賞与については，正社員の太郎のみ基本給の1カ月分が年2回支給されているが，非正規社員に対しては支給されていない。また，定年後再雇用した二郎の時給については，60歳の定年時の基本給の6割を時給に換算して決めたものである。

＜A社の調査結果＞

　A社に在籍する非正規社員については，彼ら彼女らの処遇について，短時間労働者及び有期労働者の雇用管理の改善等に関する法律（以下，「パート・有期労働法」という）が適用され，同法9条あるいは，同法8条に抵触するか否か検証する。

　パート・有期労働法は労働行政法であり，労使の契約内容に直接的な効力を及ぼすものではないが，一郎の仕事内容は，正社員の太郎と同一であり，かつ，人材活用も同一であるため，正社員の太郎と同視すべき有期雇用労働者と認められると考えられる。

　また，二郎や花子については，同一労働とはいえないにしても，基本給（時給）の決定および諸手当の支給については，正社員とのバランスを欠き，不合理であると認められる場合には，公序良俗違反として不法行為（民法709条）が成立する余地があり，賃金等の相当額を損害として賠償請求されることも考えられる。したがって，正社員との不合理な処遇によって生じた差額賃金や賞与について，以下の額を偶発債務として報告した。

	一郎	二郎	花子
時　給	2,496,000円	1,248,000円	0円
諸手当	1,044,000円	1,497,600円	198,000円
賞　与	2,076,000円	1,660,800円	455,400円

※これら偶発債務の算出方法等については，後述する。

解　説

　少子高齢化が進み，労働力人口が減少する中，パートタイム労働者や有期雇用労働者などの非正規雇用労働者は，雇用者全体の約4割を占めている。パートタイム労働者・有期雇用労働者は今や補助的業務にとどまらず役職等の基幹的な業務に就いているにもかかわらず，待遇がその働きや貢献に見合っていないことが，婚姻率を下げ，子の出生率の低下の遠因になるとも考えられる[210]。そのため，働き方改革を総合的に推進し，雇用形態に関わらない公正な待遇の確保等を図るため「働き方改革関連法」が成立した。それに伴い，パート・有期労働法が施行され，2020年4月から正社員とパートタイム労働者・有期雇用労働者との間の不合理な待遇差が禁止されることになった（中小企業は2021年4月から適用）。

　本節では，パート・有期労働法9条の「均等処遇」と8条の「均衡処遇」の差異を概観し，日本版の「同一労働同一賃金」の概念を正しく理解するとともに，厚生労働省の「職務評価を用いた基本給の点検・検討マニュアル」等を活用して，偶発債務の対象となりうる基本給，諸手当，および賞与の偶発債務の算定手順について紹介する。なお，偶発債務の対象とはなりにくい福利厚生・教育訓練・安全管理については本書では取り上げず，また，派遣労働者に係る均等待遇・均衡待遇については，中小M&Aの場面で登場することは皆無なので割愛する。

(1)　均等（9条）と均衡（8条）

　パート・有期労働法9条では，「事業主は，職務の内容が通常の労働者と同

210　伊藤忠商事では，働き方改革の1つとして「朝型勤務」を導入した結果，社内の出生率が「1.97」に急上昇したという。

一の短時間・有期雇用労働者であって，当該事業所における慣行その他の事情からみて，当該事業主との雇用関係が終了するまでの全期間において，その職務の内容及び配置が当該通常の労働者の職務の内容及び配置の変更の範囲と同一の範囲で変更されることが見込まれるものについては，短時間・有期雇用労働者であることを理由として，基本給，賞与その他の待遇のそれぞれについて，差別的取扱いをしてはならない」としている。

　本条の規定を要約すると，パート等や契約社員については，以下の2要件を満たした場合，賃金等の金銭的なもののみならず福利厚生等の待遇についても差別的取扱いをしてはいけないということである。

〈通常の労働者と同視すべき短時間・有期雇用労働者〉
①　正社員と職務の内容（業務の内容と責任）が同一であること
②　雇用契約終了までの全期間において，職務内容・配置の変更の範囲（人事異動等の有無と範囲）が正社員と同一と見込まれること（人材活用が同一）

　ただし，一定の任意な期間が正社員と同一であっても，雇用契約期間終了までの全期間にわたり，長期的な人材活用の仕組みおよび運用が異なる場合には，通常の労働者と同視すべき短時間・有期雇用労働者には当たらず，本条の適用はないと考えられる。

　なお，本条に違反した場合，有期契約労働者から，当該労働条件に関し，無期契約労働者と同一の権利を有する地位にあることの確認を求められるとともに，労働契約に基づき，賃金債権の時効である3年間における有期契約労働者に支給された賃金と無期契約労働者に支給された賃金の差額の支払いを求められることが考えられる。

　しかし，判例[211]では，「労契法20条は，有期契約労働者について無期契約労働者との職務の内容等の違いに応じた均衡のとれた処遇を求める規定であり，文言上も，両者の労働条件の相違が同条に違反する場合に，当該有期契約労働者の労働条件が比較の対象である無期契約労働者の労働条件と同一のものになる旨を定めていない」とし，正社員と同一の権利を有する地位にあることの確

211　「ハマキョウレックス事件（差戻審）」最二小判平30・6・1民集72巻2号88頁。

認を求める請求および同一の権利を有する地位にあることを前提とする差額賃金請求について理由がない旨判示している。

　一方，本条に違反する事業主の行為は，不法行為（民法709条）に基づき，過去３年間（民法724条）における有期契約労働者に支給された賃金と無期契約労働者に支給された賃金の差額が損害賠償の対象となりうる。退職金の不払いを争った事件で裁判[212]では，改正前のパートタイム労働法８条１項（現行では，パート有期労働法９条）に違反するとして，退職金相当額の損害賠償請求を認めていることから，本節では，譲渡企業において，本条違反が判明した場合，譲渡企業に過失があるものと仮定し，不法行為に基づく３年間の差額賃金相当額を偶発債務として評価することにする。

　さらに，パート・有期労働法８条では，「事業主は，その雇用する短時間・有期雇用労働者の基本給，賞与その他の待遇のそれぞれについて，当該待遇に対応する通常の労働者の待遇との間において，当該短時間・有期雇用労働者及び通常の労働者の業務の内容及び当該業務に伴う責任の程度，当該職務の内容及び配置の変更の範囲その他の事情のうち，当該待遇の性質及び当該待遇を行う目的に照らして適切と認められるものを考慮して，不合理と認められる相違を設けてはならない」としている（下線は著者）。

　本条の規定を要約すると，９条に加え，その他の事情（定年後再雇用者，老齢厚生年金受給者等）を加味し，正社員との均衡（バランス）に配慮せず，パート等・契約社員との間に，賃金，賞与，退職金および福利厚生等に不合理な相違を設けてはいけないということである。

　ただ，「不合理」は極めて抽象的な概念であり判断することが困難であるため，解釈指針として，具体例な考え方や事例を示したのが「同一労働同一賃金ガイドライン（厚生労働省告示430号）」（以下「ガイドライン」という）である。

　「同一労働同一賃金」の考え方については，欧州の「同一労働同一賃金」とは異なる。欧州では，基本給については，労働協約等で職務ごとに職務給として定められており，企業の枠を超えて設定されている職務給は，その職務の持

212　「京都市立浴場運営財団ほか事件」京都地判平29・９・20労判1167号34頁。

つ客観的な価値を示しているので，同じ職務に従事している労働者の間で賃金が異なることはなく，賃金が異なる場合は「差別」となり，違法な差別として無効となり，その結果，同一賃金となっている[213]。

　一方，日本では，正社員の基本給は同種の職務であっても企業ごとに異なり，欧州のように職務ごとに定められていないため，欧州の「同一労働同一賃金」とは異なる概念である。以下，日本における「同一労働同一賃金」の３つの独自性を紹介する[214]。

　第１に，「客観的理由のない不利益取扱いの禁止」ではなく「不合理な待遇の禁止」としている点である。欧州では，労働者側が「不利益取扱い」の存在を立証し，使用者側が「客観的理由」の存在を立証するという形で，立証責任が明確に分配されている。これに対し日本では，客観的理由や合理性・不合理性の存否という抽象的な要件は「規範的要件」とされ，当事者双方が自らに有利な証拠を提出し，裁判所がそれらの証拠全体を踏まえて要件の充足・不充足を判断するという方法がとられている。このような「規範的要件」論によると，人事上の取扱い（待遇）について十分な情報を持たない労働者が不利な状況に置かれかねない。そこで日本では，この一般的な「規範的要件」論をとりつつ，使用者に待遇の相違の内容と理由についての説明義務を法律上課すこととし（パートタイム・有期雇用労働法14条２項，改正労働者派遣法31条の２第４項），労働者と使用者間の情報の非対称性を解消しようとしている。

　第２に，日本では基本給について「同一労働同一賃金」（職務給）とすることを必ずしも原則としておらず，職務給，職能給，成果給，勤続給などいかなる基本給制度をとるかは企業や労使の選択に委ねられるものとされている。この点は，社会的な制度として，産業別労働協約等により職務の内容と格付けに応じた職務給制度が構築されている欧州とは対照的な点である。もっとも欧州でも，職務給の格付けにおいて職業経験・能力等の違いが考慮されたり，基本給（職務給）以外の手当等で業績・成果や勤続期間等の違いが考慮されたりしており，これらの点は賃金差の正当化事由（客観的理由）となりうるものと解

213　大内伸哉「（日本型）同一労働同一賃金は正しい政策か？」ビジネスガイド835号６頁（2017）。
214　水町勇一郎『「同一労働同一賃金」のすべて（新版）』172〜174頁（有斐閣，2019）。

釈されている。つまり，欧州でも日本でも，職務内容以外の，職業経験・能力，業績・成果，勤続年数等の違いを賃金差の正当化事由として考慮することが認められている点は同じであり，それが問題となる局面が，これまでの賃金制度（社会制度）の違いに対応して異なっているといえる。今回の日本の改革では，基本給の制度のあり方自体は企業や労使の選択に委ね，それぞれの制度の性質・目的に照らして正規労働者と非正規労働者との公正な取扱いを求めており，このような考え方自体は欧州と変わらないものである。

　第3に，日本では「均等」待遇だけでなく「均衡」待遇の確保を求めている点である。「均等」待遇とは前提が同じ場合に同じ待遇を求めること，「均衡」とは前提が異なる場合に前提の違いに応じたバランスのとれた待遇を求めることである。欧州では基本的に「均等」待遇のみが求められているが，日本の正規・非正規労働者間の待遇格差の是正においては「均等」待遇のみならず「均衡」待遇の確保も求められている。この「均衡」待遇の要請は，正規・非正規労働者間にキャリア展開（雇用管理区分）の違い等を理由として大きな格差が設けられていることの多い日本特有の法的要請であり，これまでの日本における議論の蓄積を踏まえてガイドラインにおいて明確な形で示された点である。

　これらの点で，日本の「同一労働同一賃金」改革は日本独自の特徴を持ったものといえ，とりわけ第2，第3の点は「わが国の雇用慣行」を考慮したものといえる。中でも，第3の点（「均衡」待遇の制度化）は，日本の雇用慣行に起因する「正規・非正規」格差の問題構造を考慮した日本固有の法的要請であり，他国に例をみないという比較法的な観点からも，職務分離や雇用管理区分等の形式的な対応を克服するという実務的な観点からも，重要な意義を有するものといえる。

　なお，前述のとおり，パート・有期労働法は労働行政法であるから，法に抵触しても，使用者と労働者間の契約内容に直接的な効力を及ぼすものではない。労働行政法では，行政が使用者に対して報告義務・助言・指導・勧告・企業名の公表を通じて，間接的に使用者の労働法制上の義務を守らせるものであり，パート・有期労働法9条に抵触したとしても，企業名の公表という形で使用者に対して間接的に法の遵守を促すもので，労働契約の内容には直接影響を与えるものではない。

第3章　偶発債務の調査項目　**323**

すなわち，パート・有期労働法に違反したからといって，直ちに不法行為が成立するわけではなく，「許容できないほどの著しい格差」が存在する場合，「公序良俗に反して，不法行為が成立する余地がある」に過ぎないことに留意が必要である。

(2)　均等待遇者および均衡待遇者の区分

　正社員とパートタイム労働者・有期雇用労働者との間に待遇の違いがある場合，あらゆる待遇について，個々の待遇ごとに不合理な待遇差の解消が求められるが，待遇の違いが不合理かどうかを判断することは容易ではない。そこで，本書では，厚生労働省の「不合理な待遇差解消のための点検・検討マニュアル　～パートタイム・有期雇用労働法への対応～」を活用して，通常の労働者（正社員）とパートタイム労働者・有期雇用労働者，定年後再雇用者（以下「対象労働者」という）の均等待遇あるいは均衡待遇の不合理性を探る。

　まずは，対象労働者が均等待遇者か均衡待遇者のいずれに該当するのか区別することからスタートする（**図表3－37**）。なお，「職務の内容」とは，業務の内容および当該業務に伴う責任の程度をさし，「職務の内容・配置の変更の範囲」とは，将来の見込みも含め，転勤，昇進等の人事異動や本人の役割の変化等（配置の変更を伴わない職務の内容の変更を含む）の有無や範囲をいう。

　対象労働者がどちらに区分されるかは，①職務の内容（**図表3－38**），②職務の内容・配置の変更の範囲（**図表3－39**）を通常の労働者（正社員）と比較し，両方が同じ場合には均等待遇，それ以外の場合には均衡待遇が図られて

図表3－37　均等待遇の対象／均衡待遇の対象

	通常の労働者と比較した結果	
	①　職務の内容	②　職務の内容・配置の変更の範囲
均等待遇の対象	同じ	同じ
均衡待遇の対象	同じ	異なる
	異なる	同じ
	異なる	異なる

出所：厚生労働省「不合理な待遇差解消のための点検・検討マニュアル　～パートタイム・有期雇用労働法への対応～」28頁を一部修正したもの。

図表3-38 職務の内容の判断手順

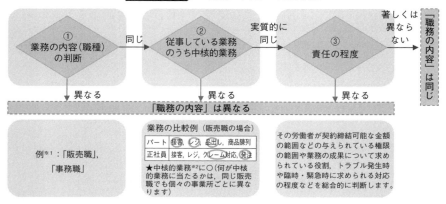

※1 職種については,「厚生労働省編職業分類」の小分類を目安にします。例に挙げた職種については,例えば小分類上ではそれぞれ「衣料品販売店員」,「一般事務員」となります。
※2 「中核的業務」とは,ある労働者に与えられた職務に伴う個々の業務のうち,その職務を代表する中核的なものを指し,与えられた職務に不可欠な業務,業務の成果が事業所の業績や評価に大きな影響を与える業務,労働者の職務全体に占める時間・頻度において割合が大きい業務といった基準に従って総合的に判断します。

出所:厚生労働省「不合理な待遇差解消のための点検・検討マニュアル ～パートタイム・有期雇用労働法への対応～」31頁。

図表3-39 職務の内容・配置の変更の範囲の判断手順

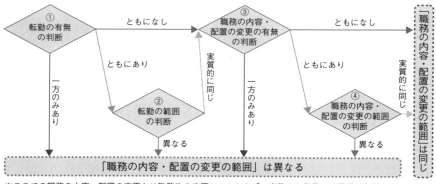

※ここでの職務の内容・配置の変更とは勤務先の変更にかかわらず,事務から営業への職種の変更や,一般社員から主任への昇進などをいいます(勤務先の事業所の変更は手順①,手順②で確認済み。)。

出所:厚生労働省「不合理な待遇差解消のための点検・検討マニュアル ～パートタイム・有期雇用労働法への対応～」32頁。

いるかを検討することになる。

以上の手順に基づき、事例の対象労働者を均等待遇者と均衡待遇者に区分する（図表３－40）。

図表３－40　均等待遇の対象者／均衡待遇の対象者（事例を区分）

	通常の労働者と比較した結果		太郎と比較した結果
	① 職務の内容	② 職務の内容・配置の変更の範囲	
均等待遇の対象	同じ	同じ	一郎（有期労働者）
均衡待遇の対象	同じ	異なる	二郎（定年再雇用）
	異なる	同じ	該当者なし
	異なる	異なる	花子（主婦パート）

(3) 賃金等の偶発債務
① 基本給の偶発債務

基本給の不合理性については、厚生労働省の「職務評価を用いた基本給の点検・検討マニュアル」を参考にする。まずは、それぞれの職務（役割）評価[215]の大きさを数値化し、対象労働者それぞれの「職務の内容」に「職務の内容・配置の変更の範囲」等の人材活用の仕組みや運用等を反映させるため正社員には活用係数を設定する。そして、正社員のポイントを調整した後、正社員の基本給を時給換算して、それぞれのポイントに応じて評価した対象労働者の時給と比較し、正社員との差額を偶発債務とみなす（図表３－41）。

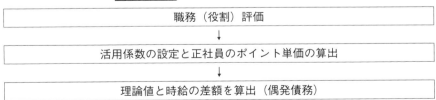

図表３－41　偶発債務算出までの流れ

215　人事管理上の職務評価（労働者の能力、経験、成果等の評価）とは異なる概念である。

職務評価の手法については，「要素別点数法」[216]を採用する。「要素別点数法」は，要素比較法と同様に，「職務の大きさ」を構成要素別に評価する方法であり，評価結果をポイント数の違いで表すのが特徴である。そして，要素別にレベルに応じたポイント数を付け，その総計ポイントで職務の大きさを評価する。

要素別点数法による職務（役割）評価は，「職務（役割）評価表」を用いて職務（役割）評価ポイントを算出して行う。職務（役割）評価表は，「評価項目」，「ウェイト」，そして，「スケール」の３つの要素から構成される。

まず，評価項目とは，要素別点数法で用いられる職務内容の構成要素を示し，ここでは，８つの項目をあげ，８つの側面から職務の大きさを測定する。なお，事業内容や人材活用戦略を踏まえ，評価項目の追加や削除，評価項目の表現の変更等をカスタマイズすることも可能である。

次に，ウェイトとは，会社の事業特性等に応じた構成要素の重要度を示し，評価項目の重要度によって，ウェイトを大きく設定する。ウェイトを大きく設定することで，職務（役割）評価ポイントも大きく変化することになる（**図表3－42**）。

そして，スケールとは，構成要素別にポイントを付ける際の尺度の基準を示し，ここでは，５段階の尺度（１，２，３，４，５）の基準を設定している。精緻な評価を行う場合，段階を増やすことも考えられる。

なお，均等・均衡待遇が確保されているか判断するにあたり，①職務の内容のみならず，②職務の内容・配置の変更の範囲を考慮するため一定の調整（活用係数の設定）が必要となる。事例では，正社員と有期雇用労働者が②職務の内容・配置の変更の範囲についても同一であるので，活用係数は「1.0」となり，均等待遇が必要となる。

最後に，活用係数を反映した正社員の時間賃率実績値を職務ポイントで除し，正社員のポイント単価を算出し，それぞれの対象労働者については，各自の職務ポイントに正社員ポイント単価を乗じて時間賃率の理論値（均等・均衡のとれた時間賃率）を算出する。時間賃率の理論値と実際に支給されている時給の差が基本給１時間当たりの偶発債務となる。

---

216 「要素別点数法」にはいくつも方法があるが，ここでの「要素別点数法」は，学習院大学経済経営研究所が開発した「GEM Pay Survey System」をもとにしたものである。

第3章　偶発債務の調査項目　**327**

図表3-42 評価項目の定義とウェイトの設定表

評価項目	定義	ウェイト
① 人材代替性	採用や配置転換によって代わりの人材を探すのが難しい仕事	1
② 革新性	現在の方法とは全く異なる新しい方法が求められる仕事	1
③ 専門性	仕事を進める上で特殊なスキルや技能が必要な仕事	2
④ 裁量性	従業員の裁量に任せる仕事	1
⑤ 対人関係の複雑さ（部門外／社外）	仕事を行う上で，社外の取引先や顧客，部門外との調整が多い仕事	2
⑥ 対人関係の複雑さ（部門内）	仕事を進める上で部門内の人材との調整が多い仕事	1
⑦ 問題解決の困難度	職務に関する課題を調査・抽出し，解決に繋げる仕事	2
⑧ 経営への影響度	会社全体への業績に大きく影響する仕事	1

　事例の対象労働者に対する基本給は，就業規則（賃金規程）に「第○条　基本給は，従事する業務，本人の能力，経験，技量等により，個別に勘案して決定する」旨の定めがあるが，これだけでは基本給の不合理性について検討できないので，正社員と対象者の職務（役割）評価表を作成することからスタートする。

　そして，正社員の職務合計ポイントと各対象労働者の職務合計ポイントから差異を数値化し，正社員のポイント単価に対する割合から，各自の時給の理論値を算出し，実際の時給との差額を1時間当たりの偶発債務とみなす。

328

図表3－43 事例の職務（役割）評価表

評価項目	ウェイト	太郎 正社員		一郎 有期雇用労働者		二郎 定年再雇用者		花子 パート	
		スケール	ポイント	スケール	ポイント	スケール	ポイント	スケール	ポイント
①人材代替性	1	2	2	2	2	2	2	1	1
②革新性	1	1	1	1	1	1	1	1	1
③専門性	2	2	4	3	6	2	4	1	2
④裁量性	1	2	2	2	2	1	1	1	1
⑤対人関係の複雑さ（部門外／社外）	2	2	4	2	4	1	2	1	2
⑥対人関係の複雑さ（部門内）	1	2	2	2	2	1	1	1	1
⑦問題解決の困難度	2	2	4	1	2	2	4	1	2
⑧経営への影響度	1	1	1	1	1	1	1	1	1
合　計			20		20		16		11

図表3－44 偶発債務算出表

	太郎	一郎	二郎	花子
職務合計ポイント	20	20	16	11
活用係数を反映した正社員の時間賃率実績値（正社員以外は時給）	2,000	1,600	1,400	1,200
正社員のポイント単価	100	—		
時間賃率の理論値（正社員のポイント単価×各自のポイント）	—	2,000	1,600	1,100
差額：1時間当たりの偶発債務（円）	—	400	200	0

偶発債務
＝（365日－各自年間休日数）×1日の所定労働時間×1時間当たりの偶発債務額×3年

一郎の偶発債務
＝（365日－105日）×8時間×400円×3年＝2,496,000円
二郎の偶発債務
＝（365日－105日）×8時間×200円×3年＝1,248,000円
花子の偶発債務
理論値1,100円＜実際の時給　→　偶発債務は認められない。

② 諸手当の偶発債務

　不合理な待遇差の解消は，企業が支給しているすべての手当が対象となる。不合理な待遇差であるかは手当の性質・目的に照らして適切な考慮要素に基づいて判断されため，それぞれの手当の支給要件が重要となる。まずは，就業規則や労働契約書に定めてある諸手当の支給要件について確認し，「不合理ではないと説明しやすい理由」の有無を確認する（**図表３−45**）。ただし，「合理的である」までは求められていない点については注意を要する。

図表３−45 　諸手当に待遇差がある場合の理由の例

諸手当	不合理ではないと説明しやすい理由
役職手当	役職手当は，管理職等の一定の権限と責任が伴う役職者に対して支給される性質の手当であり，契約社員（またはパート社員）は当該役職に就くことや，当該役職相当の職責や権限を付すことがないため支給していない。
特殊勤務手当	特殊勤務手当は，年末年始（早朝，夜間，交代勤務）に勤務する場合に支給しているが，当該勤務を行うのは正社員のみであり，契約社員（またはパート社員）は当該勤務を行うことがないため（あるいは，契約社員は当該勤務を行うことが採用時からの労働条件となっており，すでに基本賃金に織込み済みであるため）支給していない。
精勤（皆勤）手当	正社員については，欠勤についてマイナス査定を行う一方で，無欠勤の場合には精皆勤手当を支給しているが，契約社員（またはパート社員）については，欠勤についてマイナス査定を行っておらず，また，遅刻，早退，欠勤せずにシフト通り出勤した場合には勤務態度良好と評価して時給の昇給に反映させていることから，精皆勤手当を支給していない。
通勤手当	正社員は，月間所定労働日が20日であるため，月額の定期代相当額を通勤手当として支給しているが，契約社員（またはパート社員）はシフト勤務であり，月間の労働日数が10日程度であるため，実際の交通費に相当する額を通勤手当として支給している。
住宅手当	正社員には転居を伴う転勤が予定されており，契約社員（またはパート社員）に比べて住宅費用等が多くかかり得るため住宅手当を支給しているが，契約社員（またはパート社員）は転居を伴う転勤が予定されていないため支給していない。

家族手当	正社員には，扶養親族のある者の生活設計等を容易にさせることを通じて，その継続的な雇用を確保することを目的として家族手当（扶養手当）を支給しているが，契約社員（またはパート社員）は，毎年の更新手続を経て契約更新されることが予定されており，その更新も〇年が限度となっていることから，正社員のように相応の継続雇用が見込まれていないため，家族手当（扶養手当）を支給していない。
地域手当	正社員の基本給は全国一律となっているため，各地域の物価や賃金相場等の差異を考慮して各従業員の公平な待遇を維持するとともに，労働需要を踏まえ正社員を確保することを目的として地域手当を支給して調整しているが，契約社員（またはパート社員）は，採用時および契約更新時において勤務地の物価や賃金相場等を考慮して基本給を設定しているため，別途地域手当を支給していない。

出所：西脇巧「同一労働同一賃金に係る監督署と労働局の連携スキームと実務への影響」ビジネスガイド934号46頁（2023）を一部修正したもの。

事例では，「アルバイトだから，契約社員だから」という理由だけで，諸手当の支給対象とはされておらず，また，事例A社の諸手当の支給要件により対象労働者に支給されないのは不合理であると考えられる。したがって，均等待遇者には同一の，均衡待遇者に対しては，相応の手当の支給が必要であり，当該手当を偶発債務として評価する。

図表3－46 A社の諸手当の支給要件（賃金規程から抜粋）

皆勤手当	第〇条　皆勤手当は欠勤2日以内の正社員に支給する。 欠勤0日　　　　3,000円 　　1日　　　　2,000円 　　2日　　　　1,000円
通勤手当	第〇条　通勤手当は，社員に対して，本人の住居の最寄駅より勤務地の事業所の最寄駅までの1カ月定期代を支給する。

第3章　偶発債務の調査項目　331

	第○条　住宅手当は，社員に対して，家賃または住宅ローンの月額に比例して，以下の額を支給する。	
住宅手当	家賃または住宅ローン（月額）	住宅手当
	100,000円以上	30,000円
	60,000円以上100,000円未満	20,000円
	30,000円以上60,000円未満	10,000円
	30,000円未満	5,000円
家族手当	第○条　本人の収入によって生計を維持している扶養親族を有する社員には以下の家族手当の合計を支給する。ただし，扶養親族の合計が5人を超えるときは5人とする。 　(1)　扶養親族の第1人目につき　　　　　10,000円 　(2)　扶養親族の2～5人目までにつき　　 5,000円	

　諸手当に対しては，正社員であれば支給されたであろう各種手当を確認後，以下の計算式により算出した額を諸手当の偶発債務とみなす。

偶発債務
＝（皆勤手当＋通勤手当＋住宅手当＋家族手当）×（各自合計ポイント／正社員合計ポイント）×36カ月

一郎の偶発債務
＝（3,000円＋6,000円＋10,000円＋10,000円）×（20／20）×36カ月
＝1,044,000円

二郎の偶発債務
＝（3,000円＋4,000円＋30,000円＋15,000円）×（16／20）×36カ月
＝1,497,600円

花子の偶発債務
＝（3,000円＋7,000円＋0円＋0円）×（11／20）×36カ月
＝198,000円

---

③　賞与の偶発債務

　賞与について，通常の労働者と短時間・有期雇用労働者ともに企業の業績等への「労働者の貢献に応じて支給される場合」には，「貢献に応じて支給され

る部分」については，通常の労働者と同一の貢献である短時間・有期雇用労働者には通常の労働者と同一の，貢献に一定の違いがある場合にはその違いに応じた支給をしなければならない[217]。

ガイドラインには，具体的に賞与の支給に問題となる例，問題とならない例が以下のとおり例示されている（**図表3－47**）。

図表3－47 賞与の具体的な事例

	問題とならない例	問題となる例
賞与	イ）賞与について，会社の業績等への労働者の貢献に応じて支給しているA社において，通常の労働者であるXと同一の会社の業績等への貢献がある有期雇用労働者であるYに対し，Xと同一の賞与を支給している。	イ）賞与について，会社の業績等への労働者の貢献に応じて支給しているA社において，通常の労働者であるXと同一の会社の業績等への貢献がある有期雇用労働者であるYに対し，Xと同一の賞与を支給していない。
	ロ）A社においては，通常の労働者であるXは，生産効率および品質の目標値に対する責任を負っており，当該目標値を達成していない場合，待遇上の不利益を課されている。その一方で，通常の労働者であるYや，有期雇用労働者であるZは，生産効率および品質の目標値に対する責任を負っておらず，当該目標値を達成していない場合にも，待遇上の不利益を課されていない。A社は，Xに対しては，賞与を支給しているが，YやZに対しては，待遇上の不利益を課していないこととの見合いの範囲内で，賞与を支給していない。	ロ）賞与について，会社の業績等への労働者の貢献に応じて支給しているA社においては，通常の労働者には職務の内容や会社の業績等への貢献等にかかわらず全員に何らかの賞与を支給しているが，短時間・有期雇用労働者には支給していない。

A社の就業規則（賃金規程）では，「毎年7月および12月に社員の過去6カ月の勤務状態等に応じて，基本給の1カ月分を賞与として支給する。ただし，賞与支給月に在籍しているもののみとする」旨定められており，これは，ガイ

217　同一労働同一賃金ガイドライン（厚生労働省告示430号）8頁。

ドラインの問題となる例の(ロ)に該当する。したがって，A社については，対象労働者ごとの時給の理論値にそれぞれの「1カ月所定労働時間」を乗じて算出した額を偶発債務とみなす。

偶発債務
＝　理論時給×1カ月の所定労働時間×過去3年分（6回）

一郎の偶発債務
＝2,000円×173時間×6回
＝2,076,000円

二郎の偶発債務
＝1,600円×173時間×6回
＝1,660,800円

花子の偶発債務
＝1,100円×69時間×6回
＝455,400円

第4章

労働組合とPMIのための調査

　譲渡企業に労働組合がある場合，M&A成立前であったとしても，譲渡企業の労働組合から団体交渉の申し入れが譲受予定の企業に対してなされると，譲受企業は団体交渉の当時者として，これに応じる義務が生じることも考えられる。

　さらに，譲渡企業と当該労働組合による労働協約を締結していたならば，労働協約についても調査が必須となる。労働協約の規範的部分（労働条件その他の労働者の待遇）の適用を受ける労働者が，当該労働協約の内容を下回る労働条件が適用されていた場合では「簿外債務」が認められることになり，また，債務的部分（労働条件その他の労働者の待遇以外）を反故にするとM&A取引後のPMIに悪影響を及ぼすおそれがあるからだ。

　また，中小M&Aにおいては，時間的・経済的制約もあるので，人事DDを網羅的に実施することは稀である。しかし，M&A取引後のPMIを見据えると少なくとも，法定4帳簿や，始業時刻，終業時刻，休日，賃金水準等の労働条件を把握しておく必要があり，人事DDを実施しないわけにはいかない。そこで，人事DDの簡易版として全国社会保険労務士会で作成した「経営労務診断」を代用として実施することも考えられる。

　本章では，労働組合を正しく知ることによって，労働組合の全体像を理解するとともに調査のポイントを整理し，DD報告書例をあげて解説する。また，PMIのための人事情報の調査手法の1つであり，人事DDの簡易版ともいえる「経営労務診断」を詳解し，報告書例を提示する。

1 労働組合に対する調査

労組法上の使用者

〈M&A取引過程にて〉
　譲渡企業のA社には労働組合があった。M&Aの取引過程で譲受企業B社へ事業譲渡する話を偶然知ったA社の労働組合は、譲受予定企業のB社に対して譲渡後の雇用確保と労働条件について団体交渉を申し入れた。あわてたB社の社長は顧問の社労士に対応を質した。

〈団体交渉の申し入れに対する回答〉
　一般的に、使用者とは労働契約上の雇用主をいう。しかし、近い将来、労働契約関係が成立して雇用主となる場合、雇用主以外の事業者であっても、労働組合法上の「使用者」に該当することになりうる[1]。
　また、団交事項については、基本的には交渉当事者が自由に決めることができ、制限があるわけではないが、労働条件や労働者の経済的地位等に関係のある事項は、義務的交渉事項と呼ばれ、団交拒否できない対象事項とされている。
　M&Aの取引過程とはいえ、取引成約の可能性が高いのであれば、近い将来、労組法上の使用者に該当することになりうる。また、団交の交渉事項も譲受企業において処理権限が認められるのであれば、A社の労働組合からの団体交渉に対して譲受予定企業にも応諾義務が認められ、これを拒否した場合、不当労働行為に該当するおそれがある。

---

[1] 「クボタ事件」東京地判平23・3・17労判1034号87頁、「東陽社事件」東京地労委平10・8・4命令集111集168頁など。

第4章　労働組合とPMIのための調査　337

労働協約

〈B社〉

　譲渡企業のB社（正規従業員100名）には正規従業員の90名が加入しているS労働組合とその他9名の正規従業員が加入するP労働組合があり、太郎1人はどちらの組合にも加入していない非組合員の正規従業員であった。

　労務DDで、B社の就業規則（賃金規程）には、時間外労働に対する割増率が2割5分と記載されていたこと、S労働組合との労働協約には、時間外労働の割増率が3割5分と記載されていたことが判明した。ただし、非組合員の太郎とP組合員に対する割増率については、就業規則に記載されていた2割5分の割増率が適用されて割増賃金が支払われていた。

〈B社の調査結果〉

　労働契約と労働協約との効力関係については、労働協約が優先され、労働協約の効力については、原則として労働組合の組合員のみであり、非組合員や労組法上の管理職および他の労働組合の組合員には効力は及ばない。しかし、例外として、常時使用される同種の労働者の4分の3以上が加入する労働組合との労働協約については、当該事業場に使用される他の同種の非組合員にも拡張して適用されることになる（「一般的拘束力」という）。

　労働協約の一般的拘束力により、非組合員の太郎に対しても労働協約上の割増率3割5分が適用される。したがって、本来、太郎の過去3年間の時間外労働に対する割増賃金総額は、1,944,000円（＝2,000円×1.35×720時間）支給されなければならないところ、実際には、1,800,000円（＝2,000円×1.25×720時間）しか支給されておらず、差額の144,000円が未払い賃金であるため簿外債務として評価した。

解　説

　労働組合との団体交渉で苦戦した経験のある譲受企業においては、そもそも、労働組合のある譲渡企業をM&Aの取引候補企業としない傾向がある。

しかし，労働組合の役割・存在意義について，使用者側では，労働条件を不利益に変更する場面において，労働者と個別交渉をする必要がなく，労働組合の代表者との労働協約の締結のみで完了するなど効率的である。また，労働組合員の苦情処理窓口等の機能も人事部門の補充機能として期待できるため，使用者の利益にもなりうるとも考えられる。

本節では，労働組合について整理し，DDのポイントと報告書について解説する。

(1) 労働組合

労働組合の組織率が低下する最近，労働組合の存在価値を改めて確認する。

労働者は団結することによって，労働条件等について使用者と「より対等な交渉」を可能とすることが考えられ，労働組合法（以下，「労組法」という）2条では，労働組合を「労働者が主体となつて自主的に労働条件の維持改善その他経済的地位の向上を図ることを主たる目的として組織する団体又はその連合団体をいう」と規定している。

一方，同条後段のただし書きに該当する以下のものについては，「労組法上の労働組合」に該当しないとしている。

---

① 役員，雇入解雇昇進又は異動に関して直接の権限を持つ監督的地位にある労働者，使用者の労働関係についての計画と方針とに関する機密の事項に接し，そのためにその職務上の義務と責任とが当該労働組合の組合員としての誠意と責任とに直接にてい触する監督的地位にある労働者その他使用者の利益を代表する者の参加を許すもの（1号）

② 団体の運営のための経費の支出につき使用者の経理上の援助を受けるもの。但し，労働者が労働時間中に時間又は賃金を失うことなく使用者と協議し，又は交渉することを使用者が許すことを妨げるものではなく，且つ，厚生資金又は経済上の不幸若しくは災厄を防止し，若しくは救済するための支出に実際に用いられる福利その他の基金に対する使用者の寄附及び最小限の広さの事務所の供与を除くものとする。（2号）

③ 共済事業その他福利事業のみを目的とするもの（3号）

④ 主として政治運動又は社会運動を目的とするもの（4号）

労働組合法上の労働組合に該当しないとする①と②については，使用者からの介入が疑われ，独立性や自主性に問題があり，また，③と④については，労働組合の本来の目的を逸脱している団体であるため，法で保護する労働組合とは認めがたいと解されている。

ただし，労組法2条ただし書1号に該当する監督的地位のある労働者は，労働組合を結成あるいは，加入できないわけではなく，当該労働者で結成あるいは加入する労働組合は労組法の保護[2]が受けられないだけである。当該労働組合が，労働組合の定義に関する基本的要件（2条本文）の要件を満たせれば，憲法上の労働組合には該当すると考えられる[3]。このように，労組法上の要件を満たしていない労働組合を「憲法上の労働組合」，「法不適合組合」，「法外組合」と呼び，労組法上の要件を満たす労働組合を「労組法上の労働組合」，「法適合組合」，「法内組合」などと呼ぶ[4]。

昨今，解雇やパワハラ等の会社とのトラブルについて，個人加盟を原則とする「ユニオン」と称する労働組合に持ち込んで解決を図る動きも少なくない。中小零細企業においては，企業別組合を組織することは難しいため，産業別組合，職種別組合，一般労働組合[5]等の合同労組の形態をとることが多い。

合同労組についても，憲法上の労働組合に該当するならば，同法28条の団結権，団体交渉権，団体行動権の保護は受けることになり，ストライキなどの争議行為に対する民事[6]，刑事[7]責任は免責されること，および不利益取扱いの民事訴訟による救済は享受することになる。

また，譲渡企業に労働組合が複数存在する場合，それぞれが固有の団体交渉

2 　刑事免責（1条2項），民事免責（8条），法人格の取得資格（11条），労働委員会による不当労働行為救済手続き（27条以下，7条）の利用，労働協約の規範的効力（16条），一般的拘束力（17条），地域的な一般的拘束力の申し立て資格（18条），労働委員会への労働委員の推薦資格（19条の3第2項，19条の12第3項）。

3 　菅野和夫＝山川隆一『労働法』937頁（弘文堂，13版，2024）。

4 　君和田伸仁『シリーズ働く人を守る　労働組合の結成・運用』26頁（中央経済社，2版，2015）。

5 　一般労働組合では，企業別組合から排除されたパート，契約社員，派遣労働者等の非正規労働者や管理職，外国人労働者等を対象とすることが多い。

6 　債務不履行責任および不法行為責任。

7 　強要（刑法223条），威力業務妨害（刑法234条），住居侵入（刑法130条），公務執行妨害（刑法95条）などの刑罰。

権を持っているため，使用者は各組合との対応に関して平等取扱い義務および中立義務を負うことになる[8]。したがって，複数組合のうち多数組合のみ団体交渉を行い少数組合とは団体交渉を拒否することはもちろん，組合によって回答内容や団交方法等で差異を設けたりすることも労組法7条3号の不当労働行為に該当するおそれがある。

また，使用者が一方の組合にのみ組合事務所貸与を行うことは，支配介入の不当労働行為となるおそれがあるが，実質的な平等の観点からすれば，提供されるべき組合事務所の広さは，組合員数に見合ったものになるのはやむを得ないと考えられている。

可能であれば，それぞれの労働組合の結成の経緯なども調べ，譲渡企業が多数組合に加担していることがないか否かも調査しておきたい。

(2) 労働協約

労働協約とは，労働組合と使用者（もしくは使用者団体）との合意である[9]。労働協約には，規範的効力と債務的効力があり，労組法14条では，書面を作成し，協約締結権限のある両当事者が署名（または記名押印）することで効力が発生するとしている。ここで，労働協約と他の法源との効力関係を整理する。

まず，労働契約と労基法の関係では，労基法13条で，「この法律で定める基準に達しない労働条件を定める労働契約は，その部分については無効とする。この場合において，無効となつた部分は，この法律で定める基準による」と定めている。

次に，労働契約と就業規則との効力関係については，労契法12条で「就業規則で定める基準に達しない労働条件を定める労働契約は，その部分については，無効とする。この場合において，無効となった部分は，就業規則で定める基準による」と定めている。ただし，就業規則の基準を上回る労働条件を定めた労働契約は，この効力の影響を受けず有効である（労契法7条）。

さらに，就業規則と労働協約との効力関係については労基法92条で「就業規則は，法令又は当該事業場について適用される労働協約に反してはなら」ず，

---

8 「日産自動車（残業差別）事件」最三小判昭60・4・23民集39巻3号730頁。
9 西谷敏『労働組合法』321頁（有斐閣，第3版，2012）。

同条２項で「行政官庁は，法令又は労働協約に牴触する就業規則の変更を命ずることができる」と定めている。なお，就業規則が労働条件を引き上げる方向にしか作用しないのに対して，労働協約は労働条件を引き下げる方向にも作用する。

そして，労働契約と労働協約との効力関係については，労組法16条で「労働協約に定める労働条件その他の労働者の待遇に関する基準に違反する労働契約の部分は，無効とする。この場合において無効となつた部分は，基準の定めるところによる。労働契約に定がない部分についても，同様とする」と定めている。

以上の法源は優劣順に次のように規律され，これらのいずれかによって労使間の権利義務が根拠づけられる（**図表４－１**）。

図表４－１ 法源の優劣

【法源の優先順位】
　　労基法（労働法）＞　労働協約　＞　就業規則　　＞　労働契約
【例外：労働契約が就業規則を上回る部分】
　　労働契約　　　＞　　就業規則

例えば，就業規則を上回る時間外労働の割増率が労働協約に記載されていたにもかかわらず，当該組合員に対して，就業規則上の低い割増率で計算し，割増賃金を支給していた場合には，労働協約で記載されていた割増率と就業規則で記載された割増率に基づき計算された差額賃金を簿外債務として評価することになる。

労働協約の効力は，原則として，労働協約の当事者である労働組合の組合員のみに適用され，非組合員には適用されない。

しかし，例外として，事業場に常時使用される同種の労働者の４分の３以上が加入する労働組合との労働協約については，当該事業場に使用される他の同種の非組合員の労働者にも拡張して適用される（労組法17条。「一般的拘束力」という）。

例えば，就業規則を上回る割増率が労働協約に記載されていたにもかかわら

ず，拡張適用を受ける非組合員に対して就業規則記載の低い割増率が適用されている事例のようなケースでも，差額の割増賃金を簿外債務と評価することになる。

なお，労働協約は労働条件の引き下げにも効果がある。拡張適用される非組合員は，労働組合が獲得した労働条件を無料で享受しているわけであり，「特段の事情」がなければ労働条件の引き下げも適用される[10]ことになる。

ただし，他の労働組合にも拡張適用は及ぶか否かについては，労組法では触れておらず，学説も裁判例も，肯定・否定の両説に分かれ対立してきた。しかし，現在では，他の労働組合にまで拡張適用を肯定すると，憲法28条が他の組合にも保障している団体交渉権を実質的に侵害することになってしまうため，他の組合員へは拡張適用されないものと通説では考えられている。譲渡企業において，複数の労働組合が存在する場合，それぞれの労働組合との労働協約の有無と内容について調べておく必要がある（**図表4－2**）。

図表4－2 労働協約の内容

S労働組合（あるいはP労働組合）

締結日	労働協約の内容	有効期間	備考

労働協約の内容については，労働条件のみならず，組合員に重要な影響を及ぼすため合理化計画や要員計画等を実施前に労働組合と協議することを定めることがある。

例えば，「人員の削減，工場移転及び休・廃止，合併，分離，系列化等の場合に組合と会社は事前に協議（あるいは，協議し，同意）の上実施する」旨の締結がなされていた場合，事業譲渡を実施するためには，事前に労働組合との

---

10 「未組織労働者（非組合員）にもたらされる不利益の程度・内容，労働協約が締結されるに至った経緯，当該労働者が労働組合の組合員資格が認められているかどうか等に照らし，当該労働協約を特定の未組織労働者に適用することが著しく不合理であると認められる特段の事情があるときは，労働協約の規範的効力を当該労働者に及ぼすことはできないと解するのが相当である」と判示されている（「朝日火災海上保険（高田）事件」最三小判平8・3・26民集50巻4号1008頁）。

協議（あるいは，「協議し，同意の上実施」）する必要がある。事前協議条項に違反して使用者が一方的に事業譲渡等を進めた場合，エム・ディー・エス事件[11]では，企業閉鎖を行う場合に事前協議協定に関する労働組合の履行請求を認めている。

　また，事前協議協定を締結していたにもかかわらず，十分な協議を尽くさずに解散と全員解雇したことの効力が争われた大鵬産業事件[12]でも，「本件契約に基づき，会社側は会社の解散，全員解雇の理由を通常人が納得のゆく程度に説明した上，組合の同意を得るために信義則に従って十分協議を尽くさなければならないとした上，会社解散と全員解雇について年末一時金の団体交渉中に突然なされたこと，その後の団体交渉においても既に役員会で決定した事実であるとして経理資料の公開等の組合の要求を受け付けず，また会社解散の根拠に関する説明も抽象的であるか，裏付けとなるべき資料を伴わないもので極めて説得力が乏しいものであり，最終的には団体交渉拒否という強行姿勢をとりつつ手続を進めたものであると認定し，本件協約に定められた信義則に基づく協議を十分に尽くしたとは到底認められない」として，解雇は労働協約に違反したもので無効であると判示している。

　このように，企業組織再編等に係る事前協議条項があるにもかかわらず，これを無視または適切な対応を取らずに事業再編等を実行した場合，労働組合との信頼関係に悪影響を及ぼすおそれがある。ただし，労働協約違反が認められても事業再編自体の効力については「労働組合との間で事前協議条項があった場合，そこで争っている組合員との関係で承継が無効となる可能性があったり，組合と会社との間で債務不履行としての損害賠償請求の問題が生じたりしますが，すべての労働者に対して会社分割や事業譲渡そのものが無効となるという効果は発生しない」[13]と考えられる。

　一方，労働組合と協議中の事項について，合意が形成されていなくとも，労働組合との団体交渉の議事録，議事録がない場合は次の労働組合調査シートに

11　東京地決平14・1・15労判819号81頁。
12　大阪地決昭55・3・26労判340号63頁。
13　水町勇一郎『水町詳解労働法（第3版）公式読本』113～114頁（日本法令，第3版，2024）。

記入してもらい，労働組合との現状について調査を実施しておくべきであろう
（**図表４－３**）。

図表４－３ 労働組合調査シート

日時	場所	要求事項	会社側出席者	組合出席者	約束したこと

(3) 労働協約の解約

　事前協議条項があっても，再編情報は，インサイダー取引に繋がるおそれが
あるので，企業が対外発表の前に労働組合へ情報提供できず，実際には，成約
日に開示されるのが一般的である[14]。譲渡企業においては，労働協約に則り，
事前に労働組合と協議するか，または，M&A取引が成立する前に労働協約を
解約してから，当該M&A取引を実行するかを選択することになる。

　労働協約を解約する際，有効期間がある場合については，労組法15条で「３
年をこえる有効期間の定をすることができない」とあるので，「３年をこえる
有効期間の定をした労働協約は，３年の有効期間の定をした労働協約とみな
す」（同法同条２項）とされている。したがって，効力発生から３年を超えて
おり，かつ，自動更新条項がなければ，当事者の一方は有効期間の満了により，
既に労働協約の効果がないことを主張することも考えられる。

　労組法が労働協約の有効期間を定めているのは，労使関係は長期にわたる継
続的な関係であり，労働協約締結の基礎となった事情が変化したにもかかわら
ず，ある一時期に締結した労働協約に縛られ続けるのは，不合理であるとの考
え方に基づくものである[15]。

　一方，有効期間の定めがない労働協約は，労組法で当事者の一方が，署名し，
又は記名押印した文書によつて相手方に少くとも90日前に予告して，解約でき
る（同法15条３項・４項）とあり，規約には格別の理由を必要とされておらず，

14　JILPT資料シリーズ№196「組織変動に伴う労働関係上の諸問題に関する調査－労使ヒ
　　アリング調査編－」143頁（労働政策研究・研修機構，2018年３月）。
15　君和田・前掲注(4)80頁。

以下の手順により解約することができる。ただし，あまりにも恣意的で労使関係の安定を著しく損なう解約は，解約権の濫用とされることもありうる[16]。

図表4－4 使用者の労働協約解約の手順

> 1．使用者から労働組合に対して労働協約の変更を申し入れる。
> ↓
> 2．複数回の団体交渉を行うが，労使間の合意形成ができない。
> ↓
> 3．使用者から労働組合に対して，労働協約解約通知書を渡す。
> ↓
> 4．労働組合が，上記3の解約通知書の受領を拒否した場合は，団体交渉の場で，上記通知書を読み上げて通知する。
> ↓
> 5．上記4の時点から90日経過後労働協約は解約となる。

出所：布施直春『労務トラブル解決法！Q&Aシリーズ7　会社は合同労組をあなどるな！〜団体交渉申入書の回答方法から和解合意文書の留意点まで〜』66頁（労働調査会，2014）。

　ただし，労働協約は，相互譲歩の取引である団体交渉の結果，労働者に有利な条項と不利な条項が一体として規定されることが多いため，一部解約については，労働協約自体の中に客観的に他と分別することのできる部分があり，かつ分別して扱うことを当事者が認容する趣旨であったと認められる場合[17]を除き，原則として認められないと解されている[18]。

　なお，労働協約を解約した後の債務的部分（団体交渉のルールや組合事務所の貸与等）については，それまでの労使関係がそれら協約規定に従って運営されてきたという事実が労使慣行として以後の労使関係においても意味を持つことになる。例えば，使用者が合理的な理由もなく，また組合との協議を行うこともなく，従来の取扱いを廃止ないし変更してしまう場合には，労使関係の状況によっては，組合の活動を混乱ならしめて弱体化させる不当労働行為（支配

16　菅野＝山川・前掲注(3)1067頁。
17　「日本アイ・ビー・エム事件」東京高判平17・2・24労判892号29頁。
18　西谷・前掲注(9)390頁。

介入）と判定されることがありうる[19]。

　一方，規範的部分（労働条件その他の労働者の待遇）については，外部規律説[20]により，労働協約の失効によって労働契約を規律する効力も消滅することと解されている。この見解に立つと，労働協約の終了後の労働条件の内容は，就業規則や労働契約の解釈（明示・黙示の合意，事実たる慣習，任意法規，条理・信義則）によって補充されることになる[21]。

　退職金の支給事由・計算方法などを定める労働協約が期間満了により失効したが，新たな労働協約が成立せず，退職金の支給基準につき空白期間が生じた取扱いについて香港上海銀行事件[22]では，「就業規則には退職金は退職金協定によると定めてあるので，すでに失効している退職金協定でも就業規則の内容になることによって失効後も支給基準であり続ける」と判示した。このように就業規則を利用して失効した労働協約の内容を維持するように労働契約の補充が行われることもある。

(4)　労働組合に関する人事・労務DDレポート

　以下に示す人事・労務DDレポート報告書は，これまで見てきた観点を考慮して作成したものである。ただし，実際には，譲渡企業の労働組合の態様によっては論点が広がることもあり，また，M&A取引過程で経営者以外にインタビューすることは困難であり，提示したポイントすべての項目を調査できないことも考えられる。その場合には，「調査未了」と記載しておくべきであろう。

19　菅野＝山川・前掲注(3)1070頁。
20　労働協約は労働契約を外部から規律しているに過ぎないとする説。これに反して，労働協約の内容が労働契約の中に入り込みその内容とする「化体説」がある。
21　水町勇一郎『労働法』432頁（有斐閣，第10版，2024）。
22　最一小判平元・9・7労判546号6頁。

第4章　労働組合とPMIのための調査　**347**

■ 労働組合に関する人事・労務DD報告書（見本）

人事・労務DD報告書

株式会社○○○○　御中

○○社会保険労務士事務所
調査担当社会保険労務士　○○○○
調査担当社会保険労務士　○○○○

　株式会社Ａの人事・労務デューデリジェンス業務が完了いたしましたので，ここにご報告いたします。当該報告書は基準日における資料等をもとに作成したものですが，すべての情報が開示されたわけではなく，また，調査期間も限られていたことから，対象会社の労務に由来するすべての潜在債務が網羅されているわけではありません。特に，偶発債務の有無および債務額については，最終的には調査人の見解によるものであり，当該偶発債務が顕在化した場合，報告する偶発債務以上の金銭を支払うこともあります。

　なお，当該報告書を貴社以外の第三者に開示したり，貴社以外の第三者が依拠したりすることのないようご留意ください。

Ⅰ．労務DD
　１．潜在債務

○○○○○○○○円

【内訳】

簿外債務　○○○○○○○○円
偶発債務　○○○○○○○○円

簿外債務内訳

No.	調　査　項　目	簿外債務額
①	未払い賃金（割増率）	144,000円
②	退職給付債務	○○○円
③	社会保険料の未払い額	○○○円
④	社会保険料の延滞金（○月○日時点）	○○○円
⑤	障害者雇用納付金の未払い額	○○○円

偶発債務内訳

No.	調　査　項　目	偶発債務額
①	労基法上の労働時間	○○○円
②	労基法上の管理監督者	○○○円
③	解雇権の濫用によるバックペイ	○○○円
④	取締役の労働者性	○○○円
⑤	労災民訴	○○○円

　２．根拠

（1）簿外債務

①未払賃金（割増率）

　使用者と労働者は，労働法等の強行法規に加え，労働協約，就業規則そして，労働契約により，権利義務関係が根拠づけられます。これらの法源は優劣順に次のとおりです（労基法13条，労契法７条，12条，労組法16条）。

　　原則：労働法等の強行法規　＞　労働協約　＞　就業規則　　＞　労働契約

　　例外：就業規則　＜　労働契約（労働者に有利な部分のみ）

　また，労働協約の効力については，原則として，労働組合の組合員のみであり，非組合員，労組法の管理職および他の組合員には適用されませんが，例外として，常時使用される同種の労働者の４分の３以上が加入する労働組合との労働協約については，当該事業場に使用される他の同種の非組合員にも拡張して適用されることになります（労組法17条）。

　非組合員の太郎氏に対しても拡張適用により労働協約上の割増率の３割５分が適用されることになりますが，就業規則上の割増率２割５分が適用されていました。

　本来，太郎氏の過去３年間の時間外労働に対する割増賃金総額は，1,944,000円（＝2,000円×1.35×720時間）支給されなければならないところ，実際には，1,800,000円（＝2,000円×1.25×720時間）支給されており，差額の144,000円が未払いであるため簿外債務として評価します。

②退職給付…

Ⅱ．人事DD

　１．Ｓ労働組合との関係

　社長へのインタビューから，Ｓ労働組合は，商品企画部の花子課長が委員長に就任していますが，会社に対して批判的なＰ労働組合の弱体化を目的として，会社の意向を反映すべく人事部の主導によって２年前に結成されたそうです。春闘におけるベア交渉もなく，具体的な組合活動を行っているわけではありませんが，いささかの自主性も残していない「御用組合」とは断定できません。今後，譲渡企業の○○事業に対して会社分割の手法を選択する場合には，労働

契約承継法上，過半数組合であるＳ労働組合との関係が重要となりますが，会社分割の障害となるような存在ではないと考えられます。

締結日	労働協約の内容	有効期間	備考
○年○月○日	団体交渉のルールの設定	○年○月○日	自動更新条項あり
○年○月○日	家族手当の廃止	○年○月○日	自動更新条項あり

　２．　Ｐ労働組合との状況

　人事部長へのインタビューから，Ｐ労働組合は，Ｍ合同労組の支部として３年前に結成されました。当時，営業成績の悪い営業部員の次郎の商品管理部門への配転命令に対する不満を外部のＭ合同労組に相談したことを契機に，Ｍ合同労組との数回の団交の結果，会社が配転命令を取り消したことで勢いが増し，Ｍ労働組合の支部としてＰ労働組合が結成されたとのことでした。

　未だ労働協約の締結はありませんが，過去の団体交渉では営業手当の増額や営業社員の顧客先への直行と顧客先からの直帰を認めるよう会社に要望があり，会社は「検討する」ことを約束しています。当該要望を認めない場合，団体交渉において，適当な資料を開示し説明する必要があります。

日時	場所	要求事項	会社出席者	組合出席者	約束したこと
○年○月○日	会議室	営業手当の増額	人事部長	全組合員	検討すること
○年○月○日	会議室	直行直帰の許可	人事部長	全組合員	検討すること

　３．留意事項
　(1)　労働協約の一般的拘束力

　労働協約の効力は，原則として，労働協約の当事者である労働組合の組合員のみに適用され，非組合員には適用されません。ただし，例外として，事業場に常時使用される同種の労働者の４分の３以上が加入する労働組合の労働協約については，当該事業場に使用される他の同種の非組合員の労働者にも適用されます（労組法17条）。

　常時使用される同種の労働者の４分の３以上が加入するＳ労働組合との労働協約には，一般的拘束力があるので，家族手当を廃止するという労働協約の効力は非組合員にも適用されることになりますが，一般的拘束力は他の労働組合には及びません。にもかかわらず，Ｐ労働組合員に対しても家族手当が削除されており，労働協約の拡張適用の運用に誤りが認められます。

　(2)　企業組織再編に係る事前協議条項の有無

　各労働組合間で企業組織再編に係る事前協議条項を定めた労働協約はないようです。
　(3)　組合差別

団体交渉の方法について，Ｓ労働組合との団体交渉は専務取締役，常務取締役および人事部長が出席して行っていますが，Ｐ労働組合との団体交渉は人事部長しか出席していません。このような態様でも不誠実な交渉とは言えないとする裁判例（日産自動車（民事事件）・東京地判平２・５・16労民集41巻３号408頁）もありますが，平等取扱い義務を履行していないとも解せるので，改善すべきと思われます。

以上

2　簡易版人事DDとしての経営労務診断

　M&A取引後の円滑なPMIのため，労働法制の遵守度合いや人事制度等についても調査し，事前に課題を把握し，対応策を検討しておくことが望ましい。しかし，中小M&Aにおいては，そもそもM&Aの成約率が４割に満たず，また，時間的・経済的制約もあるので，人事DDを網羅的に実施することは難しい。そこで，人事DDの簡易版として「経営労務診断」を代用として実施することを提言する。

　経営労務診断とは，全国社会保険労務士会連合会で作成した社労士診断認証制度である。企業を動かす基礎となる組織・職務分掌・職務権限等の根幹的規程や労働を指揮監督する経営権の発動と職務遂行の基本となる就業規則等の諸規程について分析し，業務の執行体制の妥当性を不可分の視点で把握することを提言している[23]。

　当該認証には，「職場環境改善宣言企業」，「経営労務診断実施企業」，そして，「経営労務診断適合企業」と３つあり，「経営労務診断」を受診し，「労務管理に関する調査事項」のすべてが適正である場合に「経営労務診断適合企業」として認証マークが付与される[24]。ただし，診断項目の一部が適正と評価されない場合でも，経営労務診断を実施した企業として「経営労務診断実施企業」の

23　全国社会保険労務士会連合会経営労務監査等推進部会「社労士診断認証制度」６頁。
24　「経営労務診断のひろば」へ診断結果を掲載し，「経営労務診断適合企業」のマークが付与される。ただし，情報掲載後１年で情報更新時期となるので，継続する場合には，経営労務診断を毎年受診する必要がある。

認証マークは付与される。

　なお，「経営労務診断適合企業」の認証を受けられたとしても，労働法制上のすべての法令等を遵守している企業として「お墨付きを与えられる」わけではなく，買い手企業には，誤解を与えないよう事前に説明しておかなければならない。

(1)　経営労務診断の実施

　経営労務診断の項目は，①労務管理に関する調査事項，②組織体制に関する確認項目，③労務管理等に関する数値情報の3つから成る。全国社会保険労務士会のマニュアル本では，認定するにあたり，「労務管理に関する調査事項」は必須とされているが，「組織体制に関する確認項目」の診断は任意である。また，「労務管理等に関する数値情報」の内，「従業員数」および「正規従業員の所定労働時間と法定労働時間」については，必須項目としている。

　中小M&Aの簡易版人事DDでは，認証を取得することを目的としていないので，経営労務診断の調査項目の内，労務管理に関する調査事項および労務管理等に関する数値情報の調査項目から譲受企業がM&Aの目的に応じて，調査項目を選択することになる。

　調査手順については，まず，各項目の主旨，根拠法令に照らして，法令の内容を確認する。次に診断の基準・ポイントや留意事項を確認し，譲渡企業に用意してもらう資料を提示する。そして，収集した資料を各項目の「診断基準」に当てはめて，評価する。なお，適正の判断については，あくまでも法令あるいは通達の内容が理解され，適正に運用される体制下での実施の有無が基準となる。労務管理に関する調査事項は，法律に定められた労務管理の必須項目であるため，これらの事項はすべて「適正」であることが求められるが，中小企業の場合，すべて「適正」と評価できるのは稀であり，大切なことは「何が法に抵触しているか」を把握することである。

　一方，労務管理等に関する数値情報については，経営労務の実態を数値で見ることは企業の労務管理の運営を知る上で重要であり，特に，女性の活躍実態や平均年収，平均労働時間，従業員の定着率など，企業の経営労務のアピールに繋がる項目も多く含まれていることから，早い段階で可能な限り把握するこ

とが望まれる。当該調査項目は12あるが，すべてを実施する必要はなく，当該M&A取引の目的に応じて，譲受企業が調査項目を選択して調査依頼をすることになる。

(2) 人事DD報告書

経営労務診断を活用し，診断基準書添付の人事DD報告書を作成する。

■ 人事DD報告書（見本）

```
                                           年     月     日
_____ 御中
                              ○○社会保険労務士事務所
                              調査担当社会保険労務士　○○○○
                              調査担当社会保険労務士　○○○○
```

人事DD報告書

　基準日を○年○月○日とし，経営労務診断基準に基づいた人事DDの結果を下記のとおりご報告いたします。労務管理に関する調査項目の結果については，別紙の「診断基準表」のすべてを満たした場合には，「適正」と評価し，改善点の項目については，「診断基準表」をご参考になさってください。また，労務に関する数値情報については，別紙の「診断基準表」に計算式を記載しています。

<u>1　労務管理に関する調査事項</u>
1－1　労務管理関連規程の整備
　(1)　就業規則の作成・届け出　　□適正です　　□改善点があります　　□対象外
　(2)　労働条件関連の定め　　　　□適正です　　□改善点があります
　(3)　賃金関連の定め　　　　　　□適正です　　□改善点があります
　(4)　育児・介護休業関連の定め　□適正です　　□改善点があります
　(5)　ハラスメント対応方針　　　□適正です　　□改善点があります
1－2　労務関連管理体制
　(1)　労働時間管理，休憩・休日　□適正です　　□改善点があります
　(2)　労働時間関連労使協定（36協定など）
　　　　　　　　　　　　　　　　　□適正です　　□改善点があります　　□対象外
　(3)　年次有給休暇の付与・管理　□適正です　　□改善点があります　　□対象外
　(4)　一般健康診断（雇入時・定期・特定業務等）・ストレスチェックの実施，
　　　　安全衛生管理体制　　　　　□適正です　　□改善点があります　　□対象外

第4章　労働組合とPMIのための調査　353

(5)　ハラスメント相談体制の整備

□適正です　　□改善点があります

1－3　帳簿等の調製，保管
(1)　労働者名簿　　　　　　　□適正です　　□改善点があります　　□対象外
(2)　賃金台帳　　　　　　　　□適正です　　□改善点があります
(3)　勤務表・タイムカード　　□適正です　　□改善点があります
(4)　年次有給休暇管理簿　　　□適正です　　□改善点があります　　□対象外

1－4　労働保険・社会保険
(1)　労災保険・雇用保険の加入　□適正です　　□改善点があります　　□対象外
(2)　健康保険・厚生年金保険の加入

□適正です　　□改善点があります　　□対象外

【コメント①】

2　労務管理等に関する数値情報

(1)　従業員数

区分	男性（人）	割合（%）	女性（人）	割合（%）	合計（人）
正規従業員					
正規従業員以外					
合計					

(2)　平均年齢

区分	男性（歳）	女性（歳）	合計（歳）
正規従業員			
正規従業員以外			
合計			

(3)　平均年収（単位：千円）

区分	男性	女性	合計
正規従業員			
正規従業員以外			
合計			

(4) 正規従業員の所定労働時間と法定労働時間（単位：時間）

月間所定労働時間	月間法定労働時間

(5) 1月当たりの1人の平均残業時間（単位：時間）

区分	男性	女性	合計
正規従業員			
正規従業員以外			

(6) 従業員の平均勤続年数（単位：年）

区分	男性	女性	合計
正規従業員			
正規従業員以外			
合計			

(7) 女性管理職・役員数（単位：人，％）

区分	人数	女性従業員に占める割合（％）	全体に占める割合（％）
管理職			
役員			
合計			

(8) 採用における競争倍率（直近事業年度）（単位：倍）

男性（人）	倍率	女性（人）	倍率	合計（人）	倍率

(9) 継続雇用割合（10事業年度前及びその前後に採用された従業員について）（単位：人，％）

	男性（人）	割合（％）	女性（人）	割合（％）	合計（人）	割合（％）
無期雇用＋新卒						

(10) （男性の）育児休業関連（単位：％）

育児休業等の取得割合	又は	育児休業等と育児目的休暇の割合

(11) 中途採用比率（正規雇用労働者）（単位：％）

○－2年度	○－1年度	○年度

第4章　労働組合とPMIのための調査　　355

⑿　男女の賃金の差異（単位：％）

区分	男性の賃金に対する女性の賃金の割合	【説明欄】
全労働者		
正規従業員		
正規従業員以外		

【コメント②】

　　コメント①欄については，年次有給休暇管理簿の不備を指摘することが多い。年次有給休暇の取得状況を把握するため，労働者ごとに必要事項を記載した管理簿が必要であることから，同法施行規則24条の7では，企業が「年次有給休暇管理簿」を作成し，5年間（当分の間は3年）は保存するよう義務づけている。

■ 年次有給休暇管理簿（例）

年次有給休暇管理簿（例）

部門名＿＿＿＿＿＿＿　　　　　　氏名＿＿＿＿＿＿＿　　　年度分＿＿＿

入社年月日 年　月　日	基準日(第1基準日) 年　月　日 第2基準日 年　月　日	有効期間 年　月　日（基準日） ～ 年　月　日	前年度繰越日数　　日 今年度付与日数	計	日

年次有給休暇取得年月日							使用日数(時間数)	残日数(時間数)	請求等種別	請求日(指定日)	本人印	直属上司印	部門長印	備考
自	年	月	日〜至	年	月	日								
	年	月	日〜	年	月	日	日時	日時	・本人請求 ・計画年休 ・会社指定	/				
	年	月	日〜	年	月	日	日時	日時	・本人請求 ・計画年休 ・会社指定	/				
	年	月	日〜	年	月	日	日時	日時	・本人請求 ・計画年休 ・会社指定	/				
	年	月	日〜	年	月	日	日時	日時	・本人請求 ・計画年休 ・会社指定	/				
	年	月	日〜	年	月	日	日時	日時	・本人請求 ・計画年休 ・会社指定	/				
	年	月	日〜	年	月	日	日時	日時	・本人請求 ・計画年休 ・会社指定	/				
	年	月	日〜	年	月	日	日時	日時	・本人請求 ・計画年休 ・会社指定	/				
	年	月	日〜	年	月	日	日時	日時	・本人請求 ・計画年休 ・会社指定	/				

年次有給休暇管理簿を独自様式で作成したものを使用している場合では，法で要請している基準日・日数・時季等の事項が漏れているケースが散見される。独自様式に必要記載事項欄が漏れている場合，「年次有給休暇管理簿」としてみなされず，同法施行規則24条の7に抵触するおそれがある。

コメント②欄については，中小企業においては，女性活躍推進の対応が進んでいないことが多く見受けられることから，女性活躍に関して記載することが多い。例えば，採用面では，全体に占める女性の割合が4割を下回っていたり，男女別の採用における競争倍率では，女性の競争倍率に0.8を乗じた数値が男性の競争倍率を上回っていたりする場合には，男女間の格差が大きいと評価する。継続勤務年数や採用後10年目前後の継続雇用割合について，男性に対する女性の割合が8割を下回っている場合や，管理職全体に占める女性管理職の割合が3割を下回っている場合も同様である。

また，各調査項目については，以下の診断基準表に当てはめて，「適正です」あるいは，「改善点があります」のいずれかで評価するも，法的義務や対象者がいない場合については，「対象外」とする。

■ 診断基準表

診断基準表

1　労務管理に関する調査事項　診断基準（51項目）

分類	診断項目
1-1 労務管理関連規程の整備	**(1)　就業規則の作成・届け出（労基法89条，106条）**
	□　1．規程作成の有無　ただし，9人未満は「対象外」
	□　2．意見書の有無
	□　3．労働者に周知されているか
	(2)　労働条件関連の定め（労基法15条，施行規則5条等）
	□　1．明示の方法が適正か
	□　2．明示する書面様式や項目内容に不足がないか
	□　3．有期契約労働者がいる場合，更新の有無及び更新基準は明示されているか

第4章　労働組合とPMIのための調査　**357**

☐ 　4．短時間労働者への4つ（昇給の有無，賞与の有無，退職手当の有無，短時間・有期雇用労働者の雇用管理の改善等に関する事項に係る相談窓口）の明示事項は適正か

(3)　賃金関連の定め（労基法15条，24条等）

　1．定めの方法
☐ ①賃金額の内訳は，労働者に適正に明示されているか

　2．定めの内容
☐ ①賃金（退職手当及び臨時の賃金等を除く）の決定，計算及び支払の方法，賃金の締切り及び支払の時期に関する事項はすべて定められ，適正に運用されているか

☐ ②法令に別段の定めがある所得税・住民税・社会保険料，雇用保険料以外の項目を賃金から控除している場合，協定（労働協約）が事業場ごとに締結されているか

(4)　育児・介護休業関連の定め（育児介護休業法）

☐ 　1．規程化され労働者に周知されているか

　2．法令との整合及び労使協定
☐ ①項目内容に不足がないか

☐ ②「労使協定」がある場合は，その内容と法令や「社内規程」等の内容が合致しているか

(5)　ハラスメント対応方針（パワハラ防止法，育児介護休業法，男女雇用機会均等法）

☐ 　1．方針が策定されているか

☐ 　2．方針が周知され，啓発が意識されているか

1-2 労務関連管理体制

(1)　労働時間管理，休憩・休日（労働安全衛生法66条8の三，労基法32条等）

　1．労働時間管理
☐ ①労働者全員の労働日ごとの始業・終業時刻が管理されているか。

☐ ②休憩時間は適正か

☐ 　2．法定休日は法令どおり運用されているか

(2)　労働時間関連労使協定（労基法36条等）

☐ 　1．法定を超える労働時間がある場合，36協定が労働基準監督署へ届出されているか

☐ 　2．変形労働時間制を採用している場合，労使協定は締結されているか

☐ 　3．規程への記載が必要な内容について，記載されているか

□　4．協定の範囲内の労働時間となっているか
(3)　年次有給休暇の付与・管理（労基法39条。ただし，6か月勤務した労働者がいない場合や年間の労働日数が48日以上の労働者がいない場合は「対象外」）
□　1．週30時間以上の労働時間の労働者について，年次有給休暇の付与日数が適正か
□　2．比例付与の対象者について，付与日数は適正か
□　3．対象者に対する年5日の取得義務は適正に運用されているか
□　4．年次有給休暇に関する労使協定がある場合，その内容・様式は適正か
(4)　一般健康診断（雇入時・定期・特定業務等，労働安全衛生法66条等。ただし，対象となる労働者がいない場合は「対象外」） 　・ストレスチェックの実施，安全衛生管理体制（労働安全衛生法66条の10，10条等。ただし，対象者がいない場合は「対象外」）
□　1．雇入時健康診断は対象労働者に適正に実施されているか
□　2．定期健康診断は対象労働者に適正に実施されているか
□　3．特定業務従事者に対する健康診断は対象労働者に適正に実施されているか
□　4．ストレスチェックは対象労働者に適正に実施されているか
□　5．安全衛生管理体制の資格者は充足されているか
□　6．（安全）衛生委員会は開催されているか
□　7．産業医が選任されているか
□　8．労働基準監督署への届出が必要な書類について，適正に届出されているか
(5)　ハラスメント相談体制の整備（パワハラ防止法，育児介護休業法，男女雇用機会均等法）
□　1．相談窓口は決まっているか
□　2．相談窓口は周知されているか
□　3．相談窓口に相談できる仕組みが整っているか

第4章　労働組合とPMIのための調査　　**359**

1-3	(1) 労働者名簿（労基法107条等。ただし，日日雇入れられる者のみの場合は「対象外」）	
帳簿等の調製・保管	□　1．法令で必要とされている項目はすべて管理されているか	
	□　2．適正に保管されているか	
	(2) 賃金台帳（労基法108条等）	
	□　1．法令で必要とされている項目はすべて管理されているか	
	□　2．適正に保管されているか	
	(3) 勤務表・タイムカード（労働安全衛生法66条8の3，労基法109条等）	
	□　1．労働者全員の，労働日ごとの始業・終業時刻の記録が適正に記録されているか	
	□　2．労働時間の記録が適正に保管されているか	
	(4) 年次有給休暇管理簿（労基則24条の7。ただし，6か月勤務した労働者がいない場合や年間の労働日数が48日以上の労働者がいない場合は「対象外」）	
	□　1．対象労働者全員の管理簿があるか	
	□　2．年5日の取得義務がある労働者について，基準期間は把握されているか	
	□　3．管理簿の保存は適正か	
1-4	(1) 労災保険・雇用保険の加入（雇用保険法等。ただし，雇用保険被保険者要件に該当しない場合には「対象外」）	
労働・社会保険	□　1．加入対象労働者全員が雇用保険に加入しているか	
	□　2．雇用保険の資格取得日は適正か	
	□　3．労働保険の賃金総額の考え方は適正か	
	(2) 健康保険・厚生年金保険の加入（健康保険法等。ただし，健康保険被保険者要件に該当しない場合には「対象外」）	
	□　1．加入対象者全員が社会保険に加入しているか	
	□　2．資格取得日は適正か	

2　労務管理等に関する数値情報
(1)　従業員数

　　男女別・正規と正規以外の区分による従業員数。小数点以下2桁目切捨てる。
(2)　平均年齢

　　男女別・正規と正規以外の区分による平均年齢。「xxx歳xxか月」（小数点以下切捨て）と表記する。最後の集計のときに「xxか月」部分を12で除し，「xxx.x

歳」（小数点以下2桁目切捨て）と表記する。

(3) 平均年収（単位：千円）

男女別・正規と正規以外の区分による平均年収。小数点以下切捨てる。

(4) 正規従業員の所定労働時間と法定労働時間（単位：時間）

正規従業員の中で労働時間制が異なる区分がある場合は，人数の多い区分を記載し，変形労働時間制を採用している場合は，変形労働時間制の名称を記載する。小数点以下2桁目切捨てる。

(5) 1月当たりの1人の平均残業時間（単位：時間）

男女別・正規と正規以外の区分による月間平均残業時間数。小数点以下2桁目切捨てる。

(6) 従業員の平均勤続年数（単位：年）

男女別・正規と正規以外の区分による平均勤続年数。「xxx歳xxか月」（小数点以下切捨て）と表記する。最後の集計のときに「xxか月」部分を12で除し，「xxx.x歳」（小数点以下2桁目切捨て）と表記する。

(7) 女性管理職・役員数（単位：人，％）

女性管理職・役員数。小数点以下2桁目切捨てる。なお，「全体に占める割合」とは，それぞれ，男性を含む全管理職者数，男性を含む全役員数を分母とする。

(8) 採用における競争倍率（直近事業年度）（単位：倍）

男女別の採用における競争倍率を明確にする。小数点以下2桁目切捨てる。

(9) 継続雇用割合（10事業年度前及びその前後に採用された従業員について）（単位：人，％）

新規学卒採用者と無期雇用者を対象とし，男女別の割合。小数点以下2桁目切捨てる。

(10) （男性の）育児休業関連（単位：％）

男性の育児休業取得率または育児休業等と育児目的休暇の取得割合。取得率は小数点以下2桁目切捨てる。

(11) 中途採用比率（正規雇用労働者）（単位：％）

各事業年度における中途採用者数を正規雇用労働者採用数で除し100を乗じる。小数点以下1桁目を四捨五入する。なお，「中途採用」とは「新規学卒等採用者以外」の雇入れを指す。

(12) (3)の平均年収の項目で求めた数字を活用し，男女の賃金の差異（単位：％）

男性労働者の賃金の平均に対する女性労働者の賃金の平均を割合で示す。計算の前提とした重要事項や付記したい内容を説明欄に記載する。なお，短時間労働者については，正規労働者の所定労働時間を参考に，人員数を換算することもできるが，その場合は説明欄へ記載しておく。小数点以下2桁目四捨五入する。

事項索引

英数

125％説 ································ 58
1カ月単位の変形労働時間制 ··········· 83
1年単位の変形労働時間制 ············· 81
25％説 ································ 58
2以上の事業所から報酬を受けている場合
······································ 110
2以上の事業所から報酬を受ける場合
······································ 111
3倍返し ······························ 234
4要件説 ······························ 249
4要素説 ······························ 249
5拘束要件 ···························· 167
60時間の時間外労働 ·················· 59
7つの手当 ························· 56, 57
AIJ投資顧問の年金消失問題 ··········· 96
CA ··································· 7
DB ··································· 98
DC ·································· 101
DD ··································· 5
FAQシートの作成 ···················· 19
M&A ································· 2
──のスキーム ······················ 3
──の流れ ·························· 4
NDA ································· 7
PMI ·························· 5, 335, 350
QCサークル活動 ···················· 170

あ行

医師による面接指導 ················· 172
医師面接指導時間 ··················· 172
慰謝料 ······························ 282
一般的拘束力 ············· 337, 341, 349
一般労働組合 ························ 339
移動時間 ···························· 185
インディペンデント・コントラクター
······································ 266
ウェイト ···························· 326
請負制 ··························· 62, 71

得べかりし脱退一時金 ··············· 302
得べかりし年金額 ··············· 300, 301
売主への協力要請 ···················· 12
越境在宅勤務 ························ 196
大入り袋の取扱い ···················· 113

か行

外勤勤務 ···························· 184
解雇 ··························· 232, 238
──手続きの規制 ·················· 238
──の時期的規制 ·················· 238
──の予告 ···················· 238, 246
──理由の規制 ···················· 240
解雇権 ······························ 233
──濫用法理 ················· 243, 259
開示リスト ·························· 18
加給年金額 ·························· 306
確定給付企業年金制度 ················ 98
確定拠出年金制度 ··················· 101
貸付金の債務免除 ··················· 112
過失相殺 ···························· 291
過剰負担保険料 ················ 301, 307
家族手当 ···························· 54
株式譲渡 ···························· 1
仮眠時間 ···························· 175
カラ期間 ···························· 309
環境DD ······························ 7
簡便法 ························· 94, 102
管理監督者該当性 ··············· 220, 228
管理モデル ·························· 160
企画業務型裁量労働制 ··············· 205
──の対象業務例 ·················· 206
──の判断基準 ···················· 208
企業の経済活動の自由 ··············· 137
基金型確定給付企業年金制度 ·········· 98
基金制度見直し法 ··················· 102
危険作業手当 ························ 57
起訴休職 ···························· 255
期待権 ······························ 260
期待保護型 ·························· 254

キックオフ・ミーティング ················ 7
規範的部分 ···························· 346
基本給の偶発債務 ····················· 325
期末自己都合要支給額方式 ········ 102, 103
機密保持 ······························ 16
規約型確定給付企業年金制度 ········ 98, 99
休暇 ····························· 51, 128
休業損害 ····························· 282
休憩時間 ····························· 174
休日 ································· 51
休職 ································· 255
休職期間満了 ·············· 240, 255, 257
協同組合グローブ事件 ················· 212
業務起因性 ··························· 277
業務遂行性 ··························· 277
寄与度 ······························ 290
均衡待遇 ····························· 318
均等待遇 ························ 318, 322
偶発債務 ··············· 9, 10, 14, 165
　　──のチェックシート ················ 26
組合専従休職 ························· 256
クロージング ·························· 6
経営労務診断 ···················· 350, 351
　　──適合企業 ····················· 350
計画年休制度 ························· 131
形式的な労働時間 ····················· 167
継続雇用後の雇止め ··················· 261
継続雇用制度 ························· 258
刑罰 ································· 65
月給者に対する時間単価の算出方法 ···· 51
兼業 ································· 157
健康診断の時間 ······················ 171
原則法 ·························· 94, 102
現物給与 ························ 111, 113
憲法上の労働組合 ····················· 339
合意解約 ····························· 238
更衣時間 ····························· 76
後遺障害逸失利益 ····················· 284
交渉フェーズ ·························· 4
公職休職 ····························· 256
控除後相殺説 ···················· 292, 293
控除前相殺説 ························· 292
厚生年金基金制度 ····················· 96
厚生年金特例法 ······················ 314

高度プロフェッショナル制度 ········· 213
高年齢求職者給付金 ··················· 163
高年齢者雇用確保措置 ················· 258
高年齢者就業確保措置 ········ 261, 262, 269
広報活動 ····························· 242
国際社会保障協定 ····················· 297
試の使用期間中の者 ··················· 246
個人請負型就業者 ············ 263, 269, 270
個人型確定拠出年金制度 ··············· 101
個別指定方式 ························· 131
雇用保険被保険者の範囲 ··············· 124
雇用保険マルチジョブホルダー制度 ··· 162

さ行

財形奨励金・NISA奨励金 ············· 112
罪刑法定主義の原則 ··················· 250
再雇用拒否 ··························· 259
最終給与比例方式 ····················· 94
在職支給停止 ························· 306
在宅勤務 ·················· 192, 194, 195
　　──手当 ····················· 53, 120
在宅就業障害者特例調整金 ············· 144
最低賃金法 ··························· 65
再評価率 ····························· 304
最密接関係地法 ·················· 196, 197
財務DD ······························ 7
債務的部分 ··························· 345
採用選考 ····························· 242
採用の自由 ··························· 137
裁量労働のみなし制 ··················· 200
サテライトオフィス勤務 ··············· 192
36協定の限度基準 ·············· 59, 166
産業別組合 ··························· 339
時間・賃金の端数処理 ················· 78
事業場外労働のみなし制 ····· 181, 194, 200,
209, 210
事業承継・引継ぎ支援センター ······· 1, 4
事業譲渡 ····························· 1
事業主名の公表 ······················ 315
事故欠勤休職 ························· 255
自己健康管理義務 ····················· 169
自己都合休職 ························· 256
事後報告制 ··························· 196
事実たる慣習 ························· 151

事項索引　**363**

子女教育手当 ························ 55
辞職 ······························ 238
事前協議条項 ················· 343, 349
事前許可制 ······················ 196
事前検討フェーズ ·················· 4
実行フェーズ ····················· 5
実質的な労働時間 ················ 167
実質無期契約型 ·············· 253, 254
実費弁償 ························ 120
死亡逸失利益 ···················· 287
社会保険の加入逃れ ·············· 104
社会保険労務士賠償責任保険制度 ······ 11
社会保障協定締結国 ·············· 313
社労士診断認証制度 ·············· 350
就業規則 ··············· 148, 150, 341
従前額保障 ······················ 304
住宅手当 ························· 55
出向休職 ························ 256
出張 ······················ 180, 182
出張時間 ···················· 179, 181
準拠法 ·························· 196
障害者雇用納付金 ··· 137, 138, 141, 142, 145
障害者雇用率制度 ················ 140
試用期間 ···················· 244, 245
使用人（従業員）兼務取締役 ········· 267
傷病休職 ···················· 255, 256
賞与 ···························· 112
　──の偶発債務 ················ 331
除外率制度 ······················ 146
職業選択の自由 ·················· 137
職業病 ·························· 279
職種別組合 ······················ 339
職務（役割）評価表 ·············· 326
職務の内容 ······················ 323
職務の内容・配置の変更の範囲 ······· 323
諸手当の偶発債務 ················ 329
所定労働時間 ···················· 210
人事DD調査項目 ·················· 35
人事デューデリジェンス ············ 34
人的資本経営 ···················· 34
新ホフマン係数 ·················· 285
深夜の割増賃金 ··················· 78
スキームの変更 ··················· 30
スケール ························ 326

スタッフ職 ······················ 222
精皆勤手当 ······················· 70
税制適格退職年金制度 ·············· 99
税務DD ·························· 7
整理解雇 ···················· 241, 248
　──の4要件 ·················· 248
責任準備金方式 ·················· 103
積極損害 ························ 282
専門業務型裁量労働制 ············· 201
　──の対象業務 ············· 201, 202
　──の判断基準 ················ 204
双務契約 ························ 237
損益相殺 ························ 291
損害賠償責任の範囲 ··············· 16
存続厚生年金基金 ················· 96

た行

退勤猶予時間 ····················· 76
代行返上益 ······················· 99
代行割れ基金 ····················· 97
退職給与引当金制度 ··············· 95
　──の廃止 ····················· 95
退職金 ·························· 93
退職届 ·························· 238
退職願 ·························· 238
代替休暇 ····················· 60, 61
　──の単位 ····················· 60
貸与 ···························· 120
高値掴み ························· 2
脱退一時金 ······· 299, 301, 313, 307, 308
地域最低賃金額 ··················· 68
地域別最低賃金 ··················· 66
遅延損害金 ······················· 45
中間収入 ························ 233
中小M&A ····················· 1, 4
中小企業退職金共済制度 ············ 100
懲戒解雇 ···················· 241, 249
懲戒休職 ························ 256
懲戒権 ·························· 233
長期雇用慣行 ···················· 244
調査範囲の明確化 ················· 12
直行・直帰 ······················ 182
賃金 ······················ 111, 125
賃金債務の消滅時効 ············· 45, 165

通勤時間 ················ 179
通勤手当 ················ 54
通常の賃金方式 ············ 136
通常必要時間 ············· 210
通信費 ················· 121
定額部分 ············· 303, 304
ディールブレイク ··········· 30
ディスクローズ ············· 6
定年後の再雇用拒否 ········· 258
出来高給 ················ 88
出来高払制 ··········· 62, 70, 71
デューデリジェンス ·········· 5, 6
テレワーク ········· 191, 192, 194
電話料金 ················ 121
同一労働同一賃金 ········ 318, 321
同一労働同一賃金ガイドライン ···· 320
特殊健康診断 ············· 172
特殊作業手当 ·············· 57
特定最低賃金 ·············· 68
特定事業主 ·············· 315
特定受給資格者 ············ 233
特別支給金 ·············· 289
特別支給の老齢厚生年金 ······· 303
特別条項付き36協定 ········· 59
特例納付保険料 ········· 125, 314
取締役 ··········· 110, 263, 267
取引価格の減額 ············ 31
取引成立後の義務 ··········· 294

な行

内勤業務 ··············· 184
内定 ··············· 242, 243
内々定 ··············· 242, 243
中抜け時間 ·············· 192
名ばかり管理職 ············ 222
日本版401k ·············· 101
年5日の時季指定義務 ········ 130
年間の所定労働日数 ·········· 51
年金受給資格期間短縮法 ······· 309
年金民訴 ··············· 299
年次有給休暇 ············· 128
　――管理簿 ·············· 355
年俸制 ················ 79, 80
ノーマライゼーション ········ 146

ノンネームシート ············ 4

は行

賠償の範囲 ·············· 13
配転命令 ············· 250, 251
働き方改革関連法 ··········· 318
バックペイ ·············· 232
反社会的勢力の排除 ·········· 16
ビジネスDD ··············· 7
被保険者資格取得
　――の届出義務 ··········· 309
　――の届出懈怠 ··········· 309
秘密保持契約 ··············· 7
評価項目 ··············· 326
標準報酬日額方式 ··········· 136
表明保証 ············· 32, 293
歩合給 ··············· 70, 88
副業 ·················· 157
副業ガイドライン ········ 156, 158
復職 ·················· 257
複数業務要因災害 ········ 163, 164
普通解雇 ············· 241, 246
不当労働行為 ············· 340
フリーランス ············· 269
プレ広報 ··············· 242
フレックスタイム制 ···· 82, 83, 192
風呂敷残業 ·············· 193
併給調整 ··············· 291
平均賃金方式 ············· 136
平均標準報酬額 ············ 304
併存主義 ··············· 273
別居手当 ················ 55
変形労働時間制 ·········· 81, 192
ポイント方式 ·············· 95
法外組合 ··············· 339
法源の優劣 ·············· 341
報告書の配布先の特定 ········· 13
報酬 ·················· 111
報酬比例部分 ·········· 303, 305
法定休日 ················ 60
法定雇用障害者数 ········ 142, 145
法適合組合 ·············· 339
法適用通則法 ············· 196
法内組合 ··············· 339

事項索引　　**365**

法不適合組合 ……………………………… 339
法務DD ……………………………………… 7
簿外債務 …………………………… 9, 10, 14
　　——のチェックシート …………… 22
保険料水準固定方式 ………………… 307
本採用 …………………………… 242, 245

ま行

未払い賃金 ……………………………… 45
未払い年休 ………………………… 127, 135
持株奨励金 …………………………… 112
モバイル勤務 ………………………… 192

や行

雇止めの予告 …………………………… 252
雇止め法理 ………………………… 254, 259
ユニオン ………………………………… 339
要素別点数法 ………………………… 326
養老保険 ……………………………… 114

ら行

ライプニッツ係数 …………………… 285
ラジオ体操 …………………………… 169
留保解約権の行使 …………………… 245
臨時に支払われた賃金 ……………… 56
累積型有給休暇 ……………………… 135
労災保険制度 ………………………… 276
労災保険料率 ………………………… 124
労災民訴 ……………………………… 273
労使委員会 ………………………… 206, 207
労使慣行 ………………… 149, 151, 152, 153

労使協定時間 ………………………… 210
労働基準法
　　——上の管理監督者 ……………… 220
　　——上の労働時間 ……………… 167
　　——上の労働者の判断 ………… 263
労働協約 ………… 150, 340, 341, 342, 345
　　——の解約 ……………………… 344
　　——の効力 ……………………… 341
労働組合 ……………………………… 338
労働組合法
　　——上の監督的地位にある労働者 … 220
　　——上の労働組合 ……………… 339
労働契約 ……………………………… 341
労働時間の通算 ………………… 159, 160
労働保険料 …………………………… 124
労務提供地 …………………………… 197
労務デューデリジェンス ………… 2, 8, 9
　　——業務委託契約書 …………… 14
　　——調査報告書 ………………… 36
　　——調査報告書（PPT版）………… 39
　　——調査報告書（見本）………… 37

わ行

ワーケーション ……………………… 192
割増賃金
　　——相当部分 …………………… 230
　　——の計算基礎に算入しない賃金
　　　…………………………………… 54
　　——の単価計算ミス …………… 47
割増率 …………………………… 58, 59

判例索引

【最高裁判所】

最大判昭48・12・12民集27巻11号1536頁「三菱樹脂事件」‥‥‥‥‥‥‥‥‥‥ 245

最一小判昭49・7・22民集28巻5号927頁「東芝柳町工場事件」‥‥‥‥‥‥‥‥ 253

最三小判昭50・2・25民集29巻2号143頁（♯54）「陸上自衛隊八戸車両整備工場事件」
‥‥‥‥‥‥‥‥‥‥‥‥‥‥‥‥‥‥‥‥‥‥‥‥‥‥‥‥‥‥‥‥‥‥‥‥‥‥‥ 273

最二小判昭52・1・31労判268号17頁「高知放送事件」‥‥‥‥‥‥‥‥‥‥‥‥ 246

最三小判昭52・10・25民集31巻6号836頁「三共自動車事件」‥‥‥‥‥‥‥‥‥ 289

最二小判昭54・7・20民集33巻5号582頁「大日本印刷事件」‥‥‥‥‥‥‥‥‥ 243

最一小判昭55・12・18民集34巻7号888頁「鹿島建設・大石塗装事件」‥‥‥‥ 282, 292

最三小判昭60・4・23民集39巻3号730頁「日産自動車（残業差別）事件」‥‥‥ 340

最二小判昭61・7・14労判477号6頁「東亜ペイント事件」‥‥‥‥‥‥‥‥‥‥ 250

最一小判昭61・12・4判時1221号134頁「日立メディコ柏工場事件」‥‥‥‥‥ 254

最一小判平元・9・7労判546号6頁「香港上海銀行事件」‥‥‥‥‥‥‥‥‥‥ 346

最二小判平5・6・25民集47巻6号4585頁「沼津交通事件」‥‥‥‥‥‥‥‥‥ 130

最二小判平6・6・13労判653号12頁「高知県観光事件」‥‥‥‥‥‥‥‥‥‥‥ 88

最一小判平7・3・9労判679号30頁「商大八戸ノ里ドライビングスクール事件」‥‥‥ 151

最二小判平8・2・23民集50巻2号269頁「コック食品事件」‥‥‥‥‥‥‥‥‥ 289

最三小判平8・3・26民集50巻4号1008頁「朝日火災海上保険（高田）事件」‥‥‥ 342

最一小判平10・10・9労判736号15頁「片山組事件」‥‥‥‥‥‥‥‥‥‥‥‥‥ 257

最一小判平12・3・9民集54巻3号801号「三菱重工業長崎造船所事件」‥‥‥‥ 167, 186

最二小判平12・3・24民集54巻3号1155号（♯55）「電通事件」‥‥‥‥‥‥‥‥ 273

最一小判平14・2・28民集56巻2号361頁「大星ビル管理事件」‥‥‥‥‥‥‥‥ 175

最二小判平21・12・18労判1000号5頁「ことぶき事件」‥‥‥‥‥‥‥‥‥‥‥‥ 79

最一小判平24・11・29労判1064号13頁「津田電機計器事件」‥‥‥‥‥‥‥‥‥ 259

最二小判平26・1・24労判1194号13頁「阪急トラベルサポート事件」‥‥‥‥‥‥ 211

最二小判平29・7・7労判1168号49頁「医療法人社団康心会事件」‥‥‥‥‥‥‥ 80

最二小判平30・6・1民集72巻2号88頁「ハマキョウレックス事件（差戻審）」‥‥‥ 319

最一小判令2・3・30民集74巻3号549頁「国際自動車事件（差戻上告審）」‥‥‥‥ 88

最二小判令5・3・10判1284号5頁「熊本総合運輸事件」‥‥‥‥‥‥‥‥‥‥‥ 89

最二小判令6・4・26労判1308号5頁「滋賀県福祉協議会事件」‥‥‥‥‥‥‥‥ 251

【高等裁判所】

東京高判平7・8・30労判683号39頁「富国生命保険事件」‥‥‥‥‥‥‥‥‥‥ 256

大阪高判平13・6・28労判811号5頁「京都銀行事件」‥‥‥‥‥‥‥‥‥‥‥‥ 176

仙台高判平13・8・29労判810号11頁「岩手第一事件」‥‥‥‥‥‥‥‥‥‥‥‥ 86

東京高判平16・6・16労判886号93頁「千代田学園事件」‥‥‥‥‥‥‥‥‥‥‥ 250

判例索引　**367**

東京高判平17・2・24労判892号29頁「日本アイ・ビー・エム事件」･････････････ 345
東京高判平19・10・30労判964号72頁「中部カラー事件」････････････････････ 91
東京高判平21・9・15労判911号153頁「ニュース証券事件」･･･････････････････ 246
大阪高判平21・11・27労判1004号112頁「NTT西日本事件」････････････････････ 258
札幌高判平22・9・30労判1013号160頁「日本ニューホランド事件」････････････ 259
福岡高判平23・3・10労判1020号82頁「コーセーアールイー（第2）事件」･･････ 243
東京高判平24・3・7労判1048号6頁「阪急トラベルサポート事件」･･･････････ 211
大阪高判平24・12・13労判1072号55頁「アイフル事件」･･･････････････････････ 241
仙台高判平25・2・13労判1113号57頁「ビソー工業事件」･･･････････････････････ 175
東京高判平29・9・28判例集未登載「尚美学園事件」･････････････････････････ 262
東京高判令4・3・2判労1294号61頁「三井住友トラスト・アセットマネジメント事件」
　　　　　･･･ 227, 228
名古屋高判令5・6・22労経速2531号27頁「日本マクドナルド事件」････････････ 86

【地方裁判所】

東京地判昭48・2・27労判169号5頁「宍戸商会事件」･･･････････････････････ 153
静岡地判昭48・3・23労民24巻1＝2号96頁「国鉄浜松機関区事件」･･･････････ 135
東京地判昭52・8・10労判442号29頁「石川島播磨工業事件」･･･････････････････ 76
静岡地判昭53・3・28労判297号39頁「静岡銀行事件」･････････････････････････ 226
大阪地決昭55・3・26労判340号63頁「大鵬産業事件」･････････････････････････ 343
大阪地判昭56・3・24労経速1091号3頁「すし処「杉」事件」･･･････････････････ 174
大阪地判昭58・7・12労判414号63頁「サンド事件」･･･････････････････････････ 226
大阪地判昭59・5・29労判431号57頁「ケー・アンド・エル事件」･･･････････････ 226
大阪地判昭61・7・30労判481号51頁「レストラン・ビュッフェ事件」･･･････････ 227
東京地判昭61・9・29労判482号6頁「日本冶金工業事件」･････････････････････ 256
大阪地判昭62・3・31労判497号65頁「医療法人徳洲会事件」･･･････････････････ 225
東京地判昭63・4・27労判517号18頁「日本プレジデントクラブ事件」･･･････････ 226
津地判平4・9・24労判630号68頁「伊勢市消防吏員事件」･･･････････････････ 276
東京地判平6・11・29労判673号108頁「武富士事件」･････････････････････････ 241
東京地判平6・12・20労判671号62頁「本田技研工業事件」･････････････････････ 275
大阪地判平7・10・6労判684号21頁「佐川ワールドエクスプレス事件」･･･････ 269
東京地判平10・2・2労判735号52頁「美浜観光事件」･････････････････････ 268
岡山地倉敷支判平10・2・23労判733号13頁「川崎製鉄事件」･･･････････････････ 169
大阪地判平11・6・25労判769号39頁「関西事務センター事件」･･･････････････ 229
大阪地判平11・7・13賃社1264号47頁「エコープランニング事件」････････････ 300
京都地判平11・9・30判時1715号51頁「京都市役所非常勤嘱託厚生年金保険事件」
　　　　　･･･ 104, 300, 309
大阪地判平11・10・4労判771号25頁「東海旅客鉄道事件」･････････････････････ 257
東京地決平11・10・15労判770号34頁「セガ・エンタープライゼス事件」････････ 247
東京地判平12・2・8労判787号「シーエーアイ事件」･････････････････････ 203

東京地判平12・4・27労判782号6頁「JR東日本（横浜土木技術センター）事件」⋯⋯⋯ 87
東京地決平13・8・10労判820号74頁「エース損害保険事件」⋯⋯⋯⋯⋯⋯⋯⋯ 247
東京地決平14・1・15労判819号81頁「エム・ディー・エス事件」⋯⋯⋯⋯⋯⋯⋯⋯ 343
東京地判平14・2・28労判824号5頁「東京急行電鉄事件」⋯⋯⋯⋯⋯⋯⋯⋯⋯⋯ 77
大阪地判平14・3・20労判829号79頁「塚本庄太郎商店（本訴）事件」⋯⋯⋯⋯⋯ 248
広島高判平14・6・25労判835号43頁「JR西日本（広島支社）事件」⋯⋯⋯⋯⋯⋯ 87
東京地判平14・11・15労判836号148頁「阿由葉工務店事件」⋯⋯⋯⋯⋯⋯⋯⋯⋯ 187
東京地判平15・4・14判時1826号97頁「凸版印刷労働組合事件」⋯⋯⋯⋯⋯⋯⋯⋯ 10
東京地判平16・6・25労経速1882号3頁「ユニコン・エンジニアリング事件」⋯⋯⋯ 230
東京地判平17・1・28労判890号5頁「宣伝会議事件」⋯⋯⋯⋯⋯⋯⋯⋯⋯⋯⋯⋯ 243
新潟地判平17・2・15判例集未登載「鹿瀬町事件」⋯⋯⋯⋯⋯⋯⋯⋯⋯⋯⋯⋯⋯ 300
東京地判平17・10・19労判905号5頁「モルガン・スタンレー・ジャパン事件」⋯⋯⋯ 80
大阪地判平18・1・26労判912号51頁「大真実業事件」⋯⋯⋯⋯⋯⋯⋯⋯⋯ 300, 309
京都地判平18・5・29労判920号57頁「ドワンゴ事件」⋯⋯⋯⋯⋯⋯⋯⋯⋯⋯⋯ 203
奈良地判平18・9・5労判925号53頁「豊國工業事件」⋯⋯⋯⋯⋯⋯⋯⋯⋯ 300, 301
東京地判平18・11・29労判935号35頁「東京自動車健康保険組合事件」⋯⋯⋯⋯⋯ 249
福岡地判平19・4・26労判948号41頁「姪浜タクシー事件」⋯⋯⋯⋯⋯⋯⋯⋯⋯⋯ 226
大阪地判平20・1・25労判960号49頁「キヤノンソフト情報システム事件」⋯⋯⋯⋯ 257
東京地判平20・1・28労判953号10頁「日本マクドナルド『名ばかり管理職』事件」
⋯⋯⋯⋯⋯⋯⋯⋯⋯⋯⋯⋯⋯⋯⋯⋯⋯⋯⋯⋯⋯⋯⋯⋯⋯⋯⋯⋯⋯⋯⋯⋯ 217, 227
東京地判平20・2・22労判966号51頁「総設事件」⋯⋯⋯⋯⋯⋯⋯⋯⋯⋯⋯⋯⋯ 187
東京地判平22・10・27労判1021号39頁「レイズ事件」⋯⋯⋯⋯⋯⋯⋯⋯⋯⋯⋯ 211
東京地判平23・3・17労判1034号87頁「クボタ事件」⋯⋯⋯⋯⋯⋯⋯⋯⋯⋯⋯ 336
大阪地判平23・8・12労経速2121号3頁「フジタ事件」⋯⋯⋯⋯⋯⋯⋯⋯⋯⋯⋯ 261
京都地判平23・10・31労判1041号49頁「エーディーディー事件」⋯⋯⋯⋯⋯⋯⋯ 203
京都地判平24・3・29労判1053号38頁「立命館（未払一時金）事件」⋯⋯⋯⋯⋯⋯ 151
大阪地判平25・1・18労判1077号84頁「北港観光バス（休職期間満了）事件」⋯⋯ 255
奈良地判平25・3・26労判1076号54頁「帝産キャブ奈良事件」⋯⋯⋯⋯⋯⋯⋯⋯ 63
東京地判平27・3・27労判1086号5頁「レガシィ事件」⋯⋯⋯⋯⋯⋯⋯⋯⋯⋯⋯ 203
京都地判平29・4・27労判1168号80頁「乙山彩色工房事件」⋯⋯⋯⋯⋯⋯ 199, 203
京都地判平29・9・20労判1167号34頁「京都市立浴場運営財団ほか事件」⋯⋯⋯⋯ 320
東京地判令元・12・12労経速2417号3頁「学校法人明泉学園事件」⋯⋯⋯⋯ 151, 153
東京地判令2・6・25労判ジャーナル105号48頁「イースタンエアポートモータース事件」
⋯⋯⋯⋯⋯⋯⋯⋯⋯⋯⋯⋯⋯⋯⋯⋯⋯⋯⋯⋯⋯⋯⋯⋯⋯⋯⋯⋯⋯⋯⋯⋯⋯ 85, 87
大阪地判令2・9・3労判1240号70頁「ブレイントレジャー事件」⋯⋯⋯⋯⋯⋯⋯ 86
大阪地判令2・12・11労判1243号51頁「日本代行事件」⋯⋯⋯⋯⋯⋯⋯⋯⋯⋯⋯ 270
長崎地判令3・2・26労判1241号16頁「ダイレックス事件」⋯⋯⋯⋯⋯⋯⋯⋯⋯ 86
福井地判令3・3・10労判ジャーナル112号54頁「オーイング事件」⋯⋯⋯⋯⋯⋯ 188
東京地判令5・3・27労判1287号17頁「ケイ・エル・エム・ローヤルダッチエアーラインズ
（雇止め）事件」⋯⋯⋯⋯⋯⋯⋯⋯⋯⋯⋯⋯⋯⋯⋯⋯⋯⋯⋯⋯⋯⋯⋯⋯⋯⋯ 196

【労働委員会】

東京地労委平10・8・4命令集111集168頁「東陽社事件」‥‥‥‥‥‥‥‥‥‥‥‥ 336

【編者紹介】

かがやき社会保険労務士法人

令和6年1月1日に「社会保険労務士法人野中事務所」と「かがやき社会保険労務士法人」が経営統合。現在，高田馬場オフィス，横浜オフィス，名古屋オフィスの3拠点で，職員数42名，所属社会保険労務士22名（内副業職員11名）。

かがやきグループの経営理念・行動規範を共有するとともに，かがやきグループと業務委託契約を締結し，当該士業法人の経営に関するコンサルテーションを受けるとともに「かがやき」商標の利用を許可された法人である。当法人以外に，「かがやき税理士法人」，「かがやき司法書士法人」，「かがやき行政書士法人」がある。

URL：https://www.e-syarousi.com/

【著者紹介】

野中　健次

かがやき社会保険労務士法人　代表社員

昭和40年東京生まれ。特定社会保険労務士，M&Aシニアエキスパート，証券外務員資格，第一種衛生管理者，日本労働法学会会員。青山学院大学卒業，同大学院法学研究科修士課程修了（ビジネスロー修士）。

新卒で日興證券（現SMBC日興証券）に入社後，父親が起こした東京事業主協会（現一般社団法人東京事業主協会）を承継して，平成6年に東京渋谷で野中社会保険労務士事務所（社会保険労務士法人野中事務所）を併設・開業。

〈単著〉

『M&Aの人事労務管理』（中央経済社）

『IPOの就業規則と企業実務』（中央経済社）

『事業承継・M&Aと社会保険労務士の役割』（日本法令）

『実録！厚生年金基金脱退とM&A・ICのはなし』（日本法令）

『厚生年金基金の解散・脱退Q&A50』（日本法令）

〈編著〉

『M&A労務デューデリジェンス　標準手順書』（日本法令）

『M&A人事デューデリジェンス　標準手順書』（日本法令）

『IPOの労務監査　標準手順書』（日本法令）

〈共著〉

『M&Aの労務デューデリジェンス　第2版』（中央経済社）

『M&Aの人事デューデリジェンス』（中央経済社）

『IPOの労務監査と企業実務』（中央経済社）

『人事労務管理　課題解決ハンドブック』（日本経済新聞出版社）

仲井　達治

かがやき社会保険労務士法人　代表社員

昭和51年愛知県生まれ。社会保険労務士，行政書士（試験合格者）。静岡大学卒業，愛知大学大学院法務研究科法務専攻修了。一般企業退社後，平成24年かがやき社会保険労務士法人入所。

後藤　理恵

昭和57年神奈川県生まれ。特定社会保険労務士，２級ファイナンシャル・プランニング技能士。神奈川大学外国語学部英語英文学科卒業。自動車関連企業退職後，出産・育児専念期間を経て，平成29年かがやき社会保険労務士法人入所。

広瀬　澄恵

昭和46年静岡県生まれ。社会保険労務士。跡見学園女子大学短期大学部生活芸術科卒業。社会保険労務士法人退所後，令和４年かがやき社会保険労務士法人入所。

【担当者表】

章	項　目		担当者
第１章	労務デューデリジェンス		野中　健次
第２章	1	未払い賃金	野中　健次
	1	(3)⑤１カ月単位の変形労働時間制の運用ミス	後藤　理恵
	2	退職給付債務	野中　健次
	3	社会保険料および労働保険料の適法性	
	4	年5日の年次有給休暇の取得状況	
	5	障害者雇用納付金	
	6	労使慣行	仲井　達治
	7	副業・兼業	広瀬　澄恵
第３章	1	労基法上の労働時間	野中　健次
	1	(4)④移動時間	仲井　達治
	2	労基法上の管理監督者	野中　健次
	3	解　雇	
	4	取締役・個人請負型就業者の労働者性	
	5	労災民訴	
	6	年金民訴	
	7	同一労働同一賃金	
第４章	労働組合とPMIのための調査		野中　健次

M&Aの労務デューデリジェンス（第3版）

2015年10月1日　第1版第1刷発行
2018年3月1日　第2版第1刷発行
2025年3月20日　第3版第1刷発行

編　者	かがやき社会保険労務士法人
著　者	野　中　健　次
	仲　井　達　治
	後　藤　理　恵
	広　瀬　澄　恵
発行者	山　本　　　継
発行所	㈱中央経済社
発売元	㈱中央経済グループパブリッシング

〒101-0051　東京都千代田区神田神保町1-35
電話　03 (3293) 3371 (編集代表)
　　　03 (3293) 3381 (営業代表)
https://www.chuokeizai.co.jp
印刷／三英グラフィック・アーツ㈱
製本／誠　製　本　㈱

© 2025
Printed in Japan

＊頁の「欠落」や「順序違い」などがありましたらお取り替えいた
しますので発売元までご送付ください。（送料小社負担）
ISBN978-4-502-52761-6　C3032

JCOPY〈出版者著作権管理機構委託出版物〉本書を無断で複写複製（コピー）することは，
著作権法上の例外を除き，禁じられています。本書をコピーされる場合は事前に出版者著
作権管理機構（JCOPY）の許諾を受けてください。
　JCOPY〈https://www.jcopy.or.jp　eメール：info@jcopy.or.jp〉

現場の実務がわかる！

毎年4月1日現在の最新法令に基づく解説
実務直結！ケース・スタディの決定版！

社会保険の実務相談
労働保険の実務相談
労働基準法の実務相談

―毎年好評発売―

全国社会保険労務士会連合会【編】
A5判・ソフトカバー

中央経済社